中国人身保险从业人员资格考试教材
中国寿险管理师资格　中国寿险理财规划师资格
全国高等院校财经类专业推荐使用教材

A3

人身保险产品

（第二版）

吴岚　张遥　主编

中国财政经济出版社

图书在版编目（CIP）数据

人身保险产品/吴岚，张遥主编．—2 版．—北京：中国财政经济出版社，2011.7
中国人身保险从业人员资格考试教材．中国寿险管理师资格．全国高等院校财经类推荐使用教材
ISBN 978 -7 -5095 -2662 -0

Ⅰ.①人… Ⅱ.①吴… ②张… Ⅲ.①人身保险－中国－资格考核－教材 Ⅳ.①F842.62

中国版本图书馆 CIP 数据核字（2010）第 246663 号

责任编辑：李昊民　　责任校对：杨瑞琦
封面设计：北京兰卡绘世　　版式设计：董生萍

中国财政经济出版社 出版
URL：http：//www.cfeph.cn
E-mail：cfeph@cfeph.cn

社址：北京市海淀区阜成路甲 28 号　邮政编码：100142
发行处电话：88190406　财经书店电话：64033436
北京财经印刷厂印刷　　各地新华书店经销
787×1092 毫米　16 开　22.75 印张　487 000 字
2011 年 9 月第 2 版　2011 年 9 月北京第 1 次印刷
定价：68.00 元
ISBN 978 -7 -5095 -2662 -0/F·2264
（图书出现印装问题，本社负责调换）
本社质量投诉电话：010 -88190744

努力开发满足不同层次、不同职业、不同地区人民群众需求的各类财产、人身保险产品，优化产品结构，拓宽服务领域。

——《国务院关于保险业改革发展的若干意见》（国发［2006］23号）

产品是保险业发展的基本要素，保险服务于经济社会发展和人民生活最终体现在产品上，只有通过不断的产品创新，保险的服务功能才能得到充分发挥。保险业坚持以人为本，为保障人的生存需要服务，为提升人的生活品质服务，为实现人的全面发展服务，需要不断地进行产品创新，提供多层次、多样化的保险产品。

——中国保监会主席吴定富在2004年保险产品创新座谈会上的讲话

各保险公司应建立健全信息披露制度，加强对销售人员的培训与管理，加强消费者教育，宣传科学的保险消费理念，帮助消费者根据自身的保障需求和财务状况选择、购买合适的人身保险产品。

——《关于加快业务结构调整进一步发挥保险保障功能的指导意见》（保监发［2009］11号）

本书编写团队

组长：

吴　岚　北京大学数学科学学院金融数学系系主任，副教授
中国保险业偿付能力监管标准委员会（中国保监会）委员、中国精算师协会会员、教育委员会委员、中国精算师考试负责人
北京大学概率统计专业理学博士

张　遥　中国保监会人身保险监管部产品处副处长
中央财经大学经济学博士

成员：

宁　威　北京工商大学保险学系副主任
国家精品课程《保险学》主讲教师
南开大学精算学硕士
中央财经大学财税法学博士研究生

乔步加　海尔纽约人寿保险股份有限公司市场区部高级总监
曾任职友邦保险上海分公司、中德安联人寿保险有限公司
北美精算师

蒋晓虎　中国人寿保险股份公司产品开发部高级经理
北美精算师
南开大学数学系理学学士、保险系经济学硕士（精算方向）

王智勇　生命人寿总精算师
曾任新华人寿市场开发部产品开发高级项目经理
北美精算师

孙东雅　中国保监会人身保险监管部养老与健康险处副调研员
曾任职河南省高级人民法院法官、兼任江西财经大学、河南财经政法大学特聘教授
律师资格，法律职业资格
中国政法大学法学博士

刘　渠　泰康人寿保险股份有限公司精算部副总经理
北美精算师（FSA）、中国精算师（FCAA）
中国精算师协会寿险与健康险专业委员会成员
南开大学计算机系、保险学专业硕士研究生

陈春野　中国保险行业协会中介工作部主管
曾任职于高校、保险公司、银行及房地产公司
南开大学法学学士、理学硕士，南非金山大学（University of Witwatersrand）工商管理硕士（MBA）；加拿大卡尔顿大学（University of Carleton）访问学者（教育部）

本书审议专家

王玲玲　泰康人寿保险股份有限公司及泰康养老保险股份有限公司总精算师
曾任职生命人寿总精算师、美国信安金融集团（PFG，NYSE）总部负责精算工作
美国精算师学会会员（MAAA）、中国精算师协会理事
北美精算师（FSA）、注册企业风险分析师（CERA）
美国爱荷华大学精算学硕士学位

杨智呈　生命人寿保险股份有限公司总裁
曾任新华人寿保险股份有限公司总精算师、产品管理中心主任
中国精算师协会寿险与健康险委员会主任
中国精算师
中央财经大学保险学硕士

关　凌　中国保监会财务会计部财务监管处副处长
北美精算师（FSA）、中国精算师
北京大学数学学院硕士研究生

王德威　中国保监会人身保险监管部制度处副处长
律师资格
清华大学法学院法学硕士

孟彦君　北京保监局人身保险监管处副处长
对外经济贸易大学金融学硕士

娄道永　泰康人寿保险股份有限公司产品管理部副总经理
曾任泰康养老保险股份有限公司总精算师
生命人寿保险精算责任人

陈永忠　新华人寿保险股份有限公司副总精算师
曾任职苏黎世金融服务集团亚洲寿险副董事
法国再保险全球人寿公司中国首席代表，并曾在英国及亚洲太平

洋区主要保险市场就职
英国精算师（FIA）、北美精算师（FSA）
法国欧洲管理学院（INSEAD）高级管理人员工商管理硕士（EMBA）

刘开俊 英大泰和人寿保险股份有限公司总精算师
曾任职中国人民保险公司
北美精算师、中国精算师
南开大学金融学硕士

曹 勇 英大泰和人寿保险股份有限公司产品开发部负责人
曾任职中国保监会人身保险监管部、美国友邦保险上海分公司
北美精算师、中国精算师
南开大学金融学博士

何章梅 新华人寿保险股份有限公司高级会计经理
北美精算师
首都经济贸易大学硕士研究生

周伏平 中国保险保障基金有限责任公司办公室负责人
曾任职清华大学经济管理学院、中国保监会人身保险监管部
北美准精算师
中国人民大学经济学博士

陶存文 中央财经大学保险学院教授
中央财经大学中国保险市场研究中心主任、中国保险学会理事
南开大学经济学博士

曲 进 中国人寿保险股份有限公司工会工作部系统工会处经理
曾任职中国人寿保险公司个险销售部、英国 ANFIS（Abbey National Financial & Investment Services PLC）总部、中保人寿保险股份有限公司代理人管理处、中国人民保险（集团）公司稽核部
经济师、保险经纪从业人员资格、英国皇家特许保险学会（CII）颁发的 ACII
北京大学 MBA（金融学方向）

二版总序

加快职业教材开发　完善保险教育体系①

2002 年，中国人身保险从业人员资格考试部分教材编写工作启动；2004 年首批教材在人民大会堂发布，考试试点开始推进；2007 年，二版教材系统修订工作启动，2009 年完成首批教材的修订，着手探索考试在全国更广范围内的推介！

这期间，拥有自主知识产权、本土化又不乏国际视野的中国人身保险从业人员资格考试，在大家的一路肯定、支持、呵护和帮助之下，走过了艰辛、生存、起步和发展的历程，成长为知名的中国保险职业资格考试品牌，在保险理论与中国实践相结合方面拓展出了新路，这一资格体系将与中国保险业相伴成长，一同感受中国保险业的成功和荣耀。职业资格体系正成为、并且应成为中国保险业不可或缺的重要组成部分。

一、编写和修订职业资格教材的必要性

职业资格教材是行业发展阶段的反映。教材的水平和质量不可能超越行业发展的阶段，科学的理论需要丰富的实践来指导，同样，教材的水平和质量也不能明显滞后于行业的发展阶段，否则就是对行业科学发展的阻碍。教材是行业所处发展阶段和内外部环境的反映，是行业理论、实践和文化的载体，是传播正确保险理念和思想的阵地。过去五年，保险业内外部环境发生了较大变化，中国人身保险从业人员资格考试教材也必须变化，以固化行业已有的知识，集纳行业取得的新的进步，基于这一认识，二版修订工作 2007 年启动，2009 年初步成型，推动修订的主要原因可以概括为：

① 二版总序经过多次审定，花费了大量的心血。总序全面系统地阐述了保险职业教育对中国保险业健康发展的重要性，为本项目教材体系建设和项目平稳发展制定了较为明确的指导思想、基本任务和具体措施。总序得以圆满完成，除要感谢各位编审委员外，还要特别感谢中国保监会政策研究室舒高勇处长、中国保监会人身保险监管部制度处商敬国副处长、中国保监会办公厅新闻宣传处张忠宁副处长、中国人寿战略规划部杨传涌总经理、生命人寿保险股份有限公司杨智呈总裁，他们积极参与了二版总序的修改审议过程，给予了很多极其宝贵的修改意见和有益帮助，使得本篇总序更加符合中国保险发展的实际，具有思想性、前瞻性。

（一）保险职业教育得到各方高度关注

2005 年 10 月，国务院颁布《关于大力发展职业教育的决定》（以下简称《决定》），11 月，全国职业教育工作会议在北京召开，①温家宝总理和陈至立国务委员在会上作重要讲话。会议指出，大力发展职业教育，是推进我国工业化、现代化的迫切需要，是促进社会就业和解决“三农”问题的重要途径，也是完善现代国民教育体系的必然要求。必须完善国民教育体系，合理配置教育资源，把基础教育、职业教育和高等教育放在同等重要位置。

《决定》要求，行业主管部门和行业协会要在国家教育方针和政策指导下，开展本行业人才需求预测，制订教育培训规划，组织和指导行业职业教育与培训工作；参与制订本行业特有工种职业资格标准、职业技能鉴定和证书颁发工作；参与制订培训机构资质标准和从业人员资格标准；参与国家对职业院校的教育教学评估和相关管理工作。

中国保监会一直以来对职业教育培训工作非常关注，各家公司也采取各种方式大力提升员工素质，保险业通过输血、换血、造血等多种方式不断强身健体，提升整体素质和水平。2006 年 7 月，中国保监会主席吴定富指出，②我国保险业已经站在一个新的历史起点上，要始终把人才队伍建设作为保险业发展的关键和基础加以谋划，把人才兴业战略作为促进保险业又好又快发展的根本战略，加强人才队伍建设对促进保险业又好又快发展至关重要。

如同其他发展较好的产业一样，保险业也必须拥有合适的庞大的产业工人，保险业要实施人才兴业战略，就必须着手建立一支政治过硬、业务优良、结构合理、规模较大的人才队伍。保险业要实施人才兴业战略，必须建设好以监管人才、经营管理人才、专业技术人才和保险营销人才为主体的四支人才队伍。监管人才队伍是引领保险业发展、防范风险和保护保险消费者利益的有力保障；经营管理人才队伍是更好地发挥保险业各种资源的利用效率，促进全行业科学发展、创新发展的重要力量；专业技术人才队伍是支撑保险业产品服务和管理创新，推动我国保险业逐步向现代金融服务业转型的内在支撑；保险营销人才队伍是增强社会保险意识，传播诚信、互助、友爱的保险文化的重要渠道。

（二）保险业发展已站在新起点进入新阶段

截至 2008 年年底，中国保险业共有保险公司 130 家，从业人员 322.8 万人，其中保险营销员 262.9 万人。2008 年中国保险业共实现原保险保费收入 9784.1 亿元，是 2002 年以来增长最快的一年。保险业总资产 3.3 万亿元，保险资金运用余额 3.1 万亿元。近五年来保险业累计赔付 7000 多亿元。

截至 2008 年年底，我国共有保险中介机构 2445 家，其中保险代理机构 1822 家，保险

---

① 参见温家宝：“大力发展职业教育，加快培养高技能人才”；陈至立：“落实科学发展观，努力开创职业教育工作新局面”，陈至立同志 1998—2003 年任教育部长，2003—2008 年任国务委员，国务院党组成员，2008 年至今任全国人大副委员长。

② 吴定富在保险职业学院演讲时指出：“加大人才教育培训力度，建设高素质保险人才队伍”，2006 年 7 月 10 日，中国保监会网站。

经纪机构350家，保险公估公司273家。[①] 21世纪之初国内基本上没有专业保险中介机构，由于对中介市场的精心培育，使得保险产业链条更加细分，保险产业分工更加具体，结构改善，专业化水平得到提升，为消费者提供保险的渠道更加多元。

吴定富主席在2009年全国保险工作会议上指出，当前保险业已经站在新的发展起点，进入新的发展阶段。在这一阶段，保险业各个方面都发生了深刻变化，体现出一些基本特征，但仍处于初级阶段。具体为保险市场体系初步形成但不规范，保险市场主体快速发展但竞争力有待增强；保险服务能力逐步提高但不适应；保险监管体系基本形成但不完善。

（三）保险业法制建设内外部政策环境发生重大变化

1995年，第一部《保险法》出台后，2002年为加入WTO曾作个别修订，2008年启动较大修改，2009年2月28日新《保险法》经人大常委会审议通过，这一行业大法是保险监管部门依法监管的重要保证，将规范保险业和保护消费者利益置于特别重要位置。值此二版教材修改付梓前后，监管部门正据此对各类监管规章制度进行配套修订。

2006年6月26日国务院正式发布《关于保险业改革发展的若干意见》，这标志着中国保险业发展迈向一个新的里程碑。文中还明确指出“保险具有经济补偿、资金融通和社会管理功能，是市场经济条件下风险管理的基本手段，是金融体系和社会保障体系的重要组成部分，在社会主义和谐社会建设中具有重要作用”。文件下发后，各级政府积极贯彻落实，有力地扩大了保险的影响，提升了保险的地位。

保险业是专门经营风险而非货币的行业，必须了解中国转型社会的系统风险，做好防灾防损、提供健康管理、改进交通状况，从而有效降低经济社会运行中的风险程度，让社会更加安全，让生活更加美好！

保障是保险业的出发点，但仅仅囿于出发点则无异于止步不前。保险无论从其本质，抑或功能，乃至于做大做强来看，都需要跳出就保险谈保险的藩篱。从全球人身保险的发展轨迹，或者从保险业由财产保险为主转向人身保险为主的事实，或由自然保费向均衡保费的过渡，长期储蓄就成为人寿产品的一部分，随之，保险的金融特性就具备了。随着保险业销售终身寿险、两全寿险和年金，并开发出种种分红、投连和万能形式后，人寿保险就成为长期负债型产品，从而累积的长期资产就能够为社会提供源源不断的现金流，成为资本市场的长期资金来源，支持国家的长期基础建设。

保险业是社会保障体系的重要组成部分，2004年保险业参与了企业年金制度的界定，行业成立专业性养老保险公司，2007年11月保监会下发《保险公司养老保险业务管理办法》，在2008年天津滨海新区、2009年上海建设国际金融中心的方案中，都提及要适时推进个人税收递延型养老保险试点；[②] 在健康保险方面，2006年9月生效的《健康保险管理办

① 2008年年底，保险兼业代理机构136634家。详细情况请参见《中国保险市场发展报告2009》，中国广播电视出版社2009年版。

② 参见21世纪保险网（www.2100bx.com）“上海个人税收递延型养老险成焦点”，“沪个人税延养老险试点产品将实行标准化”2009年5月22日。

法》界定了此前监管部门批设的专业健康保险公司的生存空间，推动了商业健康保险市场的发展，2009 年 4 月《关于深化医药卫生体制改革的意见》明确提出，要积极提倡以政府购买医疗保障服务的方式，探索委托具有资质的商业保险机构经办各类医疗保障服务。这充分说明，国家对商业保险在完善多层次社会保障体系中的作用日益重视。但对保险业来讲，如何更好地参与社会保障各个层面，在多支柱社会保障体系建设中充分发挥自身作用，是一重大课题。

（四）保险业对自身发展重大课题有更清醒认识

过去 5 年，行业加强了保险理论的研究力度，陆续提出了发展阶段理论、保险功能理论、保险业风险防范理论，以及中国特色保险业发展道路理论。思想的解放和理论的创新为保险改革、发展、监管、防风险实践提供了有力的指导。对保险这样一个现代金融服务业而言，理论研究水平的高低在很大程度上决定了行业综合竞争力的强弱，保险业要在探索中国特色的保险发展道路上迈出新的步伐，就必须在保险理论创新方面取得更大的进展。在做好对策研究的基础上，重点加强对基础性、前瞻性和战略性问题的研究。

2008 年全保会提出，我国保险业将大力塑造与现代保险业相适应的先进行业文化，提升保险业“软实力”，[①] 即保险行业要培育服务社会、造福人民的行业文化；积极向上、艰苦奋斗的行业文化；诚信规范、合规经营的行业文化；和谐发展、合作共赢的行业文化。全行业应当共同参与、共同努力推进保险行业文化建设。仔细理解，中国特色保险文化至少要体现如下两个特征：一是体现社会主义制度特征。保险内生于市场经济，并服务于市场经济，[②] 但与服务于资本主义市场经济的保险不同，服务于社会主义市场经济的保险在行业出发点、产品定价、销售方式、教育培训和投资运营中都要体现为最广大投保人和被保险人服务的精神。中国特色保险业必须为促进社会主义制度日臻完善而添砖加瓦。二是体现东方传统文明特征。与新教伦理相融的西方保险文化不同，中国保险文化必须建筑在保险业务与中国传统儒释道文化相结合的基础上。虽然商业保险是个舶来品，但风险管理思想中国古来有之，传统风险管理理念必须现代化，保险是一载体，应体现中国传统文化精髓。

在正确的保险理论和保险文化指导下，保险行业必须对自身社会责任有清楚的界定。保险是金融服务业，是通过销售产品承担负债，是受托管理投保人的资产，一旦投资失败，公司破产，不仅损失股东资本，还要损害投保人切身利益。从这个意义上讲，保险公司本身就是社会企业，就是公众公司，而不管其是否已经上市、是不是相互公司或股份公司。在作出业务拓展、寻找合适客户的同时，保险公司更重要的是做好审慎投资，看好客户的钱。特别是对长期寿险负债，一定要寻找好与之匹配的长期资产；特别是新《保险法》实施后投资渠道进一步放开，保险业又将面临很多新的风险。纵观全球保险业，由于承保失当导致的破

① 2008 年 1 月 25 日，中国保监会吴定富主席在所作报告中系统提出；随后保监会于 5 月 6 日召开“保险文化与品牌建设座谈会”，袁力主席助理强调了保险文化与品牌建设工作的重要性，会议各位专家对保险文化的重要性进行深入探讨；关于保险文化的研究，可参见江苏、辽宁和山东等保监局开展的有关工作。

② 孙祁祥、郑伟著：《保险制度与市场经济——历史、理论与实证考察》，北京大学出版社 2009 年版。

产公司数量要远远少于因投资冒进而导致的破产公司数量。

近年来保险行业在一系列重大问题的理论和实践上都有突破，如在坚定不移调整结构方面，要求防风险、调结构、稳增长；在小额保险方面，着力推进金融扶贫；在营销体制方面，正视深层次问题；在银行保险方面，努力构建双赢格局；在健康保险方面，全力配合新医改；在产品标准化方面，力推行业示范条款；在意外险方面，确定最低服务标准等等。

（五）保险监管和行业自律呈现出新特点

2008 年的全球金融危机昭示我们，纯粹的市场经济无法抗击人性的贪婪，市场失灵、市场不充分都要求政府必须积极介入，并时刻警醒政府失灵，防止不当干预。在中国保险业快速发展过程中，坚持政府主导、尊重市场规律，监管部门扮演至关重要的引领发展和防范风险的角色，为保险业的科学发展起到了重要保障作用。

经过多年摸索，中国保险业已形成加强监管和促进发展的良性互动关系。参照国际保险监督官协会（IAIS）的建议，中国引入了保险监管三支柱理论，从原先的孰轻孰重争论转变为同等重要缺一不可的关系，只有牢牢抓好这三条监管主线，才能全方位整肃保险市场。行业发展需要竞争，竞争就允许失败，只有引入优胜劣汰机制，保险行业才能进步。为有效防范风险，经过多年探索，保监会提出了五道防线理论①，基本上化解了历史遗留风险，防范了快速发展中出现的新风险。归根溯源，应归功于科学监管理念的指导。中国保险市场是发展中的市场，新生事物层出不穷，如果墨守成规，机械处理，可能会任由市场出现问题，任由小问题变成大问题，所以对于市场中存在的问题需要抓小抓早，主动积极地监管。国外监管的经验教训说明，监管理念是停留在为监管而监管还是转变到解决问题的监管，对于监管效率的提高至关重要，同时监管者需要审时度势，最大限度地用好有限的监管资源，达成监管的目的，这就需要借用行业自律管理、公司自我管理、媒体社会监管，而达到巧监管的目的。②

从构建有效行业治理角度来看，协会应当发挥应有的作用，中国保险协会自 2001 年成立以来，虽努力作为，但在行业内影响有限。2007 年 12 月，中国保监会对中保协进行改革，目前协会正按照严格自律、依法维权、改进服务、增进交流的功能，按照规范化、职业化和专业化的要求全面推进各项工作，努力发挥好辅助监管的功能。从行业长期整体利益角度出发，推动行业标准化和制度化建设，整合全行业力量推动两个平台建设，即教育培训平台和数据信息平台，着力理顺三大关系，即与会员公司的关系、与监管部门的关系和与省市

---

① 三支柱即市场行为监管、偿付能力监管和公司治理监管，五道防线即以公司内控为基础、以偿付能力监管为核心、以现场检查为重要手段、以资金运用监管为关键环节、以保险保障基金为屏障。

② 解决问题的监管译自 Problem - solving approach，中国保监会主席助理陈文辉曾就银行保险渠道以及保险中介违规等可能发生的问题要求在处理方式上抓早抓小，变被动为主动；美联储主席伯南克 2009 年 3 月在美国参议院预算委员会听证会上对政府再次援手美国国际集团时表示，“在这 18 个月内没有比 AIG 更让我生气的事情，其金融服务部门就像一个毫无约束的对冲基金一样令人失望，虽然 AIG 缺乏责任感，但美国政府除了施以援手别无选择”，“我们都知道，在金融危机时期主要金融公司倒闭可能给经济带来灾难性后果，我们确实没有选择的余地”，这是一个企业绑架政府的经典案例；2009 年 1 月，美国新政府国务卿克林顿·希拉里在国会参议院外交委员会举行的听证会上，用一个巧实力的新概念吸引了世界的目光。一个“巧”字集中体现了美国外交政策的未来之变。

协会的关系，扮演好政府和公司的桥梁、行业与社会的媒介的作用，为建设和谐行业、和谐社会而努力。

（六）重新评估金融危机后的保险话语体系①

全球金融危机打破了虚幻的神话，对外开放让我们有机会睁眼看世界，用世界保险业的优秀文化滋润中国保险行业这块沃土，不能一味地移植西方保险业的精华和糟粕，中国保险业的对外开放要善于扬弃，要善于为我所用。既要防止傲慢自大，也要反对妄自菲薄；既要坚持虚心学习，又要防止盲目崇拜；既要强调保险创新，又要防止创新过度，脱离实际。要不断提炼中国标准，塑造一个为社会主义制度服务的、深为百姓欢迎的保险行业，这恐怕才是中国保险业开放的真正目的！

吴定富主席2009年6月在台北出席中心主题为IAIS发展战略调整的执委会议上表达了四点意见：一是国际保险监管应逐步建立协调一致的国际保险监管准则；二是加强保险业在维护国际金融稳定中的重要作用；三是提高对新兴市场国家意见的重视程度；四是完善国际保险监管合作平台，防范风险积聚和扩散。因此无论是G20金融峰会，还是国际保险监管界的会议，发展中大国开始传递出自己的声音。

同样可以相信，随着中国保险业在全球排序中的提升，中国保险声音必将更加响亮。因此，作为职业资格教材，要持续承载保险理论和实践转移的使命，反映全球保险的变化，记录中国保险不断崛起的历程。

二、编写和修订职业资格教材及推广的过程②

保险行业是劳动密集型和知识密集型行业，行业的发展需要累积的知识和适合的人才，这就需要行业有权威的职业资格平台，正是基于这种认识，在20世纪90年代末即在监管部门的倡导下，一批有识之士开始筹划中国保险自己的职业资格考试体系。

（一）第一版职业资格教材及其资格考试推动

2002年，在中国保监会相关部门的关心和推动下，在行业多家公司的共同努力下，在多家院校和社会力量的参与下，中国人身保险从业人员资格体系工作得以启动，并于2004年10月在人民大会堂召开教材发布会，2005年开始考试试点，2006年正式考试。到2009年共有中国寿险管理师、中国寿险理财规划师和中国员工福利规划师三类资格，每一资格各有中级和高级两个级别，共19本教材，形成针对人身保险的、较为完整的教材、考试和资格体系。具体可以总结为：

---

① 吴定富主席在北京大学2009年赛瑟论坛“金融危机：监管与发展”主题上的讲话。全球金融危机对保险的影响还体现在世界经济金融体系中，中国和美国形成了互为需求的两极，要改变出口导向型经济模式就必须采取种种手段，有效释放中国的消费需求。而大力发展保险，为居民提供保障应当成为中国政府应对全球金融危机、提升人民生活质量水平的题中应有之义。

② 详细信息、及时信息请登陆资格考试网站 http//www.xpcle.com。

1. 基本搭建起权威的、高水平职业教材体系。职业资格的成功与否，教材是关键。在教材编写上，按照轻重缓急、急用先行的原则，项目先后组织了行业400多名来自监管、公司、院校的专家学者，历时5年之久，在充分吸收国内外最新研究成果和实践经验基础上，自主性研发了本土化、系统化的教材19本。组织规模之大、投入精力之多、历时时间之长都是过去行业从来没有过的。可以说，这19本教材是行业集体智慧的结晶，是对中国人身保险行业发展的一次较为完整的梳理和小结。保监会官方网站主席信箱对这套教材体系给予了高度评价，称之是“目前国内人身保险领域最权威，体系最完整的一套教材资料。它不仅体现了监管者的意图，也体现了行业发展的实践，有助于参考人员在进入行业后能科学、全面地理解人身保险管理、销售，尤其是职业道德等问题。”

2. 严格职业考试制度，取得阶段性成绩。项目考试自2005年3月试运行以来，已形成了较为完备的资格、教材体系和成熟的报名、考试支持平台，共计有中国寿险管理师、中国寿险理财规划师、中国员工福利规划师三类资格，共8种中、高级证书，认证课程达19门。拥有专门的资格项目网站服务考生，同时在全国设立了41个报名中心、47个考场，覆盖全国省会城市、直辖市及主要城市。截至2009年春季，共成功举行试运行和正式运行考试10次，累计考生达10万多人次，近1.5万人次取得各类资格。有40余家中外资各类保险机构和银行等团体组织报名，参加考试，出台报销、与职级挂钩等政策，此外来自全国保险、金融、外语和医学等专业院校学生也积极报名参考。

3. 保险职业资格提供系统知识，获得广泛认可。不断壮大的考试规模、不断增加的资格名单、不断扩大的报名中心和考点、不断加入的团报公司、不断见诸报端的宣传推介，以及在其他金融行业产生的与日俱增的影响力，尤其是一些考生谈及的感人肺腑的考试体会，都一次次证明着一版教材体系的搭建是成功的，中国特色的保险职业资格体系是有生命力的。过去5年，教材和资格的公信力、影响力越来越大，广大考生、公司和行业普遍认可，考生提高了知识水平和职业道德，公司培养了各类人才，行业健康持续发展有了人才支撑。

（二）二版职业资格教材修订的基本情况

相对于2004年的教材发布，显然2009年二版职业教材修订的行业基础和内外部环境都已发生明显变化，这些变化必须在职业教材中得到具体体现，将这五年行业变化理解、研究、吃透并高度提炼本身就是参与者个人和团体提高和进步的过程。二版修订的主要特点包括：

1. 教材修订的启动机制。一版教材是监管部门主导、推动在前，行业紧随其后；而二版教材则顺利实现转型，建立了教材的自主发展机制，联合行业、监管和院校的力量联手打造各方接受的权威教材，力争形成良性循环。二版乃至今后各版教材修订仍将继续接受监管部门的指导，由其把控教材质量。教材责任人选定则根据一版教材责任人情况来定，即一版教材责任人来自行业的，二版教材责任人尽量在专家中产生，而如果一版教材责任人来自院校的，则二版教材责任人尽量在行业专家中产生，以弥补相互的不足。

2. 二版教材的修订原则。按照急用先行的原则，对过去5年中变化较大、认识较深、急需改版的教材由编审委进行评估，并率先进行修订。目前纳入第一批修订的教材主要有

《风险管理与人身保险》、《保险从业人员职业道德》、《人身保险产品》、《人身保险合同》、《人身保险会计和财务》。第二批启动修订的有《健康保险原理及经营运作》、《健康保险外部环境及政策》、《团体保险》、《寿险公司资产管理》、《人身保险监管》，其余的纳入第三批修订。修订工作将实现常态化，确保行业重大变化能及时纳入职业资格教材中。

3. 订立修订期间教材跟踪机制。为保证各版教材修订质量，对参考人员和行业负责，及时在新版教材上体现新的变化，编审委员会决定，在各版教材修订期间，建立教材责任人候选机制和期间项目资助手段，确保行业和院校专家学者密切跟踪各自领域最新研究成果、政策进展和国外资讯，不断搜集整理行业图书杂志等资料放置在中国保险和精算信息资料中心，从而在技术和资金上保证职业资格愿景的实现。

三、所修订教材与保险职业教育体系之间的关系

保险业要实现科学发展，就必须妥善解决好人才队伍问题，提升保险业人员素质。保险院校要为行业的发展输送更多的人才，保险行业自身更要不断培养合格的人才，即不仅要输血，更要造血。只有牢牢抓住人才素质提升这个牛鼻子，才能推动行业的进步，“人为国本，人才资源是第一资源，在社会经济发展中具有基础性、战略性、决定性作用，不论是谋发展，还是抓改革，关键在人。开发第一资源服务于第一要务，是我们共同的责任和使命。”① 正是基于这一认识，在保险监管部门支持下，中国保险行业协会依托行业整体力量，开始着手搭建系统的职业资格考试平台。

（一）按照国务院要求对职业资格进行规范

自我国保险业改革开放以来，从业人员专业化、规范化取得一定成绩，这是与各类职业资格考试，包括国外引进的诸多考试不无关系。但与此同时，职业资格领域存在一些突出问题，集中表现为考试太乱、证书太滥；名目繁多，重复交叉；随意考试认证，乱收费乱发证；一些机构擅自承办境外职业资格的考试发证活动，高额收费，而内容并不符合中国国情等。

为了有效遏制职业资格考试设置、考试、发证等活动中的混乱现象，切实维护公共利益和社会秩序，维护专业技术人员和技能人员的合法权益，2007 年底国务院办公厅出台《关于清理规范各类职业资格相关活动的通知》（以下简称《通知》），对此类突出现象进行清理规范，保险业内职业资格亦在规范之中。按照《通知》精神，今后考试分行政许可类职业资格和非行政许可类职业资格。

（二）搭建中国保险职业资格体系

职业资格制度是社会主义市场经济条件下科学评价人才的一项重要制度。此前，中国保监会已授权中保协推动中国财产保险从业人员资格、保险营销讲师资格、保险经纪师资格、

① 参见“开发第一资源　服务第一要务　吴定富信贺保险教育盛事”，http://insurance.taomao.com。

保险公估师资格，移交的上海营销员分级分类资格，以及目前的中国人身保险从业人员资格，中国保监会和中保协于2008年底向人力资源和社会保障部上报保险行业非行政许可类职业资格体系，整体设计为保险行业8大资格：保险管理师、保险理财规划师、员工福利规划师、保险培训师、保险核保师、保险核赔师、保险经纪师和保险公估师，原则上分低、中、高三级，产、寿两大类别，力争用5年左右时间搭建起一个较为完整的中国保险职业教育资格体系。

（三）团结各方力量共同打造中国标准

很显然，这是一个庞大的工程，也是行业基础建设的重要方面，甚至可以说是行业百年大计。在这一推动过程中，既要防止普遍开花，好大喜功；也要防止优柔寡断，裹足不前。既要尊重已有成果，也要整合行业平台。必须借助公司已有的考试，做好系统对接；又要联络院校力量，做好与学历教育对接；对现有平台要进行改造，纳入整体规划；既要体现中国特色，又要借鉴国际经验。整合后的行业资格考试是一个基本平台，要占有行业权威知识体系的70%~80%，这样才有行业共同语言，余下的20%~30%要留给各家公司，体现各自特点，个性化服务，为未来专业化预留发展空间。

严格来讲，资格考试只是一个能力测试，是从业人员对保险职业道德、专业知识掌握程度的一个测评，为从根本上解决我国保险初级阶段存在的种种问题，有必要推进从业人员的职业化进程，对各类公司和各个岗位上的从业人员执行注册制度，以有效约束个人行为，通过从业人员行为和形象的改变，从而改变整个公司和行业的社会形象。在执业上借鉴国外注册制方式有助于加强对从业人员的有效管理。中国保险业需要探索执业资格制度，可以在营销员分级分类考试方面做一些先行试点工作，可以规定凡销售投资连结和万能寿险的都需要新型产品这一寿险规划师资格，凡销售健康保险的都需要通过健康保险这一寿险规划师资格，可以作为“准强制”考试来逐步推行。

在代理人资格、经纪人资格、公估人资格等行政许可类考试基础上，现有人身保险从业人员资格考试可以作为未来保险职业资格体系的基础，加快建立非寿险部分、核保核赔部分等的教材开发、题库建设和考试流程，形成非行政许可类考试的一揽子体系，为保险行业提供全方位、多渠道、覆盖所有保险机构、所有保险岗位、所有销售渠道的保险知识体系。

从职业资格平台诞生之日起，编审委就要求教材体系必须紧跟行业步伐，关注国际形势，要不断推进二版、三版教材，以反映行业的进步。在人身保险从业人员资格教材第一版完成、搭建起中国特色保险业的资格体系后，2007年底编审委就开始思考如何推出与中国保险业同步的第二版教材，① 把日益开放后的中国本土的、来自各国的保险公司在中国市场的实践总结下来，丰富教材的体系，这样教材就成为一个各家公司相互学习、相互借鉴、共同提高的桥梁。我们要不断汲取国外优秀保险市场的成功经验，结合中国庞大潜在市场的成功实践，总结提炼出第三版的与国际保险业同步的中国资格标准的教材。

保险行业职业资格教材是一项大事，推出系统的中国保险从业人员资格体系是一项前所

① 参见承办单位为个人会员和公司会员提供的刊物《保险职业教育与培训》。

未有的工程。能够亲身参与其中，是每个人的骄傲。感谢所有：我们所处的中华崛起的时代、我们所经历的快速发展的经济社会、我们身处其中的朝阳一样的行业、关注参与支持的保险公司、提供智力支撑的专家学者和行业翘楚，以及广大的保险从业人员和考生们，感谢你们！

中国人身保险从业人员资格考试教材编写委员会

2011 年 5 月

前 言

一、本书的修改背景

产品是保险业发展的基本要素，保险服务于经济社会发展和人民生活的功能最终体现在产品上，只有通过不断地创新产品，保险的服务功能才能得到充分体现。保险业坚持以人为本，为保障人的生存需要服务，为提升人的生活品质服务，为实现人的全面发展服务，需要不断地进行产品创新，提供多层次、多样化的保险产品。近几年，随着国民经济快速发展和人民生活水平不断提升，保险行业得以迅速发展壮大，与保险产品相关的法律法规不断完善，保险产品创新层出不穷，具体表现有：

从法律层面看，2009 年 2 月 28 日，十一届全国人大常委会第七次会议通过了《中华人民共和国保险法》（以下简称“新《保险法》”）修订草案，新《保险法》于 2009 年 10 月 1 日起实施。新《保险法》修订特别注意加强对投保人、被保险人和受益人利益的保护，比如限制保险人合同解除权，增设两年不可抗辩条款；明确了保险人理赔的程序和时限，以利于被保险人保险金请求权的实现等，这些变化对人身保险合同，进而对人身保险产品产生了重要的、深远的影响。

从监管规定看，近年来监管部门不断完善产品监管制度，促进产品创新与发展。比如，2007 年，保监会修改了原投资连结保险、万能保险精算规定，出台了《关于印发投资连结保险、万能保险精算规定的通知》。新规定加强了风险的管控，加强了保险保障的比例，同时，消费者在购买投连险、万能险时相关费用也降低了。2007 年 4 月，在中国保监会的指导下，中国保险行业协会推出了我国第一个重大疾病保险的行业规范性操作指南——《重大疾病保险的疾病定义使用规范》。对重疾险产品中最常见的 25 种疾病的名称、定义进行了统一和规范，对重疾险的除外责任、条款中出现术语的解释作了统一，对重疾险条款和宣传资料中疾病的排列顺序、疾病名称的表述方式也作了规定。2009 年，中国保监会积极推动行业协会出台《人身保险产品条款部分条目示范写法》，着重对产品条款中 14 条一般性条款在写法上进行了规范，对于进一步提升人身保险条款的公平合理性，保护消费者权益具有积极的意义。此外，中国保监会还出台了新的《人身保险新型产品信息披露管理办法》，该办法以保护投保人利益为核心，进一步细化了与投保人利益密切相关的信息披露要求，例如，规范了售前需要出示的销售材料，增强售前的强制披露义务，细化产品说明书有关内容等。

从行业自身发展和产品创新实际看，近年来，保险业围绕社会大众需求，积极推进产品创新工作。比如：在健康保险产品方面，2006 年 7 月，中国人民健康保险股份有限公司推出了高原旅游专属保险产品——守护专家高原特定疾病医疗保险，这是我国第一款高原特定疾病医疗保险产品。在养老保险产品方面，企业年金保险产品、天津滨海新区团体补充养老保险陆续推出。在一些特殊的事件中，比如 2008 年我国四川省汶川发生特大地震，太平人寿开办了专门针对“5·12”地震孤儿的年金保险产品；中国人寿推出了国寿重大自然灾害意外伤害保险等产品，涵盖了地震、洪水等六种重大自然灾害。2009 年，针对全球甲型 H1N1 流感，友邦保险等公司也推出了相应的保险产品。

正是由于上述原因，《人身保险产品》一书需要进一步结合当前实际进行修订和完善。

二、本书的修改思路和组织架构

本书在修改过程中主要遵循了以下原则：

一是适用性原则。本书以人身保险产品为主线，结合当前人身保险产品发展和监管的最新情况，对人身保险产品的概念、特点、设计原则、定价原理、发展状况等内容进行系统梳理和阐述，同时增加了名词解释，帮助从业人员对人身保险产品历史、现状、展望能够有全面的、系统的、准确的认识。

二是协调性原则。本书在修改过程中充分考虑了与《人身保险合同》、《人身保险监管》等相关教材的衔接关系，并根据资格考试相关要求，强化了分红保险、投资连结保险、万能保险等人身保险新型产品时销售行为、信息披露、经营管理等方面的内容，增加了产品销售管理的相关内容，引导从业人员进一步准确认识人身保险新型产品的功能、作用、定位、销售要求等。

三是前瞻性原则。本书对国外人身保险产品的发展历程、产品类型等情况进行了系统介绍，对国内人身保险产品的发展历史、现状进行了总结，从而对国内人身保险产品未来发展趋势和展望进行了描述。

本书在修改过程中基本保持了一版教材原有的组织架构并在最后新增一章有关产品销售管理的内容。

第一章到第三章，分别对人身保险产品的基本形态、设计和定价进行阐述。通过介绍保险产品的形态及演变过程，强调了人身保险产品创新的重要性；通过分析人身保险产品设计原则及演变过程，说明了产品设计过程中主要考虑因素，介绍了人身保险保单编排的基本结构和产品设计流程；通过对产品定价原理的描述，系统介绍了人身保险产品定价的数理基础、定价过程和定价方法，也从产品的角度谈及了责任准备金以及现金价值惯例的重要性。

第四章和第五章，主要介绍人寿保险产品和年金保险产品。通过对人寿保险产品、年金保险产品概念和特点、主要形式等内容的介绍，使读者对这两类产品有全面的认识。

第六章到第八章，分别介绍 1999 年我国人身保险新型产品创新中出现并在当前人身保险市场上占据主流地位的分红保险产品、投资连结保险产品以及万能保险产品，系统介绍了上述产品的概念、特点、主要产品形式、关键产品要素、经营管理，以及国内外相关产品发展状况等。

第九章和第十章，主要介绍了健康保险产品和意外伤害保险产品，这两类业务在其他国家称之为第三领域的业务，产寿险公司都可以经营。

第十一章为新增加内容，主要考虑有：一是销售误导问题是目前保险业存在的突出问题之一，本书作为中国人身保险职业教育资格考试的一本基础教材，不少保险销售人员需要学习并参与相关考试，销售管理的相关内容有必要在本书进一步强化；二是产品开发、管理、销售等各个环节相互紧密联系，相互影响，产品开发管理最终目的是为了销售和满足市场需求，因此产品销售管理的相关内容在本书中应当有所体现。从内容看，本章主要从人身保险产品销售模式入手，分析人身保险产品销售风险，进而阐述人身保险产品销售风险的防范与控制。

三、学习工具

编写本书的目的是帮助人身保险从业人员学习人身保险产品的基本知识，并推动从业人员在个人职业生涯中正确销售产品，通过产品的培训教育使得合适的产品销售给合适的客户。为使内容简单明了，容易学习掌握和参加考试，全书采用了一致的写作编排格式，各章节反复使用了以下几种学习工具：

◆学习目的

每章都以该章的主要学习目的开始，以使读者对该章的主要问题有所认识。每章列出的学习目的都简明扼要，以便帮助读者集中注意该章提出的四五个关键结论，使读者的学习有的放矢。

◆ 名言引用

在每章的开头部分，引用名家名言、领导讲话和政策法规。力求广为人知、朗朗上口，而且尽可能和该章内容紧密联系，以便能窥一斑而知全豹。

◆图表

常用以开始或结束一个主题，一般都注明有资料来源。

◆专栏和阅读材料

通常提供一些有助于对正文理解的补充材料，通过大量的产品实例和案例，以增强读者的感性认识，帮助学习和理解。专栏和阅读材料穿插在正文中，在字体上与正文也有所区别，以便读者选择阅读。

◆脚注

在脚注对名言来源、意思有简要说明。外文人名、书名均在脚注有英文翻译，全书正文中力求不出现英文，保证阅读的连贯性，但有兴趣者可通过脚注或附录查询相关英文翻译。

◆关键词

在每章结尾，这些关键词是读者学习中需要掌握的重点概念，通过这些概念掌握全书的重点内容。

◆思考题

鼓励读者在读完正文之后，结合各章内容，联系实际来思考产品问题。

◆专业术语

书后增加中英文专业术语，专业术语在正文第一次出现时皆用粗体标示，通过对专业术语的浏览即是对教材内容的梳理，考前可只看专业术语，记忆相关内容。

总之，教材除了力求能让考生轻松自学备考外，还是一本蕴含丰富信息量的参考资料，或许以后论文写作、培训课件设计及实际展业过程中都能用上这些详细的资料。

四、本书适用对象

作为一本系统阐述人身保险产品的专业和权威书籍，本书既可以满足人身保险职业教育资格体系考试的相关要求，也可以作为大专院校相关课程的教科书和参考书。

编　者

2011 年 4 月

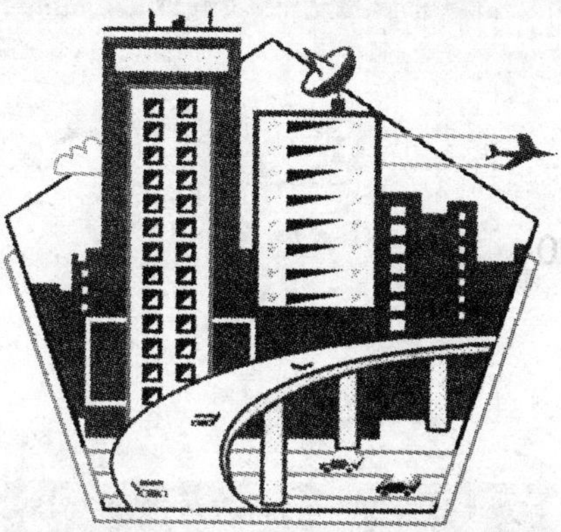

目 录 / Contents

第一章

人身保险产品概论

学习目的

- 了解人身保险的产生基础、作用和发展历史
- 了解人身保险的基本原则、主要种类和各种人身保险的特点
- 了解人身保险经营的主要环节
- 掌握人身保险产品的基本概念、特点以及主要形态
- 了解人身保险产品的创新情况

> （保险）产品是保险业发展的基本要素，保险服务于社会经济（发展）和人民生活要通过（保险）产品来实现，只有不断地进行产品创新，保险的功能才能得到更好（地）发挥。
>
> ——吴定富①

疾病、死亡、伤残和衰老等是人类必然且必须面对的不安全因素，人身保险作为人类社会进步到一定阶段后的产物，是规避诸多人身的不安全因素、保障人类正常生产生活的重要手段。② 伴随着社会经济的发展，人身保险不断创新，险种不断增多。目前，人身保险已经成为促进社会经济稳定发展的重要因素，在我国具有非常广阔的发展前景，并将在经济生活中发挥越来越重要的作用。

第一节 人身保险概述

一、人身保险简介

（一）人身保险的概念

人身保险是以人的寿命和身体作为保险标的的保险。人身保险的保险责任可以涵盖生、老、病、死、残等各个方面，当**被保险人**发生死亡、伤残、疾病等事故或生存至所约定的时间，保险公司③按合同规定向被保险人或其**受益人**给付保险金。

人身保险包括以下三要素：

1. 保险标的

即人的寿命和身体。从保险保障的角度看，人的寿命表现为生存和死亡两种状态；从保险保障的角度看，人的身体状态可以分为：健康、生理机能伤害、劳动能力缺失等。

① 吴定富于2007年全国保险工作会议上的讲话，2007年1月21日。

② 一项关于人类历史与文明的研究显示，对安全的需求是物质与文化发展中最强的动力之一，早期人类社会安全主要依赖家庭和所结合的部落。然而随着社会经济的进步，这种安全性逐渐变弱，保险逐步成为满足社会安全需求的基本方式。

③ 保险公司，也称为保险人（insurer）。

2. 保险责任

覆盖生、老、病、死、伤和残等各个方面，涉及人们日常生活中可能遭受的意外伤害、疾病、衰老和死亡等各种不幸事故。

3. 给付条件

当被保险人因遭受保险合同范围内的保险事故，而导致死亡、伤害、残疾或丧失工作能力，或者保险期满、年老退休，由保险公司依据保险合同的有关条款，向被保险人或其受益人给付保险金。

（二）人身保险的意义与作用

人身保险实质上是一种特殊的金融保障服务。人身保险产品作为提供人的寿命和身体保障的一种独特商品，很难在市场中找到替代品。人身保险的投资资产是金融市场上重要的资金来源，尤其是长期资本市场的重要组成部分。

1. 人身保险在个人人身风险管理中的作用

人身保险为满足人身安全保障需求提供了基础，它可以为个人或家庭提供一定层次上的经济安全保障，使人们能够较为自由地选择居住地、工作地、退休时间、婚姻及生活方式。

2. 人身保险在个人财务规划中的作用

人身保险是一种有价值和富有弹性的财务工具，大多数人身保险可以将保障功能与储蓄功能，以及一定的投资功能融于一身，并减少一些不必要的投资成本。

另外，由于长期人寿保险和**养老保险**部分解决了国家的长期资金需求，缓解了基本养老和老龄化社会的压力，部分分担了社会的责任，因此，大多数国家对人身保险产品给予了适当的税收政策优惠。相对于其他投资工具，这是人身保险产品所独有的。人身保险的长期性特征可以丰富和补充资本市场的长期资金来源。

3. 人身保险对企业的作用

人身保险可以承保企业雇员的人身风险，有利于企业的正常经营和财务稳定，这对于经营规模小、抗风险能力相对较低的中小企业尤为重要；可以作为员工福利计划的一个部分，有助于提高企业在人才竞争中的优势；可以消除企业重要雇员的意外人身伤害对整个企业经营的不利影响，以达到稳定经营的目的。

4. 人身保险对社会的作用

（1）人身保险是社会和家庭的“稳定器”。它可以提供对人身风险的保障，保持公民个人和家庭生活的稳定，维系整个社会生活秩序的稳定。

（2）人身保险为社会创造了大量的就业机会。人身保险产品是一种特殊的商品，需要专业的销售、**核保**、**核赔**、精算、客户服务和培训等人员。

（3）人身保险促进了国民经济的发展。随着人身保险行业的迅速发展，社会对人身保险的需求在扩大，形成了固定的、有规模的消费力量。同时，人身保险业聚集了大量的小额私人储蓄，通过投资于其他公共或私人企业在一定程度上可发挥保险的资金融通功能，对国民经济发展起到了一定的促进作用。

（4）人身保险用市场化手段实现养老、就业、子女抚养、健康等人身保障功能，减轻了社会福利制度方面的压力，一定程度上减轻了政府的财政负担。

（三）人身保险的特点

1. 风险的特殊性

人身保险涉及的风险主要是人的寿命风险和人的身体风险。这些风险在影响因素、时间性和损失度量方面都有其特殊之处。具体分析见表1－1。

表1－1　　寿命风险和身体风险对比表

	寿命风险	身体风险
影响因素	性别、年龄、特殊的嗜好（例如吸烟）	年龄、性别 目前健康状况 既往病史、家庭病史 职业、收入及财务状况 已有的健康保障水平 道德 习惯与嗜好 业余爱好 工作经历
时间性	长（通常在1年以上）	短（通常在1年以内）
损失度量	生存或死亡的价值； 对不同的个体有所不同	需要除保险之外的专业技术度量损失的金额； 身体所受伤害的损失价值在有些情况下对所有个体是客观的和相同的

2. 业务经营的特殊性

人身保险标的风险的特点决定了人身保险业务经营的特殊性。具体表现为以下四个方面：

（1）人身保险大多数为长期业务，在投资、承保责任、经营管理等方面都表现了一种长期经营的理念。

（2）**保险金额**的确定。原则上讲，应该从两个方面来考虑确定人身保险的保险金额：一是被保险人对人身保险的需求程度；二是投保人缴纳保费的能力。保险金额过低则不足以达到保障目的，过高则可能使投保人负担过重，也会增加保单失效或道德风险的可能性。

（3）保险利益的特殊性。保险利益是**投保人**对保险标的具有的法律上承认的可以实现的经济上的利益关系。人身保险的保险利益只是订立保险合同的前提条件，并不对保险合同的维持效力产生影响，也不成为保险公司给付保险金的条件。如夫妻双方都对对方具有保险利益，若为对方投保人身保险，则离婚后不会影响保险责任。

（4）较成熟的寿险精算技术。精算技术是利用数理模型来估计和分析未来的不确定事件（风险）对当前经营的（财务上的）影响。利用寿险精算技术可以对人身保险标的的**损失**分布进行科学、合理的分析和预测。

专栏 1—1

从技术角度考虑确定人身保险保险金额的两种方法

方法一：美国休伯纳[①]教授在 1924 年提出了"**生命价值**"理论，认为人的生命价值是由其工资收入扣除个人生活费以后所剩余部分的资本化价值来决定的。而生命价值的大小可以反映在投保人寿保险的保险金额上。

方法二："人身保险设计"方法[②]，即依据死亡后丧葬费、遗属生活费等方面的需要，来确定保险金额的大小。

（四）人身保险[③]与其他保险的区别

1. 人身保险与社会保险

社会保险是指国家通过立法采取强制手段对国民收入进行分配和再分配，形成专门的基金，对劳动者因年老、疾病、生育、失业、伤残等丧失劳动能力和失业中断劳动，本人和家属失去生活收入时，由国家或社会提供物质帮助的一种经济互助和救济制度。**社会保险**主要包括基本养老保险、基本医疗保险、工伤保险、失业保险和妇女生育保险等。

社会保险的作用也是保障人们生活的安定、社会的稳定和促进社会的发展，但与人身保险（属于商业保险范畴）相比两者存在较大区别：

（1）性质不同。人身保险是由保险公司通过商业经营提供产品，进而提供保障。作为一种商业行为，它以营利为目的。社会保险一般由国家政府指定的部门进行经营管理，或者在国家的严格监督下由自治性的社会团体经营管理，通过立法强制实施。它以社会安定和保障为目的，是国家提供的公共产品，不以追求营利为目的。另外，人身保险可以满足各个消费阶层的保障需求，社会保险是为了保持社会财富和每个公民应有的保障的公平性。

（2）实施方式不同。人身保险遵循自愿原则，由投保人根据自身的实际需要和经济能力进行选择；而社会保险则是借助法律法规强制实施。

（3）保险对象不同。人身保险作为一种商业活动，理论上讲，任何人都有投保的权利，但是并没有投保的义务。社会保险一般由国家立法强制实行，保障对象是由法律明确规定的社会劳动者，其涉及的社会阶层多于人身保险。

（4）保障水平不同。人身保险作为商业活动，投保人可以按照自己的意愿选择投保标

① 休伯纳（Solomon. S. Huebner），美国宾州大学沃顿商学院教授，最早提出"生命价值"理念，为人寿保险保险金额定量提供了理论基础和参考依据。

② 魏迎宁主编：《人身保险》，西南财经大学出版社 1993 年版。

③ 这里的人身保险是指商业人身保险。

的的风险、确定保障水平；社会保险重在保障人们的基本需求，保障水平较低，投保人对保障水平的选择权较小。

（5）保费厘定原则不同。人身保险作为风险转移工具，在风险交换的过程中，所收取的保费要满足等价交换和权利义务对等的原则，要考虑所转移风险的客观成本，保费完全由投保人承担；社会保险保费的确定原则是保障最低生活需要，具有一定程度的转移分配性质，所以，对所有参加者，受益金额相同，保费一般由个人、企业（雇主）和政府共同承担。

人身保险与社会保险虽然存在以上诸多不同之处，但仍然具有密切联系，二者互为补充。社会保险提供基本生活保障，人身保险提供超过基本生活需要以上的保障，二者互相配合、共同发展。

2. 人身保险与财产保险

商业保险由人身保险与财产保险构成。[①] 两者最根本的区别是保险标的性质的差异，财产保险是对可以用货币衡量价值的财产或利益损失提供保障，其标的是财产或利益。基于此，两者在三个方面存在较大差异：

（1）保障不同。人身保险多为定额给付保险，财产保险为损失补偿保险。[②]

（2）保险利益不同。人身保险的保险利益是以人与人之间的关系来确定的，而不是以人与物或责任的关系来确定的。具体而言，投保人对自己的寿命和身体具有保险利益，投保人对有亲属血缘关系的人[③]一般也具有保险利益，与投保人有劳动关系且同意作为被保险人的劳动者也具有保险利益。在确定保险利益的大小时，财产保险可以按照标的财产的价值或责任的价值来确定，这对保险双方都是一种客观存在的价值。而人身保险的保险利益价值是双方共同认可的主观价值。[④]

（3）经营规律不同。人身保险的销售有自身的特殊性，寿险业务具有长期性并兼具储蓄和投资功能，人身保险的资金运用也具有一定的特殊性。而财产保险多为短期保险，期限一般不超过 1 年。[⑤]

① 再保险业务实质上也是人身保险或财产保险的再保安排，与直接保险相对应。保险中介实际上是一种人身保险或财产保险业务的销售渠道。

② 实际上，人身保险业务也有属于财产保险公司和人寿保险公司都可以经营的第三领域，如健康保险的费用补偿型产品。

③ 亲属关系具体是指配偶、子女、父母，与投保人有抚养、赡养或者扶养关系的家庭其他成员、近亲属，《中华人民共和国保险法》于 2009 年 10 月 1 日起施行，以下所涉及《保险法》均指该法，简称为新《保险法》。

④ 根据生命价值理论，人身保险的价值也是有客观依据的，这成为有效防范道德风险的财务核保制度的基础。

⑤ 人身保险业务中的意外保险和短期健康保险在经营规律上与财产保险具有共同性。财产保险中的责任保险有很多也是长尾业务（long-tail business），因此，表现出一种长期性。

二、人身保险的类型

（一）人身保险的分类

1．按保障范围分类

我国新《保险法》第九十五条规定："人身保险业务，包括人寿保险、健康保险、意外伤害保险等保险业务"，这都是按照保障范围对人身保险业务进行的划分，也是最常见、最基本的人身保险分类。

人寿保险是以人的寿命为保险标的，以被保险人在保险期间内死亡或者生存至保险期满为保险事故，保险公司在保险事故发生时履行保险金给付责任的一种人身保险形式。承保的责任可以是生存或死亡，也可以同时承保生死责任。在大多数人身保险市场中，人寿保险占全部人身保险业务的绝大部分，是最主要、最基本的人身保险业务类型。

意外伤害保险是因被保险人在保险期间内遭受意外伤害造成死亡或残疾而给付保险金的一种人身保险形式。意外伤害保险占人身保险业务的比重不大，但由于保费低廉、投保简捷、核保简单等原因，保险金额并不小，是较为普及的一类人身保险业务。

健康保险有时被称为医疗保险，但健康保险在内涵和外延上都远远超过医疗保险的概念范畴。除医疗责任外，健康保险的保险责任还包括因疾病造成的残废，因生育、疾病或意外伤害引起的收入损失、由于年老或疾病所需的长期护理，以及疾病预防和**健康管理**等等。

2．按投保方式分类

按照不同的投保方式，人身保险可分为个人人身保险、联生保险和团体人身保险三大类。

个人人身保险是指单个被保险人在自愿选择的基础上所投保的人身保险。保险对象为个人，一张保险单只为一个个体提供保险保障。个人人身保险可细分为普通人身保险和简易人身保险两类。

联生保险是指将存在一定利害关系的两个或两个以上的个人（如父母、夫妻、子女、兄弟姐妹或合作者等）作为联合被保险人同时进行投保的一类保险。在联生保险中，如果第一个被保险人死亡，那么保险金将支付给其他生存的人；如果保险期限内无一人死亡，保险金则支付给所有联合被保险人或其指定的受益人。

团体人身保险则是通过一张总的保险单为某一团体的全体或大多数成员（一般要求至少为总人数的75%）提供人身风险保障的保险形式。保险公司以整个团体为承保对象，依据该团体的总体风险程度来确定承保及相关的保费，而不对团体内每个被保险人逐一核保和选择。

3．按实施方式分类

人身保险可以分为自愿保险和强制保险两大类。

自愿保险是保险双方当事人在公平自愿的基础上，通过签订保险合同自愿缔结保险关系，双方均可自由选择。自愿保险的投保人有选择险种、保险期限、保险金额以及退保的权利，而保险公司可以选择被保险人和保险标的。

强制保险是根据国家法律规定开办的保险业务，不管被保险人是否愿意投保或保险公司是否愿意承保，都必须依法建立保险关系，所以强制保险也称“法定保险”。国家为了保护社会公共利益，通过立法要求一定范围内的公民或组织必须投保某种强制保险，保险金额和保险期限也是统一规定的，不能自由选择。

人身保险以自愿投保为基本原则，因此在人身保险业务中，强制保险只占极少数，一般只有意外伤害保险等少数险种属于强制保险①，凡是没有国家立法规定必须投保的保险都属于自愿保险。

4．按保险期限分类

人身保险可以分为短期业务、1 年期业务和长期业务三大类。

短期业务是保险期限不足 1 年的人身保险业务，主要指意外伤害保险或短期健康保险，也有 1 年期以下的定期寿险业务。

1 年期业务是保险期限为 1 年的人身保险业务，主要是意外伤害保险，短期健康保险，一般定期寿险都是 1 年期或 1 年以上的业务。

人身保险业务中的长期业务是指保险期限超过 1 年的人寿保险和长期健康保险业务。国际上一般没有超过 1 年的意外伤害保险业务。

5．按被保险人风险程度分类

人身保险可以分为标准体保险和非标准体保险。

标准体保险②，是指对于身体状况、职业、道德等方面没有明显缺陷的被保险人，保险公司按照所制定的标准和正常的费率来承保的保险。大部分人身保险都是标准体保险。

非标准体保险③，此类保险的被保险人发生保险事故的可能性较高，超过了正常人的标准，只有满足特别条件才能承保，否则将增加保险公司的承保风险。

6．其他分类方式

由于目前没有固定的分类原则和严格的分类标准，除上述五种方法外，人身保险还有其他许多分类方法。例如，按是否分红进行分类，人身保险可分为分红保险和非分红保险两大类；按被保险人是否参加体检，人身保险可以分为验体保险和免验体保险等等。

（二）常见的人身保险类别

下面按照人身保险的保障范围分别介绍各类人身保险的定义。

---

① 如旅游意外保险，2002 年 2 月 1 日施行的《旅行社管理条例（2001 年修订）》（国务院令第 334 号）第二十一条，旅行社应当为旅游者办理旅游意外险，这是国务院《旅行社管理条例》的强制性规定，因此，根据《保险法》规定，旅游意外险应属强制保险；建筑工人意外伤害险，1998 年 3 月 1 日施行的《中华人民共和国建筑法》第四十八条；而铁路旅客意外伤害险，1951 年 5 月 1 日施行的《铁路旅客意外伤害强制保险条例》（［51］财经总财字 57 号令）第一条，铁路旅客意外伤害险是否属于强制保险，这是一个比较有争议的问题。持否定观点的人认为，《铁路旅客意外伤害强制保险条例》的颁布机构为财政部，而非国务院，不能将该条例视做行政法规，故依据《保险法》规定铁路旅客意外伤害保险不是强制保险。这从 2005 年 12 月 8 日发布的《中国保险监督管理委员会关于铁路旅客意外伤害强制保险的复函》（保监厅函［2005］227 号）中可以得出。

② 标准体保险，又称为健体保险。

③ 非标准体保险，又称为弱体保险、次标准体保险或次健体保险。

1. 人寿保险

传统的人寿保险有**定期寿险**、**终身寿险**和**两全保险**三种形式。定期寿险是指对被保险人在保险期限内死亡的情形，保险公司向受益人给付保险金的一种保险。终身寿险则是无论被保险人在何时死亡都给付保险金额的人寿保险形式，它能够为个人提供一生的保障。与定期寿险和终身寿险仅对被保险人死亡的情形提供保障不同，在两全保险中保险公司将提供两种承诺：若被保险人在保险期限内死亡，则向受益人支付死亡保险金额；若被保险人生存至保险期满，则支付生存保险金额。由于保险公司在两全保险中的责任不仅包括死亡给付还包括满期生存给付，所以两全保险保费要高于定期寿险与终身寿险。[①]

随着人寿保险的发展，为适应新的保险需求，增强竞争力，中国的保险市场还引进和开发了分红保险、万能保险和投资连结保险等一系列寿险产品。[②] 这类寿险产品除提供与传统人寿保险一样的保障服务外，还有可能让客户分享保险公司的部分甚至全部经营投资活动的盈余，同时也会承担相关的亏损。它们的出现提高了消费者的投资意识与选择自主性，也促进了保险公司的经营创新。

2. 健康保险

在现代社会中，人们一旦遇到了疾病或意外事故造成的人身伤害，必然会面临相应的医疗花费和收入损失。健康保险主要以被保险人因疾病等原因需要支付医疗费，因疾病造成残疾以及因生育、疾病或意外伤害无法正常工作而减少劳动收入作为**保险事故**。

健康保险中最常见的是医疗保险，包括普通医疗保险、综合医疗保险、各种补充医疗保险以及部分特种医疗保险等类型。除医疗保险外，疾病保险、失能收入损失保险和护理保险等健康保险，以及健康管理业务也呈上升趋势。

3. 意外伤害保险

人们经常遭受到各种意外伤害事故的威胁，遭受意外伤害的人及其家庭需要获得经济上的帮助。意外伤害保险以被保险人在保险期限内遭受意外伤害造成死亡或残疾为保险事故而给付保险金。需要说明的是，意外伤害保险的保险责任仅限于意外伤害造成的死亡、残疾，不包括其他原因（如疾病、生育等）引起的残疾或者死亡。

意外伤害保险包括普通意外伤害保险和特定意外伤害保险两大类。前者承保在保险期限内发生的各种一般可保意外伤害和特别约定的特约承保意外伤害，目前我国开办的团体人身意外伤害保险、学生平安保险等都属于普通意外伤害保险。后者则是以特定时间、特定地点或特定原因发生的意外伤害为承保风险，主要有旅客意外伤害保险、职业意外伤害保险等险种。

4. 年金保险

年金保险按照年金方式在被保险人生存期间或约定的期间定期给付保险金。[③] 主要形式

---

① 根据中国保监会《人身保险产品定名暂行办法》（2000 年 3 月 23 日）制订。

② 在国际保险市场中，大多数此类寿险产品为变额人寿保险（variable life）、万能人寿保险（universal life）、变额万能人寿保险（variable universal life），或投资连结保险（unit-linked/investment-linked products）。

③ 部分教材将年金保险划入人寿保险。

有**期缴保费**延期年金、趸缴保费延期年金、趸缴保费即期年金、**变额年金**[①]等。生存年金保险是一种典型的年金保险，在被保险人生存期间给付年金，被保险人死亡即停止给付。

5. 团体保险

团体人身保险通常用一份合同向一个团体的全部或大多数成员提供人身保险保障。业务对象为一个团体，如机关、社会团体、企事业单位等独立法人组织，但不能是出于此投保目的而临时组成的团体。

团体保险是一种承保方式，主要险种有团体人寿保险、团体年金保险、团体意外伤害保险和团体健康保险等。

对于团体保险，保险公司在承保时只考虑整个团体的总体风险程度能否承保，而不关心团体中的单个成员。在团体保险中，投保人是团体，被保险人是合同中规定的团体中的成员，由团体缴纳**保险费**。

三、人身保险的产生和发展

（一）人身保险的产生基础

生、老、病、死、残等风险的客观存在是人身保险产生和发展的前提条件。每个人不仅仅有人身安全保障方面的基本需求，而且随着社会的进步和经济的发展，人类对提高生活品质、改善生活和生命质量的愿望也越来越强烈。

1. 人身保险的需求基础

（1）关于个人的保障需求。每个成年人对自己和家庭都负有一定的责任，人们都会自然产生不愿失去已有生活质量的客观愿望。对保险的需求虽然没有像人们对日常生活用品消费那样直观和迫切，但人们总是有意无意地寻求这种安全感和实质性的财务保障。表1－2节选了中国人寿保险业**生命表**的部分数据，从中可以看到不同的年龄所对应的当年**死亡率**和未来寿命风险。

表1－2　生命表部分数据

年龄	死亡率（‰）	平均余命（岁）
25	0.759	50.98
40	1.715	36.71
55	5.203	23.12

数据来源：中国人寿保险业经验生命表（2000—2003）（非养老金业务——男）。

从人的生命周期看，从出生到死亡要经历几个阶段，其相应的人身保障需求可用图1－1表示，图中箭头下方的各个时刻代表人的生命周期的不同阶段，每个阶段对应的上方文字描述了当时的保障需求。

① 此处的变额年金仅指保额可变的年金。

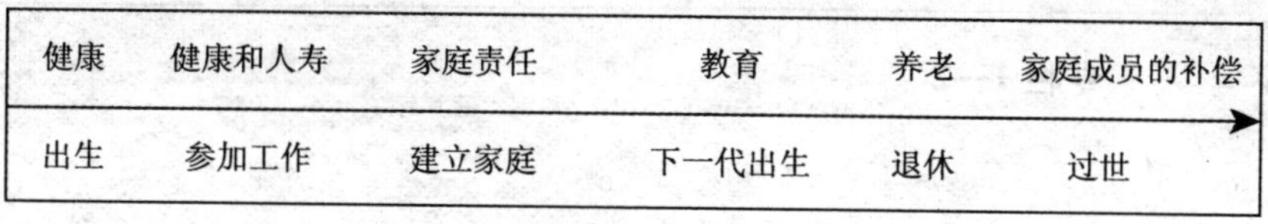

图 1－1　生命周期中的人身保障需求

当然，每个个体的具体情况是不同的，还会有各自特殊的需求，作为一个完善的保障体系，对这些特殊的需求也应该有所考虑。

例如，某夫妇马上要进入退休年龄，他们考虑两个人的退休金不足以保障他们退休后的生活。而丈夫在 30 岁时曾购买过终身寿险，目前累计的保单现金价值还是比较可观的。从个人人身保障的角度分析，丈夫在退休前需要因意外死亡对家庭造成损失的安全保障，但退休后则需要养老和生活条件方面的保障。

（2）理财需求。投资理财是以每个人或家庭为着眼点确定财务目标，逐渐建立和实施具体的财务计划，最终达到一定目标的理财行为。人们在拥有一定的稳定收入后，通常会将收入按照储蓄、投资、子女教育和养老等进行分配。但是现今社会的变化，使得人们必然要考虑上述分配是否可以达到预期的目的。这些变化包括：金融市场的剧烈变化，利率和投资收益的不稳定；经济环境的变化，各种与个人财务相关的政策（税收、社会保障）的变化；各种新型投资工具的出现使得选择的余地更大，但是风险和技术上的复杂性也在加大。

例如，如果这对夫妇认为退休保障需求高于死亡保障的需求，他们可以用终身寿险累积的保单现金价值购买一次缴清的年金产品，这个产品将在这对夫妇的有生之年按月提供稳定的年金。

（3）企业的需求。任何企业都是通过人才进行运作的，吸引、拥有并留住高品质的人才是企业成败的关键因素之一。个人的人身安全保障需求体现在企业中，就是企业需要对其雇员（特别是重要雇员）提供合理、有效的人身安全保障。这种保障的提供对有些企业是自发的需求，因为在一定的程度上它可以转化为看得见的效益；而对有些企业则是由于竞争压力而被迫提供的。但是，无论怎样，在一个相对有效和健全的经济体制中，企业对雇员人身安全保障需求的满足应该是固有的和必然的。

（4）社会经济需求。人身安全保障也是社会发展的基础之一。社会整体对安全保障需求的表现形式是多种多样的，可能来自社会全体的代表、政府或某个特殊团体。而人身保险作为一种经济制度，也会对经济活动产生重要影响。在社会经济发展中应该尽量集合社会的全体资金力量，特别是经济迅速发展的时期。

寿命延长、人口老龄化是人类社会发展到今天的一种总体趋势。寿命延长意味着年老退休之后生存的时间更长了，所需的整体养老费用将增加，需要从社会整体的角度计划和统筹安排更多的养老基金；人口老龄化意味着每个在职劳动者负担的退休人员越来越多，摊到每个在职者身上的赡养负担将更加繁重。因此，社会总体对养老保障的需求将越来越大。

专栏 1—2

个人理财十大忠告

一、在建立个人资产的阶段，应当选择一个没有风险的简单的投资机构，最好是采取储蓄的方式。

二、购买住房是一种建立终生资产的行动，所以应当深思熟虑。

三、在采取任何获得不动产的行动之前，都应当考虑好自己的资金支付能力和支付方式等问题。

四、建立一个家庭资产情况一览表，这可以使你随时了解家庭情况的变化以及有关法规的变化。

五、使你的个人资产多样化。在组成你的个人资产的过程中要使固定资产、货币资产和金融资产这三者大体处于平衡状态。

六、使你的资产增值。一份资产应当根据其确定的目的来增值。

七、使你的资产活起来。如果你为你的资产选择的是中长期投资，那就很难考虑这一点，只有短期投资方式才能达到这种目的。

八、你应当关心税制的执行和它的变化情况，如果有必要请改变你的积蓄方针，不要犹豫。变化投资方向和注重投资安全可使你更好地应付各种形势。

九、不要忘了为你的退休做好准备。退休前你最好用其他一些投资方式来弥补社会保障措施的不足。

十、保护好你的家庭。在死亡保险、人寿保险、夫妻理财制度等方面应有所考虑。

（资料来源：《经济参考报》，2002 年 7 月 22 日。）

2. 人身保险的供给基础

在现代经济社会中，任何经济活动都必须具有一定的经济价值和现实的可行性。从供给角度看，人身保险具有以下的经济基础和技术基础：

（1）人身保险的经济基础。商业保险作为一种经济制度，它的建立必须有相应的经济条件。剩余产品的增加和商品经济的发展是现代人身保险发展的经济基础和条件。要建立损失补偿的后备基金，不管是实物形式还是货币形式，都只能来源于社会存在的剩余产品。因此只有在扩大再生产的条件下，存在满足人类生活必需以外的剩余产品，才具有补偿损失的物质基础，使得保险经济补偿功能得以正常实施。随着经济的发展，社会分工高度发达、生产规模和市场范围日益扩大，对资金融通和社会管理的需求日益增加，人身保险的经营基础逐渐定型。

（2）人身保险的技术基础。对人身风险的科学度量、评估和管理是人身保险的技术基础，其中最突出的体现之一就是精算技术。对人身风险的认知是人类对自然界诸多风险的认识过程中最重要的一个环节，而且相对来说历史较为悠久，这包括对人的生命风险的科学度量和一系列的具体技术方法，如：生命表、寿险产品定价的精算技术、寿险等含有长期责任产品的**准备金**计算的**精算方法**等。

（二）人身保险的发展趋势

1. 国际趋势

目前我国保险市场上经营人身保险业务的公司形态众多，主要由人寿保险公司和兼营寿险和非寿险的综合性公司经营；有一些非寿险公司也经营意外伤害保险和健康保险，还有一些专营健康保险和养老保险业务的保险公司。但是，在国际上保险公司兼并重组日趋活跃，并且保险公司和其他金融机构联合，出现了一些大型的保险公司或者金融保险集团。

随着全球经济一体化的进程和金融市场的不断发展，人身保险业出现了新的发展趋势，主要包括：

（1）人身保险市场全球化的趋势。国际贸易和资本市场的发展促使保险业呈现出全球化趋势。近十年来，人身保险业加快了国际化趋势，通过国际间的保险资本运作、战略联盟等多种方式，出现了许多国际化的保险集团，尤其是大量保险资本投入新兴市场国家或地区，在国际范围内为顾客提供全球化的人身保险服务。

（2）人身保险经营规模化的趋势。随着市场竞争的加剧和资本压力的增加，寿险公司相互并购的案例不断涌现，寿险公司的规模呈现大型化的趋势。公司并购的主要动力是追求规模经济效益，并寻求以更好的途径获得资本和人力资源，进而提高市场竞争力。

（3）人身保险创新的趋势。20 世纪 60 年代以来，国际人身保险业就开始了不断的创新，推动了人身保险业的迅速发展。80 年代开始出现万能寿险和变额寿险等新型寿险产品，90 年代则出现了保险证券化与大量新型的风险转移工具。为了适应日趋激烈的市场竞争环境，人身保险的创新势头还在持续。

（4）金融融合经营的趋势。由于金融市场上的竞争加剧，企业成本控制压力加大，一些发达市场上出现了保险公司与其他金融机构融合经营的情况，并有不断增强的趋势。特别是 20 世纪 70 年代荷兰人首创了**银行保险**以后，银行与保险的融合经营发展尤为迅速，现在已经成为欧洲大陆非常普遍的保险经营方式，并在亚洲等新兴市场迅猛发展。

2. 我国人身保险的趋势

（1）人身保险市场的国际化。我国加入世界贸易组织，实际上就是融入经济全球化浪潮的必要程序。寿险市场作为金融市场的重要组成部分，国际化成为未来发展的必然趋势。

（2）人身保险功能的扩大化。以前的人身保险重在提供经济补偿的功能，随着新型寿险产品的发展，人身保险的资金融通功能得以强化。随着健康保险、养老保险的成熟，人身保险发挥社会管理的功能也不断增强。

（3）人身保险产品的多元化。人身保险产品系列将进一步丰富，市场上会出现形式更多的保障型、储蓄型、投资型的寿险产品。同时，随着税收和医疗体制的改革，年金保险产品和健康保险产品将大量投入市场，承保的比重可能超过纯寿险和两全保险。

（4）寿险营销方式的多样化。传统的寿险产品销售方式正在发生变革，除了代理人营销之外，银行保险、电话销售、网上销售、职场销售、直接销售等新型销售方式将占据越来越重要的地位。

（5）保险经营的集约化。市场的成熟和监管的完善将促使寿险公司加强内控和管理，重视风险管理和偿付能力，改变单纯追求规模的经营方式，实现经营方式的集约化。

第二节　人身保险产品的概念与特点

一、人身保险产品概念

（一）保险产品

根据词语的基本定义，“产品”有以下两种解释：“生产出来的物品”[①]；“可被销售的生产出来的物品”[②]。按照市场营销的观点，产品必须是顾客通过市场交易所得到的。从存在形式考虑，产品可以分为实物型和服务型，前者为有形的具有一定的物理特征；后者是通过无形的活动提供给顾客的某种服务。保险产品和许多金融产品都是无形的服务型产品。

保险产品是保险公司提供给客户的风险保障服务，并且在市场中进行交易。保险产品本身的基本功能是为投保个体在损失发生时提供赔偿。从客户的角度看，客户将自己所面临的风险通过保险产品转嫁给保险公司，而自身获得了一种保障。例如，传统终身寿险产品、递减的两全保险产品、**失能收入保险**产品，分别可以为人们提供终身的死亡赔偿保障、水平逐渐降低的生存保障以及伤残后的基本生活保障。

保险产品的收费在先，产品功能的实现在后，这两项活动之间的时间差虽然因产品形态的不同而有所不同，但是基本原则是相同的，这是保险产品与一般产品的主要区别之一。

除了保障内容，保险产品还会对保费缴纳、保险金给付和其他特殊项目的规则和相互关系进行约定。其中主要内容之一是保险产品的定价。保险产品定价必须充足，一般需要满足两方面要求：一是弥补预期赔付成本和管理成本；二是产生预期合理利润以回报投入的资本。

（二）人身保险产品

人身保险产品是指保险公司为被保险人在死亡、伤残、疾病或者生存到双方约定的年龄

---

① 中国社会科学院语言研究所词典编辑室编：《现代汉语词典》，商务印书馆 2000 年版第 137 页。

② National Centre for English Language Teaching and Research Australian Learners Dictionary, Macquarie University Sydney, 1997, P. 655.

或期限情况下提供给付保险金的服务。依据人身保险产品的基本概念，人身保险产品的基本要素为：产品的服务对象为人；产品的标的是人的寿命和身体；产品的具体内容为人的生存保障、老年保障、疾病保障、死亡和伤残保障。所以，人身保险产品是为人的寿命和身体提供保障的保险产品。

大多数人身保险产品提供长期的保障功能，这是人身保险产品的突出特征。为此，人身保险产品在定价时一般采取均衡保费法，即投保人缴纳的保费在相当长的一段时间内为固定的水平，对应的保险责任则是变化的。因此，在长期经营的意义上达到价格与保障功能的对等。人身保险产品的长期性也为投保人提供了一种储蓄和投资的功能。

传统人身保险产品的价格构成具有一般商品的共性，但也有很大的差异性。在传统寿险产品中，寿险公司向投保人收取的保费相当于产品的销售价格，其中的佣金、各种费用以及向被保险人或受益人支付的保险金将构成产品的成本。销售价格的金额是预先确定的，而寿险产品的成本因支出时间的不确定性，其金额的现值是不完全确定的。实际上，保险经营总是先确定销售价格，然后才发生成本的支付，在价格确定之时绝大部分成本尚未发生，这与一般商品是相反的。所以，寿险公司只能按照预期成本加上合理的利润，再考虑市场竞争的情况来确定销售价格。关于人身保险产品的定价，我们将在第三章详细介绍。

二、人身保险产品的特点

人身保险产品是一个历史悠久、市场份额占比很大的保险产品。在近 100 年的发展中，人身保险产品在功能上不断丰富和深化、形式上也有许多相应的变化。主要具有以下特点：

（一）需求面广

人身保险产品是保险市场中较基本和较主要的保险产品。人身保险产品面对人自身的风险，所以社会的各个层面都会对这种保险产品有不同方面、不同程度的需求。人身保险产品也为各种各样的顾客提供多样化、灵活性的服务，例如，终身寿险产品可以通过保费缴纳方式、现金价值的处理方式和受益方式等条款为顾客提供多种选择。

（二）保险金额不易确定

因为人的寿命和健康的价值是因人而异的，所以，人身保险产品标的的价值是无法准确估量的，即使同样的人身损害对不同的人也会有不同的价值感。为了处理这个问题，大多数人身保险产品采取标准化的保险金额，由投保人选择适合自己的投保水平。

（三）一般期限较长、产品较稳定

人身保险产品，特别是人寿保险产品，多数为长期性产品，保险期限从数年、数十年到一个人的一生不等。而且，产品的缴费期和领取期也可长达几十年。保险期限的长期性使人身保险产品的价值本身和产品的经营都很容易受到利率、通货膨胀、预测偏差等外界因素的影响，增加了产品设计和运作的难度。

但从另一方面看，人寿保险产品又具有稳定性的特点。首先，人寿保险以寿命作为保险事件，其主要风险因素是死亡。死亡率受多种因素影响，而且处于不断变化之中，但是许多对死亡率经验的专业研究表明，与其他的保险标的（非寿险）风险相比较，死亡分布的变动是相对稳定的。所以这又为寿险合同的拟订提供了一定的有利条件。其次，大多数传统的人身保险产品的调整难度较大。人身保险产品，特别是人寿保险产品，是长期性合同，在保单签订之初确立的费率和保险金额，可能并不适应新形势的需要，但是若对原保单进行调整，将会对投保人和保险公司产生重大影响。例如，考虑通货膨胀因素进行的调整会加重投保人的经济负担，投保人可能会选择**退保**，从而影响保险业务整体的稳定发展。再如，投保人的经济状况在投保后提高，保障的需求随之增加，若投保人要求按原保单的费率增加保险金额，则对保险公司不公平。可见，人身保险产品的调整难度较大，从客观上增加了产品的稳定性。

（四）具有一定程度的储蓄功能

有的人身保险产品在为被保险人提供风险保障的同时，兼有储蓄的特点。储蓄性主要表现在保单的现金价值上，经过了一定的投保期间后投保人可以用保单进行抵押贷款，退保时也可获得一定的退保金。

人身保险产品具有现金价值的主要原因是：一般情况下，人的死亡率随年龄的增加而增大，如果按照自然保费来缴费，则随着年龄的增大，保费是要不断提高的；但是目前保费的缴纳大多采用均衡保费，也就是一定期限内缴费水平是固定的，这就使得投保人早期缴纳的保费高于其当期的死亡成本，保险公司将超出的部分以预定的利率进行积累以弥补未来保费的不足。因此，有的人身保险产品表现出一定的储蓄性功能。某些产品储蓄性很强，如终身寿险和两全保险，投保初期保费超出部分的投资收益将使得投保人不仅可获得保障，还可以在一定程度上享受投资带来的收益。

（五）其他

例如，人寿保险产品，以人的寿命作为保险标的，产品的核心特征体现在保费缴纳方式、现金价值、保险保障（受益）三个方面；而分红型的人寿保险产品还要考虑红利分配的情况。对上述三个基本方面的不同选择和组合可以产生满足不同需求的各种人寿保险产品。

对于健康保险产品而言，因为影响健康保险标的的风险因素很多，所以不同的被保险人的健康保险产品的价格差异很大，它的价格体系是一个非常细化的系统。大多数健康险产品为中短期产品，有的是补偿型的，有的是定额给付型的。

人身意外伤害保险产品对被保险人在指定的意外事件发生时造成的伤害进行赔偿。产品价格往往与被保险人的职业有关，与年龄和性别无关。人身意外伤害保险产品大多为短期产品。

第三节 人身保险产品形态及演变

人身保险产品的功能和特点是通过具体的产品形态来体现的。伴随着人身保险的发展，人身保险产品的形态本身也经历了不断演变的过程，并形成了一些相对固定和通用的产品形态。

一、人身保险产品主要形态

人身保险产品的形态可以根据人身保险的分类从不同的角度进行归纳，比如人寿保险产品、年金保险产品、健康保险产品、意外伤害保险产品等等。

人寿保险产品和年金保险产品往往可以通过保费、死亡（生存）受益和保单现金价值进行实质性的刻画。从这个原则出发，并根据我国保险市场对保险产品的划分习惯，称含保证预定利率而且明确保险给付的人身保险产品为传统产品，称不保证保单价值的分红、投资连结和万能保险产品等为新型产品。

传统的人身保险产品基本上可以根据人身保险的类型分为终身和定期寿险产品、终身和定期两全保险产品、终身和定期年金保险产品、意外伤害保险产品、短期和长期健康保险产品等等。目前的业务分类见阅读材料 1—1。

同时，如果从产品本身的性质考虑，一些传统的人身保险产品是以附加险的形式出现的，例如附加定期寿险、附加重大疾病保险和附加意外伤害保险。附加险的本质特征是本身不能独立地作为一个产品单独销售，对投保人来说，附加险的主要优点是能够以较低的成本得到附加的保障。

传统产品完全专注于体现人身保险最基本的保障功能，这些产品一般具有以下特征：投保人缴纳保险费的义务是确定的，即缴纳保险费的时间和金额确定；被保险人的权利也是确定的，保险期满、被保险人死亡、被保险人生存到一定年龄或被保险人患有疾病时领取保险金的金额是事先确定的；这些确定的义务和权利都在保险合同中有明确的事先约定，这种约定不与未来保险公司的经营状况直接相关。虽然在缴费、给付、领取方式等方面不断有所改良，但传统产品的上述本质特征还是没有太大的改变。

新型的人寿保险产品相对于传统的人寿保险产品最大的特征是具有不保证的保单价值，保额和现金价值随保单生效后实际环境的变化而变化。这些环境包括宏观经济环境、保险客观风险本身的变化，以及保险公司经营管理水平和资金运作水平的变化。

阅读材料 1—1

保险公司业务范围的变化

《保险公司管理规定》第四十六条规定：“经中国保监会批准，人身保险公司可以经营下列全部或部分业务：

（一）个人意外伤害保险；（二）个人定期死亡保险；
（三）个人两全寿险；（四）个人终身寿险；
（五）个人年金保险；（六）个人短期健康保险；
（七）个人长期健康保险；（八）团体意外伤害保险；
（九）团体定期寿险；（十）团体终身保险；
（十一）团体年金保险；（十二）团体短期健康保险；
（十三）团体长期健康保险；（十四）经中国保监会批准的其他人身保险业务；
（十五）上述保险业务的再保险业务。”

注：对于我国人身保险市场上一度出现的团体两全保险产品已经被禁止进入市场。

二、人身保险产品的发展

在我国，真正的人身保险产品是从 20 世纪 80 年代发展起来的。当时，原中国人民保险公司逐步在国内恢复经营简易人身保险、团体人身意外伤害保险及养老年金保险业务。当时的人身保险产品主要是参考国外的产品，只具有简单的保障功能，品种单一，规模非常小，1982 年全国的保费收入仅为 159 万元。

进入 20 世纪 90 年代，美国友邦保险公司开始进入上海保险市场，并引入了新的个人寿险营销制度，人身保险市场开始产生了一定程度的竞争。这促使各寿险公司开始注重保险产品的开发，市场上逐渐开始出现了形态多样的人身保险产品。到 20 世纪末，我国的人寿保险公司经营的各类定期、两全、终身等寿险、年金产品和意外、健康险产品已达数百种，保费规模达到 872.11 亿元。

这一阶段的人身保险产品主要属于传统保险产品的范畴。产品主要有两个特点：一是包括利率在内的保单价值计算在整个保单有效期内固定不变，保单价值是由保险公司保证的；二是保单的保障成分和价值累积成分混在一起，保单缺乏透明性，投保人不知道保费中所支付的保障保费和累积现金价值的比例。这些产品中的利率等风险完全由保险公司承担。比如，如果保险公司实际投资回报率达不到预定利率，保险公司就要承担相应的利差亏损。

从 20 世纪 80 年代中期开始，随着经济投入的加大和经济增长的加快，我国的市场投资回报率出现上升的势头，人寿保险保单的预定利率也很高。1988 年，一些人身保险产品预定利率一度高达 8.8%，到 1997 年仍保持在 7.5% 左右的高水平。保险公司还开发了利差返还型险种，将保单的利率和银行利率直接挂钩，将投资回报超过银行利率的部分返还给投保人。这实际上是将利差盈余返还给客户，而将利差亏损的所有风险留给保险公司。

在我国近20年时间里，利率水平波动非常突出（见图1－2），这种变动对具有长期储蓄投资性质产品的影响也是非常明显的。

1996—1999年，中国人民银行连续7次下调银行存贷款利率，保险公司的经营环境发生了巨大的变化。这期间，五年期定期存款利率从1996年5月1日开始实行的12.06%猛降到1999年6月10日开始实行的2.88%，一年期定期存款利率由1996年5月1日开始实行的9.18%降为1999年6月10日开始实行的2.25%。当时保险公司的投资资产主要为银行存款和国债，其投资回报率与银行的存款利率有很大的关联性。随着银行利率的下调，保险公司的投资回报率大大低于保单的预定利率，含保证利率的传统人身保险产品使保险公司出现了利差亏损。

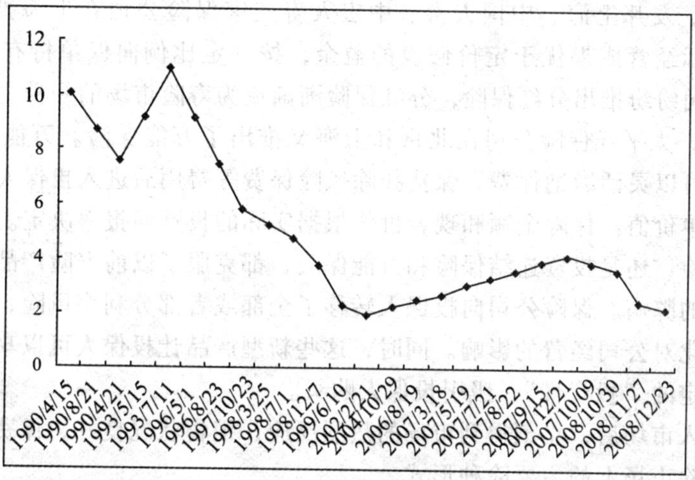

图1－2　1990—2008年我国金融机构人民币存款基准利率（一年定期）趋势图

资料来源：中国人民银行网站。

1999年6月10日，中国保监会为了防止产生新的利差损失，要求人身保险产品的预定利率不得超过2.5%，同时禁止销售利差返还型产品。

预定利率的降低减少了发生新的利差亏损的可能性，但是也使寿险产品的保费水平升高，市场销售难度增大。另外，金融市场上的产品创新发展迅速，出现了一些新的金融工具，它们以其灵活性和较高预期收益吸引了大量投资者。缺乏弹性的传统寿险产品难以适应这样的市场环境，业务增长乏力。1999年全国寿险保费收入为872.11亿元，同比仅增长13.54%，其中新单保费收入406.44亿元，同比增长为－4.60%。保险公司保费收入有萎缩的趋势。此外，即便较低预定利率的产品已经销售出去，一旦市场利率提高，则可能发生较大规模的退保。

从1999—2002年近3年间，我国的商业银行居民储蓄利率水平一直未调整，直至2002年2月21日首次调整，这时的一年期定期存款利率降为1.98%（含20%利息税）。然后从2004年10月29日的利率调整开始进入利率上升通道，一年期定期存款利率由2004年10月

29 日开始实行的 2.25% 升为 2007 年 12 月 21 日开始实行的 4.14%。2008 年，一场百年不遇的金融危机席卷了全球，为避免经济陷入严重的萧条和衰退，世界主要经济体都进行了持续性的降息。我国也未能独善其身，中国人民银行自 2008 年 10 月份以来连续多次下调基准利率，降息频率和幅度为近年来所罕见。当时一年期利率水平为 2.25%，已经低于保单预定利率，而且预期利率还有下降空间。利率水平的下降对我国寿险公司的产品结构和寿险公司的投资业务将带来极为深远的影响。

面对上述的经济环境和市场状况，我国的人身保险市场开始出现既能防范利率风险，又能满足市场需要的新型寿险产品。

1999 年 10 月，平安保险公司率先在上海推出了投资连结类保险——平安世纪理财投资连结保险。该险种的主要特点是将保单的保障功能和投资功能明确分开。所有的投资风险通过投资账户全部由投保人承担。

2000 年 3 月，友邦上海、中国人寿、中宏人寿三家保险公司在上海推出了分红保险。保险公司将其实际经营成果优于定价假设的盈余，按一定比例向保单持有人进行分配。随后，各家寿险公司纷纷推出分红保险，分红保险渐渐成为寿险市场的一种主流产品。

2000 年 8 月，太平洋保险公司在北京和上海又推出了万能保险。万能保险有一定的保证利益，投保人可以灵活缴纳保费，保费扣除风险保费等费用后进入投保人账户，并按照一定的利率增加保单价值。保险金额和现金价值根据实际的投资回报率决定。

无论分红保险，还是投资连结保险和万能保险，都克服了以前寿险产品的利率风险全部由保险公司承担的弊病。保险公司向投保人转移了全部或者部分利率风险，从而可以更好地应对市场利率变化对公司经营的影响。同时，这些新型产品让投保人可以享受市场投资带来的增值，具有一定的“投资性”，吸引投保人购买。

新型产品投入市场后，立刻得到市场的热烈反应，销售状况良好，保费快速攀升，迅速成为我国人身保险市场上的主要险种形式。

相对于传统人身保险产品，投资连结等新型保险产品对投保人而言比较复杂，并不像表面上所显现的那么简单，因此易于被销售人员误导；对保险公司而言，在人员培训和销售管理等方面都提出了很高的要求，经营管理的成本和风险也比较大。另一方面，传统产品没有转移投保人的任何投资风险，所以对于看重寿险保障功能的投保人比较有吸引力。新型产品自身具有的特点并不能使其全部替代传统寿险产品，只能与传统产品一起进一步地丰富寿险市场的供应，满足不同投保人群的保险需要。

三、国外人身保险产品的发展历史介绍

纵观国际上人身保险产品的演变过程，尤其是 20 世纪 80 年代以后的发展，大多数情况下，人身保险的变革并不是由某单一因素引起的，最终的变革得以真正发生必然是多方共同作用的结果，至少是由社会经济环境、保险公司自身和投保人三方面决定的。

1970 年以前，欧美国家的人身保险产品主要是传统产品，其主要特点是保单的保额和现金价值由保险公司预先保证（由于分红保险也具备这样的特点，因此国外将分红保

险也列入传统保险产品）。因为保险公司需要保证长期的预定利率，所以保险公司往往用长期性的债券投资来匹配这些保单的负债。这使得传统保险产品的现金价值不是根据当年新的投资回报率进行积累增值。因此，包括分红保单在内的传统保险产品对利率变动反应比较迟钝。

1970 年后，北美的经济环境发生了很大的变化。存款利率和消费贷款利率大幅攀升。特别是在 20 世纪 80 年代初期中短期利率突破新高。但是传统保单是由长期债券支撑的，难以充分享受高回报，许多投保人也发现自己的传统保险保单的现金价值的增值速度远远低于当期投资回报率。因此，为了适应变化的市场环境，防止大量退保形成大量的资金流出，保险公司开始考虑产品创新并向市场推出新一代人身保险产品。新产品将保险保障和现金价值积累分开，并能够根据新资金的投资回报率积累现金价值，这样可以充分利用当时快速升高的投资回报率。新一代产品主要包括了万能保险、可调整寿险、变额寿险、利率敏感终身寿险、可变保费寿险以及投资连结保险等等。

1990 年以后，新一代人身保险产品渐渐在欧美各国市场上占据了主要地位。比如，1997 年英国投资连结产品达到 50%；澳大利亚投资连结产品几乎垄断了寿险保险市场；2001 年，万能产品占美国新寿险保单保费的 52%，占加拿大新寿险保单保费的 66%。相对而言，分红型传统寿险保单的市场份额则是大幅度下降。2001 年，分红寿险保单只占美国新寿险保单保费的 25%，占加拿大新寿险保单保费的 13%。

当然，国外人身保险产品形态的演变主要是由市场环境决定的，随着市场利率等环境因素的变化，各种形态寿险产品的比重还有变化。比如，20 世纪末由于北美股市的低靡，许多投资连结保单的现金价值出现较大的缩水，分红保单又出现复苏的迹象。因此，人身保险产品形态并无绝对的优劣之分，适应市场环境的产品就能够占有重要的地位。

第四节　人身保险产品创新

回顾人身保险业的发展过程，保险公司为了满足人们的不同需求，推出了各种各样的人身保险产品，大致可以分为保障型、储蓄型及投资型三种类别。同时，人身保险业本身也与社会经济的发展状况关系紧密，无论是利率调整、宏观或微观经济政策的改变，还是经济周期的转变，都对人身保险业产生了重大的影响。我国的人身保险业在发展过程中不断调整和更新保险理念和经营方式，与时俱进，也包括对人身保险产品的不断创新。经过长期的实践和摸索，积累了一些产品创新的经验和教训，为下一步推进产品创新提供了必要的技术和人力资源保障。

本节所要阐述的产品创新是保险公司积极调整自身的体现，这里通过分析产品形态发展与环境的关系，介绍人身保险产品创新的过程和创新产品的基本内容。

一、人身保险产品创新的客观要求

（一）社会经济状况的变化是人身保险产品保持创新趋势的外部压力

谈到人身保险产品创新，就要先把目光转到寿险公司以往经营的传统寿险产品上，这些长期产品，较多采用固定的预定利率或者提供最低保证利率，费率在合同订立后不能再进行调整。而在产品的有效期内定价所依据的各种假设将会发生变化，这可能使得保险公司的经营出现困难，所以大多数经营长期险业务的保险公司在产品定价时必须遵循谨慎的原则，进行保守的假设和估计。一般来说，预定利率或最低保证利率都会参照当时的基准利率或银行的储蓄年利率制定。

当宏观经济状况处于通货膨胀阶段时，利率整体水平会上调，传统寿险产品的经营就面临着两难局面：如果不进行相应的调整，仍然保持原有的利率水平，会使投保人在简单比较收益水平后，失去投保欲望甚至退保套现进行其他投资，这使得保险公司在新业务和老业务方面都会有损失；同时，因为利率的上升而出现大量退保，使得公司的现金流压力加大，又不得不以较低的价格（利率上升资产价格降低）变现某些资产，进一步放大了利率对公司经营的影响；如果为了增加竞争力，这时保险公司推出具有较高预定利率的长期险保险产品，而一旦利率水平回落，又会使保险公司陷入利差损的局面。

当经济处于通货紧缩阶段时，往往出现持续时间较长的低利率市场环境，这种情况下传统产品的预定利率降低，价格往往显得很高，客户会感觉保险产品定价高，市场营销有一定的压力。

保险公司的经营如何应对较大的利率波动是利率敏感型产品出现的动力之一，这时创新产品的开发就变得十分重要了。请参阅专栏1—3。

专栏1—3

巨大的市场需求为产品创新提供了广阔空间

当前，我国经济发展正处于一个重要关口，人均 GDP 超过 1000 美元，标志着我国从低收入国家进入中低收入国家行列。国际经验表明，在人均 GDP 从 1000 美元到 3000 美元的特定时期，人们的消费需求开始升级，生活需求出现多样化，对养老保健、医疗卫生、文化教育、汽车住宅等改善生活质量的需求将明显提高。这些都与保险业息息相关，需要保险业提供更加丰富的保险产品和服务，为保险产品创新提供了广阔的空间。

（资料来源：吴定富主席在保险产品创新座谈会上的讲话，2004 年 8 月 19 日。）

（二）新技术、新渠道的出现推动了保险产品创新

计算机的广泛应用以及互联网的普及也推动了保险业的产品创新。计算机的高速计算能力使得保险公司在风险分析、定价、资产负债管理等方面的水平有显著的提高。寿险公司可以通过精算软件进行新产品的测算和利源分析，使产品的费率制定更为合理。在进入互联网时代之后，网络不仅为公司提供了更为便捷的信息传送方式，也直接影响了公司传统的组织形式。扁平化、网络化的管理减少了管理层次，提高了管理效率，降低了管理成本，为市场调研、快速开发新产品创造了条件。

生物技术特别是基因工程领域的突破，对人身保险业的发展也将产生极其重大的影响。生物基因技术如同一把双刃剑，既能为人身保险提供更好的风险管理手段，使人身保险公司更好地了解被保险人的遗传生理特征，使保险核保、定价更为合理，也有可能因人身保险业过多地触及新技术导致一些敏感问题，如涉及侵犯消费者的隐私等，给人身保险业造成负面影响。当然，无论怎样，我们可以看到，新技术的出现势必为保险产品的创新提供更大的空间。

保险产品销售方式的创新和**销售渠道**的拓宽也促使保险公司开发新的产品。目前在中国人身保险市场上的销售方式日趋多样化，由传统单一的员工直接销售，发展成员工直接销售、专职代理销售、个人营销员代理销售、兼职代理销售等多种销售方式并存的局面，销售渠道也有银行保险、邮政保险等。随着新经济时代的到来和保险技术的不断创新，网络保险、电子商务、新型电子支付手段等高科技的应用层出不穷，这为保险产品的设计提供了更为广阔的发展平台，也将给传统保险业的经营理念、经营方式和销售方式带来革命性的变化。

（三）人身保险市场消费需求出现的新趋势迫使保险公司进行产品创新

由于社会生活环境和人口结构的变迁，人身保险市场的消费需求出现新的情况。保险公司提供的保障型产品开始由保障死亡责任向满足生存的经济需求转变。有观点认为20世纪的人身保险是保障死亡的，而21世纪的人身保险是保障生存的，保险消费者关心的是如何生活得更好而不是身故后获得多少保障。另外，消费者参加保险，不单纯是寻求保险保障，同样也可能会将保险当做投资理财的工具之一，对资产增值的欲望变得十分强烈。保险产品已经开始从传统的保障型、储蓄型向非传统的投资型、万能产品发展，甚至股指、股指连结产品也可能在股市的进一步开放后出台。保险产品的设计也由保险公司承担全部风险开始转变为保险公司和被保险人风险共担、经营成果共享或由被保险人承担风险。传统产品很大程度上是以保险消费者在领取期的领取金额决定投保人在投保时的缴费额，非传统产品则更多考虑投保人在投保时可承受的缴纳保费的水平以及保险公司的资金运用水平。

（四）人身保险市场愈加激烈的竞争使保险产品创新加速

随着社会经济的发展，消费者对保险产品的认知程度也有相应的提高，比以前更加容易接受新型产品，这就要求保险公司提供更加透明的、与其他金融工具有可比性的具有竞争力的产品，从而缩短了产品由研发到推广的时间，降低了产品创新成本。

对于中国人身保险市场而言，其主体发生了较大变化。特别是自 2001 年末中国加入 WTO 以后，国外保险公司纷纷进入中国市场，这些外资公司多具有较强的资金实力和抗风险能力，拥有丰富的市场经验和数据，并具备成熟的产品设计开发技术与经验，它们推出的投资连结产品和分红产品在欧美市场已有几十年的历史，并占有相当大的市场份额，而我国却是刚刚起步。随着市场竞争水平的不断提高，市场竞争的重点将逐渐由低层次的费率竞争转向产品和服务的竞争。产品创新能力将成为保险企业能否在竞争中发展壮大的重要因素，产品创新在保险公司经营中的重要性日益突出。

（五）综合经营和保险业与金融业的进一步融合拓展了产品创新的空间

国外保险界的兼并，已由同行业兼并转向跨行业兼并，由国内公司兼并转向跨国保险公司兼并，保险市场呈现费率市场化、经营自由化、产品多元化、投资多样化趋势，竞争日趋激烈。在中国金融市场上，银行、证券、保险三大金融支柱发展迅速，各自的经营外延都有所扩大，功能有所增强，一些产品的功能大同小异、相互交叉，相互兼容和竞争的趋势愈加明显，如保险有儿童教育险，银行则有教育储蓄存款，这种性质相近的保险业务会受到银行业带来的巨大冲击。国内银行业目前仍具有保险业无法比拟的某些优势：运营系统更为完善、客户资料更为完整、消费者对银行的信任度更高等。保险作为金融产品的一个分支将受到越来越多的竞争压力，保险业应在目前银保合作的基础上争取和银行业完成深层次的融合，并开发出更多的银保产品以应对这些冲击。

（六）监管部门为保险产品创新提供了有力的制度保证

近年来，特别是中国保监会成立以来，监管部门高度重视保险产品创新，出台了一系列推动产品创新的政策措施：一是推动保险市场细分。确立了产、寿险分业经营的原则，促进了寿险业的快速发展。出台了加快发展健康保险、银行保险的指导意见，促进了相关业务领域的专业化经营。二是改革完善产品审批备案制度，在全国开展航意险等意外险、传统寿险条款费率的市场化改革，促进了市场竞争，增强了保险公司进行产品创新的动力。三是完善行业标准。推动行业建立寿险经验生命表，制定重大疾病病种行业标准定义，出台人身保险条款部分条目示范写法，健全寿险精算报告制度，为提高寿险产品创新的科学性奠定了基础。四是依法严肃查处新产品销售中的欺诈误导行为，加强信息披露制度建设，为新产品发展创造良好市场环境。

二、人身保险产品创新的过程与趋势

产品开发是保险公司业务的源头，要保持保险公司健康发展需要有畅销对路的保险产品，创新的产品应该适应市场进而满足市场需求，而不是让市场来适应新型产品。保险产品创新的客观要求，如利率的波动、消费群体保险需求的新趋势以及技术的更新等，促使保险公司主动开发新型产品。同样这些需求也指出了新型产品的方向与趋势：

（一）利率敏感型产品成为寿险市场的主流产品

为了应对资本市场的高速发展，诞生了投资型保险产品，使保险的功能由单纯提供风险保障向保障与资产管理相结合的方向转变，投保人也可以将保险产品作为理财工具的一种选择，保险公司可以借机转嫁投资风险。投资型产品跳出了传统业务的框架，综合融资咨询服务、资产经营管理，从而使保险产品成为一种广义上的金融投资工具。保险公司也通过这种方式尝试涉足非保险领域，向多元化方向发展。总体的发展趋势为：

（1）产品更多的转向利率敏感型产品；

（2）由保险公司自身承担长期风险变为保险公司与投保人共同承担，甚至由投保人自身承担风险；

（3）保险公司经营成果透明度逐渐增加，信息披露更为透明。

阅读材料 1—2

利率敏感型寿险产品代表之一的投资连结产品近期发展

（在西欧）1996—2000 年间，投连业务的年增长率达到了 24%（经过通货膨胀调整）。而同期，传统分红保单业务的年增长率只有 5%。投连保费收入从 1995 年的 400 亿欧元增长到了 2000 年的 2400 亿欧元。投连保费占人寿保险总保费的份额也相应从 16% 增长到 45%。投资人眼中的投连保单更像是一种储蓄工具，而不是一种保障类产品。投连保单的保费因而经常都采用趸缴保费的形式。随着股票市场在 2000 年中开始下滑，投连业务的增长也随之减缓。而当 2001 年股票市场开始进一步暴跌后，对于投连业务的需求也急坠谷底。因为前些年大部分的保费收入都是以趸缴保费的形式支付的，因而投连产品新增需求的减弱导致保费收入剧跌。相对而言，那些有保证回报的保单在 2001 年突然变得颇具吸引力并且需求旺盛。2002 年早期的销售数据显示，人寿保险销售又开始抬头了，增长幅度分别为：德国 4%（经过通货膨胀调整），意大利 15%，瑞士 5%，西班牙 13%。这说明客户似乎并没有过多的理会正在进行中的针对欧洲人寿保险公司的财务稳定性的激烈讨论，显示出他们继续对人寿保险市场充满信心。

（资料来源：瑞士再保险公司，SIGMA 杂志中文版，2003 年第 3 期，第 11 页。）

（二）产品本土化，保险市场进一步细分，真正满足不同的保险需求

任何新产品的引进和开发都必须符合当地市场的实际情况。目前，我国正在加快完善社会保障体系，作为这一体系的重要组成部分，商业保险更应立足于保险产品提供保障这一基本功能，在进行产品创新时要充分考虑到我国目前的投资环境、法制建设、保险公司的经营管理水平、投保人的风险意识和承受能力，不可脱离现实、简单地照搬国外的做法。

（1）要考虑国内各地区的经济差异。我国东西部经济差异、城乡经济差别客观存在。中国居民目前的保险需求远未达到基本保障的程度，寿险公司在现阶段甚至相当长一段时间内，仍需大力发展保障型产品。在这一基础上，则可以根据消费需求的不同，推出资本管理型等保险产品。

（2）要考虑中国的传统文化和习惯。中国人勤俭节约、储蓄积累的传统文化和习惯是根深蒂固的，虽然出现过存款利率很低的情况，但居民储蓄余额仍保持在较高水平。随着家庭结构日益小型化造成的倒塔型的赡养老人责任增强，国家的基本保障数额的降低和家庭成员间互助式保障功能日趋减弱，人们开始将目光转向商业保险。但不只是寻求简单的保险保障，而是既能提供保险保障，又可分享保险公司的经营成果，同时也能规避私人在资本市场投资所面临的风险。过去高预定利率产品销售快，目前投资、分红产品销售旺，已充分证明了我国储蓄积累传统文化根深蒂固，人们已将保险作为投资理财的工具之一。保险产品的开发和创新也要适应人们对保险保障保值增值的需要。而资本管理型产品的创新，应当是在保障型产品之上的保险需求。

（3）要考虑我国的资本市场。改革开放以来，我国资本市场取得了长足的发展，但仍然有待规范，投资渠道少，投资收益率波动很大，风险较大。目前保险公司的保险资金运用渠道主要还是集中在银行存款、政府债券、金融债券以及中国保监会指定的中央企业债券、基础设施和不动产。但中国保监会也在逐步放开一些其他的资金运用渠道。非传统产品的上市对保险公司的经营管理水平，特别是资金运用、资产管理提出了更高的要求。资本市场的成熟度及其对保险企业的开放程度直接关系着新产品的开发和创新。尽管目前监管政策允许保险公司以上年末资产总额的15%购买基金，但我国基金管理公司数量少、规模小、投资者可选择范围小的现状，致使保险产品的投资收益与其他金融产品相比并无明显优势。这些都是有待进一步发展的方面。

我国的保险市场虽然仍然处于粗放型市场阶段，但随着保险需求的日益增多，保险公司竞争的日益激烈，保险市场势必被进一步细分。各保险公司在细分的保险市场中，可以专注于某一细分环节，通过整合各种经营要素，如产品开发、市场推广、客户服务等，集中力量于这一特定市场，从而形成独具特色的经营策略和经营方式，最终造就利基市场①的差异化优势，树立公司品牌。

近年来，各保险公司在某些特定市场的产品研发上已经取得了长足的进步，可以说保险公司对各自的利基市场进行了初步而有效的开发。比如寿险市场上，分红保险、投连保险、万能保险等非传统保险的相继问世，满足了部分市场需求。近年来，许多保险公司在医疗保险、女性保险、老年保险等领域进行了有益探索，推出了一系列有针对性的保险产品。可以说，保险公司开发利基市场是以市场需求为导向，以产品开发为利器，以客户服务为保障。请参阅专栏1—4。

① 利基（niche）一词是英文的音译，本意是小生意，引申有拾遗补缺或见缝插针的意思，因此所谓利基市场可以指空缺市场。原有的某个不具有差异性的保险市场被分割成一个个规模较小的市场，这些细分后的市场中具有比较相近的保险需求，称这个过程为市场细分，一般称这些细分后的市场为利基市场。

专栏 1—4

保险公司根据保险消费者的差异性进行保险市场的细分

以消费者的家庭情况为依据：

- 已婚：家庭成员健全、单亲家庭等
- 独身：退休人员、中年、青年、在校学生等

以消费者的工资为依据：

- 高收入家庭
- 中等收入家庭
- 低收入家庭

以消费者的身体状况为依据：

- 优良风险体
- 标准风险体
- 次标准风险体

经济差异决定保险需求多样化，传统文化习惯决定寿险产品必须兼具保值增值和抵御风险的功能，资本市场的发展决定寿险产品的创新程度、发展时机与规模。因此总体上讲，我国人身保险市场的产品应呈多元化结构，即传统型和非传统型产品兼而有之，不能顾此失彼。

三、人身保险产品创新的具体表现

为了应对利差损给保险公司造成的风险，我国各保险公司纷纷进行产品创新，推出了一系列创新产品，并迅速得到市场的认同，逐渐成为保险行业保费收入的主要来源。目前，人身保险新型产品基本上是分红型、投资连结型和万能型三类。这三种新型保险产品的面世是中国人身保险业从传统型保险向新型保险转变的重要标志，这一转变不仅是保险产品的转变，更是中国人身保险业经营理念和管理水平的全面提升。

在西方发达国家，人身保险业经历了数百年的发展，建立了一整套完整成熟的运营体系和经营理念，非传统型保险的产生正是建立在这一历史背景之下，并依托健全的资本市场，在短短的二三十年间迅速发展成熟，并涌现出大量创新产品。在美国，新型人寿保险产品主要有分红保险、利率敏感型终身寿险、可变额保费终身寿险、变额寿险、万能寿险和变额万能寿险（相当于投资连结保险），除了前面提到的分红保险、投资连结保险和万能保险，其他产品具体情况如下：

（一）利率敏感型终身寿险

根据当前的投资收益以及死亡率状况，通过保单现金价值的调整及保费的调整将利率风险和死亡率风险的一部分转移给保单持有人，使得实际经营结果与保单预计结果的差异得到补偿。而传统的终身寿险通过分红将利率风险和死亡风险的一部分转移给保单持有人。这种保单用最新的投资收益和当前死亡率确定现金价值，因此被称为利率敏感型终身寿险。

（二）可变保费终身寿险

可变保费终身寿险是为了与分红终身寿险产品相竞争而产生的。这种非分红保单确定了一个保费上限，在保单生效前几年，保费要远低于这个上限，而保单生效后几年的缴费额是在保费上限额度内，数额的大小一般根据该业务的经营状况而确定。

（三）变额寿险

变额寿险是一种保额随其保费分离账户的投资收益变化而变化的终身寿险。扣除风险保费和其他费用后，保费存入一个独立的投资账户。保险公司通常提供的投资方式有：货币市场基金、普通股票基金、债券基金以及其他形式的基金。通常保险金额与投资收益相关，但不管收益如何，保额不能低于某个值。保单现金价值也与投资收益相关，但没有最低值的承诺。变额保险基本上将所有的投资风险都转移给保单持有人。该保单的死亡给付包括两部分：第一部分是保单约定的最低死亡给付额，这部分是固定的；第二部分是可变的死亡给付部分，即投资收益变化的部分。

（四）可调保费保险产品

可调保费保险产品是一种创新的产品设计，提供了低成本和具有市场竞争力的产品。可调保费是指在人身保险产品的保险费条款中注明了保险公司有权在今后按一定的规则进行保费的调整。但一般要约定一个界限（上限和下限），若对未来的死亡率、利率、患病率和费用等的预期不同于当时收取保费的水平，保险公司可调整这种保单的费率，这种调整对当时的新保单和仍然有效的所有保单是一样的。

还有一些具有各国特色的新型产品：

1. 当期假设终身寿险[①]

是一种非传统型的非分红终身寿险，按照不确定的保费架构进行设计。保单使用新货币利率与当期死亡成本来决定现金价值，故也归之为利率敏感终身寿险。[②]

2. 指数终身保险[③]

一些公司提供的终身寿险的保额随某一指数（如：消费者物价指数）的变化而变化。

---

① 当期假设终身寿险（Current Assumption Whole Life）。

② 利率敏感终身寿险（Interest-sensitive Whole Life）。

③ 指数终身保险（Indexed Whole Life）。

3. 阶段式保费终身寿险[1]

保费在最初的五年中是相同条件普通寿险保费的50%，从第五年至第二十年每年增加，之后的保费保持不变。

4. 可调寿险保单[2]

给予保单持有人在一定的间隔期调整保险费、保险金额和现金价值的选择权，大多数情况下无需提供可保性证明。

5. 弹性强化普通寿险[3]

该产品允许终身寿险、定期寿险和附加缴清保险进行组合，并依其比例，使保单持有人在一定限额下，可以设立合适的保险费水准而调整保单面额。一般会规定终身寿险的最低保额，然后接受投保人任何期望的附加定期寿险保额。它允许保单持有人于保单生效以后增加或减少定期寿险的保额以及附加保费的金额。关于保险产品或服务的创新也可以从其他方面考虑。请参阅阅读材料 1—3。

阅读材料 1—3

充分发挥保险业在构建我国社会保障体系中的重要作用

当前，要以养老保险、医疗保险和农村保险为重点，大力进行产品创新。

一是在养老保险领域。商业养老保险是养老保险体系的重要组成部分，随着我国老龄化社会的提前到来，商业养老保险将发挥越来越重要的作用。大力发展商业性养老保险，可以有效缓解政府在养老保障支出方面的财政压力，提高社会保障水平。同时，大力开拓企业年金市场。鼓励公司积极参与企业年金试点，并在此基础上，充分发挥保险公司的优势，进一步加大产品创新力度，尽快把这一业务发展起来。

二是在医疗保险领域。随着人民群众生活水平的不断提高和社会医疗保险制度改革的不断深化，人民群众对健康保险的需求越来越大。近几年来，我国健康保险发展很快，但相对于社会和人民的要求来说，还有相当大的差距。其中一个重要原因是相关产品不丰富、承保面窄。各公司要积极配合我国医疗卫生体制改革，开发出更多符合市场需求的健康保险产品，逐步形成新的业务增长点。

三是在农民保险领域。改革开放以来，我国农村不仅没有像城镇一样建立新型的社会保障制度，而且原来的农村合作医疗制度也不复存在，农村的社会保障几乎是空白。从中国农村的现实情况出发，探索建立农村新型养老和医疗保障体系已成为一种迫切需要。自国务院决定启动新型农村合作医疗试点工作以来，部分保险公司分支机构利用在资源和管理方面的优势，积极参与农村合作医疗改革，得到了当地政府的大力支持，取得了较好的效果。既促进了我国医疗保险改革，又为政府和农民解决了实际困难，也扩大了保险业的社会影响。随

---

① 阶段式保费终身寿险（Graded Premium Whole Life）。

② 可调寿险保单（Adjustable Life Insurance）。

③ 弹性强化普通寿险（Flexible Enhanced Ordinary Life）。

着国家对“三农”问题的重视、农村经济社会的发展和农民收入水平的不断提高，保险业在广大农村地区将有更广阔的发展前景，农村保险将是今后保险业一个新的增长点，保险业要以战略的眼光来分析农村保险市场，及早进入，占得先机。

（资料来源：吴定富主席在“北大赛瑟论坛·2004”上的讲话，2004年6月26日。）

关键词

人身保险　社会保险　财产保险　人身保险产品　人寿保险　健康保险　意外伤害保险　团体保险　产品创新

思考题

1. 简述人身保险产品的发展过程，你认为目前我国在人身保险产品方面还存在哪些问题？
2. 详细表述寿险产品与社会保险、养老保险和健康保险的区别。
3. 试简要介绍我国人身保险产品的创新过程。
4. 试讨论我国人身保险产品的创新机制和存在的问题。
5. 试讨论销售队伍及公司基层组织对产品创新的作用。

第二章

人身保险产品开发

学习目的

- 了解人身保险产品开发编排及相关制度安排
- 掌握人身保险产品开发中应考虑的因素及思路
- 掌握人身保险产品开发时需要考虑的外部环境
- 了解人身保险单的主要构件

> 开发的是市场而不是产品。
>
> ——张瑞敏[①]

保险产品是公司各项管理能力和技术水平的载体，是公司服务能力的具体体现，是公司实力的有力体现。保险公司产品的背后是公司市场定位和发展战略的集中概括，对于长期的寿险产品更是表明寿险公司对未来国内外经济金融形势的长期判断。因此，人身保险产品开发工作在保险公司中被置于举足轻重的地位。

第一节　产品开发的基本要点及考虑因素[②]

任何产品的开发都要围绕公司的经营目标进行。保险公司的人身保险产品开发必须从整体上反映并符合保险公司的性质特点、企业文化和公司的长期战略目标和规划。当然，保险公司的经营目标必须建立在客户需求之上。此外，在产品设计和开发过程中还必须考虑销售人员、股东和社会公众的需求。

产品开发是一个持续的过程，包括最初设想的形成、市场调研、论证，直至形成可在市场上销售的产品等各个环节。而产品的上市并非产品开发的最后阶段。进一步总结产品在市场上的销售和内部管理的经验，并依据这些经验进行审查和分析，对产品做进一步修正，或是研发出更适合市场的另一产品，才是产品开发的全部。要不断比较产品设计时的经验假设与实际情形的差异，分析相关差异的原因，总结经验教训，以使产品符合市场、公司和社会的需要。

一、人身保险产品开发的基本要点

在进行人身保险产品开发时应遵循“以人为本”和“公平合理”的原则。所设计的产品首先必须以满足消费者的需求为出发点，同时须兼顾保险公司的整体发展战略目标以及利益。

---

① 张瑞敏，现任中共第十七届中央委员会候补委员、海尔集团董事局主席兼首席执行官，海尔集团创始人。

② 节译自《人寿与健康保险》（*Life & Health Insurance*，第13版），作者：Kenneth Black，Jr. and Harold D. Skipper，经济科学出版社2000年版，第622～624页。

（一）定位目标消费者

1. 产品及适用对象分类

不同的产品，具有不同的特性，将从不同方面满足不同消费者的消费习惯和消费目的。对于一般的人寿保险，传统产品注重保障储蓄功能，投保人不承担投资风险而由保险公司承担全部保险责任，适合于保守型，即风险规避型的客户群。对于分红型产品，投保人和被保险人既可以获得其风险保障，又有机会分享公司的经营成果，他们与保险公司共同承担经营风险，适合于中立型的客户群。投资连结保险将保障与投资联系在一起，投保人或被保险人完全享有投资带来的收益，但同时承担投资带来的风险，投保人或被保险人可以根据自身承担投资风险的能力来进行投资选择，投资将遵循高风险、高收益的规律，所以，这类产品适合风险偏好型的客户群。万能型人寿保险介于分红保险与投资连结保险之间，其投资风险以及收益均介于分红保险与投资连结保险之间，其客户群对风险的承受能力也介于分红保险与投资连结保险所适合的客户群之间。

意外伤害保险属于纯保障型险种，适合于各种层次、各种消费习惯的消费者，消费者可以根据自身的需求而选择合适的保险期间和保险金额。

对于健康保险，其保障内容不仅广泛，而且适用范围较广，与公众生活息息相关，其适用的客户群也比较广泛。因此，健康保险的选择更大程度上取决于投保人的消费习惯、消费观念等因素，投保人可以针对自身的需求而选择。

2. 消费者参与因素的增强

心理学研究认为，影响消费者行为的基本因素有动机、认知、学习和态度。社会的进步和人们生活水平的提高导致这些基本因素的作用也在变化，并不断地影响消费者的消费行为，这使得保险公司在进行人身保险产品设计时不得不考虑这些因素的改变。与此同时，作为一种满足人们保障需求的人身保险产品，在进行产品的设计和开发之前充分认识和理解消费者的需求显得尤其重要，保险公司应积极地建立多种机制和渠道，让消费者更多地参与到产品的设计开发中来。

（二）确定市场策略

任何保险公司在进入某一市场之前都要确定它的目标市场，这是业务发展的前提，也是产品开发的出发点。在开发一种产品之前，保险公司必须确定这种产品是否适合于公司确定的目标市场，是否适合它的市场定位。同时，对于任何一家保险公司来说，在确定其目标市场后应加强对该市场的调研。任何市场都是在不断变化的，消费者的需求也是在不断变化的，如何使公司的产品不断创新以正确引导消费者的消费观念，并适应不断变化的消费需求，是开发产品时必须重视的问题。

保险公司在设计产品之前，必须明确公司的目标以及公司的愿景，这将有助于确定产品设计的方向。公司的**市场策略**将指导着公司更好地服务于目标市场。公司的市场策略会随着市场的变化而不断调整，但其根本内容不会有很大变化，如公司的目标客户、公司的优势、公司对客户的价值、公司的经营目标和公司的利润等。这些会受到公司的历史、文化、市场环境、资源及竞争对手等各种因素的影响。

二、产品开发需考虑的主要外部因素

人身保险产品是为满足社会需求而出现的，是建立在一定的社会基础之上的，因此，在设计人身保险产品的时候，必须考虑当时社会的法律、经济、社会需求和文化背景等因素，才能真正满足客户的需求。

（一）法律因素

保险公司设计的人身保险产品必须以当地的法律为准绳，通常涉及保险法、税法和民法等。而且对于保险行业来说，法定的监管机构对当地保险公司的产品开发、销售和宣传等也将进行监督管理。

（二）经济因素

经济现状、经济发展的情况直接影响着保险公司设计人身保险产品的方向。在人身保险产品的设计过程中，必须考虑当时的经济环境，判断最有可能影响公司业务的经济趋势，例如，保险公司通常需要对经济增长、就业、开支、生产、物价、住房、居民收入、利率以及货币供应量等信息进行分析。

保险公司除需研究宏观经济环境的影响外，还须从公司的成本—收益效率来考虑人身保险产品的可行性，通过优化产品结构以实现公司利润的最大化。

另外，人身保险产品的最终服务对象是消费者，对消费者经济承受能力的研究，也是人身保险产品设计阶段必须重视的环节。下面就以上经济因素详细展开说明：

1．宏观经济环境因素

人身保险产品的设计首先必须考虑各种宏观经济因素。如商业周期、通货膨胀以及全球经济发展趋势等，这些直接影响着公司发展的策略，影响着产品设计的模式。

（1）商业周期。公司可据此对某些经济趋势进行预测，掌握公司发展的方向。商业周期是指在超过一年的时期中整个国民经济的渐变过程。商业周期描述了一个国家的国内生产总值上升和下降的状况。国内生产总值（GDP）是一个国家的人力和财力创造的全部产品与全部服务按调节后的市场价格计算的总值。保险公司在设计人身保险产品的时候，通过对当前以及未来经济环境的认识，正确、合理地评估产品所创造的利润。

（2）通货膨胀。通货膨胀是整个宏观经济环境中影响人身保险产品设计的另一个重要因素。保险公司不仅需要考虑产品设计当时的通货膨胀率，而且需要预测未来通货膨胀率。寿险产品定价通常都要考虑通货膨胀因素，如果实际通货膨胀率高于定价时考虑的通货膨胀率，公司可能面临资金短缺的风险；如果通货膨胀率低于定价时考虑的通货膨胀率，可能产生部分可游离资金，减低人身保险产品的效用。

（3）全球经济趋势。全球经济趋势的研究不仅是保险公司的发展需要，而且也涉及人身保险产品的设计，很多人身保险产品都是长期的，不仅要考虑这些产品未来的投资环境，而且这些产品对未来社会的适应性也是需要重点考虑的因素。

2. 保险公司的成本—收益效益考虑

保险公司的产品是其利润来源，也是其主要的成本支出。保险公司需在设计人身保险产品时，充分考虑其成本—收益之间的关系。由于不同保险公司对成本—收益效益有不同着力点，这也形成了各保险公司不同的产品设计风格。

对于各保险公司而言，成本与收益是并存的，过于侧重任何一方面都将造成严重后果。有些公司将成本作为产品设计、定价的唯一基础会产生很多问题。如假设甲保险公司已经设计出一种定期寿险产品，其定价是为了弥补预期成本，并提供10%的边际利润。乙保险公司出售一种类似的定期寿险产品，但价格较低。即使乙公司的产品定价是为了产生利润，但对于客户来讲，由于乙公司的产品价格低，通常会购买乙公司的产品，甲保险公司最初的弥补成本的利润策略将不会实现。

3. 消费者的经济承受能力

消费者的经济承受能力代表了消费者的消费水平，其水平的高低直接决定着市场上保险产品的形态以及设计。如果消费者的经济承受能力较高，对保险产品的需求也较高，消费者有足够的经济承受能力选购不同的产品，如客户可以根据个人偏好选择传统型、分红型、投资连结型、万能型等类型产品，促进保险产品的推陈出新；而如果消费者的经济承受能力较低，其所能承受的产品类型有限，较偏向于保障型的产品，而且受到经济承受能力的限制，产品设计时变化的空间也较小。

4. 再保险公司的参与

再保险公司作为直接业务公司的保险公司，聚合了众多直接保险公司的风险较高的业务（例如，次标准体业务），因此，再保险公司有着较高的风险接受能力，而更重要的是，在多年的再保险业务经营过程中，再保险公司积累了相当丰富的经验。就人身保险产品的设计开发过程来看，一些大型的国际再保险公司凭借其雄厚的技术和研究力量，通过为直接业务公司提供目标市场分析和决策、产品模型建立和产品定价等服务，不断地渗透到直接业务公司人身保险产品的设计开发过程中。

5. 中介机构及销售人员的参与

中介机构作为人身保险产品的销售渠道，是保险公司多元化销售体系中较为重要的一员。一直以来，国内各家保险公司对人身保险产品的销售主要通过个人代理人（目前称之为营销员）来完成。近两年，随着国内保险市场的开放，竞争主体的增加，市场竞争也日趋激烈。为扩大业务规模，维护经营稳定，避免业务单一地依赖于某一种销售途径，各家保险公司积极拓宽销售渠道，包括保险代理公司、保险经纪人，以及直销、电话行销、电子商务等各渠道销售模式迅速发展起来。

不同的销售渠道适合于不同的产品，因此，开发通过某一渠道销售的产品，首先需要建立在对该渠道的市场研究基础上，在此期间需要销售人员的积极参与。通过他们的参与，产品开发人员才能真正认清市场现状，把握市场命脉，结合公司的多元化销售策略，设计开发出既能满足公司的成本利润要求，又能真正适合销售渠道销售，并满足消费者需要的人身保险产品。

（三）社会需求因素

人身保险产品的存在是以消费者的需求为前提的。社会需求直接关系着人身保险产品的设计。只有存在社会需求，才有真正的保险市场，从而保险才有存在的前提。大量的社会需求将促进人身保险产品的发展。

社会需求越大，对保险产品的要求也越高，保险产品创新的动力也越大，进而促进了保险产品的发展、创新，加深了社会对保险产品的认知；社会需求较小，保险产品的空间较小，抑制了保险创新的动力，也就不利于保险产品设计的推陈出新。

三、人身保险产品组合

某一公司所能提供的产品类别、产品系列、产品形式和产品项目称为产品组合。从不同的角度会有不同的保险产品组合，都是为了适应不同的需求。保险公司是商业机构，以营利为目的，追求利润最大化是促使其前进的动力，其产品组合将是为特定的商业目的而设计的。作为针对个体消费者的人身保险产品，主要从个人需求、个人经济能力等因素来设计产品组合。

（一）保险公司角度

有效、合理的产品组合不仅为保险公司带来利润，在竞争中处于有利的地位，而且能够打造公司品牌，赢得声誉，为公司的进一步发展奠定坚实的基础。就公司而言，产品组合的合理性主要从成本、利润、风险控制、市场竞争等方面来衡量。

1．成本

保险公司作为商业机构，必须有固定的办公地点，必须设立营销管理处，有其日常的**固定费用**消耗；保险公司每出一张保险单，其印刷费用、纸张费用等，均属于固定费用。保险公司会采取与银行合作的方式收取客户保费，即银行代保险公司收取保费，但保险公司须向银行支付相应的手续费，另外保险公司还需向代理人或经纪人支付代理手续费或佣金。所有这些费用均与保费相关，称为保费费用。除此之外，还有**维持费用**，为了保持每个客户的持续性，保险公司须定期与客户联系，寄送一些客户服务的资料、举办与客户联谊的活动等。

对于与保单相关的费用，其控制成本的方法将在很大程度上取决于保险公司的产品组合。保险公司产品分为主契约与附加险，对于每一张保险单，只可以选择一个主契约，但可以选择一个或多个附加险。因此，打印保单的成本、维持客户的成本与客户选择的主契约有很大的关系，公司可以通过将高利润的附加险推销给客户以维持整个产品组合的合理性。

2．利润

保险公司区别于其他工商企业的一个主要特点是，保险公司的经营属于负债经营。在保险活动中，保险公司收取客户保费，并承担责任，但收取的保费并不代表保险公司已经实现的利润，须待保险合同终止时保险公司的利润才能真正实现。

处于不同经济环境的保险公司会采用不同的利润指标来测量公司的利润。英国体系一贯采用保单的内含价值①来评估保险公司可实现的利润，而美国体系则采用美国通用会计准则②来评估保险公司可实现的利润。

不同的产品组合可产生的利润是不同的。有些产品属于高利润的产品，而有些产品在保险公司的整体策略中的主要目的是抢占市场，因此，如何合理有效地设计产品，并使得保险公司在占有市场的同时获取较高利润将是一个非常重要的问题。有效的产品组合，不仅使公司可以占有市场，而且实现高利润。有时保险公司会故意将产品系列中的某些产品价格定得较低以保持一定的市场竞争优势，同时对于具有竞争力的产品则制定较高的价格，补偿较低定价产品的较低利润率，从而保持有效、合理的产品组合。

3. 风险控制

不同的产品有不同的风险，而且同一类产品的不同客户群体的风险也是不同的。因此，保险公司的风险控制需从两个方面考虑，即来自产品本身的风险和来自不同客户群的风险。

对于不同类型的保险产品，其风险特征迥然不同。一般来说，意外伤害的风险发生率最低，医疗健康的风险发生率水平最高，人寿保险处于两者之间。有效的风险控制取决于公司对风险的认知水平，以及公司控制风险的能力。产品设计初期，要对产品本身的风险加以评估，评估其可行性以及潜在的风险，并制定相应的行政制度，防范风险于未然。同时，保险公司也要不断加强控制风险的能力，并通过与再保险公司合作来分散风险。只有对不同产品的风险有了清晰的认识，才有可能有效地将不同风险程度的产品组合起来，使整个产品组合的风险限定在公司可控制的范围之内，从而实现在最小风险的前提下，使公司产品多样化，利润最大化。

除产品本身的风险之外，不同客户群的风险识别及控制也是保险公司风险控制的重要内容，这方面主要是通过保险公司对客户的健康检查、财务核保等程序来完成的。保险公司将风险程度相近的消费者集中在一个保费价位，从而利用大数法则来分散风险。

4. 市场竞争

我们可以用宽度、深度、质量来衡量一家公司的产品组合，并可根据与本行业中其他公司提供的该产品组合的关系，被描述为宽或窄、深或浅、一致或不一致。

产品组合的宽度是由公司提供的不同产品系列的数目决定的。产品组合的深度是由公司在每一产品系列中提供的不同产品形式或不同产品项目的数目决定的。产品组合的一致性是由一家公司的产品类别之间、产品系列之间的彼此相关程度决定的。为了处于有利的市场竞争地位，保险公司将随时调整产品组合以保证其整个产品组合的宽度、深度以及一致性。在竞争的压力下，保险公司竞相开发不同产品系列以加宽其产品组合的宽度，并不断向消费者提供多种不同产品项目以加深其产品组合的深度，同时努力保持其所有产品的一致性。

（二）消费者角度

不同的消费者具有不同的消费偏好，由于个体的差异，每个消费者会根据自身的保险需

① 内含价值（Embedded Value）。
② 美国通用会计准则（US GAAP）。

求、经济能力和自主消费等因素选择不同的产品组合。

1. 消费者保险需求因素

保险需求因人而异。不同的人价值观不同、人生观不同，对于消费的观念也不同，因此有不同的保险需求。

除因消费者内在价值不同而导致不同的保险需求外，不同年龄的消费者其保险需求也迥然不同，从而会有不同的产品组合。对于刚刚参加工作的年轻人，常见的是购买保障型产品；对于中青年，可能会以自己的孩子为受保对象，侧重于购买储蓄型保险以备日后教育费用的支出，而为自己通常倾向于购买年金保险以及健康保险等，保障范围较全面；而对于中老年人，他们更关心的是未来的经济能力，因此较侧重于养老年金产品和健康保险产品等。

2. 消费者经济能力因素

这直接决定着消费者的保险产品组合。显而易见，经济能力好的消费者可以购买足够的保险保障，涵盖死亡、生存、意外、健康医疗等各方面，产品组合较全面；而经济能力一般的消费者会根据个人的保险需求量入为出，其产品组合较为精炼，各方面都有保障，但金额不大。而对于经济能力很差的消费者来说，虽然有强烈的保险需求，但其购买保险的能力有限，产品组合趋于单一。

3. 消费者自主消费因素

消费者的自主性较差，需有保险公司及其代表，如代理人，向消费者提供和解释相关的信息，唤起其潜在的保险需求。但随着社会的进步，在这个信息化越来越发达的社会中，消费者的自主消费能力正日益明显，很多消费者已开始自觉、主动地意识到自己的保险需求，并开始关注保险，寻找符合自己的保险产品组合。如消费者可以同时选择寿险、意外险、健康险产品以满足自身各方面的需求；而有些消费者较偏重于寿险保障，可以多购买不同保障范围的意外险产品，或较大保额的意外险产品；有些消费者较偏重于健康保障，就会选择多购买一些健康险产品。

第二节 人身保险产品开发的相关制度

一、关于人身保险产品开发的监管法规、政策

（一）监管政策的出发点

保险监管的目标是由保险业和保险经营的特殊功能所决定的，监管的最终目标是保证保险功能的有效实现。关于保险监管的目的可以具体分为以下几点：

1. 保护消费者的利益

这是保险监管的首要职责。保险业务的专业性很强，特别是保险产品的定价更需要专门

知识，与一般产品的定价明显不同。实践中，保险合同由保险公司单方面拟定，**保险费率**等重要事项已经事先确定，投保人处于弱势地位，只能被动地接受或者拒绝合同。监管的目标在于两个方面：防止保险公司利用其掌握的信息优势，任意提高保险费率以牟取超额利润；防止因不正当竞争，保险公司人为地压低保险费率，影响自身的偿付能力，伤害投保人的利益。

2. 监管保险公司的偿付能力，维护保险体系的安全与稳定

偿付能力是指保险公司履行赔偿和给付保险金的能力。保险监管的核心就是保证保险公司的偿付能力充足，比如，对资本金、各种准备金、最低偿付能力、承保限额、法定再保险等的监管措施，以及对保险投资与保险财务的严格监管都是为了这一目的。

3. 维护公平的经营环境

保险监管应该维护以下几个方面的公平：一是保险公司与投保人之间的公平；二是投保人之间的公平；三是保险公司之间的公平。保险公司与被保险人之间的公平主要是指保障水平与缴纳的保费应该相适应；投保人之间的公平是指保险经营的费用要公平分摊；而保险公司之间的公平是指公平竞争，维护保险公司之间的公平的市场秩序，防止市场垄断与过度竞争。

（二）人身保险产品开发监管的主要内容

保险产品的监管方式随各国保险市场的发达程度及监管制度的不同而有所差异。一般而言，保险市场成熟的国家偏向于较宽松的产品监管。保险公司只要将开发的产品进行备案就可以了；但是在保险市场机制不健全的国家，一般都采用严格监管的模式，如对保险条款、产品名称、保险产品的精算方法等均有较严格的要求。这在一定程度上造成了保险市场上产品的趋同性。以下从我国的监管实践经验，分三个方面讨论人身产品设计的监管：

1. 关于人身保险产品的定名规则

人身保险产品的名称应该体现保险责任。中国保监会对产品的分类有严格的规定，如：(1) 人身保险产品按设计类型分为：普通型、分红型、万能型、投资连结型等。(2) 人身保险产品按保险责任分为：人寿保险、健康保险、意外伤害保险。(3) 人寿保险按保险责任分为：定期寿险、终身寿险、两全保险、年金保险。其中：定期寿险，是指以死亡为给付保险金条件，且保险年限为固定年限的人寿保险。终身寿险，是指以死亡为给付保险金条件，且保险期限为终身的人寿保险。两全保险，是指在保险期间内以死亡或生存为给付保险金条件的人寿保险。年金保险，是指以生存为给付保险金条件，按约定分期给付生存保险金，且分期给付生存保险金的间隔不超过一年（含一年）的人寿保险。(4) 健康保险按保险责任可分为：疾病保险、医疗保险、失能收入损失保险、护理保险。疾病保险，是指以保险合同约定的疾病的发生为给付保险金条件的保险。医疗保险，是指以保险合同约定的医疗行为的发生为给付保险金条件，为被保险人接受诊疗期间的医疗费用支出提供保障的保险。失能收入损失保险，是指以因保险合同约定的疾病或者意外伤害导致工作能力丧失为给付保险金条件，为被保险人在一定时期内收入减少或者中断提供保障的保险。护理保险，是指以因保险合同约定的日常生活能力障碍引发护理需要为给付保险金条件，为被保险人的护理支

出提供保障的保险。

另外，中国保监会还要求人身保险产品名称采用“保险公司名称＋吉庆、说明性文字＋承保方式＋产品类别＋（设计类型）”的格式。其中的承保方式仅限于团体保险时，要在产品名称中明确。

2．关于人身保险产品审批与备案的监管规定

在我国，保险公司开办人身保险产品时，必须依照《人身保险产品审批和备案管理办法》报中国保监会备案。保险公司应当设立总精算师职位。总精算师负责参与制定保险产品开发策略，拟定保险产品费率，审核保险产品材料。保险公司应当指定一名法律责任人，负责报备产品法律方面问题。

3．关于人身保险产品精算的监管规定

精算是保险经营的核心技术，是保险监管的重要手段，其应用主要包括产品设计、负债评估和风险管理等方面。从产品设计的角度，中国保监会对人身产品精算的监管体现为《人身保险精算规定》，大致内容包括：

（1）对人身保险产品的费率的精算规定。包括对**预定费用率、预定利息率、预定死亡率**的精算规定。

人寿保险的毛保费由纯保费和附加费用构成。附加费用一般分为管理费和佣金（个人业务）/手续费（团体业务）。

保险公司在产品定价时应根据本公司对未来资金运用收益率的预测按照谨慎的原则确定预定利息率，所采用的预定利息率应当符合中国保监会的规定。

目前的规定是：保险公司在厘定保险费时，自行决定采用的预定死亡率，但核算法定准备金时统一使用保险业经验生命表（2000—2003）的死亡率。

（2）对保单现金价值的规定。《人身保险精算规定》通过明确保单年度末保单价值准备金的计算基础与计算方法，确定保单现金价值。

2000年以来，人身保险新型产品发展迅速，逐渐为社会所接受，成为人身保险市场的主流产品，但快速发展也带来了一些问题。为了规范新型人身保险产品设计，促进中国保险业进一步与国际接轨，中国保监会针对分红保险、投资连结保险、万能保险的精算标准，先后下发了《个人分红保险精算规定》（保监发［2003］67号）、《投资连结保险精算规定》（保监寿险［2007］335号）、《万能保险精算规定》（保监寿险［2007］335号）、《关于修订〈精算报告——分红保险业务报告〉编报规则的通知》（保监发［2009］21号）。

对于分红保险产品，新的精算规定明确分红保险可以采取终身寿险、两全保险或年金保险的形式。同时，详细规定了红利分配方法，即可以采取现金红利和增额红利的形式。现金红利分配指直接以现金的形式将盈余分配给保单持有人；增额红利分配指在整个保险期限内每年以增加保额的方式分配红利。

对于投资连结保险产品与万能寿险产品，新的精算规定主要明确了保险公司收取的各项费用标准，如初始费用、风险保险费、保单管理费、资产管理费、手续费和退保费用等。

二、人身保险产品开发与税收制度

保险和税收是经济生活中的两个重要现象。它们所属的层次不同，其中保险是在微观层面上的、投保人缴纳保费、保险公司负责赔付保险金的一种经济活动；而税收则是在宏观层面上的、国家依据有关法律规章向纳税人收缴税款的经济活动。尽管性质和内容不同，但它们之间有着密切的联系，二者相互影响、相互制约，而且正是由于这种联系使得对保险业不同的税收政策对保险需求进而对产品的设计产生了重大影响。

（一）保险与税收的相互关系

保险与税收存在着一定的互动关系。一方面，保险作为社会稳定器，担负着经济补偿职能，即其可以弥补各种自然灾害和意外事故造成的经济损失，从而保证了课税来源，而其资金融通和社会管理功能的发挥则更是对投资和消费产生长远影响，有助于一国宏观经济运转的顺畅；另一方面，一国的税收政策尤其是针对保险行业的税收政策对于该国保险业，尤其是长期寿险的影响既广泛又深远。

首先，税率的高低会产生不同的作用。一般来说，一国若对保险公司征收较高的营业税率或所得税率，将会减少其税后利润，从而降低保险资本公积金的积累能力。由于保险公积金是保险偿付能力的重要组成部分，因此，长此以往必然会影响到保险公司的偿付能力，这有碍保险市场主体的培育和保险市场的稳定。

其次，税收的歧视政策将会产生不同的效果。如果一国针对内外资保险企业实施不同的所得税率，那么将破坏决定保险市场秩序的重要基础——公平竞争，竞争的不公平会影响规范有序的保险市场的建立；而一国若对所有种类保险业实行统一的税率，那么将难以体现国家对各险种的政策导向，使保险产业发展政策难以配合国家经济发展计划，适应国家经济发展方向的需要，同时也不利于保险产业发展政策的完善。

最后，对企业和居民购买保险有无税收优惠政策，将会影响保险需求的有效扩张。如果一国企业和居民购买保险的保费可以作为费用项目从其收入所得中扣除，保险金可以不列入其收入所得之中，那么将会激发企业和居民购买保险的热情，从而扩大保险的有效需求。

从以上分析可以看出，保险与税收之间相互作用的结果主要影响到作为课税源泉的税源和作为保险业发展动力的保险需求两个方面。而对保险业的税收政策则是这种相互作用的主要动因。若一国为了增加税收收入，则可能提高税率，但这样就会抑制保险业的发展，甚至可能在长期内对其他税源有影响；若一国为了促进保险业的发展，可能会降低税率、出台税收优惠政策，以刺激保险需求和保险业的发展，但这样可能在短期内会减少税收收入。由此可见，税源与保险业发展及保险需求之间存在既对立又统一的关系。从长远来看，二者之间存在相互促进的关系。因此最优的策略是在保证一定税源的情况下尽量地给予保险业以优惠政策，达到既促进保险需求和保险业的发展，又在保证保险业一定发展速度的前提下，长期来看尽量达到增加征税来源的目的。

（二）现行人身保险行业税收政策

我国现行的保险税制是1983年后逐步建立起来的。国家对保险业主要征收营业税和企业所得税两大税种，同时征收城市维护建设税、印花税等小税种。

1．营业税

其计税依据为自留保费收入。实行分保业务的，初保业务以全部保费收入减去支付给分保人的保费的余额为营业税计税依据。我国保险业的营业税税率从2000年开始，由8%每年降低1个百分点直到5%。目前保险业按5%的税率计征。税收优惠体现在三个方面：第一，农业保险免税；第二，保险公司开办的一年期以上返还性人身保险业务的保费收入免征营业税；第三，出口信用保险业务不作为境内提供的保险，征收营业税的10%。

2．企业所得税

有一段时间，我国对中、外资保险公司适用不同的税率。中资保险公司适用33%的税率，外资保险公司适用15%的税率。目前统一为25%的所得税税率。

3．印花税

财产保险业务按保险费收入的1‰贴花，对农业保险合同免税。

4．城市维护建设税

只适用于中资保险公司，外资保险公司免税。

从以上可以看出，我国保险税制体现了一定的国家政策导向：对具有社会保障功能的险种，如返还性人身保险等，减免所得税、营业税和印花税。

其他国家情况详见阅读材料2—1。

阅读材料2—1

其他国家税收种类分析

英国保险业营业税主要是保费收入税，具体征收方式是按照毛保费收入总额的4%计征。应该指出的是，英国的保费收入税是国家通过保险公司向消费者征收的税。具体做法是由保险公司加计在每份保单的保费之中。

加拿大省一级的税收为保费收入税，税基为在该省的直接毛保费收入，税率为2%～3.5%不等。如果向加拿大以外的保险公司分保，需要对保费征收10%的联邦特别销售税。加拿大政府在联邦和省两个层次上对保险公司征收公司所得税。

韩国对保险公司征收营业税的税基为公司保费收入，税率为3%。韩国保险公司的所得税相对于其他一般公司而言，没有特殊规定。其应税利润包括承保利润和投资收益，从上市公司取得的红利不再纳税。此外，韩国保险公司还需缴纳教育税，税基为保费收入与利息、红利收入之和。

（三）我国人身保险税收优惠政策

我国现行寿险税收优惠政策主要表现为寿险公司的所得税和营业税，但缺乏对人身保险投保人的税收优惠政策。详见阅读材料2—2。

1. 行业税惠

保险，尤其是人身保险属于高层次的消费品，具有高价弹性，即价格升高则人们的消费总量减少，价格降低则人们的消费总量增加。所以，针对保险公司的税收优惠对保险产品的定价有着直接影响，较低的税率意味着较低的定价，低廉的价格则有利于促进保险产品的销售，不仅可以促进保险业加快发展，同时也增加了税源和税收总量。

阅读材料2—2

财政部和国家税务总局关于长期保险业务税收的规定

保险公司新开办的一年期以上（包括一年期，下同）返还本利的普通人寿保险、养老金保险，以及一年期以上（包括一年期，下同）健康保险险种，可以免征营业税。

---

2. 居民个人购买保险的税收优惠政策

我国目前只对法定社会保险费实行免税，而对个人自愿购买人身保险则没有相应的税收优惠政策。与其他发达国家和地区相比，我国只规定保险赔款，即补偿性的赔款可以免缴个人所得税，但对保费支出、年金给付、满期生存给付和保单红利均没有减免税的规定。国外税收优惠政策详见阅读材料2—3。

我国在经济体制改革、政治体制改革和文化体制改革的过程中，人们的医疗、养老逐步由单位统管转向社会保险，而社会保险仅仅满足了生存的基本需要，自我积累和购买商业保险成为维持生活水平的重要手段，增加对投保人和被保险人的减免税规定，有利于促进人们自主安排保障，降低对社会保险和国家的期望与依赖，有助于社会稳定和全面实现小康社会的奋斗目标。

阅读材料2—3

国外税收优惠政策

美国对一些购买延期年金支付的保费实行税收扣减，对保单红利、保单的现金价值、年金和死亡给付金给予税收减免。

瑞士自1999年1月1日对保障缴款可减免课税的最大数额为5789瑞士法郎，对不属养老金计划的自谋职业者，减免数额可达28944瑞士法郎或其所得收入的20%；商业性的两全寿险保单所得利息免税。

日本1984年建立了生命保险费和年金保险费的扣除制度，意外伤害保险的保险费也建立了保险费扣除制度，非积累型的保险费支出最高可扣除3000日元，积累型的可扣除15000日元；购买对个人发行的寿险保单所支付的保险费可从应纳税额中最高扣除额为5万日元。同时死亡收益、生存收益或两全收益的保单可以减税。

（1）养老保险。在保险业发达国家，投保人之所以能通过投资保险获得较高的投资收益，相当程度上依赖于所谓递延税收制度。所谓递延税收制度，指投保人购买养老性质保险的保费支出可以从本期应纳所得税额中扣除，但在年老获得保险金给付时，列入当时的应纳所得税额，缴纳个人所得税。也就是说，投保人本应在年轻时候缴纳的所得税等，通过保险机制的传导，被相应地推迟到了年老时期。如果年老时期收入不高，就可能少缴甚至不缴所得税。因此，站在消费者的角度看，这种递延税收制是老百姓合理避税的个人收入安排制度。

可见，纳税人在为自己作财务筹划时一定会将资金用于购买养老保险，从而扩大了保险需求。

例如：假设某企业职工每年的收入中可余出1000元用于投资或参加养老保险计划缴纳保费（免税），假设年初获得收入并按所得税率30%纳税，否则全额缴纳养老保险的保费。保险金的支付年限为15年，市场利率与储蓄利率相同均为10%，利息税为5%；该职工在参加退休金计划的第16年退休，假设退休后的所得税税率为20%。则该职工可在以下两个方案中进行选择：

【方案一】 将税后收入进行储蓄。

每年储蓄额为：1000×（1－30%）＝700（元）

第一年：利息所得＝700×10%＝70（元）

应缴利息税＝70×5%≈4（元）

实际所得＝700＋70－4＝766（元）

第二年：利息所得＝（700＋766）×10%≈147（元）

应缴利息税＝147×5%≈7（元）

实际所得＝700＋766＋147－7＝1606（元）

依此类推：……

第十五年：实际所得＝23411（元）

【方案二】 直接参加养老保险（当时免税），15年后按投资收益缴纳所得税。

第一年：利息所得＝1000×10%＝100（元）

应缴利息税＝0（元）

实际所得＝1000＋100＝1100（元）

第二年：利息所得＝（1000＋1100）×10%＝210（元）

应缴利息税＝0（元）

实际所得＝1000＋1100＋210＝2310（元）

依此类推：……

第十五年：实际所得＝34954－34954×20%＝27963（元）

15年后的投资净收益为：27963（元）

从实践的角度来看，美国自从开展了年金产品所得税优惠政策以来，该类保险产品的销售额大幅上升。荷兰该项目发展也比较快。目前企业补偿性养老保险（由企业和职工个人共同缴纳保险费，职工获得延期缴纳所得税好处的养老保险）所覆盖的职工人数已达全部职工人数的83%。据统计，美国每年为企业参加养老金提供的税收优惠高达500亿美元，英国则高达150亿英镑。据统计，美国各类退休计划向共同基金投资1.24万亿美元，这些投资构成共同基金资产的5%。随着全球各国逐渐步入老龄化社会，政府养老保险的支出将越来越大。为减轻政府压力，同时使退休人员不至于在工作前后生活水平有明显差距，引起不满，造成社会动荡，减少政府为维持社会稳定的支出，激励企业为职工投保养老保险的税收优惠政策必不可少。政府通过这种指导使企业逐渐意识到为了争夺人才，在竞争中取得优势，这种养老保险的投入是必要的。美国正是这样一个以商业养老保险为职工主要退休金来源的国家，税收政策为这种养老体制的建立起到了推动作用。

（2）年金和其他退休储蓄产品。在西方国家，由于有以死亡为给付条件对指定受益人所获保险金不征收遗产税和个人所得税的规定而使该类寿险产品大受欢迎。当一个人死亡后，往往需要偿付一些到期债务。这些债务包括抵押贷款、借款等。除此之外，还可能发生一些与死亡本身相联系的费用，如不属于保险范围内的医疗费、丧葬费等。除这些必须支付的费用外，对于死者遗产还要征收遗产税，且税率一般很高。在美国和加拿大如果遗嘱执行者或管理人卖掉死者的部分遗产，那么还需支付资本利得税。当死者的遗产中没有足够的现金支付这些费用和税金时，遗嘱执行人或管理人必须卖掉部分遗产来筹集所需资金。这种强制出售可能导致售价远远低于正常价值。而购买有税收好处的寿险，受益人可以用保险金支付相应的税费而不必将其财产仓促变现引起巨额折损。对于有家族产业的高收入者，不至于因某人的过世而影响家庭事业的发展甚至使其破产。对于低收入家庭，家属可以通过购买保险渡过经济困难时期。因为对于大多数西方家庭，丈夫的工作是唯一的经济来源，若丈夫过世，子女的教育费、生活费等将无法支付。如果要使低收入者购买保险产品，税收优惠可以起到很大作用，它使这类寿险产品更具诱惑力。的确，在西方国家，许多人将购买这类寿险产品作为遗产计划（是指解决人过世后如何以最好的方式保留其财产的计划）的一部分，该类产品的市场占有率很高。

（3）医疗类保险产品。医疗类保险产品给予税收优惠也有其现实意义。受到环境污染、工作压力、疾病改变以及医疗技术进步等因素的影响，世界范围内出现了医疗费用的上涨趋势。微观主体对该类医疗保险存在巨大的需求潜力。如果给予投保人以购买医疗保险的保费可以全部或部分在应税收入中扣除，或者对保险金免税的税收政策，这些都无异于降低该类医疗保险产品的价格。在经济学中，价格的下降通常会带来需求的增加。也就是，政府在对投保人给予所得税优惠的同时，会加大保险需求，扩大保险公司的保险费收入，从而在总体上增加营业税收入。营业税的增加弥补所得税的减少，并且它的宏观效益与养老保险类产品有异曲同工之妙。事实上，美、日、欧等国家和地区长期对医疗保险产品实行税收优惠政策使各种医疗保险蓬勃发展，为建立完善的社会医疗保障体系，为提高全民健康水平起到巨大的推动作用。

三、人身保险产品开发与社会保险制度

社会保险体系是指当社会成员因为年老、疾病、失业、生育、死亡和灾害等原因致使生

活困难时，能够从国家、社会获得基本生活需求的保障。商业保险是一种很好的风险保障机制，人们可以像购买一般商品一样，根据需要和经济承受能力来选购商业性的寿险、医疗保险等服务，转嫁自己的财务利益风险和人身风险或者增进自己的福利，两者都是社会保障体系的有机组成部分。一段时间内，我国养老保险体系确立退休后的基本养老金的工资替代率不超过60%，这意味着人们在这一制度下领取的养老金将大大低于原有及现有的退休金水平，人们要想在年老时生活消费水平不下降，就需要通过投保政策性的企业年金业务和商业性的人寿保险和保险年金来弥补。

社会保险的低水平广覆盖性质为商业保险产品的开发提供了外部环境。短期而言，社会保险是一种静态的外部环境，而从长远来看，则是动态变化的，这意味着保险产品设计的边界是可变的，且随着社会主义市场经济体系的建立，社会保障体系也越来越向市场化方向发展。从长远来看，协调商业保险与社会保险的关系，不断满足市场变化的需求是人身保险产品设计的主要任务。保险公司应该积极应对社会保障体制的改革，大力开发补充养老保险、补充医疗保险和工伤保险等相关产品。通过产品创新，不断适应社会大众对商业保险的需求，在更好地发挥保障作用的同时使自身得到很好的发展。

第三节　人身保险产品开发流程

由于新产品的开发周期较长，过程复杂，要求来自公司多个部门（包括市场、精算以及产品执行等部门）的通力协作。为确保最终开发出的新产品能更具连续性、流畅性及可实施性，保险公司通常会成立产品开发委员会（或产品实施委员会），其成员来自公司各个部门（精算、法律事务、行政、客户服务、信息技术、业务支援、销售、市场、核保等部门）的主管。该委员会一般由具有精算背景的主管任组长，定期召开产品例会，负责组织协调产品开发及实施工作。

设计新产品大致需经历三个阶段：产品概念形成、产品开发过程以及产品执行过程。产品开发委员会的功能贯穿于新产品的整个开发及实施过程，但是，根据产品开发过程的不同阶段，各成员的职责发挥以及对产品开发与实施的参与程度会有所不同。

一、产品概念形成

（一）新产品概念的产生

新产品的想法可以来自任何方面。在第一阶段，市场主管应该对各种关于新产品的想法保持开放的态度，在代表客户想法的同时鼓励和接受来自不同销售渠道的观点。在将各种产品想法，例如：产品类型、目标市场、需求点、销售概念与定位、主要保障与利益、佣金结构与水平、缴费方式等进行统计梳理后汇总。

通常，保险公司可以通过一个或多个方法产生新的产品概念。这些方法包括：

（1）“头脑风暴”。[①] 一种开发团队智慧，让所有团队成员的初始想法都能在思考和解决问题的过程中有所考虑，通常用于创新和进行突破性的思考。

（2）代理人的信息和意见反馈。从一线的销售人员可以直接了解最新的市场信息和客户意见。

（3）消费者信息。考虑当前市场的一些基本情况。

①人口发展趋势。如人口老龄化趋势，参见图 2－1 和表 2－1。

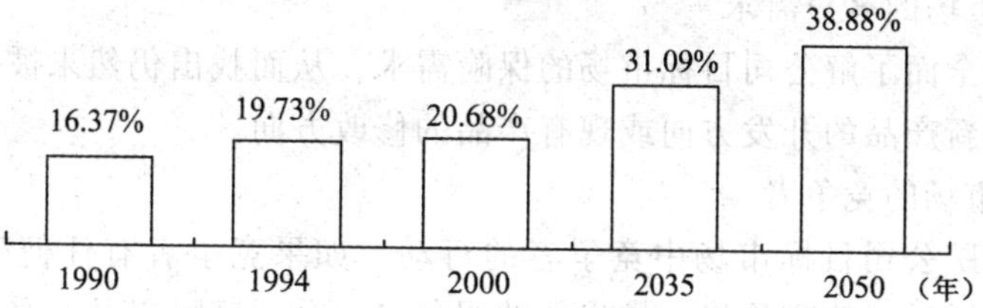

图 2－1　1990—2050 年赡养率（%）（退休人员数/在职职工人数）的变化

表 2－1　　60 岁及以上老年人口数

年份	人口数（亿）	占总人口的比率（%）
1990	0. 97	8. 84
1994	1. 16	9. 70
2000	1. 37	10. 70
2035	3. 76	23. 56
2050	3. 86	24. 45

②经济发展趋势，如未来 10 年的利率走势。

③通过对消费者和客户的调查，发现潜在需求，如消费者更需要某些健康保险的产品，或者更偏好于某种能够灵活缴费、灵活调整保额的产品。

（4）来自于与客户接触的一线人员（如理赔人员、渠道、客户服务中心、讲师等）的交流。他们是公司最接近客户和个人代理人的人，既了解市场和客户，又能从公司的角度提供更理性和全面的意见和建议。

（5）来自于与外界的再保险公司、投资经理、咨询人员的交流，从经验丰富的专家（公司）那里获得建议和灵感。

（6）对竞争对手推出的新产品或服务的市场分析。分析竞争对手的优劣势，可以更有

① 头脑风暴（Brain Storming），美国学者阿历克斯·奥斯本于 1938 年首次提出头脑风暴法。借用这个概念来比喻思维高度活跃、打破常规的思维方式而产生大量创造性设想的状况。头脑风暴的特点是让与会者敞开思想，使各种设想在相互碰撞中激起脑海的创造性风暴。

针对性地设计产品和服务，掌握主动。

（7）现有产品的评估发现。通过对现有产品的评估，寻找改进点。

（8）其他市场的研究报告。如替代性产品（共同基金和储蓄、基本医疗保险）市场。

（二）针对目标市场的调查

针对目标市场调查是新的产品概念形成阶段最为关键的一个环节，也是相当重要的一步。只有全面了解市场的需求，了解同业的产品，才能提出既满足消费者需求，又与公司战略方向一致的产品创意。

1. 了解目标市场的客户需求

通过市场调查全面了解公司目标市场的保险需求，从而找出仍然未被公司现有产品满足的市场，借此明确新产品的开发方向或现有产品的修改方向。

2. 了解目标市场的竞争者

时刻关心、跟踪公司目标市场中竞争者的行动。如果竞争者有任何变动，如推出新产品、推出新的销售活动、改变价格，推出新的服务等，公司都可以及时采取行动以应对目标市场的变化，提升公司竞争力。

3. 了解潜在的目标市场

通过市场调查还可以了解其他潜在的目标市场。在与公司的战略方向保持一致的前提下，开发新市场，实现业务的拓展。

4. 初步筛选

由于资源的有限性，我们不可能对每一个新的产品想法都进行可行性研究，所以对于收集到的众多产品想法要进行初步的筛选（见表 2－2）。这一阶段，市场主管、产品研发主管以及业务发展主管可以组成小组进行筛选，选出若干个最有市场潜力和可能带来最多回报的产品概念。建议这个阶段小组成员不超过 3 人，级别在主管或以上，以便能够快速地作出筛选决定。

表 2－2　　产品概念筛选

标准	产品概念		
	A	B	C
1. 该产品是否与公司战略一致？			
（1）能否更好满足现有目标市场需求？	√	×	
（2）能否增加公司竞争优势？	√	√	
（3）能否协助公司进入新市场？	×	√	
2. 该产品是否能带来收益？			
（1）该产品能否带来增量销售额？（即其销量不是来自于公司现有产品的替代）	√	√	
（2）该产品利润水平会高于公司的最低要求吗？	√	√	
（3）该产品能否极大地增加公司的形象/实力？	√	√	

续表

标准	产品概念		
	A	B	C
3. 开发/运作难度：			
（1）公司行政和服务方法简单吗？	√	√	
（2）该产品容易解释吗？客户容易了解吗？	√	√	
4. 竞争：			
（1）该产品在市场上独特吗？	√	×	
（2）渠道代理商觉得这个概念有吸引力吗？	√	√	

如果某一产品概念无法满足第一个标准（是否与公司战略一致）下面的任何一项，该产品概念应该被否决。同样，如果该产品概念无法满足第二个标准（能否带来收益）下面的任何一项，也应予以否决。

另外，在初步筛选产品概念时，需要通过市场调查，对产品类型、目标市场、市场需求对市场的竞争情况有所了解，综合产品主要保障责任与利益、缴费方式、佣金年销售额和渠道对该竞争产品的反馈意见等，作为初步筛选阶段采用的辅助决策方法。

（三）确定新产品的方向

清晰、准确地了解市场信息是设计产品特性的前提。新产品分为几种：全新的产品、对于某公司而言的新产品（在市场上已经出现）、对现有产品的改进或修改。无论设计何种形式的新产品，都需要一定程度的创新，创新程度越大，承担的风险与潜在的收益也越高。在专栏 2—1 中列出了产品设计的五个主要创新程度类别。

专栏 2—1

对创新程度的划分

1. 重大创新：从未被任何公司提供过、能够满足从未被其他任何产品满足过的需求的产品。

2. 启动业务：为现有产品所服务的市场开发出创新的新产品。

服务于现有市场的新产品：一个组织通过向现有客户提供该组织从未提供过的新产品，扩展其产品组合的创新，尽管该产品优势可从其他来源获得。这类创新产品的一个具体例子是金融服务的综合销售，比如人寿与健康险公司向其客户提供共同基金、信用卡、财产/意外险产品，提前死亡给付保险，由银行和证券经纪人提供保险产品。

3. 产品系列扩展：一个组织向其现有产品系列中增加新的产品形式和项目，

以便给消费者一个更广泛的产品选择空间的产品创新。

4. 产品改进：改变某一产品的特征，从而赋予其胜过相似产品的竞争优势，提高销量的过程，是最常见的产品创新。保险产品改进包括：(1) 产品自身改进，例如，提供更恰当的给付条件，提高面额或增强产品的灵活性；(2) 改进支持产品的服务，例如，提供迅速签发保单服务或保单所有人服务，延长服务时间，或增加分支机构；(3) 改进保单结构或措辞以遵守法规的变化。

5. 形式改变：设计产品外观或有形物方面的改变的产品创新。保险产品形式改变的实例包括新保单或保单格式的设计、新产品标示或注册商标，以及新的客户通信表格（比如在合并表格中概括列举有关客户拥有的所有保单的信息）。

（资料来源：摘自 LOMA《人寿、健康险保险的市场经营》。）

二、产品开发过程

在产品概念形成后将进入产品的设计开发过程，这是相当复杂且耗时的一个阶段，其目标是对新产品概念进行实施并促使新产品的定型，最终进入产品的执行阶段。这一阶段涉及的几个关键的环节包括：制定产品设计纲要，销售渠道的进一步分析，产品属性的确定，核保控制，建立产品模型（定价及利润测试）以及编写并修订**产品说明书**，提交管理层批准。

举例说明，保险公司产品小组可根据图 2－2 模式，由产品概念阶段形成的初步的产品雏形开始，反复地进行新产品的可行性研发过程，随着产品开发的进程，产品将不断细化，并促使产品最终成型。

通常，在这一阶段，产品设计会经历多个方案，而如何从多个方案中选择一种最佳方案，需综合考虑以下因素：

（一）外部环境

外部环境包括：(1) 法律环境。任何产品都必须符合目标市场的相关法律、法规。如保险法、税法、当地保险监管机构制定的法规等。(2) 经济环境。如消费者的购买力、消费水平、未来的经济发展潜力。(3) 市场环境。如现有竞争者、竞争者的产品结构、竞争者的销售习惯等。

（二）公司内部环境

内部环境包括：(1) 公司的战略、愿景；(2) 公司的利润目标；(3) 系统支持程度；(4) 行政操作的难度；(5) 客户服务能力；(6) 培训；(7) 销售渠道；(8) 营销系统的销售习惯；(9) 风险程度及风险承受、控制能力；(10) 期望的销售额；(11) 再保险安排。

产品小组基于以上因素就产品方案进行综合评估，通常会选择几种方案，由精算部对这几种产品方案进行初步定价，同时测算相应的利润等相关指标，提交管理层，由管理层确定最后的设计方案。产品开发过程见图 2－2。

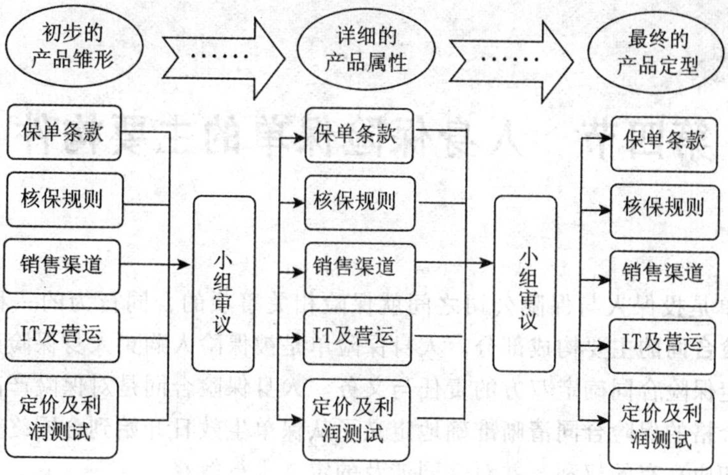

图 2-2 产品开发过程

三、产品执行过程

新产品方案通过了公司管理层的认可后将进入产品的执行阶段。在这一阶段，各部门将协同工作。产品开发委员会将依照产品上线时间表，组织协调成员开展相应的产品上线工作，其目的在于充分发挥产品开发委员会的功能，确保产品上线更加连续和流畅，进而推动产品上线的进程。

保险公司各部门在这一阶段的工作分别是：

(1) 精算部：产品开发人员对产品进行最后定价，计算每个年龄的费率、现金价值等数值；负责监管机构的报备工作；将最终的产品特性、费率等相关资料提交产品开发委员会，各成员据其安排跟进相应工作；组织协调成员的工作。

(2) 核保部：撰写投保规则以及投保书的填写要求。

(3) 营运部：根据产品特性编写条款；制定投保规则和行政作业规则。

(4) 法律事务部：产品执行过程的法律支持（如条款的合法性/合理性）。

(5) 销售、市场部：根据产品特性以及条款等资料确定产品销售宣传资料和产品推动方案（包括产品销售话术与产品宣导）。

(6) IT 部：针对业务系统、核保系统、佣金系统及理赔系统等进行系统设置、系统修改、系统测试与系统安装。

(7) 财务部：负责建立财务系统和报表系统。

(8) 培训部：制定培训日程、培训教程，以及根据新产品总结培训技巧。

(9) 客户服务部：组织内部学习、研讨，以准备客户及代理人的问与答。

通常，要求产品小组成员对于产品执行过程中各项工作积极提出合理化建议并对各项工作负责，同时，产品小组的决议具有权威性，要求全体成员自觉遵照执行。

第四节　人身保险保单的主要构件

人身保险单是投保人与保险公司之间就保险相关事项的合同行为的一种正式的书面形式，是**人身保险合同**的主要构成部分。人身保险单是被保险人购买人身保险产品的凭证，合同双方通过签定保险合同确定双方的责任与义务。人身保险合同是对保险产品的最直接本质的解释。一份合格的保险合同清晰准确地定义了从保单生效日开始到合同终止日期间合同双方应尽的义务和应享有的权利，并对合同涉及的定义进行解释。

保险单是产品设计、开发过程中不可或缺的一个组成部分。本节将主要集中阐述人身保险单的作用、保险责任、责任免除和其他条款等内容。

一、人身保险单的作用以及结构

人身保险单是对投保人与保险公司之间就保险相关事项的合同行为的一种正式的书面形式。保险单将明确、完整地记载有关两个合同当事人之间的权利和义务，它所记载的内容是双方履约的依据。保险单一般由保单首页、保险条款和批注组成。

保单首页主要记载保单所有人购买的保险产品信息，以及个体资料，如被保险人的年龄、性别、该保单的生效日、保单周年日，购买的产品名称和各产品的保险金额等相关信息。

保单中的保险条款对保险公司与保单持有人之间的权利、义务进行了明确规定。保险条款为格式合同，由保险公司事先确定。

批注是对保险公司与保单持有人之间的特殊约定。

二、保险责任

保险合同成立后，一旦所约定的保险事故发生，保险公司就要按照保险合同的规定给付保险金，这是保险公司所承担的保险责任，也是保险公司的义务。保险合同一旦成立并生效，投保人及保险公司就必须承担相应的义务。保险责任是保险合同最重要的组成部分，从法律关系看，投保人购买保险，实际上是购买保险公司的保险责任；从购买者需求看，投保人需要的也是保险公司的保险责任，所以保险责任无论在市场调查、产品开发或销售过程中都是首先考虑的问题。

在人身保险中，一般的保险责任包括身故保险责任、生存保险责任、意外伤害保险责任和健康保险责任等。

（一）身故保险责任

身故保险责任是以被保险人死亡为保险事故的保险责任，这也是人身保险最原始的一种责任。只包含身故保险责任的保险有定期寿险和终身寿险。目前国内的寿险产品都包括身故保险金这一项责任，但是只有小部分是纯粹包含身故保险金的定期寿险或终身寿险，大部分产品都还包括其他保险责任。

身故保险金是当被保险人死亡时保险公司所要承担的给付金。根据身故保险金的变化方式，身故保险金可分为平准型、递增型、递减型和变额型四种。

1. 平准型的身故保险金

保险金额是在合同订立时就确定的，当合同生效后，除非进行保额变更，否则当被保险人死亡时保险公司就应按约定金额给付保险金。平准型的特点是：在整个保险期间，保险金额不变。例如专栏 2—2。

专栏 2—2

保险金额——国内某寿险公司有关基本保险金额的定义

本合同所称“基本保险金额”是指本保险单所载明之本合同保险金额，如该保险金额有所变更时，以变更后之保险金额为基本保险金额。

身故保险金的给付

被保险人在本合同有效期内身故，本公司按基本保险金额给付身故保险金后，本合同效力终止。若本合同有未偿清之保险单借款、欠缴保险费，本公司将先扣除保险单借款本息、欠缴保险费。

2. 递增型的身故保险金

在合同订立时需确定一个基本保险金额，以后每年按照合同所规定的方式，身故保险金在基本金额基础上递增，当被保险人死亡时，保险公司按死亡当时的保险金额给付身故保险金。例如专栏 2—3。

专栏 2—3

保险金额——国内某寿险公司有关递增保险金额的定义

本合同所称“基本保险金额”是指本保险单所载明之本合同保险金额，如该保险金额有所变更时，以变更后之保险金额为基本保险金额。

本合同所称“保险金额”是指：

第一保险单年度之保险金额为基本保险金额。以后各年度之保险金额于每个保险单周年日递增基本保险金额的5%。

身故保险金的给付

被保险人在本合同有效期内身故，本公司按当年度保险金额给付身故保险金后，本合同效力终止。若本合同有未偿清之保险单借款、欠缴保险费，本公司将先扣除保险单借款本息、欠缴保险费。

3. 递减型的身故保险金

此种保险金在抵押贷款保险中比较常见，这种身故保险金跟贷款余额挂钩，因为贷款余额每年递减，身故保险金也随之递减。[①] 例如专栏2—4。

专栏2—4

保险金额——国内某寿险公司有关递减保险金额的定义

本保险的即时保险金额以消费贷款余额为限，初始保险金额按保险公司的核保结果确定，即时保险金额根据本合同和消费贷款合同约定的还款计划逐年递减。

保险责任

在本合同约定的保险责任有效期间内，若被保险人因疾病或遭受意外伤害事故所致身故……保险公司于事故发生后的第一个贷款归还日，按即时保险金额（不包括在保险事故发生前被保险人未按消费贷款合同约定还款而形成的逾期欠款）给付保险金予受益人，保险责任终止。

4. 变额身故保险金

在新型寿险产品中比较常见，主要特点是保险金额是可变的，它具有保障灵活、投资性强的特点，因此有较强的吸引力，万能寿险、投资连结保险等都属于保额可变的寿险。变额寿险的身故保险金通常为两种方式：一种是基本保险金额与现金价值的总和；另一种是取基本保险金额和当时现金价值的较大者。

① 在美国称之为“credit life”，是与投保人的死亡联系在一起的定期寿险产品。

（二）生存保险责任

生存保险责任是以被保险人的生存为保险事故的保险责任。按照合同规定，只要被保险人在约定时间依然生存，保险公司就要支付生存保险金。生存保险责任常见于以下几种保险形式：

1．纯生存保险

纯生存保险是以被保险人在规定期限届满时生存作为给付保险金条件的保险。被保险人生存到约定期满时，保险公司给付保险金；如果被保险人在此期间死亡，则得不到任何给付。由于给付条件较苛刻，目前国内还没有这样的保险。出于风险控制和实际操作可行性的考虑，保险公司除提供一次性的生存给付外，一旦被保险人在保险期间死亡，保险公司将退还现金价值或所缴保险费的一定比例。

2．两全保险

两全保险是指被保险人不论在保险期内死亡还是生存，保险公司都给付保险金的保险。两全保险是生存保险和死亡保险相结合的保险，同时包含身故保险责任和生存保险责任，是一种提供较为全面保障的保险。

在普通的两全保险中，不论被保险人在保险期内身故还是生存至保险期间届满，保险公司所给付的保险金额是相等的。例如专栏2—5。

专栏2—5

满期生存保险金——国内某寿险公司有关两全保险的给付责任

满期生存保险金

被保险人于保险期满时仍生存，本公司按保险金额给付“满期生存保险金”，保险责任终止。

身故保险金

被保险人于保单生效日起一年内因疾病身故，本公司按保险金额的10%给付“身故保险金”，并无息返还所缴保险费，保险责任终止。

被保险人因意外伤害事故身故或于保单生效日起一年后因疾病身故，本公司按保险金额给付“身故保险金”，保险责任终止。

但也有一些两全保险在普通两全保险的基础上有所变化，身故保险责任与生存保险责任不相等，从而造成身故保障和生存保障的差异，以满足不同的保险保障需求。

【例2-1】 某投保人购买了10万元的某两全保险，保险期间为20年。如果被保险人在20年内死亡，其受益人可以领取10万元的保险金，同时保单因履行而效力终止；如果被保险人存活到20年期满，被保险人可以领取20万元的保险金，然后保单效力终止。这种保单的生存给付较大，体现了该保险产品的重点在于被保险人的生存保障，因此储蓄性质较强。

【例2-2】 某投保人购买了10万元的某两全保险，保险期间为20年。如果被保险人在20年内死亡，其受益人可以领取10万元的保险金，同时保单因履行而效力终止；如果被保险人存活到20年期满，被保险人可以领取5万元的保险金，然后保单效力终止。这种保单的身故给付较大，体现了该保险产品的重点在于保障被保险人的家属。

3. 年金保险

年金保险即在约定的期限内，被保险人生存，保险公司就按照一定的周期给付年金领取人一定保险金的保险。它的保险责任与纯生存保险相同，都是以被保险人的生存为条件给付保险金；如果被保险人在约定期间内身故，保险公司不给付保险金。与纯生存保险不同，年金保险的保险金是采取周期给付的方式，而纯生存保险通常是一次性给付的。

年金保险是一种很重要的以生存保险责任为主的保险，它的意义在于使被保险人晚年的经济生活得到保障。人们往往是在年轻时开始缴纳保费，到年老后便可以按照一定的周期领取一笔固定数额的保险金，作为晚年生活的经济来源。[①] 中国已进入老龄化社会，随着现代人均寿命的延长，晚年生活保障问题显得越来越突出。而年金保险产品一直贯彻着“生存保障”的保险理念，因此该类保险的地位也必将越来越重要。

4. 特殊约定生存给付的寿险合同

这类保险是两全保险和年金保障的结合物，一般定性为两全保险，它是根据客户需要而衍生的产品。传统两全保险的保险责任发生在合同期末，如果被保险人生存至保险期间届满，保险公司则一次性给付生存保险金，之后保险合同终止，这种保险责任不能满足被保险人的连续生活保障需要；而传统年金保险的保险责任发生在约定的年龄（通常是退休年龄）之后，对约定年龄之前的生存保障就不够充分，如果把开始领取年金的时间提前，保费又会变得很贵，于是就产生了这种特殊的两全保险。例如专栏2—6。

专栏2—6

保险责任——国内某寿险公司的特殊两全保险的保险责任

在本合同有效期内，本公司将承担以下保险责任：

1. 生存保险金

（1）高等教育保险金：

①被保险人生存至18、19周岁的保险单周年日，本公司按基本保险金额的

① 根据国家计生委的数据，截至2008年年底，全国65岁及以上人口为10956万人，占全国总人口的8.3%，已经超过了联合国规定的人口老龄化的比例（65岁以上人口比例为7%）。预计到2050年，老年人口比例将超过20%。

10%予被保险人。

②被保险人生存至20、21周岁的保险单周年日，本公司每年按基本保险金额的15%予被保险人。

（2）创业保险金：被保险人生存至22周岁的保险单周年日，本公司按基本保险金额的20%予被保险人。

（3）发展保险金：被保险人生存至25周岁的保险单周年日，本公司按基本保险金额的30%予被保险人，若有存放在本公司的现金红利，将一起给付，本合同效力终止。

若本合同有未偿清之保险单借款，本公司将先扣除保险单借款本息后给付生存保险金。

2. 身故保险金的给付

分析：在以上的例子中，生存给付分六次进行，分别发生在被保险人（儿童）的六个成长时期，以满足不同时期的经济保障需要。可以看出，这种保险的特点是针对特定的保障需求而提供特定生存保障，一定程度上体现了保险作为一个保障型消费品的“保障”理念。

（三）意外伤害保险责任

1. 定义

意外伤害保险责任是指被保险人在保险有效期间，因遭受非本意的、外来的、突然的意外事故，致使其身体蒙受伤害而残疾或死亡时，保险公司依照合同规定给付保险金。

这里对“意外”有三个限定词：

（1）非本意，指偶然的、非所预见、非能预料的事故。它一般有三种形态：①事故的发生为偶然的；②发生的结果为偶然的；③原因与结果均为偶然的。比如，电力工人在操作中不慎触电，这虽然是由于他自己的行为所致，但不是故意的，而是非本意的。又比如，某人由于服用大量安眠药而死亡，这就是故意行为造成的，它的结果可以预料，因此不属于非本意。

（2）外来，指伤害是由被保险人自身以外的原因所造成的，比如在交通事故中被车撞伤、行走时被楼上人随手扔下来的东西砸伤等，都是由外来的原因引起的伤害。

（3）突然，指意外伤害的直接原因是突然出现的，而不是早已存在的。这一点强调的是在事故的原因和伤害的结果之间有着直接的因果关系，而不是长年累月形成的。

以上三点加在一起，才能构成意外伤害，换句话说，三个因素缺一不可。但有些伤害虽然符合上述的所有三个条件，但不一定在承保的范围，例如，战争和军事行动等所致的伤害，一般都作为合同的责任免除。

2. 意外伤害保险的种类

按照所保风险不同，意外伤害保险可以分为普通意外伤害保险和特种意外伤害保险两种：（1）普通意外伤害保险，是专门为被保险人因意外事故导致身体蒙受损伤而提供的保险保障，它通常是一种独立经营的险种。这种保险大都采取短期保险的形式，保险期间通常为一年或一年期以下。保险内容、保险金额和保险方式等双方当事人自主约定。（2）特种意外伤害保险，保险范围仅限于特种原因或特定地点所造成的伤害。它又可以分为旅游意外伤害保险、交通事故意外伤害保险和船员意外伤害保险等。

（四）健康保险责任

健康保险是以被保险人的身体为保险标的，保证被保险人在疾病或意外事故所致伤害时的费用或损失获得补偿的一种人身保险。健康保险责任一般包括如下内容：

1. 医药费补偿

最早的医药费补偿保障出现在一份残疾保险中，是附加在残疾保险中的一项额外保障，如果被保险人住院了，保险公司将提供一笔额外的保险金给付。如今，随着医药费用的增加和医疗制度改革的推广，人们对商业医疗保险的需求越来越大，同时也要求保险公司提供更全面的保障。在此介绍几种主要的医药费补偿保障：

（1）住院津贴。被保险人在住院期间可以按一定的周期（通常是每天）领取保险金，保险金通常是恒定的，而且给付天数通常也有限制。

（2）手术津贴。指当被保险人进行手术时，保险公司按手术等级给付保险金，手术津贴与住院津贴是津贴类型的保障，即当被保险人发生保险事故时，保险公司按照约定的数额给付保险金，而不是根据实际发生的费用给付保险金。

（3）费用补偿。指被保险人在医院接受治疗期间发生的指定费用，对超过免赔额的部分，保险公司按一定比例给予补偿。这种补偿通常只负担因疾病引起的治疗费用补偿。这里“费用”通常包括住院费补偿、药品费补偿、手术费补偿等。免赔额是指这样一条临界线，当发生的费用不超过免赔额时，保险公司不承担保险责任，当发生的费用超过免赔额时，保险公司将对超过免赔额的部分承担保险责任。对于免赔额的规定，有的产品是以各种费用的总和来计算的，也有一些产品对每项费用规定了各自的免赔额。

（4）意外伤害医疗保障。如果被保险人遭受意外事故而接受治疗，保险公司将按约定的方式补偿被保险人的医疗费用。

（5）特定疾病保障。如果被保险人患特定的疾病，保险公司将根据所患疾病按照约定的金额给付保险金。

（6）妊娠保障。妊娠保障可以包括生育补助、生育津贴或看护津贴。妊娠保障始于20世纪30年代，在当时住院保障在概念上更像是一种费用预缴而不是一种保险，此时妊娠保障很自然成为住院保障的一部分，后来住院保障的模式转向保障型的时候，由于免赔额的限制使妊娠保障几乎得不到体现，妊娠保障才被分离出来的。

2. 失能收入保障

残疾收入保障是指，当被保险人因疾病或意外导致残疾时，经过约定的免责期后，保险公司按一定周期提供保险金以弥补被保险人因此损失的部分收入。设置免责期与残疾收入保障的目的是一致的，它贯彻了“收入保障”理念，而不是“费用补偿”。

残疾收入保障有短期和长期两种。短期残疾收入保障的免责期较短（例如一周），而且在预先约定的期限内连续给付保险金，给付周期也短，一般为每星期给付一次。长期残疾收入保障有较长的免责期（例如，需要连续半年残疾），而保障期也长，它通常提供每年一次的残疾给付，直到退休年龄。

3．长期护理保障

长期护理保障的保障责任是，当被保险人因疾病或意外事故造成残疾时，保险公司按约定的方式给付保险金，以提供被保险人基本生活保障。长期护理保障中指的残疾通常是“完全永久残疾”，它通常被定义为日常生活能力的缺失。详见阅读材料2—4所列的各项。

阅读材料2—4

完全永久残疾

“完全永久残疾”是指由于疾病或意外事故所致造成被保险人不能完成以下六项日常生活活动中的三项或以上，确诊后残疾状态持续超过六个月以上。

（1）洗澡能力。指沐浴或淋浴（包括自行出入浴室、浴缸或冲淋身体）或其他清洗身体的能力。

（2）穿衣能力。穿、脱、扣紧或解开衣物的能力，也适用于穿戴或解除吊带、义肢或其他外科辅助装置的能力。

（3）进食能力。当食物已经准备好，能够自行进食现成的食物的能力。

（4）如厕能力。运用卫生设施自行管理大小便，或借助保护性衣物及辅助装置自行管理大小便的能力。

（5）活动能力。在室内房间与房间之间的水平移动能力。

（6）移动能力。自床铺移至座椅或轮椅的能力，或自座椅移至床上的能力。

也有些保单提供思维能力丧失的保障，但是由于“思维能力丧失”没有比较明确的定义，因此这类保单数量并不多。

保险金的给付方式有两种：一种是每日给付，跟被保险人的实际生活费用水平无关；另一种是费用补偿方式，保险公司将按照被保险人的实际发生费用，按比例给予补偿。保险金的给付通常有上限，有些保单限制了给付总额的上限，而有些保单则限制了给付的年（月）数。

三、责任免除

责任免除条款定义了保险公司的除外责任。因为保险公司面临多种风险，包括自然灾害风险、道德风险和政治风险等，对于某些特定原因引起的、符合保险责任条款定义的责任事件，有一些是保险公司不能承担的责任，这些事件就必须在责任免除条款中列明。

例如，考虑到道德风险的问题，以被保险人死亡为给付保险金条件的合同，通常保险公司都会有一条免除的责任，即自合同成立或者合同效力恢复之日起两年内，被保险人自杀的，保险公司不承担给付保险金的责任，但被保险人自杀时为无民事行为能力人的除外。一般人自杀的意念通常不会维持两年以上。有了这条责任免除，保险公司可以在一定程度上降低被保险人要自杀而投保的道德风险。

关键词

市场策略　费用　费率　风险控制　保险需求　保险责任　产品设计　监管法规　税收　人身保险合同

思考题

1. 试述保险公司的产品开发和设计流程的基本内容。
2. 请结合养老保险业务情况介绍人身保险产品的流程设计。
3. 设想由你牵头成立产品开发委员会，试给出一个新产品的全部开发过程。
4. 人身保险产品开发所考虑的因素有哪些？
5. 请列举人身保险涵盖的保险责任并解释说明。

第三章

人身保险产品定价原理

学习目的

- 掌握人身保险产品的定价策略和定价原则
- 了解人身保险产品定价的数学基础
- 熟悉产品定价过程和定价方法，并了解各项精算假设对定价的影响
- 了解不同的人身保险产品在定价时的差异
- 了解保单责任准备金和现金价值的计算方法

没有比生命更不确定的事物，也没有比人寿保险更确定的事物。

—— 西方格言

保险公司为持有足够的资金支付到期的保险金，实现保险合同中的承诺，需要向投保人收取保险费，受益人领取保险金也是以投保人缴纳保险费为前提条件的。对于不同的被保险人、不同的保障责任应收取不同的保险费。具体产品的保险费是由精算师来确定的，这个制定保费的过程就是保险产品的定价。

第一节 人身保险产品定价策略与定价原则

一、定价策略

在厘定新产品价格时，保险公司应首先确定该产品的定价策略。**定价策略**是公司为达成其定价目标而遵循的总的指导方针，是指根据公司的价格策略所希望达到的目标而采取的手段，可以表现为公司对该产品所期望的利润水平、销售水平和市场占有率水平。保险公司可以对每个产品设定不同的定价目标。例如，要求某个产品的市场占有率应达到 15% 以上，而另一个产品则要求利润率为 10% 左右。这里介绍常用的几类定价策略，保险公司在制定策略时并不会单独使用某一种，而是根据实际情况综合使用。

（一）利润最大化定价策略

利润最大化定价策略就是在产品定价时采用较高的价格，使得产品的利润率最大，追求产品的高回报率。当目标市场中没有真正的竞争对手时或者是一个由本公司基本控制的特殊市场时，产品的定价可以忽略其他公司的价格，采用利润最大化的定价策略。采用该策略进行产品定价时，容易造成产品价格过高，缺乏市场竞争力的后果，该策略主要适用于市场中缺少竞争对手或市场垄断的情况，消费者对产品的需求量大，而产品短缺的情况。这时消费者对产品价格的敏感度较低，价格弹性较小，消费者和市场都会接受较高的价格。

（二）适应性定价策略

适应性定价策略就是在定价时，公司要根据其他公司的价格状况，尝试给新产品制定一个略高于行业平均水平的价格。当公司并不是市场上的最强竞争者时，通常可以采用适应性的定价策略。价格并不是公司唯一的竞争武器，同时还会注重企业形象、服务质量等其他因素。采用适应性的定价策略，产品的价格竞争力较弱，销售量会受到影响，但略高于行业平均水平的价格可以帮助企业获取较高的利润，弥补损失。

（三）中立定价策略

中立定价策略就是在定价时制定一个使得大部分客户都觉得合理的价格，一般会接近行业的平均价格。即这个价格既不吸引客户，也不会由于价格太高而使得客户放弃购买。

（四）渗透性定价策略

渗透性定价策略就是在定价时制定一个较低的价格，以获得较高的销售量，扩大市场占有率。采用渗透性定价策略将使得产品的价格较低，同时也降低了产品的利润，产品的回报率较低。但较低价格有可能使得产品的销售量增加，销售量的增加最终将增加产品的总利润。这个策略有助于建立产品的规模经济。渗透性定价策略对定期寿险等保险责任简单、以保费为主要购买因素的产品来说比较有效。

显而易见，与产品开发过程的所有方面一样，定价策略应与公司的总体经营目标和战略规划相一致。

二、定价原则

无论一家公司的定价目标如何，都应该确定一个合理的保费，并使保费在短期内保持相对稳定，这样既有利于保险公司经营，又有利于投保人续保。一般而言，保费应当符合以下一些基本的原理。

（一）充足性原则

保费充足性是指寿险保费应足以抵补一切可能发生的给付以及保险公司发生的相关费用。如果保费不充足，就会导致保险公司在未来没有足够的资金给付保险金，从而使被保险人利益受到损害。因此，寿险保费不能太低，底限应保证保险合同项下的保险给付，以及支付经营活动的开支和保险公司应得的利润。

为测定保费是否充足，必须将实际给付率和预定给付率加以比较。给付率是指用于给付的费用（包括保险金与理赔费用）占保费收入的百分比。如果实际给付率大于预定给付率，则表明费率偏低，除非保险公司在费用上的节省足以弥补这种损失，否则这种情况将会导致公司预期利润减少，甚至导致亏损、破产。对人身保险公司来说，预期给付率中的主要部分是根据经验生命表计算的，理论上各公司同类产品的给付率应大致相当，但实际给付率却可能由于各公司的承保水平、管理效率、经营效率等而大不相同。因而，同一费率对某些保险公司的同一险种具有充足性，但这个费率对另一家保险公司的同一险种却可能并不充足。

（二）公平性原则

定价时要考虑保费的公平性。保险公司对被保险人所承担的责任与投保人所缴纳的保费对等，这是针对每个被保险人而言。对于不同年龄的人，死亡率是不同的，老年人的死亡率可能是年轻人的好几倍。若对所有人收取相同的保费，则对低死亡率的年轻人是不公平的，也会造成逆选择风险，吸引高死亡率的老年人投保，偏离保险公司原来的预期。保险公司应根据被保险人的不同年龄、不同性别、不同职业以及被保险人的习惯来区分保费，但实务中又很难做到完全精确、详细地划分被保险人，因而公平性又是相对的。但若担心未来的实际给付率大于预定给付率，在定价时采用远远大于实际给付率的预定给付率，保险公司定价时的费率偏高，将获得过多的非正常经营性利润，就会损害被保险人的利益。

（三）可行性原则

定价时不仅要考虑给付的需要以及公平合理，还要考虑投保人缴纳保费的能力。从消费者角度考虑，保费不能太高，否则会影响投保人的积极性，不利于保险业务的发展。理想的可保风险应是发生保险事故的可能性很小，而一旦发生保险事故，将给被保险人及其家属在经济上造成很大的损害，这种风险的保费会比较低，投保人可以承受，这样才能发挥保险的保障功能。

三、保费的构成

毛保费等于纯保费和附加费用的总和。**纯保费**是指根据保险标的损失发生率和未来利率计算的由保险公司提供保单给付所需的保费金额，简单地说就是保险责任的成本。在保险产品定价时，保险公司除了要考虑承保的保险标的的成本外，还必须考虑其营运成本，如为各种销售渠道支付的手续费、税收、雇员薪资福利以及设立和维持总分机构的费用等。此外，手工和电子化操作的簿记成本也是保险公司的一项主要营运支出。为补偿保险公司的全部经营成本和公司预期的利润率而对纯保费附加的总金额称为**附加费用**。

第二节　人身保险产品定价的数学基础

人身保险的保险责任范围广，包含人的生老病死残。而且，人身保险产品大多为长期产品，需要考虑资金运用要素。上述有关因素的不确定性都很大。为了让大家更清晰地了解保险公司如何对这些风险进行测量，如何根据测量结果对人身保险产品进行定价，我们引入人身保险产品定价的数学基础，希望通过这一节的学习能让大家对人身保险产品定价有更深刻的认识。

一、风险衡量方法

（一）风险概率

要测量保险公司所承担的风险，就是要分析何时会发生保险事故，以及事故发生后保险公司所承担的损失有多少。虽然个体事件（如特定个人的死亡）是随机发生的，但可以利用对历史事件的观察记录来推测给定事件在未来发生的可能性或者概率。所以风险概率反映的是某一单一个体发生保险事故的概率。在人寿和健康保险的费率计算中，将使用一些概率法则：

1. 确定性法则

例如确定性可以用1表示，即肯定会发生的事件的概率为1。

2. 简单概率

一段时间内将会发生或不会发生的概率可以用一个分数表示，取值范围为0~1。比如抛掷一枚普通的硬币，可能出现正面朝上，也可能出现反面朝上，若该硬币是均匀的，则正面朝上的概率为50%。

3. 复合概率

两个相互独立的事件同时发生的概率为每个事件发生的单个概率的乘积。

在人寿保险的费率计算中，任何一年内的死亡概率与生存概率之和等于1，因为人在一年内的状态只能是生存或死亡。

（二）大数法则

在人身保险产品定价中，对特定个体的损失是无法预测的，我们不可能精确地知道某个人何时死亡、何时残疾或何时需要住院。然而对于人数众多的给定人群，保险公司将能够相对准确地预测在特定时期内该人群的死亡人数、残疾人数或住院人数。使人们相信事件发生概率的预测具有准确性的一个重要理论基础就是大数法则。大数法则指出：通常，当对特定事件观察的次数越多，观察结果就可能越接近事件发生的“真实”概率。

专栏3—1

掷币的概率分布

当抛掷一枚普通的均匀硬币时，正面朝上的概率为50%。但如果只抛掷很少的次数，例如4次或者10次，都可能无法得到正面朝上和反面朝上的次数相等和近似相等的结果。如果将硬币抛掷1000次，则可以期望出现大约50%的正面和50%的反面。抛掷次数越多，就越有可能观察到大约相同比例的正面和反面，因此观察结果就越有可能接近“真实”的概率。

理论估计与实际经验数据的接近程度对人寿保险有着重要意义。这种准确性取决于两个重要因素：一是统计资料的准确性，这需要对死亡率统计资料加以仔细审查；二是资料的观测数或试验次数。在人寿保险中，是根据以往大量的死亡率数据来预测将来的死亡率。生命表中显示的某年龄每1000人中有7人死亡，并不意味着这1000人中在1年内正好有7人死亡，而是指观测了许多1000人组成的人群在一年内平均有7人死亡。为了使大数法则发挥作用，必须掌握大量的死亡统计资料。如果所搜集的统计资料准确性高，并且有足够多的样本，那么就可以进行死亡率估计，而且将来的实际经验会与这种估计合理地接近。换言之，如果有足够多购买相同保险产品的被保险人，那么对于该产品来说，实际发生的保险金给付金额将与预期的保险金给付金额数非常接近。

（三）事故发生率

保险事故的发生率将刻画出所承保的保险事故的发生概率。不同的人身保险产品将采用不同的方法来刻画事故发生率。与风险概率不同，事故发生率反映的是在一定基数条件下，保险事故发生的次数，它是一个比率，即保险事故发生次数除以承保总数。

1. 人寿保险

人寿保险是以人的寿命为保险标的的保险。给付或理赔发生时所需支付的保险金是在投保时就已经确定了的，唯一不确定的就是何时需要给付或理赔。根据人寿保险理赔经验数据进行统计，将得到所谓的经验死亡率分布。

图3－1和图3－2分别为根据中国人寿保险业经验生命表（2000—2003）（非养老金业务）和中国寿险业经验生命表（1990—1993）所建立的经验死亡率图。从图中可以看出，死亡率先是随着年龄的增长而降低，在10岁左右时降到最低，随后随着年龄的增长而缓慢增长，40岁以后死亡率随着年龄的增长而快速增长。从图中还可以看出，男性的死亡率要高于女性。两张表对比可以看出我国寿险业经验死亡率的整体变化趋势是降低的。

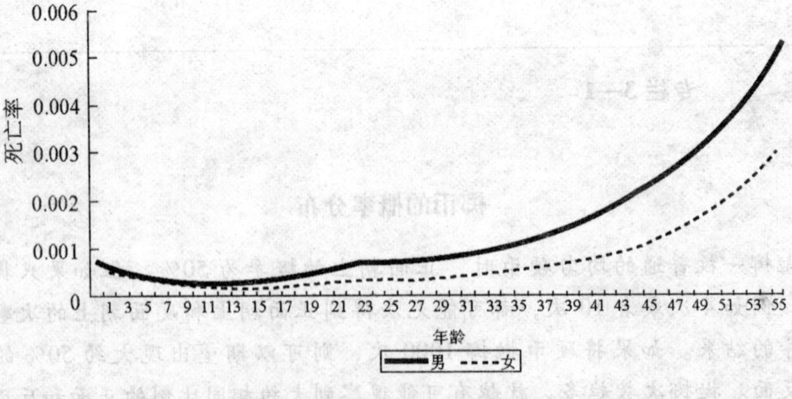

图3－1　中国人寿保险业经验生命表（2000—2003）

（非养老金业务）死亡率经验图

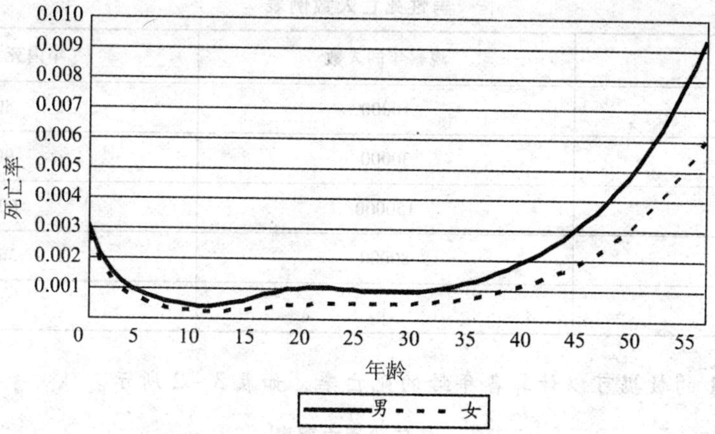

图 3－2 中国寿险业经验生命表（1990—1993）死亡率经验图

2. 健康保险

健康保险是对被保险人因疾病或意外伤害发生的医疗费用支出或因疾病造成的死亡、残废和收入损失提供保障的保险。它涉及各种疾病发生率、住院发生率、住院的平均天数和住院的医疗费率等因素。不同疾病的发生率不同，有些疾病的发病率会随着年龄的增加而提高；而有些疾病是儿童特有的；有些疾病的发生率女性比男性高，而有些则是男性比女性高；有些疾病与人们的生活习惯有关，如抽烟人群的肺癌发生概率比一般人群高好几倍等等。住院发生率、住院平均天数和住院的医疗费用都会根据人的不同年龄、不同职业而有所不同。

3. 意外伤害保险

意外伤害保险是指因被保险人遭受意外伤害事故而致身体伤残和死亡时，由保险公司给付保险金的保险。不同年龄的人遭遇意外事故的概率会略有差异，如老人和小孩由于身体状况和反应能力较弱，因意外事故而致使身体受伤害或死亡的概率较高。不同职业的人遭遇意外事故的概率差异较大，比如相同年龄的一个公司职员和一个建筑工人，建筑工人遭遇意外事故的概率会比公司职员高一些。

（四）生命表

保险公司预测一组特定的被保险人在一定时期内可能发生的保险损失时，是以大数法则为基础的。为此，保险公司将收集众多人的特定信息，以确定其所经历的损失模式。在寿险中，利用关于死亡的统计记录，保险公司将编制所谓的生命表，该表以较高的准确度描述了初始人数给定的人群（10 万人或更多）在每一年龄的预计死亡人数，生命表将按年龄列出死亡率。

【例 3－1】 假定已收集到的男性死亡数据如表 3－1 所示。试根据该表构造简单的生命表。

表3－1　　　　男性死亡人数例表

年龄	观察年的人数	年内死亡人数
0	10000	80
1	30000	90
2	150000	600
3	80000	360
⋮	⋮	⋮

根据表3－1的数据可以计算各年龄的死亡率，如表3－2所示。

表3－2　　　　各年龄死亡率表

年龄	以分数表示的死亡率	以小数表示的死亡率
0	80/10000	0.0080
1	90/30000	0.0030
2	600/150000	0.0040
3	360/80000	0.0045
⋮	⋮	⋮

最后得出生命表（见表3－3）。

表3－3　　　　生　命　表

(1)	(2)	(3)	(4)	(5)
年龄	生存人数	死亡率	年内死亡人数	下年初生存人数
			(2) × (3)	(2) － (4)
0	10000000	0.0080	80000	9920000
1	9920000	0.0030	29760	9890240
2	9890240	0.0040	39561	9850679
3	9850679	0.0045	44328	9806351
⋮	⋮	⋮	⋮	⋮

同样的，保险公司还会编制与生命表类似的**疾病发生率表**，① 它呈现了依年龄排列的某人群的疾病或意外事故的发生率。通过生命表或疾病发生率表，人寿和健康保险公司可以预测特定被保险人群体的损失发生概率，进而采用精算技术厘定出足以支付理赔成本的费率水平。

① 疾病发生率表（morbidity tables），也称疾病谱。

二、利率累积和贴现

保险公司在确定保险费率时要考虑的另一个重要因素是公司的投资收益，即保险公司通过投资所赚取的收益。保费收入是用以支付寿险给付资金的主要来源，而大多数寿险保单在收到保费与索赔发生和给付前都有一段较长的期间，保险公司可以将所收取的保费用于投资。投资所产生的额外资金，使得保险公司所收取的保费可适当低于仅依赖预计给付和理赔计算的保费。下面具体分析投资收益对保费计算的影响。

本金是最初的一笔资金，也是利息计算的基础。利息是因为使用了一定量的本金而应支付的货币金额，而资金的这种使用成本，通常用一个百分数表示，即利率，比如10%。10%的利率表明借款人在向贷款人还债时，除了应支付期初所借的本金外，还应另支付相当于该本金10%的一笔金额。

（一）单利和复利

一般有两种利息的计算方式：单利和复利。**单利**是最简单的利息计算方法，指各期的利息都以最初的本金为计算基础。

【例3-2】 单利演示。假设你在某年年初以年利率10%借给你朋友1000元，到年末，他将欠你1100元，等于最初的1000元本金再加上100元（1000元×0.1=100元）的利息。若他直至第二年年末才归还欠款，则他将归还你1200元，等于最初的1000元本金加上200元（1000元×0.1×2=200元）的利息。一般的单利计算公式如下：

$$I = p \times i \times n$$

其中：I为利息，p为本金，i为利率，n为期间。

而**复利**是指根据前一期的利息与本金之和来计算当期的利息，也就是不仅要计算本金的利息，还要计算利息的利息。

【例3-3】 复利演示。继续上面的例3-2，到第一年年末，朋友将欠你1100元，等于最初的1000元本金加上100元（1000元×0.1=100元）的利息。若他至第二年年末才归还欠款，则按复利方式计算，他将归还你1210元，这时将以上一年年末的利息与本金之和1100元作为新的本金计算第二年的利息110元（1100元×0.1=110元）。一般的复利计算公式如下：

$$I = p \times [(1+i)^n - 1]$$

除特殊说明，大多数计算均采用复利方式。

（二）终值和现值

1. 终值。又称到期值

指经过一定的期间后，本金与利息之和。

【例3-4】 利率为i的1元本金，每期复利计算，记到期时的价值为P，其一般的计算公式是：

$P=(1+i)^n$

现在将10000元货币按年利率10%积累4年后到期，到期后能收回多少？如果年利率为5%，到期后又能收回多少？

解：年利率为10%，则到期后可收回 $P=10000\times(1+10\%)^4=14641$（元）

如果年利率为5%，则到期后可收回 $P=10000\times(1+5\%)^4=12155$（元）

通过例3-4可以看到，同时存入一笔相同金额，经过相同的期间后，利率越高，收到的金额也越高。

2. 现值。是指未来某个时刻的一定量货币的当前价值

【例3-5】 n年到期后的1元钱，按年利率i复利计算，相当于现在的价值为P，其计算公式是：

$P=(1+i)^{-n}$

某人想3年后拥有10000元作为上大学的费用，如果现有年利率10%的复利储蓄机会，那么他现在必须一次存入多少钱？如果目前的利率只有5%，则他现在必须一次存入多少钱？

解：如果年利率10%，那么现在必须一次存入

$P=10000/(1+10\%)^3\approx7513$（元）

但如果目前的利率只有5%，则现在必须一次存入

$P=10000/(1+5\%)^3\approx8638$（元）

通过例3-5可以看到，为了在一定期间后得到一笔既定的金额，当期间利率越高时，则目前存入的钱就越少。

这部分关于利率的讨论都可以换为投资收益率。因此，当本金固定时，投资收益率越高，到期值或终值越大；当未来的金额固定时，投资收益率越高，当前的投入或现值越少。

三、年金贴现法

年金是指在一定时期之内，每隔相等时间连续等额的一系列收支。比如，每月5日向银行存100元的零存整取，就是一种年金。相隔的时间可以是月、季和年等等。按收付的时间不同可分为普通年金和预付年金。

普通年金是指定期支付都发生在每期期末的年金。而预付年金是指定期支付都发生在每期期初的年金。

（一）年金的终值

普通年金的终值指一定时期内，年金的一系列收支的本利和，也就是将每一期的金额按复利计算到最后一期期末的终值，然后加总。

【例3-6】 某人连续3年，每年年底在银行存款1000元，按年利率i计息，计算第3年末该年金的终值。图示如图3-3所示。

先计算每笔1000元到第三年年末的终值，然后加总就是年金的终值，计算公式如下：

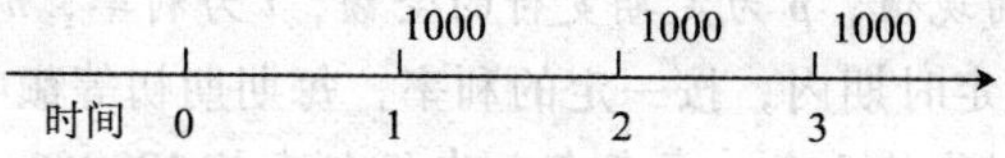

图 3－3

$$\mathrm{FVAI} = 1000 \times (1+i)^2 + 1000 \times (1+i) + 1000$$
$$= 1000 \times \frac{(1+i)^3 - 1}{i}$$

通用的公式为：

$$\mathrm{FVAI} = p\frac{(1+i)^n - 1}{i}$$

其中，FVAI 为年金的终值，p 为定期支付的金额，i 为利率，n 为期间。

预付年金终值指一定时期内，按一定的利率，在每期期初等额收入或支出的本利和。

【例 3－7】 某人连续 3 年，每年年初在银行存款 1000 元，按年利率 i 计息，计算第 3 年末该年金的终值。图示如图 3－4 所示。

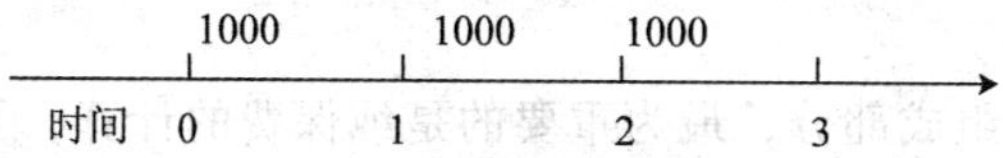

图 3－4

先计算每笔 1000 元到第三年末的终值，然后加总就是年金的终值，计算公式如下：

$$\mathrm{FVAD} = 1000 \times (1+i)^3 + 1000 \times (1+i)^2 + 1000(1+i)$$
$$= FVAI \times (1+i)$$

（二）年金的现值

普通年金的现值是指一定时期内，每期期末等额收入的现值之和。从乘法和除法的对应角度来看，普通年金的现值和终值的计算正好相反。

【例 3－8】 某人计划连续 3 年，每年年底在银行存款 1000 元，按年利率 i 计息，计算该年金的现值。图示如图 3－5 所示。

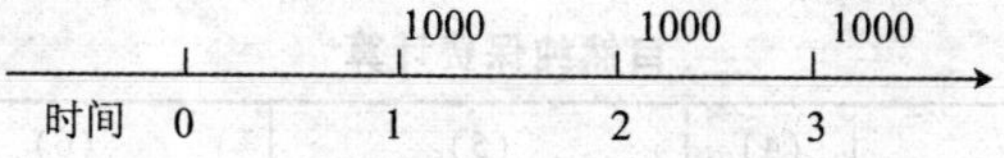

图 3－5

先计算每笔 1000 元的现值，然后加总就是年金的现值，计算公式如下：

$$\mathrm{PVAI} = \frac{1000}{1+i} + \frac{1000}{(1+i)^2} + \frac{1000}{(1+i)^3}$$
$$= 1000\frac{1-(1+i)^{-3}}{i}$$

通用的公式为：$\mathrm{PVAI} = p \cdot \frac{1-(1+i)^{-n}}{i}$

其中，PVAI 为年金的现值，p 为定期支付的金额，i 为利率，n 为期间。

预付年金现值是指一定时期内，按一定的利率，每期期初等额收入的现值之和。

【例 3-9】 某人计划连续 3 年，每年年初在银行存款 1000 元，按年利率 i 计息，计算该年金的现值。图示如图 3-6 所示。

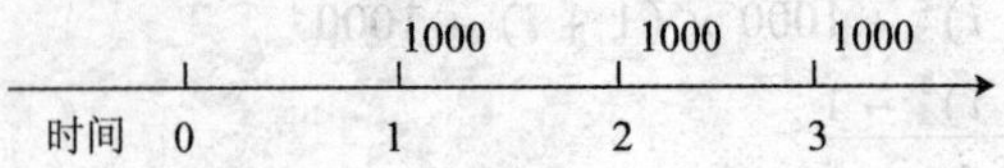

图 3-6

先计算每笔 1000 的现值，然后加总就是年金的现值，计算公式如下：

$$PVAD = 1000 + \frac{1000}{1+i} + \frac{1000}{(1+i)^2}$$

$$= PVAI \times (1+i)$$

四、纯保费计算

对于保费的两个基本组成部分，最为重要的是纯保费的计算，下面介绍纯保费的主要计算方法。

（一）自然纯保费

自然纯保费就是按照各年龄死亡率计算而得的逐年更新的保费。

【例 3-10】 以一个 10 年期的定期寿险为例，假设投保人的年龄为 35 岁，共 10000 人投保，若死亡则给付保险金 1000 元。试根据表 3-4 第（4）列的死亡率数据计算自然纯保费。

解： 按照死亡率的定义，从最初的 10000 人投保，可以逐步计算随后各个保单年度的死亡人数和年初的生存人数，进而得到表 3-4 的第（3）、（5）和（6）列，最后一列（7）是将年底的总赔付除年初生存人数的结果，也就是 35 岁的投保人 10 年定期寿险当年所需缴付的自然纯保费，它会随着年龄的增加而增长。

表 3-4　　自然纯保费计算　　单位：元

（1）	（2）	（3）	（4）	（5）	（6）	（7）
年龄	保单年度	保单年度初生存的被保险人人数 $(3)_t-(5)_{t-1}$	死亡率	年度中死亡人数 （3）×（4）	死亡保险金给付金额 （5）×1000	当年度保费 （6）/（3）
35	1	10000	0.0010	10	10000	1.00
36	2	9990	0.0011	11	11000	1.10
37	3	9979	0.0012	12	12000	1.20
38	4	9967	0.0014	14	14000	1.40

续表

(1)	(2)	(3)	(4)	(5)	(6)	(7)
年龄	保单年度	保单年度初生存的被保险人人数 $(3)_t-(5)_{t-1}$	死亡率	年度中死亡人数 (3) × (4)	死亡保险金给付金额 (5) ×1000	当年度保费 (6) / (3)
39	5	9953	0.0015	15	15000	1.51
40	6	9938	0.0017	17	17000	1.71
41	7	9921	0.0018	18	18000	1.81
42	8	9903	0.0020	20	20000	2.02
43	9	9883	0.0022	22	22000	2.23
44	10	9861	0.0024	24	24000	2.43

（二）趸缴纯保费

趸缴纯保费是指在投保的最初时刻将保险期间内的所有保费一次性缴付。

【例3－11】 在例3－10中若假设年利率为2.5%，死亡给付发生在年末。试计算趸缴纯保费。

解：首先计算各年的死亡给付的现值，见表3－5。

表3－5 **各年死亡给付现值计算** 单位：元

(1)	(2)	(3)	(4)	(5)	(7)
年龄	保单年度	年度中死亡人数	死亡保险金给付金额 (3) × 1000	1元现值	死亡给付的现值
35	1	10	10000	0.976	9760
36	2	11	11000	0.952	10472
37	3	12	12000	0.929	11148
38	4	14	14000	0.906	12684
39	5	15	15000	0.884	13260
40	6	17	17000	0.862	14654
41	7	18	18000	0.841	15138
42	8	20	20000	0.821	16420
43	9	22	22000	0.801	17622
44	10	24	24000	0.781	18744
10年死亡给付现值的总计					139902

趸缴纯保费＝10年死亡给付现值的总计/投保时的人数＝139902/10000＝13.99（元）

（三）均衡纯保费

由于死亡率会随年龄增长而不断提高，因此寿险的成本也必然会增加。但很多人可能在保险后期因死亡率增加而不愿交付相应提高的保费。为使保险期间超过一年的保单每年的保费不随被保险人年龄的增长而提高，寿险采取了**均衡纯保费**定价系统。

【例 3－12】 在上面的例 3－10 和例 3－11 中假设每年初缴纳保费，试计算均衡纯保费。

解：假设每年初缴纳的均衡纯保费为 P，则满足表 3－6 的计算。

表 3－6　　均衡纯保费计算　　单位：元

（1）	（2）	（3）	（4）	（5）	（6）
年龄	保单年度	保单年度初生存的被保险人人数	每年的保费收入（3）× P	1 元现值	保费的现值（4）×（5）
35	1	10000	10000P	1.000	10000P
36	2	9990	9990P	0.976	9750P
37	3	9979	9979P	0.952	9500P
38	4	9967	9967P	0.929	9259P
39	5	9953	9953P	0.906	9017P
40	6	9938	9938P	0.884	8785P
41	7	9921	9921P	0.862	8552P
42	8	9903	9903P	0.841	8328P
43	9	9883	9883P	0.821	8114P
44	10	9861	9861P	0.801	7899P
10 年保费的现值总计					89204P

10 年保费的现值总计 ＝ 10 年死亡给付的现值总计

即：89205P＝139902

进而得到：P＝1.57 元。

如图 3－7 所示，由于最初购买自然保费的定期寿险比购买类似的均衡保费的长期保单便宜，因此自然保费比较适合提供价格相对低廉的短期保障产品的定价。但是，随着被保险人年龄的增长，自然保费保单的保费将不断上升，而均衡保费保单的保费在保单签发后则不会增加。所以均衡保费将使需求者以稳定费率购买长期寿险保单，即使当他们的死亡风险在保险期间逐渐增大时费率也不再改变。

五、事故发生率和利率对纯保费的影响

结合前面的讨论观察下面两个例子。

【例 3－13】 续例 3－12，假设年利率为 4%，计算趸缴纯保费。

解：首先，按照表 3－7 计算各年的死亡给付现值。然后按照下面公式计算趸缴纯保费：

趸缴纯保费＝10 年死亡给付现值的总计/投保时的人数＝128183/10000＝12.82（元）

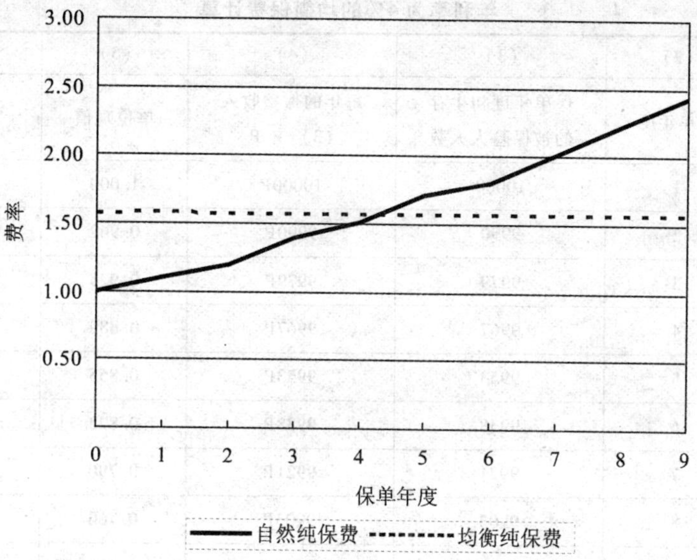

图 3－7 自然纯保费与均衡纯保费

表 3－7 **年利率为 4%的趸缴纯保费计算** 单位：元

(1)	(2)	(3)	(4)	(5)	(6)
年龄	保单年度	年度中死亡人数	死亡保险金给付金额 (3)×1000	1元现值	死亡给付的现值
35	1	10	10000	0.962	9620
36	2	11	11000	0.925	10175
37	3	12	12000	0.889	10668
38	4	14	14000	0.855	11970
39	5	15	15000	0.822	12330
40	6	17	17000	0.790	13430
41	7	18	18000	0.760	13680
42	8	20	20000	0.731	14620
43	9	22	22000	0.703	15466
44	10	24	24000	0.676	16224
10年死亡给付现值的总计					128183

【例 3－14】 续例 3－11 假设年利率为 4%，计算均衡保费。

解：首先，假设每年初缴纳的均衡纯保费为 P 元，按照表 3－8 计算。然后按照下面公式计算均衡保费：

10 年保费的现值总计 ＝ 10 年死亡给付现值的总计

即：83901P ＝ 128183

进而有：P ＝ 1.53（元）

表 3-8　年利率为 4% 的均衡保费计算　单位：元

(1) 年龄	(2) 保单年度	(3) 保单年度初生存的被保险人人数	(4) 每年的保费收入 (3) × P	(5) 单位现值	(6) 保费的现值 (4) × (5)
35	1	10000	10000P	1.000	10000P
36	2	9990	9990P	0.962	9610P
37	3	9979	9979P	0.925	9231P
38	4	9967	9967P	0.889	8861P
39	5	9953	9953P	0.855	8510P
40	6	9938	9938P	0.822	8169P
41	7	9921	9921P	0.790	7838P
42	8	9903	9903P	0.760	7526P
43	9	9883	9883P	0.731	7224P
44	10	9861	9861P	0.703	6932P
10 年保费的现值总计					83901P

从上述计算可以得出以下结论：

（1）发生率提高，成本增加，保费提高；而发生率降低，成本减少，保费降低。

（2）利息的增加或减少对采用自然保费的保单无影响，但对趸缴纯保费和均衡纯保费都有影响。

（3）在未来理赔金额确定的情况下，利率增加会减少现值，保费会降低；而利息减少会使现值加大，保费也会增加。

第三节　人身保险产品的责任准备金及现金价值

在产品定价中，毛保费的计算固然重要，但保单责任准备金和现金价值的计算也是不可或缺的。本节将简单介绍保单责任准备金、现金价值的概念及基本的计算。

一、责任准备金

在保险业使用的所有术语中，责任准备金是最重要的一个。从广泛的财务观点出发，准备金一词是指特殊需要发生时可使用的一笔额外的资金。相反的，在保险业，准备金是负债，反映了保险公司对履行其未来给付责任所需要资金的估计。在均衡保费定价中，保险公司在保险责任开始初期对一组终身寿险保单收取的保费高于实际所需的理赔成本，保险公司必须将那些多余保费进行投资并建立基金，与为该组保单提存的责任准备金相匹配。

（一）责任准备金评估的方法

保险公司采用多种方式评估保单的准备金。**准备金评估方法**就是计算保单准备金金额的方法。在保单期间内，保险公司的总体利润或亏损与准备金评估方法无关，但是准备金评估方法可以影响产品的盈利模式，包括各年的利润情况。下面介绍几种常见的准备金评估方法。

1. 毛保费和纯保费法

责任准备金可以分别以毛保费或纯保费为基础进行评估。**毛保费评估法**是一种在准备金评估中考虑了和产品有关的营运费用或附加费用的准备金评估法。通过毛保费评估法计算的责任准备金通常称为毛保费准备金。如加拿大、澳大利亚和法国等一些国家，监管机关要求用相当于毛保费评估法的方式计算偿付能力的准备金。

纯保费评估法是在准备金的评估中忽略了与产品有关的营运费用或附加费用的责任准备金评估方法。用此方法计算的准备金通常称为纯保费准备金。用此评估法计算偿付能力准备金的主要是美国等国家。我国的责任准备金计提和**法定责任准备金**也主要采用纯保费评估法。

2. 修正制

使用修正制评估准备金时，允许保险公司将第一保单年度的责任准备金调整为一个比较低的水平，可以降低保险公司由于第一保单年度庞大的营销费用而造成亏损的压力。这种对第一保单年度责任准备金的调整将会影响到其他剩余保单年度的责任准备金。

3. 过去法和未来法

一般有两种计算纯保费准备金的方式：未来法和过去法。在相同的利率、死亡率和退保率的假设下，对相同的保障责任用不同的评估方式进行评估得到的结果是相同的。过去法评估准备金就是在某一评估时点，过去已收保费的精算累积值减已承担的保险责任精算累积值。因此，用过去法计算保单准备金其实就是计算终值。对于某一特定产品，在任何一个时点上的纯保费的终值等于公司收到的纯保费的总和并加上累积的利息，而在任何一个时点上的保险责任终值等于所有的已承担责任总和加上累积的利息。用过去法评估的纯保费准备金的计算公式如下：

过去法的保单准备金 = 过去纯保费收入的终值 - 过去保险责任给付的终值

未来法评估准备金是对保单未来的现金流——未来的保费收入和未来的保险责任给付计算其到评估时点的现值。未来法的核心是计算现值，未来法评估纯保费准备金的计算公式如下：

未来法的保单准备金 = 未来保险责任给付的现值 - 未来纯保费收入的现值

阅读材料 3—1

关于保单责任准备金的计算方法

1999 年 6 月中国保险监督管理委员会颁布的《关于下发有关精算规定的通知》规定“会计年度末保单法定未到期责任准备金应当用‘未来法’逐单计算，对确实不能用‘未来法’逐单计算的条款，经中国保险监督管理委员会同意，可以采用‘过去法’逐单计算。”

【例 3－15】 以 10 年期 1000 元保额的定期寿险为例，预定利率为 2.5%，用未来法计算第 5 个保单年度的责任准备金。具体死亡数据见表 3－9。

解：

首先要确定未来每个保单年度的预期责任给付——各年度的预期死亡人数（4）及给付的保险金（5），然后计算各保单年度的预期给付的现值（6）并加总，得到未来预期给付的总现值，如表 3－9 最后一行所示。

表 3－9　　未来预期给付的总现值计算　　单位：元

(1)	(2)	(3)	(4)	(5)	(6)
年龄	保单年度	保单年度初生存的被保险人人数 $(3)_t-(4)_{t-1}$	年度中死亡人数	死亡保险金给付金额 (4) × 1000	死亡给付的现值（预定利率＝2.5%）
35	1	10000	10	10000	已经过保单年度
36	2	9990	11	11000	
37	3	9979	12	12000	
38	4	9967	14	14000	
39	5	9953	15	15000	
40	6	9938	17	17000	16592
41	7	9921	18	18000	17136
42	8	9903	20	20000	18580
43	9	9883	22	22000	19932
44	10	9861	24	24000	21216
未来 5 年死亡给付现值的总计					93456

再计算未来纯保费的现值，首先确定未来每个保单年度每张保单的纯保费是 1.57 元，然后计算各保单年度的纯保费的现值并加总得到纯保费现值总和，计算过程如表 3－10 所示。

最后，得到：

第 5 个保单年度末的责任准备金＝未来保险责任给付的现值－未来纯保费收入的现值

＝93456－72244＝21212（元）

每张保单的责任准备金 = 第五个保单年度末的责任准备金/第五个保单年度末有效的保单数
= 21212/9938 = 2.134（元）

寿险公司也要为一些短期保单（如1年期）提存责任准备金。假定保险公司在年初收取保费，并建立1年期保单的责任准备金，在支付索赔前可以将其进行投资。在保单年度内，保险公司对任何发生的死亡索赔进行赔付都将减少保单准备金负债。在保单年度末若剩余的所有保单都到期，保单责任准备金等于零；否则，保险公司应对那些未到期保单提留责任准备金。

表3-10　纯保费现值总和的计算　　单位：元

(1) 年龄	(2) 保单 年度	(3) 保单年度初生存 的被保险人人数	(4) 年度中死亡人数	(5) 纯保费 (3) × 1.57	(6) 保费的现值 (4) × (5) （预定利率 = 2.5%）
35	1	10000	10	15700	
36	2	9990	11	15684	
37	3	9979	12	15667	已经过 保单年度
38	4	9967	14	15648	
39	5	9953	15	15626	
40	6	9938	17	15603	15228
41	7	9921	18	15576	14828
42	8	9903	20	15548	14444
43	9	9883	22	15516	14058
44	10	9861	24	15482	13686
10年保费的现值总计					72244

（二）影响责任准备金计算的假设

与定价类似在对保单负债进行评估的过程中，必须对被保险人的死亡率及资产的收益率进行假设。这些假设体现为生命表和利率，选择过程不仅取决于评估的方法、评估的目的，同时受约于国家的法律规定，而且所使用的生命表和利率会直接影响到准备金的数额。

1. 死亡率/发生率

死亡率或发生率的变化不仅可以影响某年龄的死亡人数或发病人数，同样可以影响未来年龄的生存人数。在均衡纯保费责任准备金计算中，死亡率的变化会影响到未来的保费收入。死亡率变化产生的影响并非均匀地分布于各个年龄，因此对于某个年龄的准备金的影响就很难直接判断，可能增加，也可能减少，最简单的方法是对两个不同生命表或发生率表计算责任准备金的结果进行比较分析。

2. 利率

利率对责任准备金的影响是很明显的。如果使用较高的评估利率评估准备金，则得到的结果是责任准备金较小；反之，则责任准备金较大。换言之，寿险责任准备金的评估利率对责任准备金提取金额的影响是反向的。

3. 退保率

在法定责任准备金的评估中，一般不考虑退保率。但在其他的准备金评估中，退保率也是一个重要的假设。一般来讲，退保率对责任准备金提取金额的影响是反向的。换而言之，使用高退保率假设评估责任准备金得到的是一个比较低的数额。中国保监会对法定未到期责任准备金计算的规定中不考虑退保率。

二、现金价值

在实际中，有些投保人由于各种原因会终止缴费而提出退保，这就产生了如何协调保单各方利益的问题。通过责任准备金的计算可以看出，当采用均衡保费方式时，投保人过去缴纳保费的积累值与过去保险成本积累值之间的差额是属于保单持有人的，这部分金额不会因为保单效力的改变而丧失，一般称之为保单现金价值。大多数具有现金价值的保单会在保单中给出现金价值表。因此，保单持有人提出退保时，保险公司按规定支付一定的退保金（现金价值扣除退保手续费），这被看做保单持有人的退保利益，也可称为不丧失保单利益，即不会因为投保人停止缴纳保费而丧失这部分利益。保单现金价值的计算与保单的责任准备金计算方法类似。

（一）保单价值准备金的计算

保单价值准备金的计算和责任准备金的计算很相似，不同的是两者计算中使用的利率、死亡率/发生率或退保率的假设可能不同。根据不同的保险责任可选择合适的过去法或未来法计算保单价值准备金，但保单价值准备金一般都是用纯保费法计算。而为了使初年度费用补贴可以达到最高的限制，一般可以使用修正制法计算保单价值准备金。

（二）现金价值的计算

虽然不丧失保单价值来源于责任准备金，但考虑到退保对保险公司财务上产生的风险，且早期退保时保险公司的初始费用尚未从附加保费中收回，因此，现金价值并不完全等于保单价值。一般而言，现金价值不会大于责任准备金，其主要原因是费用在营业保费中重新调整造成的。同时还存在其他原因，主要有：（1）财务风险，过多的退保会造成保险公司财务稳定性的下降，一般情况下，保险公司要准备多于必要储备的流动资金用于保单持有人随时可能提出的退保或贷款要求。在经济不景气时期，保单持有人更有可能退保或申请贷款，过多的流动资金必然使保险公司总体收益率有所下降。（2）死亡率风险，保险公司一般认为如果退保金太高，以至达到责任准备金的数额，会促使大量身体较好、风险较低的被保险人解约，而将高风险人群留给保险公司，这也是所谓的逆选择。（3）效益风险，保险公司认为，每一个保单都能为公司带来利润，而退保会使公司丧失部分利润，因此应扣除一定的数额。（4）退保成本，投保人退保后，保险公司必将有一定的费用支出。现金价值的计算如阅读材料 3—2 所示。

阅读材料 3—2

现金价值的计算

公式如下：CV = V - SC

CV 表示保单签发后某一时点的现金价值，也可称为解约金或退保金；

V 表示同一时点的保单年度末的保单价值准备金；

SC 是解约费用，一般会随着保单年度的递增而减少，而对于不同的缴费期限，在相同保单年度的 SC 也会不同。

在《关于下发有关精算规定的通知》中，中国保监会对 SC 也有相应的规定，SC 的最长期间不得长于缴费年期或 20 年这两者的较短者。对于个人业务，SC 占 V 的比例、两全保险、年金保险不得高于 10%，定期死亡保险、终身死亡保险不得高于 20%。

（三）几种寿险产品的现金价值

不同的险种、不同的缴费期间都会产生不同的现金价值。

1. 定期寿险

短期的定期寿险因为保费较低，一般不考虑现金价值。而长期的定期寿险的现金价值会出现先升后降的方式，特别是采用年缴保费方式，现金价值从 0 开始慢慢增加，到某一保单年度达到最高，而后又开始慢慢下降，最后又等于 0（见图 3 - 8）。主要原因是由于早期均衡保费高于自然保费，随着保单年度的增加，纯保费的终值与保险成本的终值的差异也随之慢慢增大，因此现金价值慢慢增加。后来由于自然保费高于均衡保费，随着保单年度的递增，纯保费的终值和保险成本的终值的差异也随之慢慢减小，使得现金价值慢慢减少。到保险期满时，保险责任终止，现金价值为 0。采用趸缴方式缴纳保费，在缴费后保单具有一定

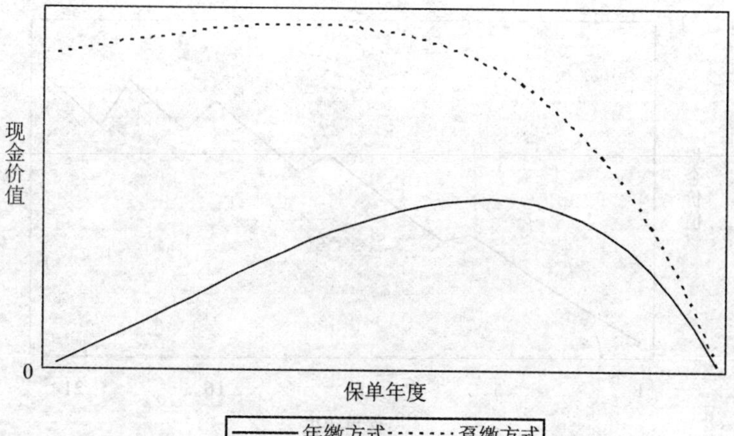

图 3 - 8 定期寿险的现金价值

的现金价值。由于所有的保费已经缴清，因此，现金价值会随着保单年度的递增慢慢减少，而早期的现金价值略有增加是由于所缴保费产生的利息高于保险成本。

2. 终身寿险/定期两全保险

终身寿险和定期两全保险的现金价值表现为慢慢增加，最后等于死亡给付或满期给付（见图3-9）。因为终身寿险和定期两全保险除了死亡保障责任，还有生存责任，因此除去保险成本后剩余的保费慢慢累积直至死亡给付和满期给付。对于不同的缴费期限，保单的现金价值在缴费期限内的累积速度也不同，缴费期限越短，累积的速度越快；缴费期满后，保单的现金价值的累积速度是相同的。

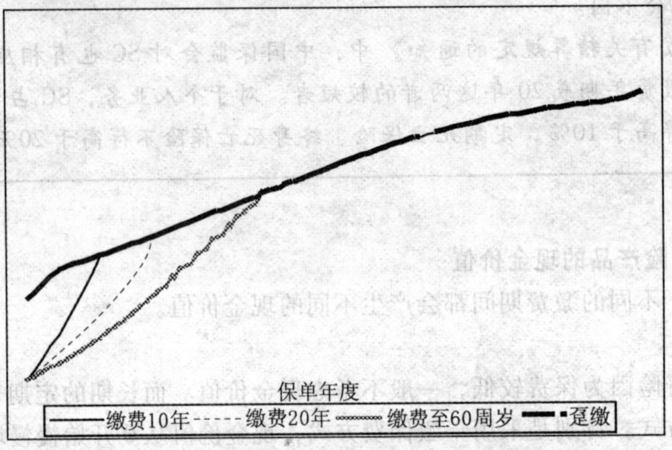

图3-9 终身寿险的现金价值

3. 定期返还型寿险

定期返还型寿险的现金价值呈波浪状，是由于生存保险金的给付会造成现金价值的降低（见图3-10）。

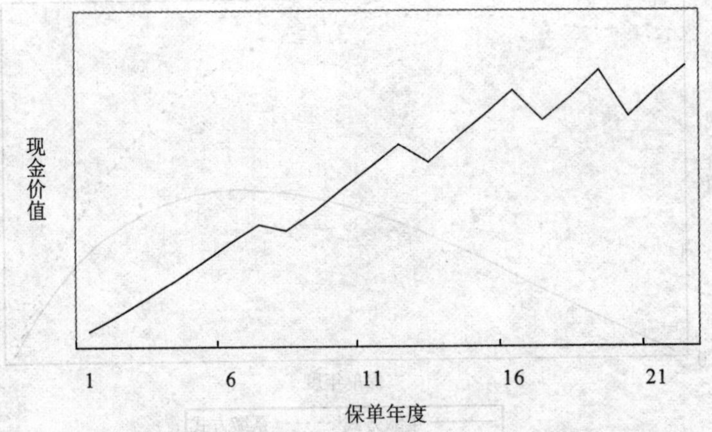

图3-10 定期返还型寿险的现金价值

关键词

定价目标　保单责任准备金　定价策略　概率　保单价值准备金　现金价值法定责任准备金　大数法则　生命表　单利　复利　疾病发生率表　定价原则　终值现值　自然保费　趸缴保费　均衡保费　纯保费　附加费用　毛保费　资产份额模型资产份额　准备金评估方法　毛保费评估法　毛保费准备金　纯保费评估法纯保费准备金

思考题

1. 简述大数法则。
2. 简述自然保费、趸缴保费和均衡保费的概念。
3. 试分析产品定价时的精算假设，以及它们对定价的影响。
4. 简述寿险公司利润的主要来源。
5. 简述风险衡量方法并比较。
6. 人身保险产品的定价策略和定价原则分别是什么？
7. 了解不同的人身保险产品在定价时的差异。
8. 影响责任准备金的因素有哪些？
9. 简述责任准备金和现金价值的联系和区别。

第四章

人寿保险产品

学习目的

- 掌握人寿保险产品的概念和特点
- 熟悉传统人寿保险产品的三种基本形式：定期寿险、终身寿险和两全保险，掌握每种形式产品的特点以及其具有的险种类型
- 了解人寿保险的附加险产品
- 掌握人寿保险的发展历程，了解其起源、发展、现状和趋势

> 别人都说我很富有，拥有很多的财富。其实真正属于我个人的财富是给自己和亲人买了充足的人寿保险。
>
> ——李嘉诚

在人身保险产品中，人寿保险产品主要是保险人承保被保险人寿命的风险，或承保一定时期内死亡的风险，或承保一段时间后仍然生存的风险，或无论被保险人生或死保险人都承保相关的风险，这样就分别出现了主要的三大类寿险产品，即定期寿险、终身寿险和两全寿险产品。

第一节 人寿保险产品的概念和特点

一、人寿保险产品的概念

人寿保险产品（简称寿险产品）是以人的寿命为保险标的，以人的生存或死亡为保险事故的保险产品。在保险期间，当被保险人发生合同约定的保险事故（生存或死亡）时，由保险公司按照合同约定给付保险金。

为进一步理解人寿保险产品含义，在阅读材料 4—1 中将人寿保险与类似的各种制度进行比较。

人寿保险与自保、人寿保险、储蓄等都有一定的异同，限于篇幅，在此不一一赘述。

二、人寿保险产品的特点

人寿保险产品具有人身保险产品的一般特征，如保险标的的不可估价性、保险金的定额给付性等。另外，人寿保险产品还有以下特点：

（一）风险的特殊性

1. 风险的稳定性

人寿保险承保的风险是人的死亡或生存。人寿保险的纯保险费依据被保险人在一定时期内死亡或生存的概率计算。在实际工作中，保险公司依据经验生命表所提供的死亡率或生存率来计算纯保险费。保险公司使用的生命表，是根据多年业务经营实践中数以千万计的被保险人生命资料编制的。由于观察的时间长、样本资料相当充分（被保险人的数量多），因而能够排除各种偶然因素的影响，揭示出一定区域一定群体在一定时期内生命的规律，符合大数法则的要求，呈现相当程度的稳定性。虽然随着生活水平的提高和医学的发展，人的寿命也在不断变化，总的变动趋势是寿命不断延长。但这种寿命的变动相当缓慢，在一个不太长的时期内，这种寿命的微小变动可以忽略不计，从而可以保证生命表中的死亡率、生存率与被保险人实际发生的死亡率、生存率相差很小。

人寿保险所承保的风险的稳定性，决定了人寿保险业务经营的稳定性。如果保险公司选用适当的生命表和预定利息率、预定费用率等因素，在达到一定规模的情况下，人寿保险的业务经营因人寿保险风险出现很大亏损的可能性很小。

财产保险、意外伤害保险所承保的风险是自然灾害或意外事故造成的损失。自然灾害和意外事故发生的概率虽然也可预测，但不像人的生命运动那样有规律，不像人的生存或死亡的概率那样稳定。所以，财产保险、意外伤害保险的业务经营不像人寿保险那样稳定，在一段时期内有可能因发生巨灾风险出现亏损，也可能因灾害事故很少而获得较大的盈余。

2. 风险的变动性

在人寿保险中，不同年龄阶段的死亡概率、生存概率是不同的。统计资料表明，一定年龄阶段后一个人死亡的概率是随着其年龄的增大而逐年上升，一般 40 岁以后死亡率上升的速度加快，60 岁以后死亡率的上升幅度更大。对此，一般国家都会随时建立本国寿险业的经验生命表。

当投保人投保死亡保险时，每年按其当年的死亡概率收取保险费（这种保险费称自然保险费），那么被保险人年轻时每年缴纳的保险费很少，随着年龄的增长，每年需要缴纳的保险费越来越多。到老年时，一方面因年老力衰而收入减少，另一方面又需支付高额的保险费，因而极有可能因无力负担保险费而不能继续参加保险。为了解决这一问题，人寿保险通常会采用均衡保险费，即被保险人在各个年龄均衡缴纳数额相等的保险费（均衡保险费），保险费不随被保险人年龄的增长而变化，其实质是把被保险人应在若干年内负担的保险费总额，在考虑死亡、利息因素的条件下，运用科学的计算方法平均分摊于各个年度。

而在财产保险中，每一保险标的因自然灾害、意外事故遭受损失的概率，在不同年度和环境下会有很大的差异，并没有明显的趋势规律。在人身意外伤害保险中，每一被保险人遭受意外伤害的概率与年龄的关系也不大，并不呈现逐年增大或减小的趋势。

（二）风险的长期性

人寿保险的保险期间较长，通常在 5 年期以上，有的甚至长达十几年、几十年。如果人寿保险期间定为一年，每年合同期满后再续保，那么由于被保险人年龄逐渐增大，死亡的概率也不断增大，从而死亡保险、两全保险的保险费也要逐年增加。为解决被保险人因步入老年面临收入减少而保费增高的矛盾，人寿保险的保险期间一般都比较长，而且采用均衡保险费。例如，对于定期死亡保险，在保险期间前一阶段，均衡保险费高于当年的自然保险费，多出部分由保险公司进行资金运用增值，用于补充保险期间后一阶段均衡保险费低于当年自然保险费的不足。另外，如果保险期间定为一年，被保险人就需要每年续保，一旦被保险人患病，保险公司就有可能拒绝续保。而如果保险期间较长，那么只要被保险人在投保的时候符合投保条件，保险公司就不能因为被保险人在保险期内患病而要求其退保。

（三）具有储蓄性

任何储蓄的基本特征是返还性和收益性。返还性是指存款人经过一定时间以后可以领回存款本金；收益性是指对存款本金计算利息，存款人不但可以领回存款本金，还能得到一定的利息。

人寿保险产品的储蓄性是指人寿保险与储蓄有相似之处，所以有的人寿保险又称为储蓄性保险、返还性保险。但是，人寿保险毕竟与储蓄性质不同。在储蓄中，不存在损失和利益分摊，存款人领回存款本息的时间和金额是确定的。人寿保险则存在损失和利益分摊，受益人领取保险金的时间和金额是不确定的。例如在两全保险中，满期生存给付被保险人领取的保险金可能少于所缴保险费及按预定利率计算的利息，其差额用于被保险人死亡时对指定受益人的保险金给付，所以被保险人死亡时，保险公司给付的保险金将高于所缴纳的保险费及按预定利率计算的利息。

二者的相似之处主要表现在：

1. 利率

计算人寿保险保费时要考虑利率因素，特别是对以被保险人生存为保险金给付条件的人寿保险来说，由于采用均衡保险费，在缴费前期投保人的死亡率相对较低，其所缴纳的均衡保险费要大于自然保险费。均衡保险费扣除费用因素后的纯保险费可以分为两部分：一部分用于当年发生的死亡给付，称为自然保费；另一部分储存起来，用于以后年度发生的死亡给付或满期生存给付，称为储蓄保费。储蓄保费实际上是投保人提前缴纳的保险费，是投保人存放于保险公司处的资金。由于人寿保险的保险期间相对较长，一般人寿保险合同生效后死亡率攀升到自然保费大于或等于纯保险费需要较长的一段时间，因此，储蓄保费部分的资金会累积增长，且在人寿保险单有效期间一直存放于保险公司处，保险公司可以对其加以运用增值。对于保险公司来说，不管其资金运用的效率如何，客观上其资产中必然有投保人所缴纳的储蓄保费部分，为了对投保人公平起见，在寿险产品的定价中都要考虑预定利率①因素。与储蓄保费对应的部分也是保险公司对投保人的负债。投保人可以在中途以退保的方式申请从保险公司那里获取这部分资金。虽然扣除了部分退保费用，由于预定利率的常年累积，退保金的数额往往大于投保人历年已缴纳储蓄保费的总额。从投保人方面来看，领取退保金如同取回自己的储蓄资金，与储蓄有相似之处。如果投保人在保险期间没有退保，被保险人最终得到的保险金给付一般也要大于以前所缴纳的保险费之和。从参加人寿保险的众多被保险人来看，他们得到

① 在新型寿险产品中，如投资连结产品，是由被保险人自身承担投资风险，因此，没有利率的概念，被保险人自己选择投资方式并面临投资收益和风险。

的全部保险金给付总额大于他们历年缴纳的全部保险费总额，其差额相当于前期缴纳保险费而应获得的利息。

保费储蓄性的第二种体现方式是万能寿险。传统寿险的储蓄性是均衡保费的副产品，而万能寿险的储蓄性是直接的功能，且独立于其保障性功能。在万能寿险的定价三要素中，预定死亡率、预定利率和预定费用率是透明的。其特征是保费支付具有弹性，保额灵活可调整，投保人所缴纳的保费除去用于保障的风险保险费外，多出的保费就具有储蓄性。

阅读材料 4—1

人寿保险与储蓄、慈善的比较

（一）人寿保险与储蓄

储蓄是把现在收入的一部分储存起来以备将来需要的一种经济准备行为。人寿保险，尤其是两全保险，具有与储蓄相类似的部分功能。但两者有着本质的不同，主要体现为以下几个方面：

1. 人寿保险是集合多数经济单位所缴的保险费来应对将来出现保险事故时给付之需要，它的宗旨在于共同分担风险，并且以合理计算保险费为基础，一般通过一定的组织形式来进行，如保险公司；储蓄则以自己个人的积累存入特定的金融机构来获得本金和利息以备将来所需，不需要特殊的计算技术。

2. 人寿保险事故发生后，不论投保人缴纳保险费的数额与保险金额差别多大，受益人当时均可领取约定的保险金；储蓄的所得则只是本人所储存的本金和其所生的利息，利息和储存时间有关，而且取出储存所得通常有一定的时间限制。

（二）人寿保险与慈善

慈善是通过他人的力量来应付由于偶然事件的发生导致的本人的经济生活的不安定。从对经济生活的不安定加以补救上来讲，人寿保险和慈善有相似之处，但不同之处也很明显。

1. 人寿保险是自助助人的行为，是一种有价契约；慈善则是单方的救助行为，没有权利义务可言。

2. 慈善事业大多没有合理的准备金，对准备金的标准和计量方法一般也没有严格限制；人寿保险则是通过科学的计算基础建立合理的准备金。

---

2. 返还性

人寿保险的返还性在于，对于有的人寿保险产品，投保人缴纳保险费以后，保险公司几乎必然要给付保险金。在财产保险和人身意外伤害保险中，如果保单所承保的保险事故没有发生，保险公司就无需支付赔款或保险金，并且也不退还保险费。在人寿保险中，只有纯粹的定期寿险，如果被保险人生存到保险期满，保险公司既不给付保险金，也不退还保险费。而现在的人寿保险产品往往是各种保险责任的组合，在多数情况下，被保险人都能领取一定的保险金，例如终身死亡保险、两全保险、附加缴费期死亡保险的年金保险等等，只是给付的时间和金额不同而已。也就是说，投保人寿保险可能领取保险金，从这一点看，类似于参加储蓄总能领回存款本息。①

（四）计算技术的特殊性

人寿保险产品采用了专门的计算保险费和责任准备金的方法。人寿保险承保的风险是生存或死亡，而其发生的概率依被保险人年龄的不同而不同，并且由于人寿保险的保险期间长，一般采用均衡保险费，因而要考虑利息因素。而保险公司开发寿险产品以及销售环节中都要产生诸多费用以及获得一定的利润，所以人寿保险费和责任准备金的计算一般要依据生命表并考虑一定的利息率、费用率、失效率以及利润率等诸多因素，在此基础上形成了寿险精算技术。

财产保险、人身意外伤害保险的保险费率是以一定时期内的保险金额损失率为基础计算的，每一年度末应提存的责任准备金，可以按当年保险费收入的一定比例计算（如40%、50%等）。

第二节 人寿保险产品的主要形式

从保险责任角度看，人寿保险产品主要有三种基本形式：定期寿险、终身寿险和两全保险。本节主要介绍传统型人寿保险产品，而分红型人寿保险、万能型人寿保险、投资连结型人寿保险将在以后独立的章节中详细介绍。

一、定期寿险产品

（一）定期寿险产品的基本概念

定期寿险产品也称定期死亡保险产品，是当被保险人在一定期间内死亡时，由保险公司承担给付死亡保险金责任的人身保险产品。这一期间称为该保险产品的保险期间。只有当被保险人在保险期间内发生保险事故，也就是被保险人死亡，且此时保单仍然有效时，保险公司才向受益人给付保险金。而若被保险人在保险期间结束时仍然生存，则保险公司不承担任何给付责任，保险责任终止。

定期寿险的保险期间因保单各异，可以短到只有完成一次航行所需的时间，也可长达三四十年甚至更长。一般来说，保险公司很少出售短于一年期的定期寿险保单。保险期间可以

① 这与亚洲的文化有关，这一点正是亚洲保险市场的特点，投保人更关心产品的储蓄性而容易忽视保障的本义。

表述为保障一定的年份，如 1 年、5 年、10 年、20 年等；也可以表述为保障到被保险人某一特定的年龄，比如，某张保单规定保险期间到被保险人 65 周岁，即指保险责任终止日为离该被保险人的 65 岁生日最近的、或者 65 岁生日之后的第一个保单周年日。这里，**保单周年日**是指保单签发日的对应日。例如，某公司在 6 月 30 日签发了一保单，那么其后每年的 6 月 30 日就成为该保单的保单周年日。通常都会在保单的首页载明保单周年日及保险期间到期日。一般来说，定期寿险产品是以一份独立的保单销售的，但也可以作为其他险种的附加险，以附加合同的方式提供给被保险人。附加合同作为保险合同的组成部分，可以增加或限制原有保险合同的保险责任，具有与保险合同其他部分相同的法律效力。

（二）定期寿险产品的特点

相对于其他的寿险产品，定期寿险产品在很多方面更类似于财产和意外伤害保险。例如，保险期间是固定的、保费相对低廉、没有或者只有较低的现金价值以及容易产生逆选择等。

定期寿险产品具有保险期间固定和有限的特点，将产生在保险期间结束、保险责任终止时，保单持有人是否继续投保及保险公司是否继续承保的问题，并由此衍生了定期寿险区别于其他寿险的几个更值得关注的特点：**可续保性**、**可转换性**、重新投保及保费豁免与转换的相互影响。

1. 可续保性

可续保定期寿险保单给予保单持有人在保险期间结束时继续投保的权利，而无需提供可保证明。换句话说，当保险期间结束时，只要保单持有人提出续保要求，不用再对被保险人进行体检或要求其提供最近的健康记录，保险公司必须给予承保，而不管此时被保险人的健康状况如何。可续保性的简单意义是保单能够到所规定终止的年龄持续有效。而对于保单持有人来说，可续保定期寿险可视为保费增加而保障不变的定期寿险。

当定期寿险保单在保险期间到期而续保时，其保险费率相应提高。续保费率的厘定一般都基于被保险人的当前年龄，即被保险人在续保时的年龄。因为死亡率一般是随着年龄的增大而增加的，另外由于被保险人经过前面的保险期后，死亡风险也在不断增加，所以续保费率也要相应提高。在新的保险期间内，费率还是均衡的。

定期寿险的可续保特性会在一定程度上增加保单持有人的逆选择。由于无需重新提供可保证明，健康状况较差的被保险人更趋向于通过续保来获得连续的保障。因为存在这种逆选择的风险，所以含有续保条款的保单的费率一般要略高于无续保权的类似的定期寿险的费率。

根据可续保保单的续保条款，保单持有人有权要求续保时的保险期间和保险金额与原始保单相同。例如，一份 10 年期、保额为 10 万元的保单，在到期时可以要求续保另一个期限为 10 年、保额为 10 万元的定期寿险。大多数保险公司都允许保单持有人续保的保险期间比原始保单的期限更短，或续保保额更低，但通常不允许续保期限更长或保额更高。

在很多情况下，续保条款也会对保单持有人的续保权作出一些限制。如通常都会规定一份保单可续保的最多次数，以及最高的续保年龄。例如，某一保单的续保条款规定，该份保单最多可以续保三次，且被保险人在续保时的年龄不超过65岁。

一年期定期寿险保单或者附加条款通常都是可续保的，称之为每年续保定期寿险。这类保单同样也会规定最多可续保次数和最高续保年龄。一年期保单的费率起初一般较低，但每年续保时也会逐步提高。

2. 可转换权

许多定期寿险产品具有可转换的特性。可转换的定期寿险保单包含一个转换条款，允许保单持有人将定期寿险转为终身寿险，无需提供额外可保性证明。也就是说，即使被保险人的健康状况已经恶化到不具备可保性时，仍然能够通过将定期寿险转换成终身寿险的方式，获得永久性的保障。

考虑到可转换权会导致一些逆选择，所以具有可转换权的定期寿险保单的费率比类似但没有转换权定期寿险的保单费率要高。当保单持有人将定期寿险保单转换为终身寿险保单时，通常都会是一份新保单。

为防止逆选择，保险公司对保单持有人的可转换权也会作些限制。例如，规定被保险人达到一定年龄时，如55岁或65岁，就不再具有可转换权；或者规定保单签发超过一定年份后，保单转换权自动丧失。比如，一份10年期的保单，只允许保单持有人在保险期间的前7年或前8年进行保单转换。另外，公司也可能对转换的保额进行限制。例如，一份10年期的保单，允许保单持有人在前5年将原始保额100%转成终身寿险，但后5年只允许转换原始保额的50%。

由于定期寿险和终身寿险之间的差别，使得终身寿险产品的费率要高于相同保额的定期寿险产品的费率。因此，当定期寿险产品转换成终身寿险产品时，新的费率也要高于原来定期寿险产品的费率。

进行保单转换后，保单持有人缴纳保费的多少取决于该终身寿险的生效日：（1）以转换的日期作为新的终身寿险的生效日，称为当前年龄转换；（2）以原定期寿险的签发日追溯为终身寿险的生效日，称为原始年龄转换。

当定期寿险是在当前年龄转换方式下转换成终身寿险时，新的费率是基于当前被保险人的实际年龄计算。例如，假设刘先生在35岁时购买了一份5年期可转换定期寿险。4年后，刘先生决定将这份定期寿险转换成终身寿险。那么该终身寿险的生效日就是他进行转换的那一天，新保单的费率就应该按被保险人投保年龄为39岁计算终身寿险的费率。

有一些可转换定期寿险保单允许保单持有人以原始年龄转换的方式将定期寿险转换成终身寿险。在这种方式下，新的终身寿险的生效日就追溯到原定期寿险的签发日，费率基于购买定期寿险时被保险人的年龄进行计算。

因为在原始年龄转换方式下的保费计算基于更低的年龄，所以其保费也比当前年龄转换方式下的保费要低。例如，在前面的例子中，刘先生选择了原始年龄转换，尽管他现在已经39岁，还是应该基于35岁投保的被保险人计算终身寿险费率。大多数情况下，在保单购买一定年限后，保险公司不再允许保单持有人进行原始年龄转换。

在原始年龄转换方式下，新的终身寿险被当做在保单持有人购买定期寿险的时候已经生效。而终身寿险的保单是有现金价值的，保险公司也必须为每份保单提取相应的准备金。当一份定期寿险以原始年龄转换的方式转换成终身寿险时，保险公司也必须为该保单建立相应的准备金，其价值等于假设该终身寿险从最开始签发到当前应该已经累积的现金价值。为建立这笔准备金，保险公司会要求保单持有人补缴追溯的终身寿险生效日到转换日期间终身寿险保费与实际缴纳的定期寿险保费之间的全部或部分差额。由于这一点，当前年龄转换比原始年龄转换普遍得多，因为当前年龄转换无需保单持有人支付这部分差额。

3. 重新投保

很多定期寿险保单中包含重新投保特性。利用重新投保的方法，可使公司的定期寿险的费率更具竞争力。

在解释重新投保的概念之前，我们先来了解公司提供重新投保权利所依据的基本原理。保险定价或费率厘定时可选择以下三种不同的生命表：

（1）选择生命表。选择生命表反映的是公司对新保单或投保期间在一定年度内的被保险人的死亡预期。由于被保险人在投保时已经过公司严格的核保程序，因此，显然会比其他相同年龄、相同性别的人有更低的死亡率。但随着投保年份和被保险人年龄的同步增加，这一差别会慢慢消失。所以，公司只会在保单的若干年内（一般称之为选择生命表的选择期）使用这一生命表，选择期通常为5~15年。

（2）无差别生命表。也称终极生命表或最终生命表。无差别生命表反映的是对超过选择期（即一定期限过后）、选择性优势已经淡化的被保险人的无差别死亡预期。很明显，对于同一性别、同一年龄的被保险人无差别生命表的死亡率要高于选择生命表。

【例4-1】 现有如图4-1所示的两种生命表，假设公司规定的选择期为5年。刘先生现年35岁，若在3年前32岁时他投保了一份20年期的定期寿险，因为还在选择期，我们可以用选择生命表来反映其当前的死亡风险，死亡率为1.3（每1000人）。如果另有一个6年前投保现年35岁的男性被保险人，其已经超过了选择期，要用无差别生命表计算当前的死亡风险，死亡率为1.6（每1000人）。后者的死亡率显然要高于前者。

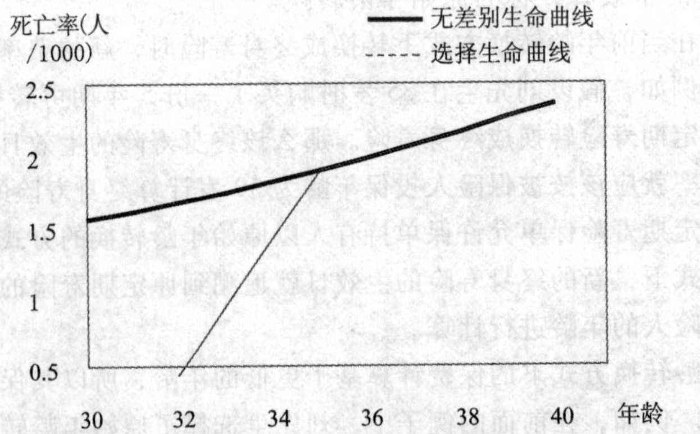

图4-1 无差别生命曲线与选择生命曲线

（3）综合生命表。综合生命表是利用上述两种生命表的数据制定出来的，其反映的死亡预期介于上述两种生命表之间。

我们从图4-1可以看到，决定保单费率的重要因素是定价时选取的生命表。大多数传统的定期寿险费率是基于综合生命表计算的。而具有重新投保特性的保单的费率则是基于选择/无差别生命表计算的，即在选择期内使用选择生命表，其后用无差别生命表。

现在我们说明重新投保的概念。沿用上面的例子，假设刘先生32岁时投保，并且可以每隔5年提出重新投保，条件是每次向保险公司重新提供可保证明。这时，由于新保费可以基于具有更低死亡预期的选择生命表进行计算，因此要比一直按原保单缴纳的保费低廉得多。但如果因为可保性问题没能获得重新投保的权利，之后就只能缴纳基于无差别生命表计算得出的较高的保费。

对于保险公司来说，可以通过这种方式鼓励被保险人定期地提供自己的风险状况，从而使公司的风险分类更加精确，也使定期寿险产品的价格更具有市场竞争力。

（三）定期寿险产品的种类

一般来说，定期寿险保单的保险金额在保险期间内是固定不变的。但是，在一定情形下，定期寿险产品也可以在保险期间内逐步减少或逐步增加保险金额。

1. 定额定期寿险产品

固定保额的定期寿险是当前寿险市场上最普遍的定期寿险产品类型。它在保单有效期间内的保额是恒定不变的。不过其保费在这期间可以是均衡的，也可以是递增的。

（1）保费递增保单。固定保额而保费递增的保单主要是指可续保的定期寿险。每年续保定期寿险[①]、5年续保定期寿险都是保额固定而保费递增的定期寿险保单。因为这些保单每次续保时被保险人年龄都在增加，因此保费无疑是逐渐增加的。

由于市场的激烈竞争，年续保定期寿险呈现了一些有利于投保人的趋势：①保费更加低廉；②更长的可续保期；③根据保额档次确定不同费率，如分为10万元以下、10万~25万元等定价；④实行差别定价，风险分类更加明确和具体，如分为吸烟者和非吸烟者等。前面讨论的重新投保也是进行差别定价的有效方法。

（2）其他保费模式保单。有些定期寿险保费并不是上述的递增模式，但保额也是固定的。通常，这类保单的保费在一定期限（如直至被保险人退休）都保持均衡。一种是10年、20年期的定期寿险，一般不能续保；另一种保险期间较长，根据到期时间不同，又可以分为两个产品，第一个是以被保险人平均余寿为期限的定期寿险，第二个是以被保险人到达65岁为期限的定期寿险。

平均余寿定期寿险提供被保险人与平均余寿年数相同期限的保障。这一平均余寿是保险公司根据特定的生命表计算的。尽管这类保单严格意义上属于保障型产品，但多年的均衡保费仍能产生一定的现金价值，起初慢慢增加达到最高点后又慢慢减少，直至为零。

65岁到期的定期寿险期限比平均余寿定期寿险的期限要短，保费也更低。这一保单的基本思想是在被保险人具有劳动能力的期间提供保障，而65岁是一般劳动者的法定退休年龄（各国不同）。与平均余寿保单类似，这类保单也会产生现金价值。目前，这两个产品都

① 每年续保定期寿险（Yearly renewable term; Annual renewable term）。

已经不太流行。

2. 非定额定期寿险产品

在当前的国际保险市场上，尤其是北美地区，很多定期寿险产品的保险金额都不是恒定不变的，而是随着时间的推移而减少或者增加，称为保额递减型或递增型定期寿险产品。

保额递减型定期寿险的死亡给付通常用来偿还借款人/被保险人死亡时未偿清的消费贷款余额。所以，贷款清偿保障定期保险①的保险金额是随着时间的推移、贷款余额的降低而递减的。在贷款的分期偿还过程中，起初偿还金额的大部分都用来支付利息，所以贷款余额的降低比较缓慢，后面降低的幅度逐步加大，直至为零。按照这种方式，贷款清偿保障保险可以为多个不同贷款期限提供保障，如10年、15年、20年、25年或30年等等。

除了上述保额根据贷款余额递减以外，定期寿险保费递减的模式也可以是每年递减一约定的数额，保险期间可以从10年到30年不等，但不能续保。

有一种特别形态的递减型定期寿险，称为投保人保障保险，通常用做被保险人是未成年人的定期寿险保单的附加保险，即当该保单的保费支付人（通常为父母）在缴费期间死亡时，该附加寿险提供死亡给付，用来缴纳主险尚未缴付的保费，从而使得原保单继续有效。由于剩余保费随着时间推移而减少，所以，一般设计为保额递减型保险。

还有一种保额递减的定期寿险，称为家庭收入保障保险。这一保险主要针对一些年轻的家庭而设计。如果被保险人在一定期限内死亡，保险公司向其生存的配偶每月支付固定的给付金额，直到保单规定的期限结束。由于随着保单年份的增加，未支付月份的减少，保额也随之降低。这一保险常常作为终身寿险的附加险出售。出险后，保险公司可以一次性支付，也可以分月给付。

而保额递增型定期寿险则很少作为一种单独的主险销售。有些保险公司以附加险的形式向保单持有人提供如生活费用调整保险等保额递增型保单。生活费用调整保险的保额是随着通货膨胀而自动增加的，这一增加通过国内权威的生活费用调整指数，如消费者物价指数（CPI）来度量。只要该附加保险还有效，每年保额递增时无需另外提供可保证明。如果物价指数回落，保额并不减少，而是保持不变。

另一种保额递增型定期寿险是一种保费返还型保险，条款规定如果被保险人在保单签发的一定期限内死亡，如10年、20年等，死亡给付不但包括保险金，还返还其缴纳的所有保费。由于其所缴保费随着保险年份增加而增加，所以死亡给付也随之增加。这类保单由于给予保单持有人额外的“保费返还”利益而独具特色，更具吸引力。

阅读材料4—2

小额人身保险

小额保险产品保险金额一般在1万元至5万元之间，保险期间在1~5年，条款要简单明了，便于农民理解；核保理赔手续简便，主要针对低收入群体销售，是一类面向低收入人

① 贷款清偿保障定期保险（Mortgage Protection Term）。

群提供的人身保险产品的总称，具有保费低廉、保障适度、保单通俗、核保理赔简单等特点，是小额金融的重要组成部分，也是一种有效的金融扶贫手段。2008 年6 月23 日，中国保监会下发了《农村小额人身保险试点方案》，确定自6 月下旬开始，在山西、黑龙江、江西、河南、湖北、广西、四川、甘肃、青海九省（区）的县以下地区，首批开展农村小额保险试点。

自2008 年8 月中国保监会正式启动试点工作以来，农村小额人身保险试点进展顺利并取得初步成效。截至2009 年上半年，在10 个多月的时间里，试点共承保超过610 万低收入农民，保费收入超过1.4 亿元，承担的风险保障超过810 亿元。试点初步在创新产品、探索经营模式、启发农民保险意识和维护农村家庭经济安全等方面取得了预期的成效。

一是创新了产品，使低收入农民买得起保险。试点拓宽了产品保障范围，简化了理赔程序，降低产品价格，使农民人均花20 多元就能获得1 万多元的保障。二是探索了模式，使低收入农民买得到保险。试点以来，保险公司探索了四种小额保险模式：全村统保模式、家庭小团单模式、与新农合合作模式，以及与农村相关机构合作模式等，使保险服务延伸到了低收入农民，降低了成本。三是提高了保险意识，使低收入农民愿意买保险。小额保险的惠农公益性和团结互助精神深入试点地区农民心中，农民投保积极性有了很大提高。四是扩大了覆盖面，维护了农村家庭经济安全。截至目前，小额保险为300 多万农村家庭提供了超过810 亿元的风险保障。

农村小额人身保险试点不仅使农民买得起、买得到、愿意买小额保险，同时还实现了政府满意、农民受益和公司发展的共赢局面。从政府角度看，小额保险发挥了农村社会稳定的“减震器”和经济发展的“保障网”的作用；从农民角度看，小额保险缓解了后顾之忧，并在发生保险事故时能解家庭的燃眉之急；从公司角度看，小额保险带动农村业务发展的特点很明显，有人认为，推广农村小额人身保险是“一根绳牵出了一头牛”。

2009 年4 月21 日保监会又颁布《关于进一步扩大农村小额人身保险试点的通知》，扩大试点范围和产品，鼓励开发和推广贴近农民需求、核保理赔简便的健康保险、养老保险等各类农村小额人身保险产品。

二、终身寿险产品

相对于定期寿险产品的期限性，终身寿险产品是提供被保险人终生保障的保险产品。

（一）终身寿险产品的性质

终身寿险从名称上就反映了该产品的本质。这一名称不属于任何特定形态的终身寿险保单，而只是用总称来描述其永久性保障的性质，即不论被保险人何时发生死亡事故，保险公司都将给付保险金。

一般来说，终身寿险产品的保险金额在保单期内是不变的，某些保额分红型保单的分红会增加死亡给付。在大部分的终身险保单中，保费在整个缴费期也维持在同一水平，除非已在保单合约中载明了未来保费的可能变动。另外，在不确定保费的终身寿险中，除了最高保费水平已由保单确定，以及必须保证所缴保费至少接近定期险水平外，未来保费的确切数额是未知的。

此外，终身寿险产品还具有以下主要性质。

1. 在某种程度上，终身寿险同时含有两全保险和定期寿险的性质

人的寿命毕竟是有限的，很多终身寿险是基于对所有的被保险人在一定年龄前全部死亡的假设生命表来进行定价，这个年龄为100岁或105岁等。事实上，并非所有的被保险人都会在这一年龄前死亡。所以，从保险的公平性出发，只要被保险人生存到这个年龄，保险公司也将向其支付保险金。这样，终身寿险就带有一定的两全保险的性质，被称为100岁的两全保险。不过这一保险并非一般意义上的两全保险，只是保险公司认为，在被保险人到达100岁时，该保单的准备金和现金价值已经等于保险金额，超过这一年龄已经不存在纯粹的保障功能，所以保险公司要终止保单。即使保险公司不这么做，保单持有人也可以解除保险合约，获得等价于基本保额的现金价值。

而从精算的角度看，有观点认为终身寿险也是保险期间到100岁的定期寿险，因为终身寿险定价的精算方法与定期寿险的方法是一样的。在这一观点下，用于定价的生命表中已经假设所有活过99岁的被保险人都在这一年中死亡，因此100岁时的给付也等同于死亡给付。

2. 终身寿险的储蓄性

终身寿险具有**保单现金价值**，保单现金价值来源于过去缴纳保费的积累值与过去保险成本积累值之间的差额，这部分金额不会因保险单效力的改变而丧失。

保单现金价值是属于保单持有人的，当其提出退保时，保险公司返还该保单的现金价值。终身寿险保险合同中通常包含一张现金价值表，显示在不同时刻保单持有人提出退保后可以获得的现金价值数额。

另外，终身寿险保单持有人可以保单为质押向保险公司申请**保单抵押贷款**。贷款的最高数额通常是保单现金价值的一定比例。当然，贷款要收取相应的利息。在贷款未还清之前，如果保单持有人提出退保，就要从现金价值中扣除未还清贷款余额，而如果被保险人死亡，也必须从保险金额中减去这一数额。

3. 分红与非分红终身寿险

从是否分红角度划分，终身寿险分为分红型终身寿险和非分红型终身寿险。分红型终身寿险保单持有人参与分享公司的经营业绩。在出售保单时，保险公司会向客户提供分红演示，显示在未来各种情景下该保单的分红情况。而实际的分红情况取决于公司的经营状况。各种分红型保险的详细介绍详见之后的相关章节。

（二）终身寿险产品的种类

传统终身寿险产品只有两种类型：一种为终身均衡缴费的普通终身寿险；另一种为限期缴费的终身寿险。如今终身寿险在缴费方式、保单选择权以及给付方式上有了许多变化。市场上常见的终身寿险种类包括：

1. 普通终身寿险

普通终身寿险是较为原始的一种形式，采取终身缴费的方式，所以也称为终身缴费的终身寿险。因为缴费年限相对较长，所以每年的保费相对也较低。该种保单的现金价值在起初几年由于销售、核保等费用较大而积累较少，其后逐年平稳增长，直到被保险人 100 岁时达到保险金额。现金价值的存在很大程度上增加了保单的灵活性。

近年来，由于万能寿险的出现，使得普通终身寿险逐渐失去了原有的市场。为增加该险种的竞争力，许多保险公司采用更加灵活的方式来进行销售，允许保单持有人在一定范围内自主选择缴费模式和缴费水平。为使保单持有人减少保费负担，保险公司推出了低费用的附加定期寿险，该附加险保额高而保费低廉。这样，普通终身寿险与附加定期险的自由组合可以让保单持有人缴纳较低的保费，而获取希望得到的保障。

当前的普通终身寿险较过去的同类保险具有更大的灵活性和更高的价值。由于保费缴付的均衡化，保费负担合理分散，因此，对那些保险期间的需求超过 15 年、20 年甚至更长时间的投保人以及乐意通过保险来积累资金的人来讲，普通终身寿险是个理想的选择。另外，在许多国家，保单现金价值所产生的利息享有税收优惠，这也增加了该产品储蓄功能的吸引力。

2. 限期缴费的终身寿险

与终身缴费不同，限期缴费终身寿险要求在规定的期限内缴清保费。一般规定缴费期为一定年数或被保险人达到某一年龄。例如，如果缴费期为 20 年，则这种保单称为 20 年缴费终身寿险；如果规定缴费至 65 岁，则称为缴费至 65 岁的终身寿险。

限期缴费的终身寿险对那些目前收入较低而保障需求较高的人并不合适，即使是有缴费能力的人，也可能选择普通终身寿险，以寻求在缴费方面的灵活性。因此，这类保单销售量并不大。大多数限期缴费的终身寿险都包括不丧失价值条款、分红选择权以及受益选择权等。限期缴费的一种极端形式是趸缴，若投保人选择这一方式缴费，那么从缴费时保单就具有现金价值；若投保人需要周转资金，也可以进行保单抵押贷款。而另一种极端形式就是前面所讲的终身缴费。

3. 保费不确定的终身寿险

保费不确定的终身寿险是为了与分红终身寿险保单相竞争而产生的。这种非分红保单一般都设定了一个保费的上限。在保单生效的前几年，保费要远低于这个上限，而保单生效几年后的缴费额也将位于这一限度内。具体的缴费数额将根据公司业务的经营状况而确定。

4. 当期假设终身寿险

当期假设终身寿险是用最当前的市场利率和死亡率调整保单的现金价值以及每期应缴保费的非分红终身寿险。所以，当期假设终身寿险也称为利率敏感型终身寿险。

我们知道，传统的分红终身寿险是通过分红将定价假设与实际经营结果之间的偏差风险转嫁给保单持有人的。而当期假设终身寿险则是依赖于保费和现金价值的不断调整来实现这种风险转移。

此外，与传统的分红寿险保单不同的是，这种保单的所有人可以清楚地了解到所缴纳保费及其利息收入在各个保险定价因素，包括保单费用、死亡成本和现金价值中的分配。图

4 - 2 清晰地显示了该类保单的基金流动的方式。

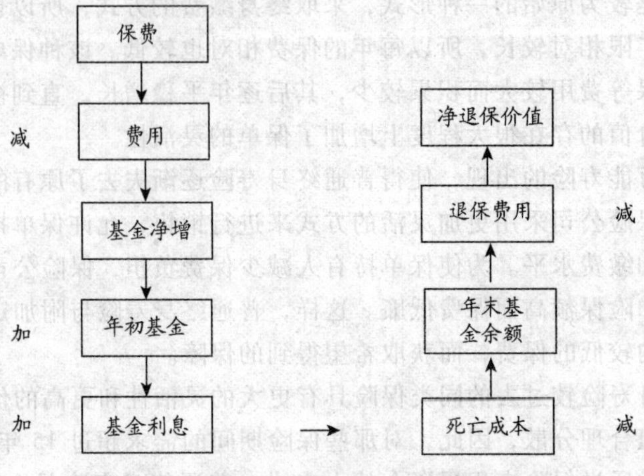

图 4 - 2　当期假设终身寿险保单基金流动图

5. 其他类型的终身寿险产品

（1）修正终身寿险。这一产品只是对普通终身寿险的均衡缴费模式的改变，使得在最初的 3 ~ 5 年内的保费比类似保单缴得更少，此后再提高。例如某公司的"5 年修正"的终身寿险保单在最初 5 年的年保费是后面年保费的一半。在最初的 5 年内，保费高于 5 年期的定期寿险保费，而低于同一承保年龄的普通终身寿险保费；5 年后的修正保费将高于 5 年前与修正保单同时签发的普通终身寿险保费，但仍低于当前年龄签发的普通终身寿险的保费。应该明确的是，修正终身寿险只是保费缴纳模式的调整，但所缴纳的保费总额跟普通终身寿险是一致的。

（2）加强型终身寿险。在美国，某些相互保险公司提供一种分红终身寿险产品，采用比普通险种更低的保费获得均衡的保障。虽然这种保险的详细内容和名称因公司各异，但基本目的都是相同的：用更低的保费提供分红终身寿险。其中一种方法是终身寿险的保额在经过一些年后减少，并用保单分红来购买延期的缴清保险，该缴清保险的保额可弥补原保单减少的保额，使得整个保单的死亡给付数额至少等于减少前的数额。另一种方法是保单的实际保额为普通保单的 60% ~ 80%，剩余部分则通过购买缴清保险或定期寿险来弥补，以使总的死亡给付不会减少或更高。在这种方法下，人们都希望红利收入购买的缴清保险足够弥补这个差额，而不用再购买定期寿险。

加强型终身寿险都有一个保证期，确保在保单早期，即使红利不足，总的死亡给付也不会低于初始水平。

（3）阶段式保费终身寿险。传统的阶段式保费终身寿险的初始保费为相应普通终身寿险保费的 50% 或更少。在其后的 5 ~ 20 年的期限内每年逐渐增长，然后保持不变。这一险种的保单现金价值比普通险种的增长要缓慢得多，在最初的 5 年或更长的时间内甚至没有现金价值。

许多新式的阶段式保费终身寿险更像是每年续保定期寿险。这些保单的初始保费与每年续保定期寿险差不多，而且在其后的15年，甚至长达40年的期限内，按每年续保定期险的方式逐年增加，其后保持不变。一般来说，该种保单在10年之内，有些甚至在20年之内都没有现金价值。

（4）趸缴保费终身寿险。保单持有人向保险公司一次性支付全部保费，形成保单现金价值，该现金价值以当前的市场利率增长。死亡成本和费用每年从现金价值中支付，或者从其产生的利息中扣除，而且从保费中直接扣除首年的初始承保费。

趸缴保费终身寿险一般也会收取退保费用。一些保险公司也会在保单中包括一个紧急融资条款，即当保单利率低于某一标准时，保单持有人可以提出退保，而不收取退保费用。另外，也可能有其他的权利，如保单抵押贷款等。

（5）指数化终身寿险。所谓指数化，是指保额与特定的指数相关联，如随着消费物价指数变化。这一产品的初衷是抵制通货膨胀的风险。依据通货膨胀风险的承担者不同，可以将这个险种分为两类：一类由保单持有人承担，在保额增加时向其收取相应增加的保费，所增加的保额通常无需额外的可保证明，如果保单持有人拒绝购买增加的保额，保额不再自动增加；另一类是由保险公司承担通货膨胀的风险，即保险公司在最初定价时已经考虑了通货膨胀的因素，因此，保额增加不影响保费，但通常设置一个保额增加的限额。

在国内市场终身寿险产品中，真正意义上的终身寿险产品不很普遍，由于市场及监管等因素，保险公司在设计保单时，通常不会将终止年龄确定在定价生命表的最终年龄，而是一个更低的年龄，如88、90周岁等。这就使得名为终身寿险的产品更多地具有了两全保险的一些特征。

三、两全保险产品

不论被保险人在保险期间内死亡，还是在保险期间结束时仍然存活，保险公司都承担给付保险金责任，这类保险产品称为两全保险产品，也称生死合险产品。在目前的国内市场上，因为两全保险兼具储蓄和保障的双重功能，两全保险尤其是分红型的两全保险占据了很大的市场份额。而近年兴起的银行保险产品基本也是以投保人简单易懂的两全保险为主。

（一）两全保险产品的本质

对于购买两全保险产品的被保险人来说，当被保险人在保险期间内死亡时，保险公司将支付死亡保险金；当被保险人在保险期间届满时仍生存，保险公司也将给付生存保险金。一般来说，死亡保险金支付给保单指定的受益人，而生存保险金的受益人一般就是被保险人。

我们可以分别从数学和经济两个不同的角度来认识两全保险产品。

1. 数学角度

在两全保险中，保险公司向保单持有人作了两个相互排斥的承诺：一个是当被保险人在保险期间内死亡时，支付保险金；另一个为当被保险人在保险期间结束仍存活时，支付保险金。第一个承诺与相同保额、相同期限的定期寿险没有任何区别。但第二个承诺引入了一个新的概念，生存保险。生存保险是指当且仅当被保险人在一定期限结束仍存活时，保险公司承担给付保险金责任的寿险。如果被保险人提前死亡，则没有任何支付。生存保险很少单独销售，一般作为其他险种的附加利益。

可以看出，要在生存保险期间内提供死亡给付，只需在生存保险中增加一个同样期限的定期寿险，这样就组成了一个两全保险：

两全保险＝定期寿险＋生存保险

2. 经济角度

从经济的角度看，两全保险可以分为两个部分：保额递减的定期寿险和保额递增的储蓄。储蓄部分的价值，保单持有人可以通过退保和保单抵押贷款的方式得到，递增的储蓄部分和递减的定期寿险部分结合在一起，恰好等于保单的固定保额。通常的两全保险并不一定都满足这种递增的储蓄、递减的定期寿险模式。

（二）两全保险产品的种类

两全保险产品非常灵活，有许多的变化形式。保险期间可以为5～30年，甚至更长。也可以设定到被保险人的某一年龄，如60岁、65岁或70岁。在许多亚洲国家，期限为3～10年的两全险非常普遍。保费通常在整个保险期内缴纳，也有的限期缴纳。如保险期间到65岁的两全保险的缴费期可以规定为期初的20年内。在某些欧洲国家，趸缴的两全保险也很流行。在英国，长期的两全保险总是和抵押贷款业务相伴，满期金刚好用来支付到期贷款。

除了标准的两全保险，还有其他一些含有两全保险思想的险种。如退休收入保险，其死亡给付为保险金额与保单现金价值两者最高的，这一险种通常被个人退休金计划采用。还有半额两全保险的生存给付是死亡给付的1/2。目前，我国比较流行的子女教育保险则属于未成年人两全保险的范畴。

第三节　寿险产品的定价过程和定价方法

一、定价过程

产品定价不只是测量标的风险和计算保费，还要考虑很多其他因素。保险产品的定价过程一般包含以下环节：

（一）确定定价计划

确定产品计划不仅要考虑产品本身，还要考虑一个产品在保险期间内可能发生的各种问题：该产品是否符合客户需求，是否与公司战略相协调；一种产品可能给公司带来高额利润，同时也可能给公司带来很高风险；产品在实际操作过程中可能存在各种困难；该产品如何与现有产品相配合；各职能部门在一个产品的生命周期中如何相互协作等等。

（二）建立精算假设

在定价过程中，要根据现时的经济和社会情况、公司的特点、市场的特点、产品的特点及未来的发展趋势，对定价中的各个基本因素（例如死亡率、发病率、利率等）建立合理的假设，它是定价过程中非常关键的步骤，有时也称这些假设为精算假设。基于各种假设确定的产品价格，为未来对有关业务进行调整奠定了理论基础，将有助于寿险的管理决策。

（三）决定产品价格

在决定产品价格时，除了要考虑公司的策略和定价原则外，还要考虑与市场同类产品或可替代类产品的价格差异。

（四）对产品进行运营和管理

在产品管理中，要对产品设计时的各种假设与实际运营结果进行比较，若发现了明显的偏差，应寻找产生偏差的原因，并对其进行纠正。

由此可见，产品定价是一个连续反复的过程，上一轮中得到的经验可以为下一轮的产品定价打下基础。本节以个人寿险产品为例，介绍人身保险产品定价的精算假设及其对定价的影响，以及人身保险产品的定价方法。

二、与定价相关的精算假设

所谓**精算假设**，泛指保险产品定价时精算师对定价中的各个要素的取值提出的假设。大多数寿险产品的价格是建立在最优估计的精算假设及预期利润边际的基础之上。利用基于现实的精算假设，通过将保费中各种成分的比例进行划分，使得业务管理工作相对简化。下面对寿险产品精算假设的各个要素分别展开说明。

（一）死亡率、疾病发生率

我国人口的地域分布较为广泛，各地区之间的经济发展不平衡，卫生条件的差别很大，人们的寿命分布因地区的不同而不同。而我国的寿险业经验生命表是根据各寿险公司的全国数据经统计分析和修正而编制的，大体反映了数据中的保险人口寿命的平均分布，但对某一地区、某一群体就不一定适合。而且各公司之间由于核保及理赔的标准不一样，使得经验死亡率差别很大。因此，利用统一的生命表反映各地区人口的寿命分布是不合理的。寿险公司应对自己公司的经验死亡率进行研究，将统一的行业生命表与公司的经验数据相结合，找出最合适的实际死亡率数据。

1997 年 4 月 1 日颁布的第一张中国寿险业经验生命表是根据 1990—1993 年的数据统计

分析得到的。随着医疗条件和生活水平的提高，人们的平均期望寿命也在不断提高①，相隔的时间越长，经验生命表和实际死亡率的差异也会越大，因此需要不断对生命表进行修正。2006年中国保监会公布了中国《人寿保险行业经验生命表（2000—2003）》，这是根据2000—2003年的行业数据编制的生命表，也是各寿险产品现行定价中采用的基础生命表。目前，行业经验疾病发生率表、残疾率表等风险损失率表还在制订过程中。

（二）附加费用

各个公司的费用水平一般是不同的。虽然相对于小公司，大公司的单位费用相对较低，但并不全是规模经济的结果。费用可以有不同分类，各公司可合并简化或划分得更加细致。一般寿险公司的费用可划分为：

1. 合同初始费

包括：保单签发费用，一般以签发的每张保单为单位；承保费用，一般是将承保支出按每张保单合并考虑、按保费的一定比例考虑或按每千元保额的一定额度考虑；其他初始费用，如公司和分支机构的营销、产品开发、招募和培训代理人等的费用，可按保费或管理费的一定比例计算。

2. 营销酬金

包括代理人佣金和其他报酬、手续费以及经纪人的佣金等，一般按保费或佣金的一定比例计算。

3. 保单维持费

包括与保费相关的费用，如缴费费用、会计费用、手续费/佣金的管理费用等，可按单位保费的一定比例计算；其他维持费用，如评估费用、客服费用、保单维持的记录费用等，可按每张有效保单计算；保费收入税，一般按保费一定比例计算。

4. 保单终止费

包括退保费用，一般以每个退保保单为单位计算费用；无现金价值保单的失效费用，一般以每张无现金价值退保单为单位；死亡给付费用，一般以每次死亡给付为单位或以每千元死亡给付为单位；到期费用，一般以每张到期保单为单位。

在定价时，计算单位费用要考虑客户投保时的通货膨胀率及其未来的发展趋势、公司业务的增长和公司的规模等因素。

（三）定价利率

寿险产品定价的利率假设可以看做是保户未来的一种收益，也可看做是单纯根据死亡率计算的保费的折减。寿险大多是长期险，所假设的利率能否实现，要看其未来的投资情况。因此，利率假设必须十分慎重。精算人员一般在确定预定利率之前要与投资部门进行协商，

---

① 以上海为例：1990年，平均期望寿命75.46岁，1993年为75.97岁，1995年为76.03岁，1998年为77.03岁，1999年为78.44岁，2000年为78.77岁，到2008年男性平均期望寿命已达79.06岁，女性达到83.50岁。资料来源：《2001上海统计年鉴》，《人民日报》，2009年2月19日。

利用所提供的本公司及其他公司过去的投资收益情况及对未来投资收益情况的预测。

利率假设对于保险产品的定价十分重要。特别是传统寿险，由于利率水平在保单有效期内是固定不变的，因此这些险种可能会面临较严重的利率风险。当定价采用较高的利率时，保费相对较低，如果公司的实际收益率低于定价利率，则无法将这些保费累积到预期的金额，出现的差额将由公司的其他收益或资本金来承担。当社会经济处于高速发展阶段或处于衰竭和动荡阶段，往往会伴随着市场利率的大幅度调整和振动，这些都将对寿险业产生极大的影响。因此，寿险公司在进行利率假设时常常采取较为保守的态度，但过于保守的态度又必然造成保费较高，损害被保险人的利益，降低产品的市场竞争力。

阅读材料 4—3

利　差　损

人寿保险定价利率高于实际收益率便会发生利差损。利差损风险的形成，源于保险企业经营战略不明确、产品结构不合理和资产负债不匹配等多重因素，其中最主要的原因是资产负债不匹配和业务结构不合理，结果导致资金收益低于寿险保单平均预定利率，进而威胁企业偿付能力。在1995—1999年的降息周期内，因投资渠道受限，几大寿险公司因此涌现大量高利率保单，进而造成不同程度的利差损现象，不但使企业收益大幅下滑，消费者信心同时遭受严重打击，对整个保险行业产生了严重的负面影响。

（四）退保率

退保率是指保单所有人主动中断保险合同或者因在保单规定期限内未及时缴纳续期保费而使保单失效的发生率。退保率一般基于经验数据估计，不同国家、不同人群、不同险种的退保率有所不同。一般而言，影响保单退保率的因素包括：

1. 保单年度

保单退保率会随保单年度的增加而迅速降低，当然，也有例外情况，如保费递增的定期寿险的退保率，常常是随保单年度的增加而提高，而个人年金保险各年的退保率基本保持不变。

2. 投保年龄

十几岁至二十几岁投保年龄的保单退保率较高，而30岁以上的投保年龄的保单随年龄增大，保单退保率会降低。

3. 保额

大额保单的退保率通常较低，但对保费递增的大额保单，退保率可能会随时间推移而升高。

4. 保费缴费频率

每年缴费一次与每月缴费一次的保单相比，一般每月缴费保单的退保率较高。

5. 性别

当其他条件相同时，女性保单的退保率比男性的低。

6. 保单类型

不同保单类型的退保率各不相同，保费递增定期寿险、均衡保费定期寿险、保费递减定期寿险、个人年金、直接信函推销的保单，前几年现金价值较高的保单及其他终身险种等，都表现出不同的退保率经验。例如，保费递增的险种随保单年度的增加所表现出来的退保率比均衡保费的要高。

退保率假设应基于本公司的经验数据，如果公司经验数据有限，可以参照与本公司经营状况相类似公司的经验数据，再根据年龄、性别和保额等因素进行调整。即使是本公司的经验数据，在使用时仍需作适当的调整，险种的变化、销售人员的变化和外部环境的变化等都会对未来的退保率产生影响，而且要经常统计各险种的退保率情况，当退保率太高时，甚至有必要重新计算产品的价格。

（五）税率

税负也是公司费用的一部分。保险公司的税负可大致分为：（1）营业税，目前只有一年期以上的返还型险种可以免营业税，一般按保费的一定比例计算；（2）所得税，主要为公司利润的所得税。

税率的高低会影响到公司的实际投资收益和产品的利润，也会影响到产品的价格。

（六）利润率

保险公司的经营是商业行为，股东在申请注册公司和使其正常运作时，必须提供必要的资本金。作为回报，经营利润将回馈给股东。同时，当保险公司业务增长时，必须有相应的盈余增长使保险公司具有充足的偿付能力。在定价过程中，经常要考虑价格是否合理或是否有效，其标准是什么。低利润的商品，价格相对较低，产品更具有竞争性，可以引起暂时的业务量增长，同时也可能引起业内不良的恶性竞争。虽然投保人、被保险人可以在短期内由于公司之间的恶性竞争而从中获利，但当保险公司的业务主要集中在这些低利润产品时，保险公司本身会面临很大的风险。一旦出现突发事件，公司没有足够的累积资金来应付，公司就会偿付能力不足，最后遭受严重损失的还是投保人和被保险人。

在定价时可选用许多不同的利润指标，最主要的包括：（1）利润现值占保费现值的比例；（2）投资回报率；（3）在给定时间（例如 n 年）内的利润现值为正值，即产品必须在第 n 年内实现正利润，这里的 n 称为临界平衡年。

（七）偶发事故

虽然保险公司可以通过过去的经验来预测未来，但并不是所有的可能性都能事先知道，总会有一些偶然发生的事件不在公司的预料之中，如地震、水灾等。当这些偶发事件发生时，公司面临的将是众多集中的赔付，会造成短时间的资金压力以及公司亏损。公司所遭遇的这种风险可以通过再保方式分摊一部分，但主要还是依靠公司自身的资金积累，特别是公司盈余的累积。因此，在产品定价时同时要考虑到为偶发事件累积盈余的需要。

三、产品价格的确定

（一）传统定价方法

最初的保险公司是愿意承担他人经济损失的风险而换取双方协定价格的个人。保险公司通常在签发的合同或保单的下方签名[①]，以表示风险已被接受。在保险业发展的初期，签发保单是一项投机性很强的商业冒险活动，因为个体核保人无法准确预计其可能发生的损失。如果核保人所收取的保费远远少于所发生的赔付，他可能无力支付所有的索赔。当一些组织开始签发保单时，它们首先采用了两种寿险基金筹集方法——摊付法[②]和估缴法[③]。随着定价方法的演进，发展到现在的法定责任准备金定价系统。

1. 摊付法

相互共济协会创立了一种早期的获取寿险理赔和给付资金的方法，即在被保险人死亡以后收集资金。这种筹资方法称为摊付法或死后估缴法。具体的做法是：

相互共济协会的每一会员都同意在任何其他会员死亡时支付相等的约定金额。通常，从事协会管理工作的人先领取相当于所筹资金一个很小比例的管理费，然后将剩余部分给被保险人的受益人。比如，当相互共济协会的一个会员死亡时，有着1000名会员的协会要求每个幸存者支付100元，则收集的全部款额99900元减去管理费后，即为被保险人的受益人所能领取的金额。

但采用摊付法筹集寿险基金存在三个主要问题：

第一，相互共济协会在向每个会员征收保费以支付死亡保险金时，因为不能强迫各会员缴纳其分摊额，所以经常会遇到麻烦无法保证征收成功。因此，不能完全保证死亡时的正常给付。

第二，协会需要不断地招收新会员，以保持团体的规模不会随着会员的死亡或退出而变得越来越小。如果会员人数减少，协会将不得不降低支付的死亡保险金，或者提高每一个健在会员所缴纳的分摊额。

第三，随着协会会员年龄的增长，会员死亡人数将逐年增加。在一段期间发生的死亡人次越多，协会需支付的死亡保险金也就越高，因此，每个会员所分摊的成本将逐年增加。随着协会会员成本的增加，许多身体健康的会员将退出协会，同时，协会吸收新会员也将变得越来越困难。由于不断有会员死亡和退出，又没有足够的新会员加入，因此剩余会员须缴纳的分摊额将进一步上涨。

为处理这些问题，有关组织又开发了一种新的筹集方法，这种方法通常称为估缴法，即利用死亡发生前的估计建立寿险基金。

---

① 下方签名（underwriter）。
② 摊付法（mutual benefit method）。
③ 估缴法（assessment method）。

2. 估缴法

在使用估缴法建立寿险基金时，承保机构首先估计在给定时期（通常为一年）内的营运成本。营运成本包括预期的死亡赔付与相应的管理费用，然后将营运成本所需的总金额在保险计划参与者之中平均分摊。

【例4-2】 *在保险年度之初，一个拥有1000个会员的互助协会预计当年内将有3个会员死亡，并将发生1500元的管理费用。该协会计划支付1万元的死亡保险金给每个死亡会员的受益人。基于上述信息，在保险年度之初，计算当年所需的营运成本和每一会员需缴付的保费。*

解：

具体计算过程如下：

30000元预计的应付死亡保险金（10000元×3个）	
+1500元	加上：管理费用
31500元	等于：支付死亡保险金和管理费用所需总金额
÷1000	除以：会员人数
31.5元	等于：31.5元/人

如果在一段时期内实际发生的总营运成本小于预计值，则每一会员将收到一笔退款；相反，如果总营运成本比预期的要高，则该组织将向每一会员征收一笔附加的均摊额。

虽然估缴法解决了相互共济协会遇到的收取保费的部分难题，但收取附加的均摊额仍有困难。此外，估缴法并没有解决被保险团体老龄化引发的问题。随着时间的推移，团体中的死亡人数将不断增加，使得个人分摊额也不得不随之增加。更高的成本必将阻碍新会员加入团体，从而导致理赔成本不得不在越来越少的会员中分摊。最终，分摊额必将高达无人可承受的地步。

为使估缴计划对年轻人更具吸引力，有些组织对老年人收取更高的分摊额。然而这种做法阻碍了健康状况尚佳的老年人继续其保险计划，许多人便退出了所在团体。由于摊付法和估缴法都存在严重的问题，目前都已不再使用。

3. 法定责任准备金系统

当代寿险定价系统是从这些早期的筹资方法演变而来的。现行的定价系统被称做法定责任准备金系统。它有三个前提：（1）寿险保单的死亡给付金额应该在被保险人死亡之前确定或者是可计算的；（2）死亡给付所需资金应预先收取，以便保险公司建立基金用于支付未来发生的索赔和其他费用；（3）个人缴付的保费应直接与保险公司为此保单承保的风险额相关联。

法定责任准备金系统是依照责令保险公司提存保单准备金的法律而建立的。大多数国家的法律法规都要求保险公司提存保单责任准备金，它是保险公司的一项负债，是保险公司为支付到期保险金所需的预计金额。由于这类准备金是法律强制要求的，所以有时又称之为法定责任准备金。

（二）现代定价方法

1. 三元素法

在现代寿险业发展之初，定价方法相对比较简单，最为常用的就是三元素法，即根据预定的死亡率、利息率和附加费用率计算毛保费，毛保费的精算现值等于未来的保险给付、费用和利润的精算现值。目前，我国绝大部分传统险种都采用三元素定价法定价。其主要优点是只进行了有限的计算，当给定了保费的基本假设：死亡率、利率、费用和利润附加（有时还包括退保率）时，保险费率可以很容易地计算出来，对于简单的寿险产品，这个方法是极其有效和可行的。但其本身也存在缺陷，最大的缺点是没有表现每个保单年度利润的变化，另外这种方法无法让保险公司据此得到一些其他信息，如新业务对公司资本的要求、新业务的增长对公司总体偿付能力造成的影响及在不同经济环境中的期望利润水平等。

2. 资产份额法

这是定价方法的现代发展。资产份额模型是一种数学模拟模型，可以模拟不同假设下，产品在每年度的资产、负债及盈余的变化情况。这个定价方法，首先，要对一系列定价因子进行规划，包括保费、佣金、营运费用、死亡给付、退保给付、投资收益和其他收益等。根据这些假设，计算保险公司的现金收入：保费收入、投资收益和其他收益；保险公司的现金支出：佣金、盈余费用和死亡给付、退保给付等。现金收入减去现金支出，就是每个时点的净现金流。将这些净现金流用预定利率计算的终值就是每个时点的资产值，再分摊到有效保单的单位保额的资产，即是资产份额①。资产份额代表了产品的资产，期末准备金代表负债，两者都是以保单年度末有效保单单位保额为单位，保单盈余就是资产份额与准备金之间的差额。保单获利可定义为盈余的增量，为了得到每个保单年度的承保实际收入，再将保单获利扣除期初盈余的利息收入，即得到利润。因此，我们可以通过上述现金流分析来检验产品的利润是否达到公司的目标，而后进行保费调整。

【例 4-3】 某 10 年定期寿险的现金收入和现金支出及年度末准备金的资料如表 4-1 所示，计算各年度的资产份额和盈余。

解：

首先计算各个保单年度的净现金流（5），然后计算资产份额（6），最后得到各个保单年度的盈余，具体计算过程如表 4-1 所示。

表 4-1　**各年度盈余计算**

（单位：元）

（1）保单年度	（2）年度末有效保单数	（3）现金收入	（4）现金支出	（5）净现金流 $(5)_{t-1}+(3)_t-(4)_t$	（6）资产份额 （5）÷（2）	（7）准备金	（8）盈余 （6）-（7）
1	1000	8000	10240	-2240	-2.24	0.00	-2.24
2	800	6600	1570	2790	3.49	5.44	-1.95

① 资产份额：Asset Share。

续表

(1)	(2)	(3)	(4)	(5)	(6)	(7)	(8)
保单年度	年度末有效保单数	现金收入	现金支出	净现金流 $(5)_{t-1}+(3)_t-(4)_t$	资产份额 (5) ÷ (2)	准备金	盈余 (6) − (7)
3	680	5996	1319	7467	10.98	12.19	−1.21
4	598	5560	1941	11086	18.54	19.27	−0.73
5	539	5183	1897	14372	26.66	26.68	−0.02
6	495	5033	1722	17683	35.72	34.41	1.31
7	466	4898	2040	20541	44.08	42.45	1.63
8	442	4937	2275	23203	52.50	49.83	2.67
9	425	4943	2505	25641	60.33	56.52	3.81
10	410	4840	2665	27816	67.84	63.54	4.30

（三）“三差”对公司利润的影响

在决定产品价格时，除了基本的风险要素外，还要考虑产品的赢利情况，而寿险公司利润的主要来源是死差益、利差益和费差益。

1. 死差益（损）

对于将死亡作为保险责任的寿险，死差益是指实际死亡率低于预期死亡率时所得的收益，即按预定死亡率收取的保费足够支付实际的死亡成本，这时对保险公司是有利的，超出的部分就是公司的盈余。但当实际死亡率高于预定死亡率时，则会产生死差损，从而出现公司亏损的不利情况。死差损益的一般计算公式为：

死差益 =（实际死亡率 − 预定死亡率）× 风险保额

风险保额是指保险金额扣除责任准备金的余额。保险公司对未来给付都提存了责任准备金，因此当理赔发生时，保险公司实际承担的风险是死亡给付高于责任准备金的部分。为了能够真正获得死差益，在经营上应重视对被保险人的风险选择，加强核保环节，尽力避免逆选择的发生。

2. 利差益（损）

当保险公司的实际投资收益率高于预定利率时，则产生利差益，增加公司的盈余。保险公司在计算保费时，一般对预定利率采取保守的低估政策，以获取足够的保费支付所需的成本。如果预定利率高估，所收的保费可能会达不到预期的投资收益，就会危及保险公司的财务安全，即产生了利差损现象。利差损益的一般计算公式为：

利差益 =（实际收益率 − 预定利率）× 责任准备金总额

3. 费差益（损）

当公司的实际运营费用低于预计运营费用时将产生费差收益，增加公司的盈余。一个经营管理不善的公司，必将造成许多无谓的浪费，实际营运费用支出会高于预计费用支出，从而因费差损而使公司出现亏损。因此，费用控制也是公司经营的重点，如果费用能够善加控制，必定能正确预计成本，这对提高经营效率将有极大的帮助。费差益一般以保费为基准进行计算，一般计算公式为：

费差益＝（预定费用率－实际费用率）×保险费

第四节　人寿保险的附加险产品

对于人寿保险，通常会提供很多附加险产品供投保人选择。所谓附加险，是指在主险合同上另外加上的保险合约或条款。附加险不能单独投保，它只能在投保主险的前提下才能投保。

一、附加险的性质

在保险的实务经营上，附加险的运用极为普遍。附加险作为主险的补充合约，是整个保险合约的一部分，有时是用于扩大保险的保障范围，有时却是用于排除某些保障范围，但大多数为扩大保险的保障范围。

附加险的另外一个特点就是一般不提供现金价值，这是因为附加险的保障范围相对比较小，保费也比较低廉，因而现金价值非常低，通常都是忽略不计。

2006年8月中国保监会发布《健康保险管理办法》，对附加健康保险产品形态进行了规定："保险公司以附加险形式销售无保证续保条款的健康保险产品的，附加健康保险的保险期限不得小于主险保险期限。"此规定的目的是突出健康保险的专业化。这里保证续保条款是指在前一保险期间届满后，投保人提出续保申请，保险公司必须按照约定费率和原条款继续承保的合同约定。但注意，意外医疗保险（属于意外险管理范畴）不受此限制。

二、常见附加险种类

在人寿保险的众多附加险中，最为普遍的附加险产品有豁免保险费保险、意外伤害保险、重大疾病保险、长期护理保险、残疾收入保障保险等。

（一）豁免保险费保险

它通常是为主险的保费支付人而设计的，保险利益主要包括在主险保费支付人发生保险事故时，例如残疾或患重大疾病，则允许保费支付人停止支付主险及附加险的保险费，未缴付的保险费视为已缴付，保险单继续有效。豁免保险费保险是比较受欢迎的一种产品，主要是因为此产品的简单性、实用性和保费相对比较低廉。

（二）意外伤害保险

它是指以发生意外事故为给付保险金条件的保险，即若被保险人在意外事故中死亡或受到其他伤害，例如残疾、烧伤，则给付全部或部分保险金。由于意外事故比起自然事故来更具有不可预测性，因此，意外伤害保险由此而产生。

（三）重大疾病保险

它是以患重大疾病为给付保险金条件的保险。通常来说，承保的重大疾病最少会有5种，最多可以达到50种或更多。当重大疾病保险作为寿险主合同的附加险时，其重大疾病给付通常会与主险的死亡给付结合在一起，即当每次给付重大疾病保险金后，主险的死亡保险金额就会减少相应的数额，此类保险一般称为提前给付型重大疾病保险。有些公司也会提供一个回购选择权①，即每次给付重大疾病保险金后，自动增加主险的死亡保险金额到原来的水平。

重大疾病保险作为附加险产品，附加在寿险主险上的另外一种形式就是与主险的死亡给付完全独立。在这种情况下，任何重大疾病给付都与主险的死亡给付不相关。很明显，第二种形式的重大疾病保险比第一种形式的保费要高。

在被保险人投保了重大疾病保险后，逆选择问题就成为一个主要的问题。例如，有些人因怀疑自己得了癌症，因此在到医院诊断之前就会投保重大疾病保险，这将导致很多过早的赔付。一种应付方法就是在合同中加入等待期条款，即在被保险人投保重大疾病保险一段时间后，保险公司才承担给付重大疾病保险金的责任。

（四）长期护理保险

这种附加险产品形式多种多样，比较常见的一种是当被保险人需要日常护理时每月支付一笔保险金予被保险人。长期护理津贴给付通常都会有一个限额，或是累积给付总额的限制，或是给付次数的限制。每次给付的数量也会有不同的形式，一种是每月给付等额的保险金，另外一种是按被保险人实际发生的护理金额来给付，但有一个最高额的限制。

与重大疾病保险一样，长期护理保险作为附加险附加在主险上的形式一般会有两种：

一种是与主险的死亡给付构成一体，每次给付长期护理保险金后，主险的死亡保险金额会减少相应的数额，同时主险的现金价值也会作相应的减少；或是每次减少长期护理保险金的给付额；或是按主险保险金额减少的百分比作相应的减少。

另外一种形式是长期护理保险与主险的死亡给付相互独立，在这种情况下，长期护理保险金的给付并不影响主险的死亡保险金额和现金价值。很显然，第二种形式的保费会比第一种贵一些。

---

① 回购选择权：Buy back option。

（五）残疾收入保障保险

残疾收入保障保险比较典型的形式是当被保险人一旦被确诊为残疾时每月支付固定数额的保险金予被保险人。也有些并不是每月支付固定数额，而是每月补偿被保险人的收入损失。残疾收入保障保险支付保险金的期限可以是一定年限，也可以是到某一年龄，还可以是终身。

为了减少风险，保险公司通常也会要求一个等待期，即在确认被保险人残疾且在等待期后仍持续残疾，保险公司开始给付保险金。由于残疾收入保障保险的保险费会因保障期、等待期、职业、年龄、性别等不同而不同，故保险公司会提供比较多的选择权让投保人选择。

从保险公司的角度来看，残疾收入保障保险的最主要的风险在于经济状况的下滑以及失业率的升高，因为在这个时候，很多被保险人宁愿选择残疾来代替失业。所以，在经济状况良好的时候，保险公司会在残疾收入保障保险方面赢利较多，相反，当失业率增加时，保险公司则会赢利很少甚至亏损。

第五节 人寿保险产品的发展历程

一、国外人寿保险产品发展简史

自第一张人寿保险保单于16世纪在英国问世以来，人寿保险产品的发展跨越了四个多世纪，如今已经成为现代社会经济生活中一支重要的保障力量，在现代社会经济生活中发挥着独特的不可替代的作用。在现代社会经济生活中，随着人们生活、经济联系日益紧密，一个人的去世往往会对很多人（特别是依靠他的人）的生活产生不利的影响，人寿保险虽然不能从人类情感的角度加以弥补，但可以补偿其出事带来的经济上的损失，如维持家庭经济收入、支付丧葬费用、支付按揭贷款等等，在一些国家，还可作为合理避税的一种措施。

专栏4—1

现代人寿保险发展大事记

1. 1583年，在英国出现了第一张用文字书写的人寿保险合同，伦敦皇家交易所威廉葛明投保人寿保险，一年后死亡，结果以32英镑的保险费换得400英镑的保险金。

2. 1757 年，詹姆斯·多德森根据哈雷死亡表计算出各种年龄不同的保险费，得出危险程度高低决定缴纳保费多寡的结论，确立了人寿保险收支相等，公平合理的原则。

3. 1762 年，在英国创办了世界上第一家科学的人寿保险公司——公平人寿保险公司。该公司以生命表为依据，采用均衡保险费的理论来计算保险费，并且对不符合标准的保户另行加费。对于缴纳保险费的宽限期、保单失效后申请复效的手续等方面都作了具体规定，并载明于保险单之中，使经营管理逐步完善。这标志着现代人寿保险制度开始形成。

4. 1776 年，英国公正生命保险社第一次将赢利的 10% 返还给投保人，被公认为世界上最早的分红寿险。分红类产品一直是寿险业抵御通货膨胀和利率变动的主力险种之一。发展到今天，分红寿险产品在人寿保险市场上占据举足轻重的地位。在北美地区，80% 以上的产品具有分红功能；在德国，分红保险占该国人寿保险市场份额的 85%；在中国香港，这一数字高达 90%。

5. 从 1830 年到 19 世纪中叶，在英国由于每年都有新的保险公司成立，业务竞争逐渐激烈以致恶化，尤其一些新的人寿保险公司，创办伊始就以较低的保险费及虚假宣传为竞争手段，导致人寿保险市场混乱不堪，每年都有大量人寿保险公司倒闭，被称为英国人寿保险史上的“洪水时代”。英国政府终于放下一贯的放任主义作风，于 1870 年制定了《人寿保险公司法》，实施严格的人寿保险业监管。至此，英国人寿保险业的基础才开始巩固，业务也日趋走上正轨。

6. 1852 年，在英国产生了最早的现代形式简易人寿保险。第一批经营简易人寿保险的公司，包括一些目前还在营业的大公司，都是在 1852—1864 年间成立的。19 世纪末，简易人寿保险的发展达到高潮。在美国，1875 年，保诚保险公司和大都会人寿保险公司开始办理简易人寿保险，以满足低收入工人的需要，取得了巨大的成功。

7. 1912 年，美国公平人寿保险社开始采取团体人寿保险方式，以后发展迅速。此举被认为是对保险营销的一大革新。

8. 20 世纪 70 年代末，美国人寿保险业为抵抗通货膨胀对保单实质价值的侵蚀而陆续开发出具有投资或投资连结功能的人寿保险商品，即新型投资型人寿保险商品。相比传统的固定利率寿险商品，这类新产品的保险金额不固定，投保人自己要承担一定的投资风险，资金运用也相对看重投资收益。在美国，投资连结型人寿保险是以分离账户[①]为基础的变额寿险，包括变额寿险[②]和变额万能寿险，最早于 1976 年由公平人寿保险公司首次开发出来。而投资型人寿保险在英国的发展则是以信托基金为基础的投资连结保险[③]，其种类有投资连结型终身寿险、投资连结型

① 分离账户（Separate account）。

② 变额寿险（Variable life contract）。

③ 投资连结保险（Unit-Link contract）。

养老保险、投资连结型定期寿险及投资连结型年金。

9. 从1999年起，由于日本经济持续萧条并且利息持续在零利率左右徘徊，而日本寿险公司销售的大部分保单是传统的固定利率保单，还有一些在泡沫经济时期销售的大量高预定利率保单，在经济萧条后带来了巨大的利差损，先后有七家寿险公司因此而破产，由此因利率风险而带来的利差损问题愈加引起人寿保险业内人士的重视。新型利率规避型人寿保险产品在一些发展中国家开发出来，而现代的资产负债管理技术也得以发展并被广泛应用在现代人寿保险公司的经营管理中以控制利率风险。

二、我国人寿保险产品发展历程

我国真正意义上的现代人寿保险是从国外传入的。鸦片战争之后，随着在华外国人逐渐增多，1884年英国人首先在上海设立了永福和大东方两家人寿保险公司，其后又有美国的联邦、友邦人寿保险公司以及加拿大的永明、永康、宏利等人寿保险公司相继成立。这些外国人寿保险公司起初只承保在华的外国人，后来也承保中国人。之后，民族保险业也开始经营人寿保险，先后有福安、华安、永康、延年等人寿保险公司成立。1935年，国民党政府的立法院通过《简易人寿保险法》，由邮电局办理简易人寿保险业务，但由于战乱和经济落后，人民生活极度贫困，我国的人寿保险业始终没有得到发展。

新中国成立后，我国成立了中国人民保险公司，并建立了辐射全国的保险代理网，但由于不区分寿险和财产险业务，并且人寿保险业务只有很少的团体寿险和个人寿险，加上缺乏科学的经营管理理念，保险业务经营上出现了很多问题，在1958年逐步停办了国内保险业务，人寿保险业务也随之停办。

自1979年国内保险业务恢复以来，我国寿险业取得了巨大的发展。人寿保险业恢复初期开办的寿险产品主要只有简易人寿保险及养老金保险产品等，之后陆续开发出子女教育保险、婚嫁保险、团体人寿保险等产品。这其中，平安寿险、太平洋寿险、泰康人寿、新华人寿等寿险经营主体陆续成立，对培育我国寿险市场、促进竞争和完善我国寿险商品体系发挥了巨大的作用。

友邦等外资和合资公司在我国经营寿险业务，为我国带来了先进的经营理念、技术和管理方式。1992年，友邦率先推出的个人代理制度是我国人寿保险商品销售方式的一种革命。个人代理制度的发展为产品开发创造了条件，保险产品迅速丰富，品种达数百种。这些产品主要为保险利益固定型的传统产品。

1996—1999年间，由于中国人民银行连续七次降息，我国市场上所销售的高预定利率的固定利率产品给各寿险公司带来了巨大的利差损。为应对利差损带来的影响，1998年成立的中国保监会一方面对传统的固定利率寿险产品的预定利率作了严格的规定，一方面鼓励各寿险公司开发新型的利率规避型人寿保险产品。从1999年开始，为应对银行利率降低，提高产品竞争力，各公司纷纷推出分红保险、万能保险、投资连结保险等新型产品，并迅速成为市场主力产品。2008 年，寿险公司投资连结保险原保险保费收入 425.03 亿元，同比增长 7.85%，占寿险业务原保险保费收入的 6.38%；万能险原保险保费收入 1450.53 亿元，同比增长 71.52%，占寿险业务原保险保费收入的 21.79%；分红寿险原保险保费收入 3798.87 亿元，同比增长 71.02%，占寿险业务原保险保费收入的 57.06%，三项之和保费收入占比达 85.23%，传统型产品仅占 14.77%。①

银行保险渠道在 2000 年后开始起步并迅速发展，银保产品品种日益丰富，从最初的分红保险，发展为万能、投连等多种类型的银保产品。2007 年渠道保险收入占比达 42.40%②，已成为寿险公司的主要销售渠道之一。2006 年后，电话营销、信函营销、经纪代理营销等新型渠道不断涌现，产品品种不断增加，并开始在特定市场发挥着作用。例如，2007 年中美大都会电话销售渠道保费收入占比 13%；中英人寿经纪代理渠道保费收入占比 10%。寿险产品的创新发展推动我国寿险市场和行业不断发展。

关键词

人寿保险产品　定期寿险　保险期间　保单周年日　可续保性　可转换性　生命表
终身寿险　保单现金价值　保单抵押贷款　两全保险　附加险　三元素法　资产份额法

思考题

1. 简述人寿保险产品的概念并比较人寿保险与类似各种制度的异同。
2. 人寿保险产品有哪些区别于一般人身保险产品的特点？
3. 人寿保险有哪几种基本形式？它们之间的主要区别和特点有哪些？
4. 什么是定期寿险？定期寿险有哪些特有的性质？
5. 终身寿险和两全保险有哪些相同之处？两者的主要区别是什么？

①② 资料来源：《2008 中国保险市场年报》，中国金融出版社 2009 年版。

第五章
年金保险产品

学习目的

- 掌握年金保险产品的定义及主要特点
- 掌握主要的年金保险产品类型及形态
- 熟悉个人年金与养老保险计划的关系
- 了解年金保险产品的定价问题

老吾老以及人之老，幼吾幼以及人之幼。
——《孟子·梁惠王上》[①]

随着人们收入的增长，对子女教育和长期退休保障的需求随之增强，具有长期储蓄和理财规划特点的年金保险产品逐渐受到人们的欢迎。而我国社会基本养老保险无法充分满足人们维持一定的生活标准保障的要求，人们为了在年老退休后仍能维持相当的生活水平，必须在工作期间将收入中越来越多的部分投入到长期储蓄或者养老保险中。

第一节　年金保险产品的概念

从广义上讲，年金是对一系列按照相等时间间隔支付款项的付款方式的统称，例如，每隔确定时间存入银行的一笔钱、分期返还房屋贷款、定期收取房屋租金等，都是年金方式。年金并不局限于每年给付一次，只要是在间隔相等的时间定期的给付就会形成年金方式。此外，年金每次的给付额既可以是固定量，也可以是不固定的变化量。本节将从年金保险的概念和特点出发，帮助读者了解年金保险及相关的保险业务。

一、年金保险产品的概念

根据《人身保险产品定名暂行办法》，**年金保险**是指以生存为给付保险金条件，按约定分期给付生存保险金，且分期给付生存保险金的间隔不超过一年（含一年）的人寿保险。年金保险因其在生存保险金的给付上大多采用每年定期支付的形式而得名，实际操作中年金保险常有每月给付、每年给付等形式供选择。

国内对于年金保险产品的定义基于产品的生存保险金给付形态，而国外市场中有些没有明确年金给付责任的退休金储蓄累积产品也被称为年金产品，比如我们下面在国外产品简介中介绍的趸缴保险延期年金产品和**团体养老年金**产品。这些产品主要是依据其产品功能来命

① 这是孟子评论墨家的“兼爱非攻”时说的。老吾老以及人之老：第一个“老”字是动词“赡养”、“孝敬”的意思，第二及第三个“老”字是名词“老人”、“长辈”的意思；幼吾幼以及人之幼：第一个“幼”字是动词“抚养”、“教育”的意思，第二及第三个“幼”字是名词“子女”、“小辈”的意思；两句中的“及”都有“推己及人”的意思。整句话的意思是：“在赡养孝敬自己的长辈时不应忘记其他与自己没有亲缘关系的老人。在抚养教育自己的小辈时不应忘记其他与自己没有血缘关系的小孩。”

名的。希望大家能理解这一点，避免不必要的混淆。

人寿保险按保险责任分为定期寿险、终身寿险、两全保险、年金保险。年金保险与其他人寿保险有着极其紧密的联系，但同时也存在一些本质差别。年金保险是一种以被保险人生存为给付条件、在一定时期内定期给付约定金额的保险产品，其目的是为年金受领人提供定期财务支持；而定期寿险和终身寿险是以被保险人的死亡为给付保险金条件、用来保障那些因为被保险人身故而丧失收入来源的指定受益人的保险；两全保险是在保险期间内以死亡或满期生存为给付保险金条件的保险，生存给付的间隔较长。还有一种并不多见的人寿保险产品类型，如果被保险人在保险期间内身故，保险合同结束，没有保险金给付；如果被保险人满期时生存，给付保险金，这种保险产品被称为**纯生存保险**。年金保险产品也可以被看做是多个纯生存保险的组合，尤其是提供终身年金给付的年金产品。所以年金产品具有很强的储蓄性，终身年金产品提供很强的**长寿风险**保障。

根据其年金给付的主要用途，年金保险可以分为教育年金保险、收入年金保险和养老年金保险。其中，养老年金保险是最主要的一种，许多时候不特别说明年金用途时，年金保险多数指养老年金保险。本章也将重点介绍养老年金保险。

二、养老年金保险产品与养老保险的关系

养老年金保险的年金给付通常从客户选择的退休年龄开始给付并延续到退休年龄之后较长时期，主要目的是为被保险人退休生活提供定期的财务支持。因此，养老年金保险是养老保险非常重要的产品形式。养老保险的概念更加广泛，由于老年生活的最大风险不是死亡风险，而是由于活得太长或健康状况不好而导致养老生活资金不足的风险，所以所有为退休生活提供财务准备的保险产品及非保险产品的养老计划都可以称之为养老保险。比如，团体养老保险计划和企业年金计划通过养老金累积账户为员工在退休时提供一笔补充养老基金是养老保险的一种重要形式。

团体养老保险计划和企业年金计划是国民养老体系三大支柱中除第一支柱国家基本养老保险和第三支柱个人养老保险及储蓄以外，由企业和用人单位提供财务支持的员工养老保障第二支柱。关于对团体养老保险和企业年金的详细介绍，请参阅资格考试的专项教材。① 本章下面的内容将集中介绍个人年金保险产品。

又比如，比较经典的到60岁满期的两全保险产品，如果被保险人生存至60岁，可以得到等同于保险金额的满期生存给付，这笔钱同样可以作为老年退休生活的补充养老金，因此，在退休时给付满期生存给付的两全保险也可以被看做是养老保险的一种形式。而且，这样的两全保险产品提供了比较符合被保险人各生活阶段保险需求的保障：即在被保险人较年轻、家庭责任比较重时，提供较高的**死亡风险保障**，为家庭生活提供保障；在被保险人渐渐接近退休时，死亡风险保障渐渐降低，保单的储蓄部分逐渐增加，在满期退休时提供一笔可

① 中国人身保险从业人员资格考试系列教材中的 G《团体保险》、P1《养老保险原理及经营运作》、P2《养老保险外部环境及政策》、P3《企业年金理论与实务》。

观的补充养老金。

一个较完整的养老保险计划应比较明确地安排养老金的累积和养老金的给付。广义的养老保险主要体现在养老金的累积阶段。而养老年金保险产品通常包含养老金的累积阶段和养老金的给付阶段。

养老年金保险产品合同中非常重要的内容是对累积期间和给付期间的约定。根据这些约定，被保险人的死亡发生在不同的期间内，保险公司会承担不同的给付责任。

年金保险产品的累积期间，是指年金资金累积的一段期间，一般是从保险合同生效、投保人开始支付保险费到保险公司开始支付年金之间的时间间隔。不同产品的累积期间各不相同，通常是在退休年龄之前，比如60岁。大多数情况下，如果被保险人在年金保险产品的累积期间内死亡，保险公司会承担一定的保险责任。中国保监会规定了包括年金保险产品在内的所有长期寿险产品必须提供最低标准的现金价值，因此，保险公司在累积期需承担的身故保险责任一般不低于保单约定的现金价值。

给付期间，是指从保险公司开始支付年金到停止支付年金的期间。各种年金保险产品对于给付期间的规定也各不相同，可以是确定的一段时间，也可以是某个年龄后持续生存的期间。很显然，年金保险产品购买者很想其购买的年金保险产品在上述两段期间都有最佳的绩效。如果将给付期间规定为某个年龄之后持续生存的期间，就可能会出现如下情况：投保人长期缴纳了很大一笔保险费，而被保险人在开始领取年金后不久即死亡。这种情况即使不考虑技术或者公平性的问题，对于绝大多数的客户都是无法接受的，因此，保险公司通常会在这种情况下保证向受益人提供一些尚未领取的年金金额，以使总年金给付达到一定标准。具体产品形态在下一节讨论。

专栏5—1

关于企业年金的简单介绍

企业年金，是指企业及其职工在依法参加基本养老保险的基础上，自愿建立的补充养老保险制度，是多层次养老保险体系的组成部分，由国家宏观指导、企业内部决策执行。关于企业年金的介绍并不是本章的重点，这里仅以专栏的形式作简要介绍。其具体知识可参考《中国寿险规划师——养老保险产品方向》资格教材用书。

从2004年5月1日起，我国《企业年金试行办法》正式开始施行。企业年金是国家的一项重大政策，是国家为建立多层次的养老保险制度、更好地保障企业职工退休后的生活、完善社会保障体系而建立的一种补充养老保险制度。以下对《企业年金试行办法》的一些具体内容分别介绍。

1. 企业年金的定义。**企业年金**是在国家政策的指导下，由企业自愿建立的补充养老保险制度。企业年金不具有强制性和营利性，因此它不属于社会保险，而是企业在国家宏观政策指导下自愿实施的养老保障行为。

2. 建立企业年金的企业。《企业年金试行办法》规定，建立企业年金的企业必须符合下列条件：(1) 依法参加基本养老保险并且履行缴费义务；(2) 具有相应的经济负担能力；(3) 已经建立平等协商机制。

3. 建立企业年金的程序。其主要有以下几个步骤：(1) 企业行政与工会或职工代表进行平等协商，形成企业年金方案。(2) 国有及国有控股企业的企业年金方案草案还必须提交职工（代表）大会讨论通过。(3) 企业将企业年金方案文本报送劳动保障行政部门。劳动保障行政部门自收到企业年金方案文本之日起15日内未提出异议的，企业年金方案即行生效。

4. 企业年金方案的主要内容。企业年金方案主要应包括企业年金参加人员的范围、资金的筹集方式、职工企业年金个人账户的管理方式、企业年金基金管理方式、计发办法和支付方式、支付企业年金待遇的条件、终止缴费的条件等事项。

5. 企业年金的缴费。企业年金所需的费用由企业和职工个人共同缴纳。企业缴费每年不超过本企业上年度职工工资总额的1/12。职工个人缴费可以从职工个人工资中代扣，企业和职工个人缴费合计一般不超过本企业上年度职工工资总额的1/6。

6. 企业年金实行个人账户管理。企业缴费、职工个人缴费以及企业年金的投资运营收益形成企业年金基金。企业年金基金采用个人账户的方式进行管理：企业缴费按照企业年金方案规定比例计算的数额计入职工个人账户，职工个人缴费额计入本人的个人账户，企业年金基金投资运营收益，按净收益率计入个人账户。

7. 职工享受的企业年金待遇。职工在达到国家规定的退休年龄时，可以从本人企业年金个人账户中一次或定期领取企业年金。职工或退休人员死亡后，其企业年金个人账户的余额由其指定的受益人或法定继承人一次性领取。

8. 职工因变动工作单位、失业等其企业年金个人账户的处理。职工变动工作单位时，企业年金的个人账户资金可以随同转移。职工升学、参军、失业期间或新就业单位没有实行企业年金制度的，其企业年金个人账户可由原管理机构继续管理。

9. 企业对企业年金基金的管理。建立企业年金的企业，应当确定企业年金的受托人管理企业年金。企业年金的受托人可以是企业成立的企业年金理事会，也可以是符合国家规定的法人受托机构如养老金保险公司等。企业年金理事会由企业和职工代表组成，也可以聘请企业以外的专业人员参加，其中，职工代表的人数不得少于1/3。受托人可以委托社会上的专业机构管理企业年金账户、托管企业年金基金以及对企业年金基金进行投资运营等。

第二节 年金保险产品的类型和产品形态

具体的年金保险类型有很多。本节将向读者介绍年金保险产品的分类标准，重点介绍国内市场的年金保险类型，希望大家学习掌握。同时，本节也将介绍在国际市场经过长期发展而出现的一些比较特别的年金类型，供大家参考。

一、国内市场年金保险产品的类型

根据不同标准，年金保险产品可以分为不同的类型，以下是根据年金保险产品的某一个方面特性进行的比较常见的几种分类方式：

（一）按年金给付起始时间分，可以分为即期年金和递延年金

即期年金：是指年金给付的起始时间为首期保险费缴付后第一个保单周年日或之前开始给付的年金。即期年金的保险期间为年金给付期，它帮助被保险人将一笔或多笔养老金规划为较确定的短期内开始领取的定期年金收入。通常，对于养老保险计划中的被保险人，其在退休时将一笔较大的养老金转化为老年生活年金收入，就是通过即期年金实现的。

递延年金：是指年金给付的起始时间通常为保险费全部缴付完一段时间后才开始领取的年金。在年金开始领取前为年金累积期，年金领取期间为年金给付期。在国外的年金产品中，许多递延年金可以只有年金累积期，到约定的领取期可以一次性领取全部保单价值。

（二）按年金给付条件分，可以分为生存年金、确定年金和有最低给付保证的生存年金

生存年金：又称为生命年金或不确定年金，它是以被保险人的生存作为年金给付的条件，即以特定的人仍生存为条件按期进行的给付。如终身年金，只要被保险人存活就能获得保险公司的年金支付，若被保险人死亡，年金给付即停止。

确定年金：是指在确定的年金给付期间以确定的形式给付款项的年金。确定年金的给付期间由投保人和保险公司事前确定，与被保险人的生死无关，其支付金额仅以预定投资收益率为基础，通常不考虑死亡率。

有最低给付保证的生存年金：是生存年金和确定年金的组合。保证在一定时期内，以确定年金的方式给付，如果被保险人在超过保证给付期间仍然生存，则保险公司仍定期继续给付直至身故。

（三）按年金产品设计类型分，可以分为非分红型年金、分红型年金、万能型年金和投

资连结型年金

非分红型年金：是指保险费的缴付金额、年金领取条件及领取期和每期年金领取额都是固定的年金保险产品。

分红型年金：是指保险费的缴付金额、年金领取条件及领取期和每期年金保证领取额确定的基础上，保险公司还会根据实际运营结果给付红利，通常在年金领取期一起发放。有些保险公司以**年金红利**的方式发放，即当保险公司宣布红利时，就意味着被保险人在约定的年金领取期内，满足年金领取条件时，每期可以获得相应的红利分配。分红型年金一定程度上可以帮助被保险人抵御部分通货膨胀。

万能型年金：是指保险公司定期宣布结算利率，年金账户价值以结算利率累积增长，在年金累积期内，投保人可以定期或不定期的缴付保险费。从约定的年金领取日开始，保险公司根据当时的年金账户的实际累积金额计算当期可以领取的金额，并从年金账户自动扣除给付被保险人。在年金领取期，年金账户的余额继续以结算利率累积增长，所以通常每期年金领取额也随之增长，可以比较有效地抵御通货膨胀。

投资连结型年金：是指将保单年金账户中的资金分配到投资连结投资账户中，通过投资连结投资账户的增值来累积资金的年金产品。在年金累积期内，投保人可以定期或不定期的缴付保险费；从约定的年金领取日开始，保险公司定期将卖出固定数额的投资单位获得的金额给付被保险人。每期卖出的投资单位数额根据首次开始领取年金时的总投资单位数额和约定的领取期数计算确定。

（四）按保费支付形式，可以分正向缴费年金和住宅反向抵押按揭年金

正向缴费年金：即传统的先缴付保险费累积养老金，然后再领取的年金保险产品。如前述各类年金产品。

住宅反向抵押按揭年金：是指在退休时，被保险人没有积累足够的养老金，但是拥有价值很高的房产。被保险人将房产作为投保资产换取确定的终身收入的年金，在被保险人身故后，保险公司有权变卖房产，收回保费的年金产品形式。目前国内还没有在售的这类产品，我们将通过专栏 5－2 进一步探讨这类产品的可行性。

以上介绍了年金保险产品分别根据不同特性进行的分类，然而由于国内年金保险业务开展的时间较短，年金保险产品的形态还主要以递延领取的分红年金为主流产品。其他形式的年金产品还有待拓展，以下我们将介绍八种在国外市场常见的年金保险产品，供读者了解、参考。

专栏 5—2

关于住宅反向抵押按揭年金产品探讨

住宅反向抵押按揭年金产品（或住宅反向抵押贷款）可以帮助客户在储蓄率

较低的发达国家市场中实现财务资源和生活资源在其一生中的较合理的分配。一个选择购买房屋解决自己住房问题的普通居民为维持一定的当前生活水平，通常没有更多储蓄来准备足够的退休金应对退休生活的需要。当他们退休时，房屋贷款通常已经还完，居住问题已经解决，但是没有足够的定期收入来源支持体面的退休生活，尤其在预期寿命越来越长的现代社会。这时，住宅反向抵押按揭年金产品应运而生，其基本定义是指：老年人（抵押人、投保人及被保险人）将自有住房的产权抵押给贷款人，将房屋价值转化为现金，以提高老年人的消费水平。抵押人无需支付任何利息和偿还本金，直到作为借款人的房屋所有权人死亡或者永久搬离，然后将其住房出售，所得收益用于支付贷款，归还贷款后的剩余部分再由其子女继承。抵押人（即投保人及被保险人）保留住房的使用权直至其死亡。

这类产品具有以下主要特征：

1. 投保人、被保险人是拥有房屋产权的老年人，对年龄有一定规定，如在美国、澳大利亚、加拿大等国要求是62岁以上的老年人；

2. 这一产品的目的是为了增加老年人的收入，提高老年人的生活水平，减轻国家、企业、个人养老的压力；

3. 要求被保险人居住在被抵押的房屋中，一旦被保险人去世或者永久搬离，贷款方就有权出售房屋，但即使当贷款额度超过了房屋的市场价值，贷款方也不能要求抵押人搬离或者出售，抵押人在贷款期间可以出售或者转让房屋，但是必须偿还从贷方获得的金额，包括利息以及其他费用；

4. 但贷款方不能要求抵押人用其他资产来抵偿贷款；

5. 反向抵押的贷款支付形式多样，可以采用年金支付、期间支付、一次性总额支付等形式。

据了解，住房反向抵押贷款模式在20世纪80年代起源于荷兰，如今在美国日趋兴旺，随后欧洲国家、新加坡等纷纷效仿，并逐步发展成熟。

这类产品对于我国在社会转型期解决部分社会群众的养老问题具有很强的借鉴意义。首先，我国在过去30多年的改革开放过程中，以国有企业或事业单位为主导的计划经济逐步过渡到以多种所有制企业为主导的社会主义市场经济。在这段社会转型期间，原国有企业员工的养老保障普遍不足，而住房保障较好。因此，住宅反向抵押按揭年金产品可以帮助实现以较充足的住房保障增强养老保障。其次，随着我国商品房市场发展成熟，房产成为居民家庭的重要金融资产。许多人在年轻的时候以拥有自住房屋为重要目标和把拥有自住房屋作为实现较高生活水平的重要标志。许多人在购置房产的过程中，需要利用银行贷款，而分期还贷的期间常达二十多年，从而挤压了本可以用于养老金准备的资金支出。当这部分人退休时，也可以通过住宅反向抵押按揭年金产品增强养老保障，从而实现以房养老。

但是，目前我国市场上还没有这类产品，制约这类产品发展的主要原因可能包括以下三点：

1. 首先是房屋的产权时限问题。基于我国目前的地权制度，我们房子的产权只是不完全产权，对住宅的使用权只有70年。根据《城市房地产管理法》，土地使用权的续期必须重新批准，重新缴纳土地出让金，否则土地使用权及其附着的建筑物都将被政府无偿收回。目前我国对房屋使用权到期后土地出让金的收取还没有制定具体规则。房屋到期后到底收取多少土地出让金？一栋楼的居民有续交的和不续交的怎样处置？都存在很大的不确定性。年轻时买的房子到了60岁退休之后，使用权就剩30年左右了，到老人过世，房屋的使用权也快到期了，到时候保险公司或银行该如何收回贷款？所以，首要的是解决房屋产权问题，这样才能使反向住房抵押贷款具有可行性。

2. 这类业务的操作风险很大。一是政策风险，即国家未来的住宅政策的变化；二是利率风险，即利率的预期变动状况；三是预期寿命风险，即实际存活寿命超出预期存活寿命；四是房价波动的风险，即未来房地产交易市场的变化，房价走势的升跌；五是城市规划风险，即规划设计变更、住宅拆迁等；六是信用道德风险，即由于信息不完全、不对称，造成逆选择、缺乏道德约束的行为的出现；七是变现风险，即到期收回房产的市场变现，价值能否收回并有利可图。

3. 观念障碍。开展这类业务，需要有与之配合的人文土壤。虽然现在中国人的家庭观念不断受到西方观念的冲击，但是，数千年的文化还是根深蒂固，短期内不会有所突破。按照东方人的生活习惯，子女赡养老人的居家养老方式更容易被老人自己和社会舆论所认可，更多的老人还是期盼能一家团圆，安享天伦之乐。在得到子女赡养的同时，将自己的住房在百年之后留给后代也被看做是天经地义的事情。与此同时，与国外子女成年后就独立生活相比，国内的年轻人更依赖自己的父母，很多父母会为子女打理家务、照顾孩子，更有甚者一些年轻人竟然变成典型的"啃老族"，为了照顾子女的情绪，很多老年人很难选择反向住房抵押贷款业务，只有特殊情况的家庭才可能选择这种模式，比如孤寡家庭、子女拒绝履行赡养老人义务的家庭等。

在这类业务具有实际可操作性之前，还有许多的障碍需要克服。目前，国外这类业务的模式主要以银行反按揭的方式进行操作，在抵押人身故后，出售房屋的收入比贷款本息余额高时，归还贷款后的剩余部分由其子女继承。而当贷款额度超过了房屋的市场价值，贷款方也不能要求抵押人搬离或者出售，因此贷款的利息需要支付可能发生这类情况时发生损失的成本。而由保险公司直接承保这类业务时，保险公司承诺给付养老年金的保险责任将持续到被保险人身故，这项责任会体现在保险公司的资产负债表的负债一项，但是保险公司并没有收到任何保费，因此有必要将保险公司对抵押房产的权益体现为资产。这将需要保险监管部门将个人住宅纳入允许保险公司投资的渠道之一。

在这种情况下，一种更加符合我国市场的业务方式可能为：拥有住宅产权的老年投保人可以与保险公司达成协议，将住宅产权以约定的价格转让给保险公司以换取以下两项权益：

1. 在剩余的生命期间住宅的使用权；

2. 在剩余生命期间保险公司定期给付约定的金额给被保险人，通常被保险人是被保险人自己。

这样，投保人的住宅产权成为保险公司的资产，同时也是投资资产。在保单持续期间，保单项下的住宅产权的升值和贬值的风险均由保险公司承担。被保险人可以获得确定的终身年金保障。

二、国外市场年金保险产品介绍

国外最常见的对年金产品的一种比较典型的分类方法是根据保费缴纳的次数和额度以及年金给付起始时间分类，将年金保险产品分为弹性保费递延年金、趸缴保费递延年金、趸缴保费即期年金等。下面我们对这些年金保险产品及其他一些较特殊的年金保险产品进行介绍。

（一）弹性保费递延年金

弹性保费递延年金是一种递延年金保险产品，客户以多次缴费来购买。弹性保费递延年金可以随投保人的意愿缴付保费，可以月缴、年缴，或者根据需要不定期缴纳，没有规定保费缴纳的具体数额或时间。虽然弹性保费递延年金没有规定每年必须缴纳保费，但公司一般都会要求每次缴纳保费的最低可接受额度，而且也鼓励投保人建立保费支付计划。

由于灵活性较强，弹性保费递延年金的保单费用较高。目前，保险公司之间以及保险公司与其他金融机构之间在消费者的储蓄业务上存在竞争，为使弹性保费递延年金更有竞争力，不少保险公司对于弹性保费递延年金不收取**前端费用**，而是采用收取**后端费用**，即所谓的退保费用。退保费用是在合同部分或全部退保时才收取，并按账户价值比例计算，且随着时间的增加而递减。比如，保险公司可以规定当投保人提取的金额超过账户价值的10%时，其退保费用在第一年为7%，然后每经过一年，其解约费降低1%，直至第8年退保费用降为0且以后一直没有退保费用。大部分的合同允许在账户价值10%之内的资金提取是免费的，还有一些保单甚至没有很明确的前端费用或后端费用。

弹性保费递延年金的合同还可能提供**最低利率保证**，保证利率大约在2.5%～3%之间。这个利率看起来很低，但由于可能要延续三四十年或更长，保险公司长期保证过高的利率是不明智的。其他储蓄中介如银行、储蓄机构或提供货币管理账户的机构一般都不可能提供这种长期保证。

在弹性保费递延年金中，任何时间计入账户余额的实际结算利率，将视保险公司所赚得的利率及在金融财务市场中保险公司所欲占有的竞争地位而定。虽然大多数保险公司至少在第一个保单年度按当时的市场利率设置保证利率，但各公司随后将采用不同的利率。退休时，由弹性保费递延年金所提供的给付金额须视所累积的资金的额度、年金领取人的性别（如适用者）以及年金开始给付时的年龄而定。在给付之始，有各种给付方式可供选择，每种给付方式均提供了最低利率及当时利率。但是由于弹性保费递延年金中附加费用是非常重要的一项，因此采用8.5%利率的弹性保费递延年金所产生的价值不见得会比8%的价值高，这是因为两者的附加费用可能不同。因此，对于几年后甚至几十年后以高利率预测时要很谨慎地解释说明。保险公司可以通过对历史经验的检验建立对未来预测价值的信心。

弹性保费递延年金在美国是最受欢迎的个人年金保险产品之一，个人所拥有的这种年金保险产品产生的利息只要储存在人寿保险公司就无须缴税。当支付年金时，这些未缴税的年金如同一般的收入需要缴税。很显然，累积现金的递延缴税是一种特别的优惠，该优惠被认为是鼓励个人储蓄作为将来退休时之需求的手段。美国税法对于在退休之前提取年金者有一些严格的限制，从而确保此项税赋优惠不被滥用。

在我国市场上，万能型年金产品与弹性保费递延年金比较类似。但是由于我国目前没有延税政策，短期内市场竞争力较弱。随着我国延税政策的试点和推广，这类产品有望得到大力发展。

（二）趸缴保费递延年金

趸缴保费递延年金也是一种递延年金保险产品，客户一次性缴费购买。如同弹性保费递延年金，合同上规定了最低的保证利率，大部分的保险公司均使用较有竞争性的市场利率。实际结算利率则视保险公司当期的投资收益率及所希望在市场中居于何种竞争地位而定，此利率会随时改变。当期利率可能保证1~3年或更多年，一般而言，保证的期间愈长则利率会愈低。很多保险公司采用分段阶梯式利率方式，即当账户余额位于某个水平（例如$25000）之下时采用一种利率，超过后则采用较高的利率（例如再加上0.25%）。有些公司可能采用四个分段，不同的分段采用不同的利率。

趸缴保费递延年金同弹性保费递延年金一样，当提取的资金在某一额度之内时没有退保费用。

趸缴保费递延年金在退休规划中是最重要的内容之一。如同其他的保险合同，趸缴保费递延年金应当能适合客户的需求，而提供此种产品的保险公司应该值得信赖。与弹性保费递延年金一样，在确定计算利率时，保险公司需要保持一定的谨慎。

趸缴保费递延年金实际上是为被保险人提供累积期养老金储蓄的产品，它的重点在保单价值累积，并没有年金给付部分。这是国外年金产品和国内比较不同的一点。根据国内的保险法规，与国外趸缴保费递延年金产品概念类似的有趸缴万能型保险产品和趸缴分红型年金保险产品。例如，一位35岁的男性投保人（同时也是被保险人）用10万元一次性缴费购买了一款到65岁满期的万能型保险产品，该万能保险产品的初始费用为5%，最低保证结算利率为2.00%。以最低保证结算利率测算，满期时该保单的账户价值约为17万元，若以每年3.5%的结算利率测算，满期时保单账户价值约为27万元，若以每年5.00%的结算利率测算，约为42万元。在保单满期前，如果被保险人身故，则可获得105%身故时账户价值的身故保险金。满期后，投保人可以通过趸缴保费即期年金将满期账户价值转化为定期领取的养老年金给付。

（三）趸缴保费即期年金[①]

趸缴保费即期年金是在保险公司接到保户的趸缴保费之后，立即开始向年金领取人给付年金。趸缴保费即期年金的购买者经常是拥有一笔较高额资金的人，希望从退休开始按期领到年金安享晚年，这些购买年金保险产品的资金来源可能是个人过去的投资累积、储蓄累积或退休金以及由雇主共同负担的退休金计划。人寿保险保单提供的分期领取到期保险金，也可以被视为是一种趸缴保费即期年金。然而有时对受益人财务上的利益而言，先领取一笔保险金总额，然后再谨慎购买一种趸缴保费即期年金可能比较好。客户可以通过当前的一次性支付得到未来经济上的安全，随着这种需求的加强，趸缴保费即期年金在市场上的重要性在稳定增长。

结构性分期给付理赔年金[②]是一种趸缴保费即期年金合同，由人寿保险公司签发。在一般人身伤害的法律诉讼案件中，被告需向原告（受害者）每个月支付固定金额补偿金。这样，被告可以通过购买结构性分期给付理赔年金将每月支付赔偿金的责任缴由保险公司来履行，保证按期给付受害人补偿金。一般是由受害人、被告及其律师及结构性分期理赔的专家共同协商各项理赔内容，目的在于补偿原告的损失，包括未来的收入。虽然大部分的人身伤害理赔是一次性给付的，但结构性的分期理赔则是对原告进行定期给付。

寿险公司对于结构性分期给付理赔年金的定价，如同其他年金保险产品一样，面临着投资风险及死亡风险；同时，核保人员必须参与结构性理赔年金定价。对于结构性分期给付理赔年金而言，大部分的年金领取人可能会呈现次标准体的死亡经验，这是由于大部分人均受到某种程度的伤害之故。由于竞争的缘故，寿险公司必须以尽可能低的价格进行销售，对于那些提前死亡可能性很大的被保险人，则保险公司往往提供更低的保费价格或者更高的年金给付额度。

趸缴保费即期年金在我国保险市场上并不是很普遍，一个比较常见的形式是以养老保险产品中的年金转换选择权。目前，这类产品的业务量较小，但是作为一个重要的年金产品形式，随着我国老龄化人口的增多及这些人群退休时可支配资金的增长，相信越来越多的老年人会通过这类产品将一部分资金转化为未来退休生活经济上的保障。上一段示例中的男性客户，假设其 65 岁时满期账户价值为 30 万元，他决定通过购买某保险公司的一款即期终身年金保险，从 66 岁开始他每年可以获得 21880 元的年金收入直至身故，约合每月 1800 元。

年金保险产品另一种比较典型的分类方法是根据领取的金额是否预先确定，分为固定年金和变额年金两种。简单地说，固定年金的计算利率是固定的，其未来的给付金额也是预先就规定好了的；而变额年金通常有账户价值，其未来的利益也是不确定的，要取决于账户资金运用的实际投资回报情况。相对来说，变额年金的结构要比固定年金复杂，下面将具体介绍变额年金。

---

① 趸缴保费即期年金（Single-premium immediate annuity，SPIA）。

② 结构性分期给付理赔年金（Structured settlement annuity，SSA）。

（四）变额年金

变额年金的运作分为两个阶段：积累期和给付期。

在积累期，变额年金通常提供多个投资账户，投保人可以在各投资账户间自由分配保费。确定年金的资产是在保险公司的“一般账户”进行运作，产品的收益依赖于一个固定保证的定价利率，投保人可以享受到固定保证的收益。而变额年金的投资资产一般进入“独立账户”，其收益一般为相应资产的投资回报扣除所收取的费用，因此投保人必须承受所有的投资风险。投保人缴纳保费时，保险公司扣除费用之后将收到的保费转换为账户的单位数（Units），每笔保费所能购买的单位数视当时的单位价格而定。例如，若每一单位基于当时投资结果值 \$10，则扣掉费用后的 \$100 保费可以在第二年购买 10 个单位。若单位价格变化，则 \$100 的保费能购买的单位可能多于 10 个，或少于 10 个。此过程将继续到年金开始给付为止。

在给付期，变额年金的主要特点是每个月或每年给付固定的单位数，实际给付金额为当时的单位数和当时的单位价值的乘积，不同投资账户的单位价值视投资账户的表现而定。例如，某年金受领者每个月给付 100 个年金单位，而连续 3 个月的年金单位价格为 \$10.20、\$9.90 及 \$10.10，则这位受领者 3 个月的领取的年金分别为 \$1020、\$990 及 \$1010。

国外的变额年金与国内市场常见的投资连结保险的运作模式很相似。投资收益不确定，投资风险完全由客户承担，投资单位数由缴付的保费根据投资单位价格买入，通过卖出投资单位数给付部分退保和年金给付。从这一点上说，变额年金和投资连结保险可以看做是相同的产品在不同的市场使用不同的名称。目前，国内市场上还没有提供给付期分期给付年金的投资连结保险产品。随着市场对于多样性年金给付需求的增强，具备积累期和给付期服务功能的投资连结保险产品会出现，并将受到收入较高的客户群体的欢迎。

（五）二阶式年金①

二阶式年金最显著的特色是它可以在同一个合同里使用两套利率同时积累两个账户价值。以较高利率累积的账户将用于年金领取，以较低利率累积的账户则会用于退保，不管有无退保罚金。

两个账户的区别会日益明显，形成相当大额的退保罚金，等值于两个账户价值的差额。但是，有些产品会对这个差异设一个几年后的上限。这样的设计是为了鼓励投保人将资金继续留在保险公司，并通过降低用于退保的投保人的低层账户的利率来维护终止保单与继续保单之间的平衡。

二阶式年金也受到一些人的批评。他们认为，投保人未必能真正理解这两层的区别，产品说明书可能会误导，并导致客户误解。

目前，对于我国传统年金产品和分红年金产品而言，在退保时投保人可以获得的现金价值一般较保单继续持续客户可以获得的现金价值低许多。与二阶式年金类似，传统年金产品

① 二阶式年金（Two tiered annuity）。

和分红年金产品为退保客户和持续投保的客户提供不同的回报。另外，在与二阶式年金更类似的有累积投资账户的万能型产品中，国内有些公司采用月结算利率加上终了结算利率的形式，也可以通过较低的月结算利率和较高的终了结算利率实现为退保客户和持续投保客户提供不同的投资回报。

（六）指数型年金

指数型年金是指年金保险产品的全部或部分支付金额与股市的某种市场指数挂钩，有递延年金和即期年金两种形式。

指数递延年金包含了其他固定给付金额的递延年金的主要特点，其自身的特征描述主要通过以下几点反映：与指数挂钩的时间、所挂钩的指数及其核算方法、指数的平均化方法、指数向利率转化的计算方法、对超额收益的参与程度以及期末提供的保证收益。以下是两个例子：（1）7 年期按 S&P 500 指数点对点（Point-to-Point）计算的 6 个月平均指数产品，当收益率低于 3% 时，按实际收益率累积，当收益率高于 3% 时，按实际收益率的 80% 累积；（2）8 年期与纳斯达克指数（NASDAQ）挂钩，每年的保底利率[1]为年底指数，当收益率低于 3% 时，按实际收益率的 90% 累积，当收益率高于 3% 时，按实际收益率减去 1% 的浮动累积。指数递延年金已经发展得比较成熟，已经有很多具体的产品设计。

指数即期年金包含了其他固定给付金额的即期年金的主要特点，其自身的特征描述主要通过以下几点反映：年金的支付、假设的利率、最低保证给付、用以挂钩的指数、指数的平均化方法、指数参与程度、保证参与程度的时间。以下是两个例子：（1）最初保证 3% 年金增长率且以后的给付不低于首期给付、与标准普尔 S&P 500 的年平均指数挂钩、最少保证 5 年的 80% 指数参与率；（2）保证 10 年的 4% 年金增长率且所有给付从不低于上一期给付、与标准普尔 500 年平均指数挂钩、最少保证 7 年的 90% 指数参与率。相对于指数递延年金，指数即期年金是市场上比较新的产品，其产品的形式也相对较少。

目前，国内尚无指数型年金产品。这类产品的产生基于较发达的股票指数期货市场，以年金累积或年缴给付购买抵御通胀的保险的形式为客户提供服务。这节的内容，仅供大家参考了解。

（七）市场价值调整年金

市场价值调整年金也被称为市场价值调节年金，或市场价值年金，是趸缴保费递延年金的一种，于 1984 年首先在美国推行，它同时为保险公司的变额年金提供了一种选择。市场价值调整年金的退保价值（在一个利率保证期结束之前退保的价值）是基于退保费用和市场价值调节规则的共同基础进行确定的。市场价值调节规则反映在利率保证期开始以后当期利率水平的变化。它提供合同持有人在特定的满期时间的保证利率，一般为 3～10 年之间。若合同能持续到满期，则满期的价值能达到当初签发此年金合同时所保证的金额。然而不像其他固定金额的年金保险产品，若持有人在半途中提取则现金价值将不只受到退保费用的影

① 保底利率（Annual ratchet）。

响，也可能受制于市场的价值调整。市场价值的调整有正负两面，须依据解约时的利率环境而定。若解约时利率比签发保单时的利率高，则调整将为负面的。反之，若在解约时利率比签发保单时的利率低，则调整金额将加入解约的现金价值。

市场价值调整年金通常比普通的趸缴保费递延年金保险产品的当期利率保证期要长，一般在3~10年之间。在利率保证期结束之前退保会产生市场价值调节和退保费用。如果退保发生在保证期结束时，不会有市场价值调节，但是仍然会有退保费用（可能会随时间逐渐减少到零）。因此，市场价值调整年金与其他年金保险产品相比弹性较差，但它能提供购买者一些利益。其一为解约时所作的调整有可能是正面的调整；其二能够为较长期的保证提供较大的安全感。同时，在理论上，市场价值调节年金比同期的趸缴保费递延年金能够提供更高的利率，这是由于购买者承担了较多的风险。

它所作的调整是为了反映资产市场价值的变化，主要是反映支持年金保险产品的债券价值的变化。当利率上升时，若其他条件不变，以前所购买债券的市场价值将会降低；反之，当利率下降时，若其他条件不变，以前所购买债券的市场价值将会上升。市场价值年金的理论在于若真正的解约现金价值反映了市场价值，事实上保险公司将资产市场价值的风险转移给了合同所有人。保险公司可以限制因利率上升而解约的风险①并配置较长期的资产，为投保人获得较高的投资回报。同时，投保人将负担由于中途解约而产生的投资风险。

在第二段中介绍过，根据目前国内的法规，还不允许以市场价值调节公式的方法计算退保价值。因此，本段的介绍仅供大家学习了解。也可以探讨，这样的计算退保价值的方式是否可以被现阶段广大消费者所接受。

（八）定存式年金②

由于具有一些储蓄的特点，年金保险产品已经和银行储蓄产品竞争多年，而定存式年金使得这种竞争更为直接。定存式年金的目的是与银行的定期存款类储蓄产品相竞争，其特点和定期存款类储蓄产品较为相似（定期存款类储蓄产品的特点是通常在设定的期限内保证一个固定的利率，如果要提前领取则必须接受相应的惩罚），但也有一些不同之处。

定存式年金的主要特点为：（1）退保费用收取期和当期利率保证期相连；（2）在利率保证期结束时，投保人有30~60天的**窗口期**③可以免费退保。

在当期利率保证期（通常是3~6年），退保罚金与提前支取定期存款的罚金类似，因而退保罚金通常为下面的一种：（1）损失6个月的超出或全部利息；（2）损失利率保证期开始后所有的超出利息；（3）账户价值的平均百分比，通常等于当前年利率的一半。有时，这种平均百分比的方法类似于损失6个月的利息，但是比罚息易于管理。

保证期结束时，投保人通常可以选择以当时的利率保证延续同样或不同的保证期，通常选择同样长的保证期。退保收费适用于所有延续后保证期间的退保（窗口期除外）。延续保

① Disintermediation risk，即在利率上升的环境之下，会有较多的解约发生风险，亦称脱媒风险。
② 定存式年金（Certain Deposit，CD）。
③ 窗口期（Window period）。

证期结束时，投保人可以选择免罚金退保或另外延续保证期。

虽然定存式年金的退保罚金类似罚息，在定存式年金设计中也可能采用传统的账户价值百分比形式。

定存式年金的初期佣金通常随利率保证期变动，保证期越长，佣金越高。但是，在保证期相同的情况下，定存式年金的佣金通常比其他形式的递延年金的佣金要低。与其他类型趸缴保费递延年金不同的是，续期佣金或全部首年佣金通常在每个新的利率保证期开始时，按账户价值计算。

定存式年金是国外市场上与银行储蓄产品竞争的一款产品。基本没有寿险保障，根据国内保险产品法规，没有寿险保障的产品是不被允许的。所以本段内容仅供大家了解国外年金市场。

第三节　年金产品的定价及经营管理

一、定价原则及定价考虑因素

一般寿险产品的定价原则和设定定价假设的考虑因素均适用于年金保险产品，其定价也需要遵循充分性、公平性、合理性、可行性、稳定性及弹性等一般性保险产品定价原则。读者可以参考人寿保险产品定价的相关章节，学习和了解具体的内容，本节将仅就年金保险产品特有的一些特点进行一些介绍。

年金保险产品承担保险保障风险一般主要为长寿风险，即客户生存的时间比定价预计的时间更长的风险，也就是实际死亡事件发生的比预计的少产生的风险；而一般寿险产品所承保的保险保障风险是**死亡风险**，即被保险人实际死亡的事件发生的比定价预计的多的风险。因此，年金产品的定价在体现公平性原则时，对于预期死亡率比较高的客户群体，通常以较低的费率或较高的年金给付的形式体现，而不是像一般死亡保险加收**次标准体保险费**。比如，对于投保终身年金保险产品的被保险人而言，从相同的年龄、性别情况看，如果被保险人由于职业原因或身体状况较差，在未来发生死亡事件的可能性比其他被保险人高，则该被保险人可能存活的期间较短，领取的年金保险利益也较少，出于公平性原则，该被保险人应该给付较低的费率或享受较高的每期年金给付金额。

考虑到年金产品自身的特殊之处，在设定年金保险产品定价假设时，需要特别考虑产品本身的特点及市场环境和市场竞争的影响。对于终身年金产品，在设定**死亡率假设**时，除了采用中国保监会最新修订的《养老金业务生命表》（即养老金业务被保险人预计死亡率表）外，还需要对未来人口平均寿命的延长作出合理预测，并测试这些死亡率改善对营运利润产生的影响。同样，在费用率假设方面，由于终身年金产品需要在每一次发放年金前确认被保险人仍然生存，由此会产生相比一般产品额外的经营费用，而且长期的保单有效期间，随着通货膨胀的持续，这部分费用可能越来越高。因此，产品费率及投资收益应能够产生足够的资金流在保证给付年金利益的同时，足以支持长期的保单营运费用。

二、年金产品的经营管理

通过第二节关于年金产品分类的介绍，我们了解到，年金产品的具体产品形态可以是传统非分红产品、分红型产品、万能型产品或投资连结型产品。本书在专述各种产品形态的章节中已有关于各种产品形态的经营管理部分的介绍，这里不再赘述。在销售实践中，年金产品通常是为了帮助客户实现退休计划的全部或部分来向客户推荐的。因此，制订养老计划的一些重要考虑因素，在年金产品的销售中非常重要，我们在下一节对这个问题进行详细介绍。

第四节　制订养老计划的重要因素

普通人一生中的财务收入来源主要集中于20多岁至60多岁之间30到40年的期间，而在退休后仍然会有多达几十年的退休生活需要财务支持。如何将一生中的收入合理地分配到人生的各个阶段，奠定好财务基础，确保退休之前和之后稳定美满的生活，就是个人养老计划所要实现的目标。通常需要考虑的因素包括：养老收入替代率水平、个人当前的财务支付能力水平、投资收益风险平衡及是否有税收优惠。

一、替代率

为了让客户了解需要何种水平的养老年金保障。**“替代率”**是一个比较有效的技术指标和沟通概念，它是指退休后的收入和退休前最后一年的薪水的比率。通常，替代率可作为评估一个人的养老年金保障水平（包括个人退休金收入、团体退休金计划收入及社会养老金）是否充足的依据。退休前的收入应为客户的可支配收入，而不是名义收入。比如，退休前的收入应为税后收入而不是税前收入，向基本社会保障计划的缴费也不应计入退休前的可支配收入。而退休后的收入应包括客户将从个人退休金计划和团体退休金计划收入以及社会养老金计划中可以获得的养老年金收入水平和其他可持续的生活收入来源。对于个人退休金计划和团体退休金计划的养老账户提供的养老金，可以通过即期年金产品的费率计算相应的年金收入水平。

客户退休以后，他们的经济需求也改变了。他们不需要为将来的生活而进行储蓄，也不存在与工作相关的花费。但另一方面，他们的旅游和娱乐支出或医疗费用支出会增多。可能的结果是他们不再需要维持退休前的收入水平就可以维持退休后的生活了。

不同收入水平的人所需要的替代率水平并不相同。通常对于收入接近于社会平均收入水平的人，社会基本养老保障计划提供的替代率较高，个人需要准备的部分较小；而收入大大高于社会平均收入水平的人，社会基本养老保障计划提供的替代率较低，需要通过个人养老保险计划和团体养老保险计划补充。但总体上收入比较高的客户仅需要较低的替代率就可以维持与退休前相同的生活水平。参考国外的经验，70%左右的替代率水平大约可以支持3倍社会平均收入的人的退休后生活水平与退休前相当。社会基本养老保险计划提供的替代率与这个目标替代率之间的差额，就是个人和团体养老保险计划需要补充的。当然，每个客户的实际替代率目标和客户自身的健康状况、家庭状况也息息相关。应当根据客户的实际情况，相应调整。

二、客户当前的财务支付能力水平

个人养老计划的另外一个重要问题是客户当前的财务支付能力水平。年金计划耗资很大，越高的年金保障所需要的保费就越高。设计一个年金计划必须在需求与购买能力之间作权衡。通常一个人的收入随着工作经验的增加而比较快速的增加，在达到一个较稳定的收入水平后缓慢增长。一般人在达到比较稳定的收入水平后才开始认真考虑建立自己的养老计划。很明显，养老金计划的制订受到客户实际财务支付能力的限制。

三、投资收益风险平衡

个人养老计划的投资收益率是一个非常关键的因素。投资收益率越高，达到相同替代率目标所需要的每期缴费就越低，但是投资风险也将越高。因此，养老金计划的投资（产品）选择需要结合客户的年龄和投资风险承受能力来确定。如果客户比较年轻，距退休年龄还有较长的时间，可以选择风险较高、收益较高的投资连结保险。开始的时候，在投资账户选择上，投保人可以选择增长型账户；随着客户接近退休年龄，在投资账户选择上，投保人应逐渐转向比较保守的稳健型账户。当客户年龄较大时，可以部分选择分红年金保险提供较确定的退休收入，部分选择较高风险的年金保险产品。

四、年金保险产品的税收优惠政策

税收优惠政策对于客户建立个人、团体养老年金计划具有非常大的促进作用。在美国等养老金市场较发达的国家，均对于养老年金保险有各种各样的优惠政策。

目前，国内尚无针对商业保险个人年金保险产品的全国性税收优惠政策，购买商业保险的支出也由本人承担，且不得从个人应税收入中扣除。这些都需要在年金市场今后的发展中予以解决和完善。

从2009年开始，国家开始在一些金融中心地区，如上海和天津试点探索符合中国国情和税收体制的享受税收优惠政策的税优型养老年金。相信这是一个充满希望的开始，中国的养老保险市场一定可以得到蓬勃的发展。

专栏5—3

关于个人养老保险税收优惠试点情况介绍

2009年5月15日，中国保监会与上海市政府签署了《关于支持上海保险业发展的合作备忘录》，就保险业参与和促进上海“两个中心”建设作出总体安排，多项保险试点将在上海先试先行。据中国保监会主席吴定富介绍，国务院19号文件同意上海适时开展个人税收养老保险产品试点，这不仅有利于加快上海商业养老保险的发展，完善上海社会保障体系，而且对我国完善养老保障体系具有重要的实践意义。

上海个人税收递延型养老保险研发工作正在紧锣密鼓地进行中，可能于2010年正式推向市场。目前，上海已有6家保险公司获准参与个人税收递延型养老保险前期筹备工作，保费占比较大的分红险、万能险均在产品定位范围内。

个人税收递延型养老保险，是指投保人在税前列支保费，在领取保险金时再缴纳税款。在美国等发达国家，对于个人年金实行税收优惠是普遍做法，旨在鼓励居民主动投保养老险，增强自我养老保障水平。

通常情况下，居民在职时的收入要高于退休后的收入。因而在我国现行超额累进税率下，养老保险实行税收递延，居民可以享受非常大的税收优惠。推迟税收的征收时间及退休时较低的个人所得税税率，使居民年轻时的收入所得可进行更长时期的积累和规划，可能意味着更多的收益、享受较多的税率优惠。

假设个人延税金额为每月最高500元，某30岁居民月收入5000元，个税起征点2000元，税率为15%，则应纳税税工资为3000元，应缴税额为450元。如果该居民每月拿出500元购买个人税延养老保险，则应纳税工资变为2500元，应缴税额为375元。若按照长期保障型产品20年缴费计算，该居民实际延税金额为18000元。若在此期间的投资收益率每年为3%，到60岁时，总投资收益约为103000元，延税金额的投资收益部分为15450元。若60岁后，该居民的退休收入所对应的个人所得税率为5%，则缴费部分实际缴税6000元，投资收益部分缴税5150元。实际获得税收优惠缴费部分12000元，投资收益部分10300元。可见居民可以从延税优惠政策中获得相当大的实际优惠。

延迟纳税作为一种税收政策上的鼓励，有利于引导和鼓励居民主动购买商业养老保险，增强个人和家庭的保障水平，使广大居民普遍受惠。

第五节 年金保险产品的发展历程

近年来，随着我国社会主义市场经济的快速发展和居民收入的增长，尤其是20世纪80年代以来计划生育政策的广泛落实带来的家庭人口结构的深刻变化，以及老龄化社会的强烈预期，使广大居民对于养老收入保障日益关注。养老年金保险顺应市场需求，快速发展成为长期寿险业务中最重要的部分之一。具体而言，我国市场上的养老年金保险产品主要经历了以下发展阶段：

（1）2000年以前，以传统非分红养老年金及教育年金为主，以当时较高的银行利率为基准，设定较高的定价利率，为客户提供了非常有吸引力的长期保证回报，从而吸引了大量客户，年金保险业务快速增长。

（2）随着我国银行利率连续八次大幅下调，这些高定价利率的传统非分红年金保险业务不能实现长期的高投资收益率，从而给寿险公司带来了巨大的利差损，寿险公司的偿付能力受到影响。因此，各寿险公司纷纷停止销售高预定利率的年金保险产品，大幅降低定价利率，导致年金保险的费率大幅上升。传统年金保险产品在签订保险条款时，保险费的缴付时间和金额及保险给付的时间和金额都是完全确定的，当未来投资收益上升时，客户也只能领取预定的金额，不能分享将来较高的投资收益，因此这些传统年金保险产品在低利率时期的市场吸引力迅速下降，不久逐渐基本退出了市场。

（3）为了应对低利率环境的挑战，2000年以后，分红型年金保险产品应运而生。分红型年金保险产品虽然费率也比较高，但是可以通过分红将未来的超额投资收益与客户分享，因此受到客户的广泛欢迎，其所占市场份额逐步提高。现在几乎每家寿险公司都有一款或数款儿童教育年金分红保险产品和养老年金分红保险产品。

（4）2003年以来，随着新型保险精算规定的颁布，万能型保险和投资连结型年金保险业务得到快速发展。今后，将会有更多的万能型和投资连结型保险产品将以养老年金保险产品的形式出现，并满足客户日益增长的养老保障需求。

关键词

个人年金　连生年金　最后生存者年金　趸缴保费年金　固定年缴保费年金
弹性保费年金　生存年金　确定年金　即期年金　递延年金　固定年金　变额年金
长寿风险　弹性保费递延年金　退休年金合同　前端费用　后端费用　红利利率
当时利率　趸缴保费递延年金　阶梯式利率　市场价值调整年金　趸缴保费即期年金
变额年金　独立账户　一般账户　二阶式年金　指数型年金　每年保底利率

定存式年金　窗口期　退保费用　替代率　久期

思考题

1. 年金保险产品和养老保险是什么关系？
2. 年金保险产品的主要分类标准有哪些？按前三种分类标准下的主要产品种类有哪些？
3. 年金产品的定价因素与普通人寿保险产品有哪两点主要不同？
4. 制订个人养老保险计划需要考虑哪些因素？

第六章

分红保险产品

学习目的

- 掌握分红保险产品的概念和特点
- 熟悉分红保险产品的形式
- 了解人身保险公司分红政策制定应遵循的原则及分红报告
- 了解分红保险产品开发的关键因素
- 了解分红保险产品的经营管理
- 了解国内外分红保险产品的发展历史

生于斯，长于斯，归于斯。

——佚名[①]

相比较其他类型的保险产品，分红保险产品投保人享有保险公司盈余分配的权利，但该盈余分配仅仅是针对分红业务，而不涉及其他业务，购买分红保险并不等于成为保险公司的股东。

第一节 分红保险产品概述

分红保险产品应市场的需要而产生、发展和成熟。这里我们将简要介绍分红保险产品的概念，主要涉及红利的来源及分配、红利的表现形式、红利的派发；分红保险产品的特征；市场上主要的分红保险产品形式。

一、分红保险产品的概念

分红保险产品是指保险公司将其实际经营成果优于定价假设的盈余，按一定比例向保单所有人进行分配的人寿保险产品。分配给保单所有人的保单盈余，也就是通常所说的保单红利。

（一）红利的来源

分红保险产品的**红利**，实质上的来源是保险公司经营中的盈余，但并不是所有盈余都会成为保单红利，而只有其中的**可分配盈余**才能形成最后的保单红利。盈余就是收入多于支出的那部分价值，通常是指在法定会计基础下的会计报表中体现的账户盈余，由于盈余在不同的会计基础下有不同的计算原则，其具体金额也就不尽相同。

红利的来源包括利差、费差、死差、退保差以及其他差等。红利最主要的来源是利差，是指保险公司的实际经验投资收益率与定价时预定利率之偏差；费差，是指保险公司实际经验费用与预定费用之差，并根据利率进行调整；死差，是指定价时预定死亡成本与保险公司

① 原作者不详，原文大意是，出生在这里，成长在这里，最后也将自己奉献在这里。分红保险的红利是来于投保人缴纳的保费及公司的精细管理，随着客户缴纳保费及公司的精细管理，红利不断增长，最后红利要归于投保人。

实际经验死亡成本之差；退保差，是指定价时预定退保成本与保险公司实际经验退保成本之差；合同终止、资产增值等其他非主要因素有时也能带来一些利润，一般统称为“其他差”。

对红利因素的不同看法也导致了红利实现的不同模式：有的将产生盈余的所有因素都参与红利分配，这称之为“全差分红”；有的将产生盈余最主要的三个因素（利差、费差、死差）进行红利分配，其余的忽略不计，这称之为“三差分红”；还有的考虑费用分摊的复杂性等实际问题，仅对利差、死差两个因素进行红利分配，将费差也忽略不计，这称之为“两差分红”，也有将死差忽略不计，而仅对利差、费差进行红利分配的“两差分红”。

从理论上理解，“全差分红”最为公平合理。但这种方法由于无法穷尽盈余来源的所有因素，因此所谓的“全差分红”仅是近似的全差分红，而且有些因素保险公司也无法合理的考量，这为“全差分红”的实务处理带来了困难。利差、费差、死差是世界公认的保险公司盈余的主要因素，保险理论界对其研究得比较透彻，因而“三差分红”是最为流行的红利实现模式。“两差分红”虽然仅对“三差”中的两个进行分红，但并不能说“三差分红”就一定比“两差分红”分得多。试想，如果一家保险公司的死差不是盈利而是亏损，那么在同样的情况下，利差、费差、死差的“三差分红”可能比利差、费差的“两差分红”反而要分得少。

（二）红利的表现形式

红利主要有两种表现形式：一种比较直观，以现金的形式表现，就是通常所说的“现金分红”；另一种以保险的形式表现，体现为保险金额的增加，就是通常所说的“增额分红”，有时也称为“保额分红”，保险的形式也可以看做是现金的一种转换形式。

对于保险公司而言，红利的表现形式也就是红利派发的方式；而对于投保人而言，一般称为红利领取方式，红利派发方式和红利领取方式可以看做是“一枚硬币的两面”。在投保时，投保人可以选择适合自己的红利领取方式，也称红利选择权，投保人也可以申请改变红利的领取方式，以适应自己不同时期的需求。

最常见的红利派发方式有以下几种：

1. 现金分红

现金分红是指直接以现金的形式将可分配盈余分配给保单持有人。**现金红利**的领取又可以选择以下的方式：

（1）**现金方式**：保险公司每年以现金方式将红利派发给保单持有人。这种方式的好处是既简便，又容易被保户所理解。其不足之处在于：保险公司将产生现金流压力，消减额外获取投资收益的机会；保险公司发放现金红利需要打印账单、通知书、签发支票、给付现金、会计记账等工作，增加了保险公司的费用支出；投保人领取现金红利后，可能会失去红利再投资的增值机会。

（2）**累计生息方式**：保险公司每年派发的红利，按一定的**红利累积利率**以复利的方式保存在公司，累积金额将与保险金一起给付。一般来说，累计生息方式领取红利是对投保人和保险公司都较为有利的一种红利领取方式。累计生息一般为复利方式，投保的时间越久，红利积累得就越大、越快，得到的利息也就越多，投资增值的速度也就越快。除保险条款中有明确规定或另有约定外，在保险期间内，投保人可以随时领取这些红利和红利的利息，没有任何限制。为了吸引投保人选择累积生息方式，增加保险公司的资产管理规模，产生规模效益，保险公司宣布的红利累积利率一般将高于同期银行一年期储蓄存款利率。

（3）**抵缴保险费方式**：保险合同在保险单周年日有效，保险公司将于保险单周年生效对应日将投保人的应获红利用于抵缴保险费。

（4）**购买缴清保险**：保单持有人可以将每年的红利购买缴清保险，红利被视为缴清保险的趸缴保费，实际上是增加原保单的保险金额，当保险事故发生时，受益人可获得额外的保险给付。这种方式经由现金形式再到保险形式，最终以保险的形式表现。

2. 增额分红

增额分红是指在整个保险期限内，每年以增加保额的方式分配红利，提高后的保额一旦公布则不得取消。采用增额红利方式的保险公司可在合同终止时，以现金方式给付**终了红利**。

增额分红按照保险金额的一定比例将每份保单的保额提高，可采用单利法、复利法或超级复利法：

单利法是指每年的红利为基础保额的一定比例。例如：基础保额为 1000 元，且分红比例为每年 1%，则第一年分红后的保额调整为 $1000+1000\times1\%=1010$ 元，第二年分红后的保额调整为 $1010+1000\times1\%=1020$ 元，依此类推。

复利法是指每年红利为总保额（基础保额加上已分配红利）的一定比例。例如：保额为 1000 元，且分红比例为每年 1%，则第一年分红后的保额调整为 $1000+1000\times1\%=1010$ 元，第二年则为 $1010+1010\times1\%=1020.1$ 元，依此类推。

超级复利法是对基础保额和已分配红利采用不同的比例，通常后者的比例要高于前者，然后两部分相加，即得到了当年的应分配红利。相比其他两种方法而言，如果总的**增额红利**相同，超级复利法下的红利增长速度由慢至快，最大限度地递延了红利的分配时间，减少了提存准备金的压力，为公司更有效的运用资金提供了条件。

一般情况下，采取现金分红方式的保险公司只提供年度分红。在经济环境发生较大变化、保单盈余超过正常年度盈余的情况下，有些保险公司将红利拆分为年度红利和特别红利。其中，年度红利与正常年度差别不大，特别红利主要体现经济环境变化造成的非正常盈利。

一般情况下，采取增额分红的保险公司提供年度红利、特别红利以及终了红利。其中，年度分红、特别分红与现金分红处理方式基本一致。终了红利只有在保单终止时才支付，它是根据每组保单自生效至终止时所有相关收入与支出的差确定。一般来说，终了红利的分配往往有持续年限的限制，如保单生效期短于 10 年将不能享有终了红利。

现金分红与增额分红这两种分红形式存在一定差别，表 6－1 对现金分红与增额分红进行了简要比较。

表6-1 现金分红与增额分红的比较

比较项目/分红方式	现金分红	增额分红
红利主要来源	利差、死差、费差	利差、死差、费差
红利表现形式	现金	增加原合同的保险金额
红利种类	现金红利、特别红利	现金红利、特别红利、终了红利
投资策略①	主要是固定收益类投资，股权投资所占比例一般不超过20%	主要是股权型投资，投资期限较长
产品特点	产品现金价值较高	股权型投资占比较高，因而变现成本较高，产品现金价值较低
未来红利是否保证	否	否
已经宣布的红利是否保证	保证	年度红利、特别红利保证，终了红利不保证

（三）红利的派发

从目前保险市场上销售的分红保险产品看，不同的保险公司、不同的产品，对红利的派发有不同的规定。

红利派发的前提条件：对于分期缴付保险费情况，部分保险公司规定，投保人在保险单生效对应日缴纳了本年度保险费的前提下，保险公司才派发上一年度的红利。这样做不但可以保证有足够的现金流和保单在红利派发日仍然有效，而且还有利于防止保险合同初期出现亏损，稳定保险公司的经营，为投保人创造更多的红利。

红利的派发日期：根据保险产品性质的不同，保险公司对红利的派发日作了不同的规定。有的保险产品规定按会计年度核算，但在保险单生效对应日派发红利。有的保险产品规定按会计年度核算，确定红利分配数额并发送红利通知书，历年所得红利分别从每年的保险单生效对应日起以复利的方式累积到保险合同期满一次性支付给投保人。有的保险产品规定按会计年度核算，确定红利分配数额并派发红利，与保险单生效对应日无关。如果红利因故未在应派发日按时派发，保险公司应补发从应派发日到实际派发日期间的利息。

红利的派发对象：不同的保险产品，红利的派发对象也不同。一般情况下，个人分红保险产品的红利是派发给投保人。分红型的团体年金保险产品，红利通常“分别记入被保险人个人账户的单位缴费部分和个人缴费部分”。

二、分红保险产品的特征

分红保险主要有以下几个特点：

① 根据中国保监会的有关规定，目前中国市场上分红保险产品股权型投资所占比例不得超过20%。

（一）共享经营成果，共担经营风险

保险公司每年要将经营分红产品产生的部分可分配盈余以红利的形式分配给分红保单的持有人，投保人可以与保险公司共享经营成果，与非分红保险产品相比，增加了投保人的收益机会。

同时，由于每年保险公司的经营状况不一样，客户所能得到的红利也会不同。在保险公司经营状况良好的年份，客户会分到较多的红利；但如果保险公司的经营状况不佳，客户能分到的红利就会比较少，甚至没有，从该角度而言，客户与保险公司共同承担了经营风险。

（二）保证利益与非保证利益相结合

分红保险产品提供的保险利益包括两部分：保证利益与非保证利益。其中的保证利益与传统的非分红产品一样，可以提供满期保险金、身故保险金、全残保险金和年金给付等其中的一种或几种，只要在保险期间内，被保险人就能获得约定数额的保险保障，保证利益不受保险公司经营状况的影响。而所谓的非保证利益，就是保单红利部分，其具体数额由保险公司分红产品的经营状况决定，在保险公司经营处于困境的时候，甚至不支付保单红利。

三、分红保险产品的主要形式

分红作为一种盈余处理方式，与保险保障相结合，形成不同的分红保险产品形式。除了现金价值较低的定期寿险外，分红保险涵盖了终身寿险、两全保险以及年金保险三类人寿保险产品形式，即分红型终身保险产品、分红型两全保险产品和分红型年金保险产品等。

（一）分红型终身保险产品

分红型终身保险产品是提供终身保障的分红型人寿保险产品。它既能为被保险人提供死亡风险保障，又能提供周年红利和灵活的红利处理方式，使投保人分享保险公司的盈余。保险公司每年根据经营和投资情况派发红利，红利将随保险公司分红业务经营业绩而变动。

（二）分红型两全保险产品

若被保险人身故，保险公司将按身故时该保单年度的保险金额给付身故保险金。若被保险人于满期日仍生存，保险公司给付等值于保险金额的满期保险金。该险种使投保人可以和保险公司分享经营利润，分红金额将由公司经营状况而定。

（三）分红型年金保险产品

以被保险人的生存为条件，从支付首期年金开始，只要被保险人生存，保险公司即可按月、季、半年、年给付年金直至保险期满或被保险人死亡时止。分红型年金保险产品的红利随保险公司的业绩而变动。

表6-2以目前市场上正在销售的产品为例，给出常见的分红保险产品的主要形态。

表 6-2　　分红保险产品示例

产品名称	××××两全保险（分红型）	××××终身保险（分红型）	××××年金保险（分红型）
一、基本信息			
1. 产品类别	分红型两全保险产品	分红型终身保险产品	分红型年金保险产品
2. 投保年龄	0~69 周岁	12~59 周岁	0~65 周岁
3. 保费缴付方式	趸缴	年缴	趸缴或年缴
4. 保险期间	5 年、8 年、10 年	终身	终身
二、保险利益			
1. 满期给付	基本保险金额	10% 基本保险金额	基本保险金额
2. 年金	可由保险金转换	55 周岁（男）90% 基本保险金额	每年 15% 基本保险金额
3. 身故给付	一年内因疾病身故：返还所有已缴保费 意外身故/一年后因疾病身故：基本保险金额	55 周岁前（男）：基本保险金额 55 周岁后（男）：10% 基本保险金额	基本保险金额
4. 保单红利	增额红利	现金红利	增额红利

总体而言，分红保险在形式上与传统保险十分类似，唯一特殊的地方在于保单持有人可按约定的方式领取保单红利，与保险公司分享分红保险业务的经营成果。正是由于分红保险的这个特征，使其在设计、经营管理、销售及监管等方面都有不同于传统寿险产品的特点。

第二节　分红保险产品分红政策概述

分红保险产品的关键是分红政策的确定。保险公司订立分红政策，需要协调市场竞争和经营成果，平滑长期与短期的关系，平衡客户与公司的利益。分红政策的订立和监管是公司管理、保险监管的焦点所在，也是分红保险报告制度的关键。

一、红利分配政策确定流程

通常来说，保险公司精算部等相关部门在综合考虑年度投资收益、同业竞争、客户的合理预期、监管规定等因素的基础上，计算出可作为红利分配的盈余数额，并由总精算师向公司董事会提出盈余分配和保单红利确定的建议，最后由董事会审核批准，最终决定分配的盈余数额称为可分配盈余。

红利分配不是保险公司随意确定的。首先，红利分配是基于股东利益与客户利益一致的原则进行的，是以两者利益最大化为出发点。其次，红利分配要根据业务的实际经营状况来确定，它必须符合各项监管法规的要求，并经过会计师事务所审计通过。监管机构规定：保险公司每一会计年度向保单持有人实际分配盈余的比例不低于当年可分配盈余的70%。

二、分红保险报告制度

红利分配政策确定后，公司需进一步分析其分红业务的经营结果并编报年度分红保险报告，将红利分配方案与经营结果上报董事会或其他决策机构，将分红保险报告报监管机关。红利分配方案需经董事会或其他决策机构批准后方可执行。

（一）分红保险报告的使用者

分红保险报告全面反映分红账户经营状况、核算结果，其使用者主要为分红账户的利益相关者，包括保单持有人和公司股东。由于保单持有人和公司股东共同主张分红保险经营产生的利益，因此，他们在分红报告中共同扮演所有人的角色。股东可以通过分红保险报告分析分红业务对公司当年及未来长期经营的贡献；而保单持有人对保险经营认识程度有限，保险监管机关作为保护保单持有人利益的代表，要关注分红保险报告。

公司股东在分红报告中具有双重角色。从与保单持有人共同主张分红保险经营利益而言，公司股东是分红保险的共同所有人。此外，公司大账与分红账户之间会有一些往来，比如该分配给公司股东的利益暂时留在分红账户、大账借钱给分红账户等，这时候，公司股东扮演的是债权人的角色。

（二）分红特别储备的性质

使用分红报告时，要特别注意“分红特别储备”科目。该科目反映公司分红保险特别储备额度，在公司大账中虽然作为负债项目体现，但其性质与一般负债不同，具有一定的资本属性，在分红报告中应当作为“所有者盈余”科目。

第一，就分红特别储备的形成来看，它是分红保险账户逐年累积的未分配盈余，用于平滑未来的分红水平。在法律上，它属于非保证的负债，当出现非预期风险损失时，它所对应的资产将首先用来应对保证的负债。由于其具备风险缓冲基金的效果，可以保护分红业务经营稳定发展，所以具有资本的性质。

第二，就分红特别储备的运用来看，公司拥有支配分红特别储备的权利，保单持有人没有能力影响公司的未来分红行为，分红特别储备运用没有特别的约束条件与预期。

第三，从账户管理模式来看，如果公司分红业务采用单独账户管理，设立单独投资账户，账户资金管理和核算管理规范，就能够保证分红特别储备有实际资产与之匹配，可以对实际经营结果起到平滑作用，而并非只是账面形成的科目余额。

因此，分红特别储备应当在分红报告中负债部分之后单独列报。

（三）关于分红报告的基本框架

分红报告制度应当基于分红保险的机理，充分体现分红保险经营的原则，提供必要、有效而又翔实的材料，满足各方面的需要。

第一，分红特别储备作为“所有者权益”项目列示。

第二，涉及红利分配的相关负债提取，结合使用《企业会计准则》编报财务报告的“权责发生制”基本原则与精算原理，使经营结果反映其本年度的红利分配方案。如果该红利分配方案在核算日没有正式宣告，将采用预估的方法确认，体现企业会计准则“权责发生制”原则，也更真实地体现公司的经营状况及分配结果影响。

第三，在“费差（或死差）之外的其他差分红”模式下，分红保险的业务本质是“不分费差（死差）的”，相关报表费用（死亡成本）额度只需填列定价费用（定价死亡成本），报表所反映的是红利分配的盈余基础，体现客户利益的实际情况。虽然费差（或死差）不列入分红账户，但实际上，该费差（或死差）风险通过并入大账核算，由公司承担，监管机关可以通过监控公司整体的财务报表来综合分析公司的风险。

第四，报告应当描述确定红利的计算基础、方法和程序，披露分红业务经营盈余、分配给客户的红利、分配给股东的红利、未分配盈余（分红特别储备）及其盈利来源，并通过资产类别分析账户整体投资状况及风险。

三、分红政策遵循的原则

在不同的分红方式、盈余分配来源下，分红的技术特征有一定的差别。但是，不管采用何种分红方式，不论盈余分配的来源如何，分红政策都应当遵循一定的原则：既要重视保单持有人的合理预期，贯彻诚信经营和公平原则，又要充分考虑红利分配对公司未来红利水平、投资策略以及偿付能力的影响。

（一）满足保单持有人的合理预期

分红保险的特征是定期分红，同时红利具有不确定性。投保人购买分红保单时，对于未来的红利水平是有期望的。对于合理的期望应当予以尊重和保护。

保单持有人的预期通常是在保险公司的引导下建立的。保险公司通过产品说明、保单红利演示以及公司自身的分红策略，引导保单持有人对未来红利建立某种期望。保险公司在制定分红政策、管理分红业务和进行盈余分配时，应当充分尊重保单持有人的合理期望。满足保单持有人的合理预期，不仅是分红保险经营管理的重点，也是保护保单持有人利益的基本要求，还是防范化解误导风险、解决保单持有人和保险公司利益冲突的有效手段。

我国分红保险开办初期，个别寿险公司未能真正重视保单持有人的合理预期。不合实际的红利演示、销售过程中承诺高回报、隐瞒红利不确定性等误导行为时有发生，对分红保险的发展造成了不利影响。保险监管机构认识到这些问题，在建立相关制度时，规定了满足分红保险客户合理期望是总精算师的一项重要职责。

目前，在产品开发阶段，保险公司要制定较完善的管理办法，事先设定经营管理程序，明确各种流程，控制风险。特别是分红演示部分，要在向客户揭示风险的同时，使其对分红保险有较为理性的理解；在销售分红业务时，明示分红业务未来红利分配是不保证的，合理引导客户对未来的预期；在保单签发后，要结合分红业务的负债属性，做好资产负债匹配管理。

（二）分红的可持续性和平滑机制

分红业务要长期稳健发展，红利分配必须坚持可持续原则。每个会计年度结束后，寿险公司首先根据当年度的业务盈余，决定当年度的可分配盈余。根据分红保险的特点，寿险公司有权决定当期的可分配盈余，并根据经济形势的变动来调整红利，将部分盈余留存至未来发放。一般情况下，寿险公司不会把分红账户每年产生的盈余全部作为可分配盈余，而是会根据对未来经济、资本市场及分红险种经营状况的预期，在保证未来红利基本平稳的条件下进行分配。未被分配的盈余留存公司，用以平滑未来红利、支付终了红利。通过合理运用分红政策中的平滑机制，保险公司可将分红水平稳定在一个长期可持续的水平上，避免大起大落，维护客户的合理预期并切实保护其利益，最终保证行业长期健康可持续发展。平滑机制为红利分配的长期可持续性提供了机制保障。

1. 红利分配平稳、持续的必要性

为应对市场竞争，满足客户投资理财日趋专业化的需要，保险公司需要具有竞争力的保单红利支付水平，但超出能力范围的分红水平会误导保单持有人的预期，加大公司的经营压力。因此，必须结合公司长期经营发展规划、分红业务的未来投资收益预期、客户的长期合理预期、分红业务的经营盈余及其他现金流等多方面因素综合确定，以使得红利分配能够平稳、持续。既通过保持具有竞争力的保单红利支付来满足公司与保单持有人的短期利益需求，又使分红政策符合公司的长期经营战略并提升其持续经营能力，实现公司与保单持有人的长期利益目标。

2. 准备金核算方法对平滑机制提出需求

按现行法定修正方法提取准备金，会在前几个保单年度，尤其是首个保单年度出现较大的分红业务账面盈余，但它并不是真正的分红盈余来源，而是由于准备金评估方法修正形成的。因此，这部分账面盈余不能完全分配，其中大部分应结存在未来分配，这就要求公司建立长期的预测模型和平滑机制，将结存在未来分配的部分提取为分红保险特别储备，以使红利长期保持稳定增长。

3. 资本市场波动对平滑机制提出需求

从中国资本市场的实际发展状况看，在过去10年中，由于投资收益具有较大的波动性，平滑机制在公司稳健经营中发挥了重要作用，使公司经营能够以丰补歉，使红利分配保持相对稳定，维护客户利益，稳定保险客户群，避免大规模的退保及现金流支出。

例如，在开始销售分红业务的前5年（2000—2005年），受资本市场低迷的影响，各公司分红业务盈余很低甚至没有，在综合考虑分红业务长期发展预期基础上，在部分年度，大部分公司通过补贴红利来发展业务，红利分配超出年度盈余，之后通过2006年度产生的盈余转回以前年度的补贴，利用平滑机制推动了分红业务的长期发展。

2007—2008年资本市场大幅波动，2007年寿险行业利润表口径的投资收益率达到10.8%，而2008年仅接近3%。行业主要公司在合理分配2007年度红利的基础上，通过特殊红利的方式将部分超过以前年度预期的盈余分配给客户与股东，并结存一定规模的分红特别储备，使得在2008年度仍然可以保持客户合理预期的分红水平。在资本市场波动情况下，投连、万能等投资型业务出现较大投诉与退保风险，而分红业务发展相对稳定，证明平滑机制有助于保险行业稳健发展。

（三）保单持有人与公司股东之间的利益平衡

保险公司的长期发展需要处理好客户与股东长期利益。如何有效管理保单持有人与保险公司股东之间的关系，保障保单持有人利益并提升寿险公司持续经营能力，既是保险监管机构对分红保险业务监管的核心内容，也是影响保险公司分红产品长期稳定发展的核心问题。目前，监管机构已明确规定“保险公司每一会计年度向保单持有人实际分配盈余的比例不低于当年可分配盈余的70%”，但考虑到保险公司有权决定各会计年度的可分配盈余，所以如何使可分配盈余的确定遵循客观性、一贯性的原则，合理平衡年度间保单持有人与股东的利益分配，是分红政策制定中必须考虑的重要内容。

（四）红利分配的公平性原则

为了推动分红业务长期健康发展，兼顾各方利益，红利分配应体现公平性、合理性。在约束公司实现红利分配的公平性方面，监管机构建立了两项制度：一是要求保险公司根据不同保单对于盈余的贡献大小进行分配；二是要求将保证分红公平性作为总精算师的职责。

需要注意的是，红利分配的公平性是相对公平，绝对公平是做不到的。实践中，虽然逐保单确定分红率最为理想，但不可操作，所以保险公司一般采用合理分组方式进行适当简化处理。保单持有人之间的红利分配一般随产品类型、缴费方式、缴费期限、保险期限、投保年龄、性别等保单信息的不同而不同，基本反映了保单持有人对分红账户的贡献度，从而保证分配的公平性。在公司实务处理中，公平性要求遵循相关监管文件规定。公平性不仅体现在同一分红保险账户内各个投保人之间的公平，还体现在分红保险投保人与一般账户投保人之间的公平、分红保险产品费用分摊的合理性以及与一般账户中公司自由资金之间在核算投资收益方面的公平等。

以上四大原则相辅相成，核心是长期经营理念。在经营管理中，各公司将公平性与可持续性放在分红保险实践的首位；在监管政策中[①]，在“盈余分配”部分就把该原则确定为首条规定，且在分红监管与核算报告的体制设置、后续管理等中，均以此为基本原则。

---

① 《关于印发人身保险新型产品精算规定的通知——个人分红保险精算规定》（保监发［2003］67号）。

四、实现分红原则的工具与方法

为实现分红保险的基本原则，必须辅以有效的工具，这就是分红特别储备、贡献法和红利分配比例。

（一）分红特别储备

分红特别储备是“分红保险账户逐年累积的，用于平滑未来分红水平的储备金”。在分红保险经营好的年份，赚得的比分配的多，剩下的就进入分红特别储备，发挥“蓄水池”的作用；经营不好的年份，分的比赚的多，就冲减分红特别储备，发挥“缓冲垫”的作用。分红特别储备对于满足客户合理预期，实现分红的可持续性，防范化解分红保险经营风险发挥着至关重要的作用。可以说，分红特别储备是分红保险的核心、本质和关键，没有分红特别储备就没有分红保险。

（二）红利分配方法——贡献法

红利分配方法的制定主要体现客户间的公平性。贡献法指在各个保单之间根据每张保单对所产生盈余的贡献比例分配盈余的方法，一般按照利差、死差、费差等利源项目表示，主要由采用现金红利分配方式的保险公司使用。一般情况下，保单之间的红利分配随产品、投保年龄、性别和保单年限的不同而不同，反映了保单持有人对分红账户的贡献比率，体现了公平性原则。在增额红利分红模式下，公司按照各险种对盈余贡献确定年度红利后，再按照每张保单对分红保险特别储备的贡献确定终了红利。保险公司根据产品类型、缴费方式、缴费期限、保险期限等保单信息对分红保单分组，计算各组的资产份额，并利用各组的资产份额和责任准备金，划分各组对应的分红保险特别储备。

（三）确定的红利分配比例

客户与股东分享分红保险的经营成果，应当遵循一定的标准。监管机构规定：保险公司每一会计年度向保单持有人实际分配盈余的比例不低于当年可分配盈余的70%，可分配盈余的确定应当有一个客观的标准，遵循一贯性的原则。按照这一规则，分红保险只有真正分配，客户与股东才能同时受益，使得公司不可以随意获取分红业务盈利，保护了客户利益。

第三节 分红保险产品的关键要素

本书第三章已经详细讨论了保险公司在产品定价时需要考虑的各个要素，以及对每一个影响因素在定价时所采用的处理方法。基本方法是对各因素假定一个数值，然后根据有关公式计算保单的保费，定价即告完成。不过，实际操作并不这么简单。分红保险产品的开发过程包括三方面的内容：产品特征的设计、产品定价因素以及产品开发原理。下面从以上三个方面对分红保险产品开发进行简要介绍。

一、分红保险产品特征的设计

（一）保证利益与非保证利益的比重

分红产品的保险责任由保证利益和非保证利益两部分构成。有的分红产品，保证部分的利益所占比重较高，相应的红利可能较低；而有的产品虽然红利较高，但其保证部分的利益较低。在分红保险产品特征的设计中，要根据保险公司的发展战略确定这两部分的比重。基于不同的市场卖点和分红策略，有的公司会采取“高费率、高红利”的策略，分红产品中的非保证利益部分较高；而有的公司则采用“低费率、低红利”的策略，保证利益部分较高，非保证的红利部分较低。

（二）分红保险产品形态的选择

目前，国内市场分红保险产品的形态主要分为两种：“全差分红”和“两差分红”。所谓的“差”，是指红利的来源（简称“利源”）。对于一般的寿险产品，最主要的三个利源分别是“利差”、“死差”和“费差”，即保险产品在投资收益、保险赔付和费用支出三方面的实际经验数据与定价假设数据之间的差别。除了上述三种主要的“利源”之外，红利来源还包括“退保差”和预期利润。所谓“退保差”，是指保户退保时，保险公司所支付的现金价值（即解约金）小于保单实际积存的资产份额而产生的“退保收益”；而任何保单在设计时都设定了预期利润，这也是红利的来源。“全差分红”，俗称为“三差分红”，是指分红时上述所有的红利来源都会被考量在内。而“两差分红”则只对利源中的部分要素进行红利分配，而忽略其他要素所产生的盈余或亏损。目前，国内的保险公司对“两差分红”有不同的做法：有的只对“利差”和“死差”分红；而有的是将除“费差”外的其他要素都加以考量。国内大型中资保险公司多采用“两差分红”，而外资或合资保险公司多为“全差分红”。在分红保险产品特征设计阶段，必须结合保险公司自身的特点和市场状况确定分红保险产品的形态。

二、分红保险产品的定价因素

一般来说，在保证利益相同时，非分红保单的费率将低于相同保额的分红保单的费率，这主要是因为在死亡率、投资收益与经营费用的假设上，后者相对前者要保守许多。由于保单红利的支付可以降低分红保险的实际购买成本，但其金额事先无法确定，公司也没有承诺一定支付红利，所以事先很难比较非分红保单与分红保单的购买成本。

保险公司最为关心的是能否保证有足够的资金用以保险给付和费用支出，因此，公司在预定死亡率、投资收益、经营费用时通常很谨慎，实际情况往往会比预期结果乐观。保险公司在签发分红保单后，如果实际情况比预期结果好，就可以通过支付红利的方式将公司的盈余分配给保单所有人，否则就不支付红利，以确保有足够的资金来给付公司承诺的保险金。当然，公司在定价时不能过于保守，还必须考虑竞争对手的保费水平，以保证保险产品价格的竞争力。所以，在相关法规允许的区间中，分红保单的定价要视公司的长期发展战略而调整。基于不同的市场卖点和分红策略，各个公司会采取不同的定价假设。有的会采用较为保守的定价假设，从而可以支持较高的红利分配；而有的则采用"低费率、低红利"的策略，保证利益部分较高。所以在比较不同的分红产品时，应将保证利益和非保证利益进行整体比较，而不能仅仅比较不保证部分的红利收益。

同时，在分红保险产品定价时要特别注意投资收益率的假设。与其他传统的人寿保险产品不同，分红保险具有一定的投资性，其资金运用不仅要考虑安全性，也要追求较高的投资收益率。所以，分红保险的投资策略较其他传统的人寿保险产品相对激进，资产配置中高风险、高收益的资产比例较传统人寿保险产品高，其资产的平均投资收益率通常也会高于其他传统的人寿保险产品。

另外，分红保险产品在财务管理上也不同于一般非分红保险产品。保险公司应对分红保险进行独立核算，并根据实际情况和需要，决定是否对分红保险业务按类别进一步细化账户管理。若分红保险产品有其他附加的保险产品，而且该附加保险系非分红保险，则其保费收入、保险利益给付等项目不计入"分红保险"账户。

最后，在分红产品定价时还应考虑分红的形态。对于"两差分红"的分红保险产品，若对"费差"以外的所有利源进行分配，其相应的附加保费收入和佣金、管理费用支出等不列入"分红保险"账户核算；若只对"死差"或"利差"进行分配，则只有与这两个要素相关的项目才会列入"分红保险"账户核算。对于同时涉及分红保险业务和其他业务的收入或支出，保险公司应遵循一般会计准则和公平性原则，将该项收入或支出在分红保险业务和其他业务之间合理分配或分摊。

三、分红保险产品的开发原理

分红保险产品的设计原理主要表现为：较低的保证利益，即预定利率通常较低；较为强调储蓄性；强调对可分配盈余的分享。

（一）分红保险产品开发的一般方法

分红保险产品设计的传统方法是在费率厘定时采用较为保守的预定利率、死亡率和费用率，然后根据实际的投资收益、死亡赔付和费用与预定水平之差进行分红，但分红不能为负，即不能要求保单持有人承担保险公司的经营亏损。

自2003年开始，中国保监会出台了一系列办法[①]，其中2003年67号文对个人分红保险产品开发中的定价假设、红利计算等方面均作了详细的规定，从法规角度保证了分红保险的健康发展和良好的市场秩序。2003年67号文要求保险公司在厘定保险费时，应根据公司对未来投资回报率的预测，按照谨慎的原则确定预定利息率，所采用的预定利息率应当符合中国保监会的规定。对于厘定费率时的预定死亡率，2005年118号文规定："保险公司在厘定保险费时，自行决定采用的预定死亡率"，也就是说，当前在分红保险产品的定价中，允许保险公司自主选择适用的生命表。

（二）红利的成本

保险公司每年度分红产品的分红成本在数值上等于当年的可分配盈余，所有分红包括支付给保户的红利和相应的支付给公司股东的红利。其中，支付给保户的红利等于现金红利、增额红利的精算现值与终了红利之和。中国保监会2003年67号文规定："保险公司每一会计年度向保单持有人实际分配盈余的比例不低于当年全部可分配盈余的70%"，即可分配盈余分配的"30/70"法则。对于该法则，可以从以下两个方面理解：一是从分红保单组的整个保险期间来看，需要满足分配给客户的红利不得低于全部"盈余"的70%。二是每年从分红账户中转移给保险公司股东的红利不得高于该年分给客户的红利的3/7。满足这两个方面，就可满足所谓的"30/70"法则。目前国内大多数保险公司都采用30/70的比例支付公司股东红利和支付保户红利。下面对应红利派发的不同方式，对红利的成本进行简单介绍。

1. 现金红利分配方式下的红利成本。保险公司将全部可分配盈余的一定比例（不低于70%）乘以每张保单产生的盈余占总可分配盈余的百分比，来确定该张保单实际分配的现金红利。所以，对于保险公司来讲，假设其采用30/70的比例在支付公司股东红利与支付保户红利之间进行分配，那么现金红利的成本为：

$$CD_t \div 70\%$$

其中，CD_t为该保单在t时刻分配到的现金红利；70%为可分配盈余分配给保单持有人的比例。

2. 增额红利分配方式下的红利成本。增额红利成本应当按照评估基础计算，每张保单增额红利成本的计算公式为：

$$(RB_t \times A) \div 70\%$$

其中，RB_t为该保单在t时刻分配到的增额红利；A为按照评估基础计算的在t时刻购买原保单责任的趸缴净保费；70%为可分配盈余分配给保单持有人的比例。

3. 终了红利分配方式下的红利成本。由于终了红利是采用现金的方式给付投保人，其红利成本的计算方法与现金红利的红利成本计算方法相同。

---

① 2003年中国保监会出台了《个人分红保险精算规定》（保监发［2003］67号）（以下简称2003年67号文）；2005年分别出台了《关于颁布〈中国人寿保险业经验生命表（2000—2003）〉的通知》（保监发［2005］117号）（以下简称2005年117号文）、《关于修订精算规定中生命表使用有关事项的通知》（保监发［2005］118号）（以下简称2005年118号文）。

第四节 分红保险产品的经营管理

由于分红保险在中国经营时间不长，目前从监管机关到保险公司都将其定位为新型产品。对新型产品的经营管理，目前业内还缺乏成熟的管理经验，还在不断的摸索中。以下简要介绍分红保险产品的信息披露管理、销售管理以及后台管理。

一、分红保险产品的信息披露管理

信息披露，是指保险公司及保险公司代理人向投保人、被保险人、受益人及社会公众描述分红保险产品的特性、演示保单利益测算以及介绍经营成果等相关信息的行为。信息披露的方式主要包括媒体、公司网站、产品说明会、销售人员的说明和介绍、客户服务人员的回访、定期寄送的报告资料。

由于分红保险产品的红利的不确定性，分红保险产品的信息披露管理显得尤为重要。为此，中国保监会2009年下发了《人身保险新型产品信息披露管理办法》（保监会令［2009］年第3号），对分红保险等新型产品的信息披露进一步明确了要求。以下从一般原则、产品说明书、红利通知书、信息披露材料管理四个方面对分红保险产品的信息披露管理进行介绍。

（一）一般原则

保险公司在披露新型产品信息时，应当采用通俗易懂的语言，准确描述与产品相关的信息。保险公司应当对信息披露的客观性、真实性负责，无重大遗漏，不得对投保人、被保险人、受益人及社会公众进行欺骗、误导和隐瞒。

保险公司销售新型产品，应当向投保人出示保险条款、产品说明书。向个人销售新型产品的，还应当出示投保提示书。

订立保险合同，采用保险公司提供的格式条款的，保险公司向投保人提供的投保单应当附格式条款，保险公司应当向投保人说明合同的内容。

向个人销售新型产品的，保险公司提供的投保单应当包含投保人确认栏，并由投保人抄录下列语句后签名："本人已阅读保险条款、产品说明书和投保提示书，了解本产品的特点和保单利益的不确定性。"

新型产品的信息披露材料应当由保险公司总公司统一负责管理。保险公司省级分公司设计、印刷新型产品的信息披露材料，应当报经其总公司批准。除省级分公司以外，保险公司其他各级分支机构均不得设计、印刷和修改新型产品信息披露材料。

保险公司不得授权其代理人设计、印刷和变更新型产品信息披露材料。保险代理人不得设计、印刷和变更其代理销售的新型产品信息披露材料。保险公司及其代理人不得使用与新型产品的保险条款、产品说明书不一致的信息披露材料。

（二）产品说明书

保险公司开办分红保险产品，应当将产品说明书报中国保监会备案，保险公司法律责任人、总精算师应当出具法律声明书和精算声明书，确保产品说明书符合中国保监会有关规定。

分红保险产品说明书应当包含以下内容：

1. 风险提示

在产品说明书封面显著位置用比正文至少大一号的黑体字提示该产品为分红保险，其红利分配是不确定的。其中，采用增额方式分红的，应当特别提示终了红利的领取条件。

2. 产品基本特征

产品的保险责任、责任免除、保单利益，以及分红保险的主要投资策略。

3. 红利及红利分配

（1）说明产品的红利来源，包括死差、费差、利差等，并作出简要解释；

（2）说明产品红利分配的方式，属于现金红利还是增额红利，是否具有终了红利，并作出简要解释；

（3）说明红利实现方式，包括直接领取、抵缴保险费、累积生息或者其他方式；

（4）说明红利分配政策以及确定保单红利水平的影响因素。

4. 利益演示

（1）以表格形式演示分红保险各保单年度末的保单利益，表格中至少应当包括以下要素：

①各年度保险费及累计保险费；

②满期给付、身故给付、退保金等保证利益；

③当年度红利、累积红利等非保证利益。

采用增额方式分红的，可以在表格中演示终了红利，但应当特别说明终了红利的领取条件。演示的年度红利和终了红利累计不得超过中国保监会规定的最高限额。

（2）保险期间少于10年的，必须逐年演示各保单年度末的保单利益；保险期间大于10年的，最近10年各保单年度末的保单利益必须逐年演示。

（3）利益演示应当用醒目字体标明：该利益演示是基于公司的精算及其他假设，不代表公司的历史经营业绩，也不代表对公司未来经营业绩的预期，保单的红利分配是不确定的。

（4）利益演示时，不得披露用于演示的分红保险的投资回报率。

5. 犹豫期及退保

（1）犹豫期的含义、起算时间、天数及投保人在犹豫期内享有的权利；

（2）犹豫期后退保需扣除的费用以及退保金的计算方法。

（三）红利通知书

保险公司应当在保险合同条款中约定每年至少向投保人提供一份红利通知书。红利通知书应当至少包含以下内容：

（1）保险单信息，包括保险产品名称、保险单编号、保险单生效日、投保人姓名、被保险人姓名、报告期间等；

（2）保单各年度保险费以及至上一保单年度末该投保人已分配的红利总额；

（3）红利分配政策；

（4）本年度公司红利分配额度以及分配给投保人的红利总额；

（5）本年度分配给该投保人的红利。

除向投保人提供红利通知书外，保险公司不得向公众披露或者宣传分红保险的经营成果或者分红水平。

二、分红保险产品的销售误导风险及其管理

由于分红的不确定性，保险公司分红保险产品经营面临的最主要的风险之一就是销售误导风险。保险公司通过销售行为管理和回访制度对销售人员的销售行为进行监督管理，保证分红保险业务的健康经营。

（一）销售误导风险

分红保险产品销售误导主要表现为：代理人为了达成销售，片面地夸大或者变相夸大产品投资收益，对产品的收益作出不实承诺，造成客户对红利较高的预期，受到资本市场波动的影响，红利波动属于正常现象，当红利低于客户预期时，就会出现大量纠纷，甚至出现较大面积退保现象，对公司现金流和投资规划都会造成负面影响；对产品责任免除等重要事项避而不谈，导致理赔发生时出现纠纷。销售误导不仅仅对某家保险公司有负面影响，严重的会影响整个行业声誉。

为保护消费者利益，近年来中国保监会陆续出台了分红保险相关管理规定、精算规定、信息披露等方面的法规，为规范分红保险产品销售提供了监管基础。以下从销售行为管理和回访制度两个方面介绍保险公司对销售误导行为的管理措施。

（二）销售行为管理

（1）保险公司应加强内部培训和管理，逐一制定培训材料，建立严格的考核制度，确保讲师及销售人员全面、准确地理解分红保险产品。

（2）保险公司及其代理人进行新型产品信息披露，不得与其他保险产品以及银行储蓄、基金、国债等进行简单对比，也不得对保单持有人及社会公众做引人误解的宣传或虚假宣传。

（3）保险公司及其代理人在宣传材料中演示保单利益时，应当采用高、中、低三档演

示新型产品未来的利益给付。利益演示应当坚持审慎的原则，用于利益演示的分红保险假设投资回报率不得超过中国保监会规定的最高限额。

（三）回访制度

保险公司应当建立分红保险产品回访制度。回访制度应当包括回访的时间、方式、内容、成功率以及相关问题的处理等内容。

保险公司对分红保险产品投保人的回访应当在保险合同犹豫期内完成。回访应当首先采用电话方式，并制作录音；电话回访不成功的，可以采用信函或者会见等方式，但必须取得投保人签名的回执；通过以上所有方式均不能成功回访的，保险公司应当就回访情况及不能成功回访的原因等有关内容进行详细记录。保险公司回访的录音及其他证明材料应当至少保存5年。

三、分红保险产品的后台管理

在产品备案阶段，分红保险产品就比传统产品严格。除了提供条款、费率、现金价值等传统产品必须提供的材料外，还需要提供分红保险业务管理办法、分红保险财务管理办法、分红保险红利分配管理办法、收入分配和费用分摊原则、产品说明书等材料。

（一）分红保险产品的业务管理

保险公司必须为分红保险产品开发专门的信息系统，确保该信息系统能够完成分红保险产品的所有业务需求。分红保险产品业务管理系统不但能够实现承保、核保、出单、后期保全等传统产品所必须的功能，还必须处理与分红有关的业务：

（1）计算每张保单红利，并在系统中生成相关信息。

（2）在系统中自动生成红利通知书，并做打印以及派发提醒动作。

（3）对累计生息领取方式，计算红利的利息；对延迟派发的红利，计算延迟红利利息。

（4）对于团险，还需要计算平均资金运用余额，以满足团险特殊的红利计算方式。

（5）非正常保单红利处理，如退保状态、中止状态、理赔状态保单的红利处理。

（6）向其他非核心系统发送相关信息，如在保单生效时向客户服务系统发送回访信息。

（二）分红保险产品的财务以及资金管理

根据中国保监会的规定，分红保险产品应该独立核算。为真实、公允地反映保险公司分红保险业务的实际盈利状况，中国保监会要求保险公司在每个会计年度的4月15日前向中国保监会报送上一会计年度经审计的专题财务报告。目前，分红保险专题财务报告由五部分内容组成：董事会和管理层声明、审计意见、分红保险业务基本情况、分红保险利润表和资产负债状况表、分红保险保单红利分配方案。

分红保险业务的资金采取总公司集中管理、统一运用原则。保险公司总部设立专门的分红保险资金上划账户。保险公司的分支机构可开设专门银行账户分别划转分红保险资金和普通保险资金，也可不设专门银行账户，通过分红和普通保险二级明细核算，分别记录并划转分红和普通保险资金。

（三）分红保险产品的投资管理

由于分红保险产品具有保底利率，保险公司承担了一定的投资风险，因此，分红保险的投资以稳健性为主；采取现金分红的保险公司，还要考虑到客户的红利领取，因此在投资组合中需要保持一定的流动性；购买分红保险的客户，对公司红利也有一定的预期，因此，在投资时也要考虑资金的赢利性。

第五节　分红保险产品的发展过程

在这一节中，将集中介绍国内外分红保险产品的发展历程，以及我国目前分红保险产品的现状和存在的问题。

一、国际分红保险产品发展概述

在西方保险市场，大多数人寿保险公司采取了相互公司或者股份有限公司的组织模式。**相互保险公司**由其保单所有人所有，公司的部分经营利润以保单红利的方式分配给保单所有人，从该角度而言，相互保险公司出售的大多是“分红保险产品”。而对于另一种组织形式——股份保险公司，其经营所需的资本来源于投资者对公司股票的认购，这些公司也会将每年的盈余以红利形式分配给公司所有人，但是这种分红与保单持有人无关。早期的股份保险公司出售给客户的都是非分红保险产品，即传统型保险，随着人身保险业的发展，股份保险公司也开始出售“分红保险产品”，即股份保险公司在每年的会计年度结束后，将盈余的一部分以现金返还的形式回报客户，让客户分享保险公司的盈余。目前，我国保险市场的分红保险产品基本上是这种由股份公司返还盈余的分红保险，一方面可以应对利率频繁且剧烈变动对传统寿险产品的压力，另一方面是由于在目前的全球保险市场上，越来越多的相互制保险公司采取了非相互化的公司重组进程，在保险市场上公司架构的组成比例已经发生了巨大的变化。在这种趋势下，无论是在我国，还是在其他新兴保险市场，由于没有相互保险公司，故而只能选择“由股份公司返还盈余的分红保险”。这种分红保险产品最早产生于英国。1776 年，英国公平生命保险社在成立 15 周年进行决算时发现实际责任准备金比将来保险金支付所必需的责任准备金多出许多，于是将已收保费的 10% 返回给投保人，这也是世界上最早的寿险分红。1881 年该社改变了分配方式，采用在保费缴纳期间，每年按照保险金额的 1.5% 增加给付，这就是最早的保险金增额式分红办法。

分红保险产品之所以会在18世纪中后期的英国产生，是因为当时新兴的资本主义经济大发展引发了较严重的通货膨胀和剧烈的利率波动，传统保险固定的保险利益难以应对变化的外界环境。分红保险能在公平保险公司诞生的另一个原因是该公司的相互制公司制度，相互制保险公司作为投保人自愿联合、相互扶助、分担风险的一种组织形态，与分红保险产品具有天然的契合性。在这种公司体制下，保险公司的投保人同时作为保险公司的股东，保户的利益同时就是投保人和保险公司的利益，因而全部盈余既来自于保户，也终将归于保户。相互制保险公司是不以营利为目的的法人，在经营上对保户的利益较为重视，名义上公司不通过对外经营获得利润，而是在保户内部之间开展相互保险，保费收入在支付赔款和经营费用之后，盈余部分完全由保户共享。其通常的做法是：一部分盈余分配给保单持有人，另一部分作为公积金或准备金转入下一会计年度的风险基金。因此，最初分红保险产品只在相互制保险公司销售，股份制保险公司是不销售分红保险产品的。

对于红利的派发方式，国际上存在着两种模式：一是以英国、澳大利亚为代表的增额红利模式，以增加保额为基本形式，具体又分为单利、复利和终了红利等形式；二是以美国、加拿大、日本为代表的现金红利模式，在现金红利的基础上演化出现金领取、抵缴保费、储存生息、**缴清增额**等形式。

二、我国分红保险产品发展概述

20世纪90年代之前，中国的保险市场尚不成熟，中资保险公司以财产保险为主要经营范畴，只是销售产品形态比较简单的团体人身保险、简易人身保险、教育保险等，个人营销业务也没有开展。1992年始，首家外商独资保险机构及第一家合资保险公司获准在上海开业。尽管具有国外先进的保险理念和管理模式，但是由于产品开发人员以及决策者对于当时中国大陆的经济走势、投资渠道、费用成本等无法作出长期的合理估计，再加上没有同类型的公司经验作参考，为了降低由于利率、死亡经验以及费用成本等的不确定性，部分保险公司曾经小规模地向保险市场推出类似分红保险的产品，用来抵御未来可能与定价假设出现重大差异的风险，也可在某种程度上规避一定的利差损失。1996年，当时的保险监管机构中国人民银行要求各保险公司采用新颁布的中国生命表将所有人身险产品重新定价，并且鉴于分红保险产品的管理办法暂不成熟，建议不再送审分红型产品，全部改做非分红产品，因而这种类似分红保险产品的保险险种暂且退居幕后。

1992—1997年高利率盛行，然而在1997年以及其后的5年内，央行八次连续下调银行储蓄存款、贷款利率，当时一些保险公司由于定价利率高达7.5%，甚至个别达到9%，便协商将产品定价利率降至5%。然而，当时在业内有种观点认为定价利率5%可能过低了，未来的利率应在此之上，产品的回报率理应更高些。于是，一部分公司借鉴台湾的做法，陆续推出“利差返还保险”，即特定的银行储蓄存款利率若超过“定价利率+2%”，则其差额部分将返还给投保人。

此类“利差返还保险”含有“红利返还”之意。尽管它存在较大缺陷，也不是真正意义上的分红保险，但在探索发展新型保险产品的道路上作出了有益的尝试。截至1999

年6月，央行利率已大幅下降。为了防止继续出现新的利差损，中国保监会召集各保险公司有关负责人，决定将人寿保险产品新单的预定利率上限下调至2.5%，规定无论长期还是短期险种均由各保险公司总公司统一开发，而后各保险公司完成了产品重新定价和备案工作。

中国保监会以及海内外业内人士一直以来都在积极为中国的寿险业寻找出路，寻求一种或若干种产品形态，既能解决保险公司因定价、营销或投资等管理不慎而出现的利差损问题，同时又能解决客户在各种利率投资变化情形下仍能获取合理的回报这一问题。各保险公司开始进行研究探讨，借鉴国际寿险业开发具有保障和投资双重功能的新型保险产品的经验，开发分红保险、投资连结保险和万能保险等新型产品。1999年10月，国内某保险公司在上海推出投资连结保险，拉开了分红保险、投资连结保险、万能保险等新型产品迅速发展的序幕。而后，经业内人士及海内外专家的多次论证，由保监会牵头，于2000年初颁布实施《分红保险管理暂行办法》。同年3月，由某外资保险公司率先在上海推出分红保险产品，随后国有大型保险公司也加入了销售分红保险产品的队伍。自2002年开始，由于国有大型保险公司在中短期分红两全保险的跨域式发展，分红保险已经成为寿险产品的主力军，占据了寿险新单保费的大部分份额。

三、我国分红保险产品的发展现状

分红保险从2000年产生伊始到目前，短短几年时间经历了辉煌的发展历程①。

从2000年第三季度开始，分红保险产品逐渐得到了市场的认可，2001年的增长率趋于稳定上升状态。2001年全国人身险总保费收入1424.04亿元，其中，分红保险产品保费收入272.65亿元。2002年中国保险市场快速发展，分红险成为主要产品，各公司分红保险产品保费收入总计1121.72亿元，比上年增加850.14亿元，增长3倍多，占全国寿险保费总收入的49.3%。2003年，随着中国保险市场的进一步发展，分红保险全年实现保费收入1681.22亿元，比2002年增长49.9%，市场份额亦由49%上升到56%。截至2006年，分红保险的市场份额一直高于50%，稳占人身险市场的半壁江山（见表6-3）。

表6-3　2001—2007年分红保险保费收入及占比状况

单位：元

项目	2001	2002	2003	2004	2005	2006	2007
人身险合计	1424.04	2274.64	3010.99	3193.94	3645.45	4059.07	4949.04
分红产品	272.65	1121.72	1681.22	1805.15	2020.12	2149.63	2221.23
占比	19.15%	49.31%	55.84%	56.52%	55.41%	52.96%	44.88%

注：2004—2007年的人身险合计数均不包括财产保险公司的意外险、健康险收入。

① 根据《中国保险年鉴》（2002—2008）的相关数据整理。

四、分红保险发展中存在的问题

尽管分红保险在目前的保险市场上占据了可观的市场份额，但是，由于分红保险产品在国内推出的时间不长，还存在着许多不完善的地方，需要保险公司和保险监管部门共同努力，共同推进分红保险产品健康发展。

（一）认识误区导致销售上的误导

在目前的保险市场上，消费者对于分红保险的认识仍存在着一定的误区。这种误区或多或少是由于一些保险公司、保险代理人及媒体在分红等新型产品的宣传上存在着偏差甚至是误导。为此，中国保监会在2001年出台《人身保险新型产品信息披露管理暂行办法》，对行销过程中产品信息披露问题作出了详细的规定，以杜绝这些现象的发生，进一步规范市场行为。然而，由于分红保险产品本身的复杂性，面向缺乏保险相关专业知识的普通公众，无论在理论层面，还是实践层面，保险公司都很难向大众详细明确地解释，尤其是涉及精算的一些内容更是不易理解。鉴于此，就需要通过专业的独立第三方，以公正的立场，对分红保险所涉及的专业内容进行审计。此外，即使在分红保险发展比较成熟的国家，也特别强调对分红保险进行严格的售前、售后的信息披露。中国保监会《人身保险新型产品信息披露管理暂行办法》的出台，对于规范分红保险产品的销售起到了很大的作用，但是面对分红保险市场中出现的一些新问题，仍需监管部门进一步完善信息披露的监管要求。特别是在红利的分配上，如何能让保单持有人了解红利的平滑性与长期性，不盲目地将红利与银行利率作比较，其对于分红产品的进一步健康发展是十分必要的。

（二）保险公司的经营管理及投资水平有待提高

与传统产品相比，分红保险产品较为复杂，由于其非保证利益部分的不确定性，其资产风险和管理风险均大大超过传统产品。保险公司的各项经营活动和技能也将直接接受客户和社会的监督，这对保险公司的经营管理模式、内部运作效率与质量、销售队伍的素质和技术水平等都提出了更高的要求。由于我国寿险业起步较晚，整体经营管理水平还较低，保险公司在这方面面临较大的压力。

在投资技能方面，由于分红保险产品具有比传统产品更强的投资功能，且投资回报的高低是决定产品竞争力的重要因素，这就要求保险公司应有完善的投资管理制度，有能力进行多种金融产品的交易。

但从目前国内保险公司的经营运作来看，分红保险是一把双刃剑，若经营管理水平没有改善，那么保险公司会将自己的问题暴露在客户面前，势必影响保险在消费者心目中的形象。

（三）我国关于分红保险产品的相关理论基础和法令法规尚不完善

西方发达国家的非传统型保险的产生和发展是在其寿险业数百年的发展历史背景下的

“水到渠成”，有其内在的必然性和规律性。反观我国，寿险业发展历史尚短，在20世纪又一度中断30年之久，真正的发展是自20世纪80年代开始的近十数年的时间，寿险业的市场规律尚未真正形成，也没有建立系统的新型产品的理论基础和完善的保险法令法规体系。我国的保险深度（2007年是2.9%）和保险密度（2007年是69.6美元）均大大低于世界平均水平（2007年世界保险深度为7.5%，保险密度为608美元）。

在各保险公司的分红保险产品中，虽然基本实现了财务核算的独立性，但在资产独立性和资金运用独立性方面的理解和运作各有差异，如对于分红保险产品与传统非分红保险产品共同购买资产的损益如何分配、共同支出的费用如何分摊，两类产品的资金适宜独立运作还是合并运作等方面的处理各不相同。由于两类产品的独立核算程度主要决定于公司的内部管理，目前在法规方面的约束还不够明确，操作时透明度较低，随意性较大。再者，由于分红产品具有一定的复杂性及消费者对分红产品的运作并不了解，这客观上要求分红产品在售前及售后应进一步加强信息披露。

由于分红保险产品对于精算技术要求较高，而目前相关的技术性指导文件只有中国保监会的2003年67号文，对于红利分配的具体方法尚缺乏行业性的技术性指导文件。

（四）产品创新有待加强

目前，各保险公司开发分红保险产品具有很大的雷同性，不重视产品开发的基础工作，处于低水平重复建设，仍以市场销售量作为市场定位和产品定位的主要依据，以一个产品打天下的现象也有发生，使风险过度集中。若要保持分红保险产品的市场竞争力，各保险公司的产品开发力度尚有待加强。

关键词

分红保险产品　相互保险公司　股份保险公司　终身型分红保险　两全型分红保险　年金型分红保险　保单红利　可分配盈余　利差　死差　费差　经验保费　红利选择权　现金红利　增额红利　终了红利

思考题

1. 分红保险产品红利的最主要来源是什么？保险公司主要采取哪些方法来确定红利的数额？
2. 分红保险产品的主要特点是什么？
3. 保险公司盈余的主要来源有哪些？
4. 现金分红与增额分红的主要区别是什么？
5. 分红保险产品制定分红政策时应遵循哪些原则？
6. 简述保险公司销售分红保险面临的销售风险以及风险管理措施。
7. 购买了分红保险就能成为保险公司的股东吗？

附件6－1　背景资料：红利分配的方法

保险公司一般都会按照事先约定的方法来确定红利，红利数额的确定方法有许多种，每种方法各有优劣。以下是国际上分红保险发展历史中曾经采用过的一些主要的分红方法：

第一种，百分比例法。这是早期保险公司确定红利的方法。它是以每位保户所支付的保费为基础，采取同一比例分配红利。如分红比例为6%时，若某保户某年度年缴保费为2000元，则该保户该年度所能分得的红利为：

$2000\times6\%=120$元

第二种，三元素分红法。这是美国所采用的分红方法，又称为利源分红或贡献法。这种方法来自传统的保费观念，它的理论基础是认为可分配盈余由三个来源组成：利差、死差及费差。此三元素为赢利的主要来源，故又称为利源分红。在实际操作中，为简单起见，计算第N个保单年度末应付的红利，即将该年度利差、费差及死差直接相加。此种红利分配的方法优点是：分红是对利差、死差及费差三种利源分析的结果，分红可视为保户对盈余的贡献，较为公平合理。其缺点则有：(1) 盈余来源除利差、死差及费差之外，还应有退保差等其他来源，仅以三元素计算稍嫌不足。(2) 分红计算太复杂，保户不易理解。

第三种，经验保费分红法。采用三元素分红法时，若其他因素不变，当投资收益高于定价假设时，每年红利会随保险期间的延长而增加。投保人因此形成对未来红利水平的期望。然而当处于利率下降时期，红利亦随之减少，以致不能达到投保人期望的水平。为了解决这一问题，许多公司开始使用经验保费分红法。此法分两步骤计算。首先，按全部保单种类及所有年龄计算经验保费。经验保费的计算是以该年度经验死亡率及营业费用率加上计算保费时的预定利率为基础。经验保费通常低于保户缴纳的总保费，两者的差额即为该年度可分配红利的一部分，这部分的金额往往较固定。另一部分则来自于利差，其金额随投资收益率而变化。两部分相加，即为该年度的红利。此法的优点是：(1) 红利数额可逐年递增，颇能符合投保人的心理。(2) 对分红保单与非分红保单之间经营成本的平衡提供了直接而明显的核对。

第四种，资产份额法。资产份额法以资产份额的观念计算红利，有两种方式：过去法和未来法。前者以（历史的）资产份额法计算过去的红利数额；后者以（预期的）资产份额法计算而确定保单全期的红利标准。

第五种，增额保险金分红法。这种方法多为英国寿险业采用。每隔1年、3年或5年定期对资产进行评估，计算可分配盈余，并将其换算为各保单的保额增长率，以此体现投保人的红利。这种方法的优点是：(1) 简单，保户易于了解；(2) 增额分红可以弥补因通货膨胀造成的保险金贬值。其缺点是：(1) 分红较不公平，主要原因是采取统一的增额方式；(2) 结算处理非常麻烦。

第六种，责任准备金式分红法。这种方法是以期中责任准备金乘以利率的差额而得到红利水平。它的特点是：(1) 公平性稍差；(2) 每年分红额不稳定，易受中央银行利率变动的影响。

附件 6－2 背景资料:“分红保险产品的分红”和“股票的分红”

首先，分红面向的对象不同，分红保险产品的分红是面向购买分红保险产品的投保人，股票的分红是面向购买股票的股东。对于股份制保险公司，投保人购买分红保险产品，本质上是购买了一个保险产品，身份上没有变化为保险公司股东。要想成为保险公司的股东，只有购买保险公司的股票。

其次，从保险公司经营管理角度看，保险公司的股东与分红保险投保人责权利不同。保险公司的股东在股东大会上有投票表决权，分红保险投保人没有这样的权利；保险公司破产清算时，投保人作为债务人，比股东具有优先清偿权，分红保险投保人承担的风险小于股东。

再次，红利来源不同。股票分红来源于股份公司的经营利润，分红保险产品的分红来源于分红保险产品经营过程中产生的盈余，具体来说，主要来源为利差、死差以及费差，是因为实际经营和产品费率厘定假设存在偏差，将多收取的保费返还给客户。分红保险产品的分红与保险公司的其他业务产生的盈余无关。

最后，红利适用的政策法规不同。分红保险产品的分红适用监管规定是中国保监会关于分红保险产品的有关业务、财务、信息披露以及精算等方面的规定。股票的分红适用法律是《中华人民共和国公司法》，上市公司股票分红还受到中国证监会有关监管规定的约束。

第七章

万能保险产品

学习目的

- 掌握万能保险的基本概念和主要特点
- 熟悉万能保险的主要形式
- 掌握万能保险的各种关键要素
- 熟悉万能保险经营管理要求
- 了解国内外万能保险的产生与发展过程及不足

> 万能保险，是指包含保险保障功能并设立有保底收益投资账户的人寿保险。
>
> ——中国保监会[①]

万能保险自产生之初，就以其透明性、灵活性和可规划性而受到广泛欢迎。客户可以通过购买万能保险，实现从保险保障到家庭理财的规划目标。万能保险在我国保险市场及国际成熟保险市场都得到了快速的发展。

第一节　如何认识万能保险产品

一、万能保险的概念[②]

万能保险是一种产品运作机制完全透明、可灵活缴纳保费、可随时调整保险保障水平、且将保障和投资功能融于一体的保险产品。投保人缴纳的保费在扣除初始费用后就进入万能账户中进行投资累积。此外在每个结算期间（一般为一个月）公司都会根据客户当期适用的保险事故发生率确定保障部分的费用，并于其他费用一起从客户的万能账户中扣除，同时也将当期结算的账户收益记入账户。万能保险一般提供最低投资收益的保证。

二、万能保险的特点

（一）万能保险的主要功能

从万能保险的本质特征来说，它既具有保险的保障功能，同时还兼具理财的功能。在保险保障方面，万能保险可以在整个保险期间内提供包括养老、死亡、伤残、疾病等

① 2008 年中国保监会人身保险监管部编，《人身保险产品基础知识问答手册》。

② 万能保险中“万能”的名称最早来源于我国台湾、香港等地区，为英文“Universal”的直译，这个名称容易让人误解万能保险是“万能”的。实际上万能保险并不能满足人们一切的需求与收益预期，它只是具有较强灵活性与透明性的一款保险产品，由于产品规划能力较强，所以一定程度上能够集合化实现其他种类保险产品的功能，故称之为“万能”保险。在银行界也有全能银行一说，这是一种商业模式，主要是说银行混业经营，可以提供所有金融服务，引人金融超市等理念，属于金融机构的最高境界，但国际经验证明并不理想，容易产生道德风险和混业风险，此处全能也并非该银行无所不能。

在内的各项保险责任，还可在一定限度内随意增加或减少保额，基本可以满足客户的各项保险需求，保障责任对应的保费在账户中扣除；在理财方面，保险公司通过售出大量具有较高账户价值的万能保单积聚了保费，并凭借资金的规模效应及专业理财队伍的投资活动来确保获得较为理想的投资收益，最终将大部分投资收益以结算利率的形式回报给投保人。

客户可以根据自身的需要合理地搭配万能保险功能的组合。如果偏重理财功能，则可以降低保障额度，从而提升账户增值的速度；如果偏重保障功能，可以根据需要增加保险金额。同时，客户也可以在保单持有的不同阶段来调整两种功能的占比，如年轻客户在保单持有前期选择较低保障水平，从而实现账户的有效累积；随着年龄增长保障需求加大时，账户价值也足以支付较高的保障水平，则可以调高保障，从而真正实现产品的“万能”功能。

（二）万能保险的主要特征

1. 账户式管理

投保人在购买了万能保险后，保险公司即为其建立一个万能账户。万能账户是实现产品“万能”功能的平台，其账户价值核算、费用收取、保障成本、收益增长等无一不通过账户实现。客户持有万能保单的利益就体现在对万能账户利益的所有权上，而保险公司对万能保险的管理本质上就是对万能账户的管理。

投保人在购买万能寿险产品时，首期至少要按照规定支付一定的保费，然后扣除费用成本、死亡与其他附加给付成本，如保费豁免等。扣除费用与死亡成本后的剩余资金成为**首期账户价值**，该首期账户价值在第一个结算期末的本利之和即成为第一期期末账户价值。

第二个结算期间（通常以月计）以第一期期末账户价值为基础，加入投保人选择缴纳的第二期保费。一般说来，如果第一期账户价值足以支付第二期费用及死亡成本，投保人可不缴纳保费。但如果前一期账户价值不足，且投保人未能续缴保费，保单则会失效。第二期的费用和死亡成本会从第一期末账户价值与投保人第二期缴纳的保费中扣除，得到第二期期初的账户价值。第二期期初的账户价值以当期公布的结算利率计算利息，即得到第二期期末的账户价值。

以后各期的运作将重复以上步骤。一旦保单的账户价值不足以维持该保单，并且投保人没有缴纳续期保费时，则该保单就会失效。如果账户价值足够充足，投保人可以不缴纳续期保费。

万能寿险的上述资金流程见图 7 - 1。

有些保险公司是将缴纳的保费仅扣除一部分费用成本后记入期初的账户价值，而在结算期末再扣除死亡成本和其他费用成本。

2. 运作机制透明

与传统产品相比，万能保险的突出特点之一在于其拥有的透明性。万能保险产品的账户具有较高的透明度，保险公司为每一份保单设立一个账户，缴纳的保险费按照保单约定的比例及金额扣除初始费用、保障费用及其他相关费用后进入相应账户，保险公司定期公布结算

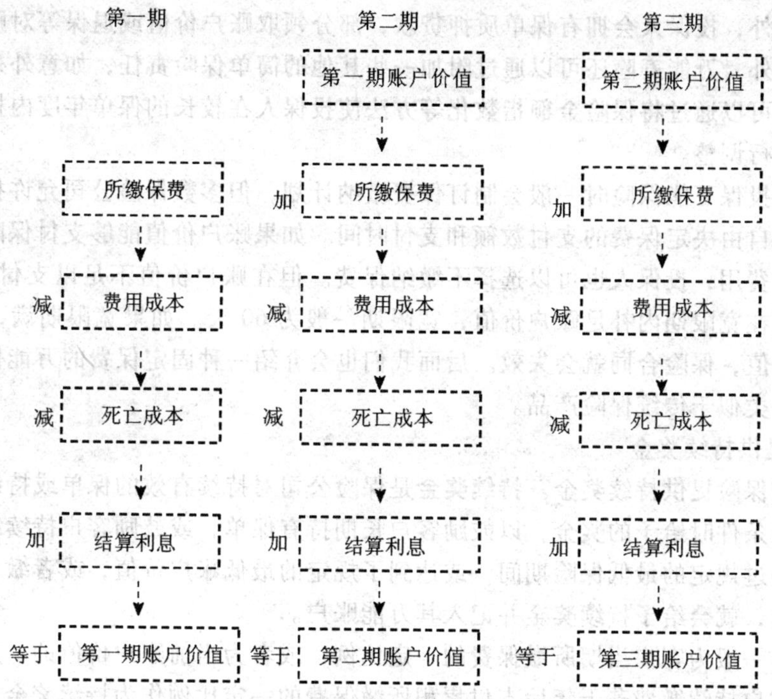

图 7－1 万能寿险资金流程

利率及账户价值，方便投保人了解账户资金状况。

需要注意的是，万能保险的透明性并不是指投保人能够评估保单的预期价值是否合适，而是指投保人可以明确知道保单的内部运作。比如，在准客户投保前，保险公司会提供一份描述保单内部运作的说明书，对保费、结算利息、死亡给付、费用或账户价值等要素进行说明。另外，在投保人投保后，保险公司每年会寄送年度报告，对上述各要素的变化情况进行告知。此外，客户也可通过登陆保险公司网站或拨打客服电话等方式了解自己的万能账户情况。理论上客户甚至可以根据年度报告上的数据自行计算出各个结算时点的账户价值。

万能保险之所以具有这种透明性，是因为该产品保费被分解为保障、投资和费用三个部分。投保人在投保前后都可以清楚地知道保费的分配情况，如保险公司收取的用于提供死亡保障的保费金额、进入保单账户进行投资增值的保费金额、保险公司收取的费用金额。投保人缴纳的保费在扣除费用后记入保单账户。这也就是说，万能保险保单的账户价值与纯保障部分是分开显示的。账户价值每年随所缴保费、所收取的费用、死亡成本及利率等因素而变动。

3. 产品功能灵活调整

万能保险的灵活性主要体现在保障责任调整灵活、缴费灵活，以及账户价值可以灵活进行部分领取等方面。因此从理论上讲，万能寿险生效以后，任何新的寿险需求都可以通过现有保单得以实现。

万能保险保单在开始生效时，保险金额和死亡给付形式都会被确定下来，但投保人在投保后仍可以根据自身在不同人生阶段的需求以及愿意付出的保障成本而改变保险金额和死亡给付形式。另外，投保人会拥有保单质押贷款，部分领取账户价值或退保等对账户价值的灵活处置权。此外，万能寿险还可以通过附加一些其他的简单保险责任，如意外死亡、失能保费豁免等，也可以通过将保险金额指数化等方法使投保人在较长的保单年度内根据自身需求对保险计划进行调整。

投保人在投保万能保险时一般会制订保费缴纳计划，但多数保险公司允许投保人在第二个保单年度起自由决定保费的支付数额和支付时间。如果账户价值能够支付保障保费及保单维持所必需的费用，投保人也可以选择不缴纳保费。但在账户价值不足以支付保障保费时，投保人就必须在宽限期内补足账户价值，宽限期一般为 60 天。如果宽限期满，投保人仍没有补足账户价值，保险合同就会失效。后面我们也会介绍一种固定保费的万能保险，这种万能保险的缴费类似于传统保险产品。

4. 可以提供持续奖金

有的万能保险提供持续奖金。**持续奖金**是保险公司对持续有效的保单或持续缴费的保单满足合同约定条件时给予的奖金，以鼓励客户长期持有保单，或鼓励客户持续缴费。根据约定，保单在经过规定的最低保险期间，或达到了规定的最低账户价值，或者缴费达到了规定的最低次数后，就会给予持续奖金并记入其万能账户。

持续奖金一般为客户当期所缴保费的一定比例，或者为当前账户价值的一定比例，有的公司也会在客户持续缴费若干年后支付累积所缴保费的一定比例作为持续奖金。持续奖金的设计一方面是为了鼓励客户能够长期持有保单，因为只有长期持有，保单的价值才能得到充分的体现；[①] 另一方面可以降低产品的退保率，从而使公司获得长期稳定的利润。

三、万能保险与分红产品的区别

（一）核算方式不同

分红保险是保险公司将其实际经营成果优于定价假设的盈余（主要是利差益、死差益和费差益），按一定比例以红利的形式分配给投保人；而万能保险是将万能账户的投资收益以增加账户价值的方式返还给投保人。

（二）管理的透明度不同

根据监管的要求，万能保险需要将收取的费用项目、比例均明示于条款之中，并按月公布结算利率。结算利率公布后，客户可随时通过保险公司专门的服务系统查询保单账户价值、现金价值等情况，保险公司每年还要为每位客户提供独立的保单状态报告，使客户全面了解其保单账户价值及保障情况。而分红保险一般不需在条款上明示费用等信息，并只需要定期公布红利分配信息即可。因此，分红保险的透明度总体上要差于万能保险。

① 客户缴纳的保费在扣除一定费用后才会进入万能投资账户，所以即使保险公司的投资回报高于其他金融工具，也需要一定的时间累积来抵消扣费对于客户资产的影响，从而实现整体的回报。

（三）操作的灵活度不同

相对而言，万能保险在保费缴纳、账户价值领取、保额调整等方面均比分红保险灵活，分红保险的缴费与保额调整一般需要保险公司的同意，不能灵活调整。

（四）风险与收益特征不同

一般情况下，万能保险资产的投资灵活性略高于分红保险，所以万能保险的预期收益也会略高于分红保险。但由于分红保险一般存在较强的平滑功能，这样就使得分红保险的收益波动性要低于万能保险，从而使得客户能够获得长期稳定的收益。

第二节 市场上主要的万能保险产品形式

按照缴费方式的区别，万能保险可以分为弹性缴费产品与固定缴费产品（或者分为趸缴与期缴产品）；按照保险责任划分，万能保险可分为终身寿险、两全保险和年金保险；按照投保人性质划分，万能保险可分为个人万能保险和团体万能保险，两者都可采取终身寿险、两全保险和年金保险的产品形态，但团体万能保险较多采用年金保险的产品形态。

一、按缴费方式区别

（一）弹性缴费

在此种缴费方式下，万能保险的投保人可以采用灵活的方式缴纳保费。保险公司一般对每次缴费的最高和最低限额作出规定。只要符合规定，投保人可以在任何时间不定额地缴纳保费。只要账户价值足以支撑保单管理费、风险保障费用等保单扣费，投保人可以中止缴纳保费，保险合同继续有效。一般大多数保险公司仅规定首次保费必须足以涵盖当期的费用和死亡成本，但实际上大多数投保人支付的首次保费会远远高于规定的最低金额。

这种灵活的缴费方式也为万能保险带来了合同容易失效的问题。万能保险合同无法强迫投保人固定缴纳保费，为了解决这一问题，保险公司的一般做法是根据投保人的认同为其制订计划的目标保费，[①] 投保人一般也会事前授权从其银行账户中扣除这笔保费。另一种做法

① 目标保费是根据客户的保障与理财的目标，在一定的账户收益假设及扣费基础上计算的应缴纳保费。由于实际情况可能与假设有一定偏差，所以即使按照目标保费缴费，也无法保证保单能持续有效。如果在账户收益较低而风险扣费水平随年龄升高的情况下，可能会导致账户缩水到无法支付各项费用的情况，从而导致保单失效。

是保险公司按投保人规划的保费金额向投保人寄送保费账单，投保人按账单金额缴纳保费。

（二）固定缴费

此种缴费方式与传统产品的缴费方式类似，即有固定保费的要求，投保人应按照合同约定定期缴纳保费。如果客户没有按照合同约定缴纳保费，在账户价值足以支付保单相关费用的情况下将不会导致保险合同失效，但由于中断缴费可能会导致无法领取持续奖金。此外，固定缴费万能保险一般会设定与账户价值无关的最低给付保证和最低现金价值保证。

以缴费频率区分，万能保险的保费还可分为趸缴保费和期缴保费。期缴保费由基本保费和额外保费两部分构成。根据《关于印发投资连结保险万能保险精算规定的通知》（保监寿险［2007］335号）文件规定，万能保险的基本保费不得高于保单签发时的死亡保险金额除以20，并不得高于人民币6000元，期缴保费高于基本保费的部分为额外保费。与趸缴方式比，保险公司一般会对期缴保单收取更高的初始费用，所以会导致期缴保单账户价值在保单早期的增长速度低于趸缴保单；但同时期缴保单也会提供比趸缴保单更高的持续奖金。

二、按保险责任区别

（一）万能型终身寿险

该保险类型以死亡（有时也包括身体全残）为给付保险金条件，保险期限为终身，保险公司为被保险人设立保单账户，死亡给付的具体金额根据身故时的账户价值和当时的风险保额确定。

对于个人万能寿险，在保单签发时的死亡风险保额不得低于保单账户价值的5%。团体万能寿险的死亡风险保额可以为零。由于该类产品向客户收取的寿险保障成本要远低于一般的传统寿险，所以万能终身寿险可以在提供理财功能的同时为客户提供较为便宜的保障。

万能寿险产品通常提供两种可选的死亡给付形式，投保人可以在任何时间变更死亡给付形式。一般简称两种死亡给付形式为方式A与方式B。

- 在**方式A**中，死亡给付根据保险金额确定，除非客户调整，否则给付金额是固定不变的。由于账户价值发生变化，所以风险保额（=死亡给付-账户价值）在每个结算期间都进行调整，使得账户价值与风险保额之和等于既定的死亡给付金额。这样，如果账户价值增加，则风险保额就会等额减少；反之，如果账户价值减少，风险保额会等额增加。这种死亡给付方式所提供的保障与传统账户价值保单基本相同。
- 在**方式B**中，死亡给付等于固定的风险保额与账户价值之和。这样，如果账户价值随着时间增加，死亡给付金额也会相应增加。

图7-2描述了这两种死亡给付形式，假设保单的账户价值都随时间增加，我们可以看到A类保单的风险保额是逐渐降低的，而B类保单的风险保额却一直维持固定的金额。

值得注意的是，在方式A中如果保单账户价值继续增大，可能会远远超过原来约定的保险金额，从而导致风险保额出现负值（但为了保持保单的保险保障功能，风险保额不能为负），这时的死亡给付就要为风险保额留出一个“回廊”（区间），即风险保额与

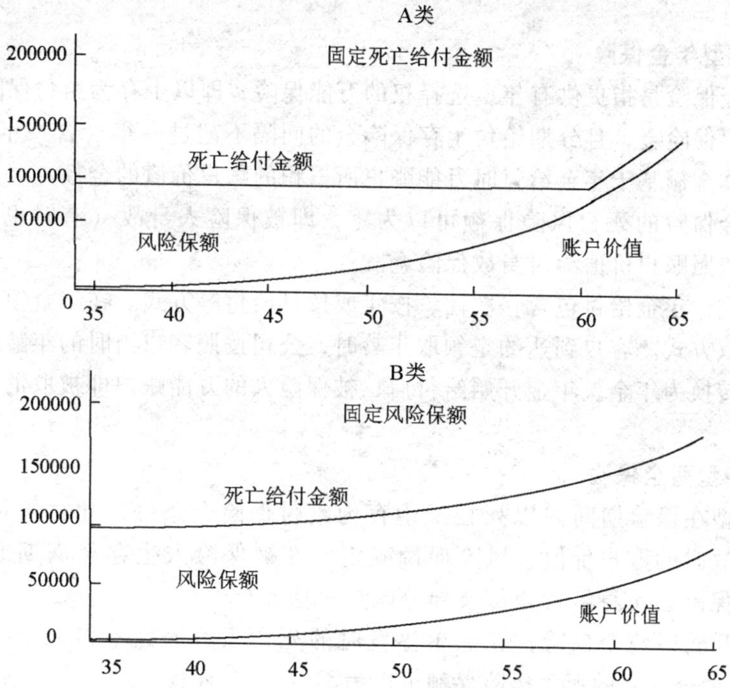

图7－2　万能保险的死亡给付形式

保单账户价值之比不能低于某个比例。由图7－2可以看出，如果在A类保单中没有设置风险保额的回廊，当保单账户价值达到固定的死亡赔付金额时，保单的风险保额将变为零。而随着保单账户价值的继续增加，该保单实际上会变为纯粹的投资型产品。由于风险保额一般不能低于账户价值的一定比例，因此在跌过某个值以后，死亡给付金额会随着账户价值的增加而增加。在B类保单中的风险保额与账户价值之比也必须高于某一比例。

因为万能保险保单每月的死亡成本与风险保额成正比，如果其他情形均相同，B类保单的死亡成本将高于A类保单。

若降低死亡给付，投保人只要不提取保单账户价值，则无需提供可保证明。因为此时降低了风险保额，也就降低了死亡成本。

若增加死亡给付，除非是B类保单的自动模式或是其他保险设计造成的，如设计为风险保额每年自动增加，保险公司一般需要投保人提供可保证明。可保证明的要求是为了避免健康状况较差的被保险人不断增加保单的死亡给付，从而减小逆选择风险。保险公司一般允许投保人在无需提供可保证明的前提下小幅增加死亡给付，但往往通过额外契约方式。死亡给付的增加会使万能保险保单每月的死亡成本相应增加，因为风险保额将提高。

万能型终身寿险在保险费缴纳、账户价值支配、保单账户运作等方面均具有万能保险的一般特点。

（二）万能型年金保险

此处的年金保险是指提供有年金选择权的万能保险，即以生存为给付保险金条件，按约定分期给付生存保险金，且分期给付生存保险金的间隔不超过一年（含一年）的万能保险。年金给付的具体金额基于年金给付时万能账户所累积的账户价值的金额。

万能型年金保险的死亡风险保额可以为零，即被保险人身故（有时也包括身体全残）时，保险公司按照账户价值给付身故保险金。

按给付方式，年金给付包含一次性、按年或按月给付等方式。在年金领取之前，被保险人可以变更领取方式。客户到达约定领取年龄时，公司按照客户当时的年龄及选择的给付方式将账户价值转换为年金。年金开始给付后，被保险人的万能账户即被取消。

（三）万能型两全保险

该保险类型在保险期间内以死亡或生存为给付保险金条件，死亡给付的具体金额根据发生保险事故时的账户价值、风险保额确定。在被保险人生存至满期或保险期间内的约定时间点，保险公司将给付全部或部分账户价值。

对于个人万能型两全保险，在保单签发时的死亡风险保额不得低于保单账户价值的5%。团体万能两全保险的死亡风险保额可以为零。

万能型两全保险在保险费缴纳、账户价值支配、保单账户运作等方面均具有万能保险的一般特点。

三、团体万能保险

在缴费方面，投保人或被保险人都可进行缴费，但一般有最低限额的要求。

在账户设置上，保险公司为投保人建立投保人账户，并为每一被保险人建立个人账户，投保人所缴保费在扣除相关费用后按权益归属比例分别记入投保人账户和个人账户，被保险人缴费在扣除相关费用后进入该被保险人的个人账户，在被保险人进行年金领取或被保险人离职时，被保险人可以领取个人账户中全部的个人缴费部分以及投保人缴费中已归属该被保险人的部分。

一般情况下，投保人和被保险人均可申请减少账户价值，但投保人可领取的为投保人账户中的部分，被保险人可领取的为个人账户中个人缴费的部分。另外，投保人也可申请退保，保险公司仅对尚未开始领取年金的被保险人办理退保。

在费用收取方面，一般对于投保人或被保险人缴纳的每笔保费收取初始费用，并对每个账户（包括投保人账户和所有的个人账户）收取账户管理费，此外还可能收取手续费和退保费用。

第三节　万能保险产品的关键要素

前面两节从产品的概念、特点、分类的角度对万能保险进行了全面的叙述，为了更加深入地理解万能保险，本节从结算利率、保单扣费、持续奖励三个方面对万能保险的关键要素进行详细分析。

一、结算利率

结算利率是保险公司根据万能账户的实际投资情况，充分考虑客户合理预期、未来可支持性等因素后确定的利率，一般会换算成月利率后应用到账户价值上从而计算得出月度结算利息并记入账户。结算利率一般具有以下几个特点：

（一）具有一定平滑性

由于万能投资账户的资产收益有一定的波动性，所以为了规避资产收益率低于保证利率的风险，同时也为了避免由于资产回报波动导致的结算利率过分波动给客户造成不合理的预期，保险公司在每个结算期间会将投资收益率高于最低保证利率的收益留存一部分作为平滑准备金。通过这种机制，一般保险公司都会在一定期间内维持结算利率水平的平稳。

平滑准备金的提取与保险公司的结算利率策略有很大的关系。如果投资收益中用于平滑准备金的比例过高，则该公司万能保险可能会丧失结算利率的市场竞争力，从而降低客户对于产品的满意度；如果投资收益中用于平滑准备金的比例过低，当资产收益率低于保证利率的时候，保险公司将可能没有足够的平滑准备金补足差异，必须向账户中注资，从而给公司带来风险。所以万能的平滑机制并不是可以任意使用的，而是要结合各方面因素进行科学的管理，从而保证万能保险业务的持续稳定发展。

（二）通常会提供最低保证

万能保险保单会提供账户价值**最低保证利率**，且最低保证利率不得为负。当万能账户的结算利率低于最低保证利率时，万能保险的账户价值应当以最低保证利率进行结算。保险公司一般不会在整个保险期间内承诺最低保证利率不变，但会约定最低保证利率的适用期限。最低保证利率的存在在一定程度上限制了保险公司的资产配置，从而影响了产品的潜在收益水平。

专栏 7—1

有关保证利率的误解

“保证利率”这个名称可能会让人感觉收益是按照这个利率来保证的，即投入保险费的回报。但实际上保证利率是指在一定期间内客户所拥有的万能账户的最低结算利率，而且是按月进行计算的。因为保险费是扣除费用后才进入万能账户，而账户本身还要收取各项费用，所以如果客户想得到与保证利率等同的保险费基础上的回报，那就必须持有一段时间，同时账户按照高于保证利率的结算利率进行计算才可以。

举例来说，如果客户缴纳了 1 万元购买某万能保险，扣费 20% 后有 8000 元进入万能账户，假设以后一年内每个月公布的年保证利率为 2%、结算利率为 24.6%，且没有其他费用，那么第一年末万能账户中的价值为 $8000\times(1+0.246/12)^{12}=10205.78$（元），相当于保费 1 万元有 2% 的回报。但万能账户受投资方向的限制一般是达不到如此高的投资回报的，所以 24.6% 的结算利率也是不太可能达到的。

换个角度看，如果按照目前市场上比较普遍的 4% 的结算利率计算，那么保单需要 11 年左右才能达到相当于保费 1 万元的 2% 的复利回报 $[8000\times(1+0.04/12)^{11\times12}\approx10000\times(1+0.02)^{11}]$。由此可见扣费越高，客户需要真正实现保证利率回报的等待时间越长；结算利率越高，客户需要真正实现保证利率回报的等待时间越短。

综上，保证利率只是经过扣费之后的万能账户的最低结算利率，并不是客户资金真正的最低回报率，客户回报率的高低与扣费水平的高低、结算利率的高低、持有保单时间等因素直接相关。

（三）具有一定波动性

由于配置资产的性质，一般万能产品的初始结算利率均会参照一定的货币市场利率确定（例如，银行 5 年定存水平）。如上文所述，万能保险的结算利率存在平滑机制，所以一般情况下波动性较低，但若参照利率（如货币市场利率）发生较大波动的时候，保险公司可能也会随之进行调整。此外，结算利率的确定还要考虑市场利率水平、同业结算利率水平等因素。图 7－3 为从 2005 年 10 月以来市场上主要两家保险公司万能产品结算利率与同期 5 年定期存款利率的比较，我们发现结算利率变化的趋势与 5 年期定期存款变化的趋势基本相同。

实务操作中，保险公司可以在万能账户中对不同的万能保险产品、团体万能保险产品以及不同时段售出的万能保险业务采用不同的结算利率和最低保证利率。

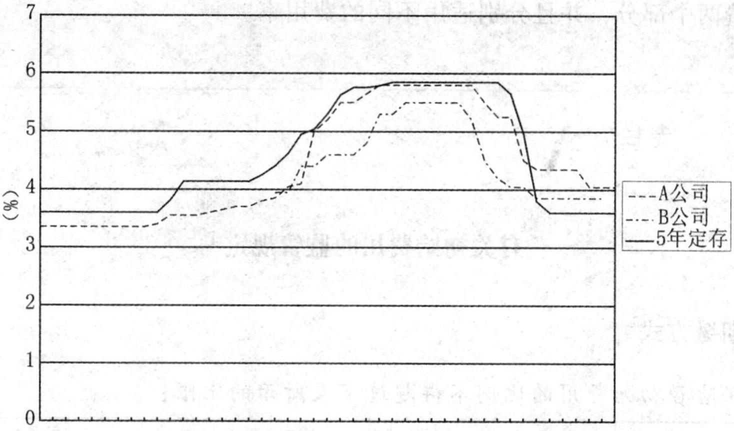

图 7－3　某两家保险公司万能结算利率与同期 5 年定存利率的比较图

保险公司可以自行决定结算利率的频率，但应当至少每月一次在保险公司网站或其他便于客户查询的公众媒体上公布当月的日结算利率和年化后的结算利率。

专栏 7—2

保单质押贷款的结算利率

万能保险保单允许投保人以保单账户价值为担保进行质押贷款，这对万能保险保单来说是很重要的。大多数保单都规定当期利率的计算仅针对未用于贷款担保的账户价值部分，用于贷款担保部分的账户价值只能用保证利率或者是低于保单贷款利率 1% 或 2% 的利率进行计算，这样可以保证保险公司获得利差。当然，并不是所有的保单都采用这种计算方式，有的保单无论是否贷款，均对全部账户价值以现行利率计算。美国也有一些地方允许保单贷款利率进行变动，这样保单就更难明确规定账户价值的结算利率。

二、费用收取

万能保险可以并且仅可以收取以下几种费用：

（一）初始费用

初始费用是保费进入万能账户之前所扣除的费用，是保险公司为产品提供销售及管理服务而收取的费用，对缴纳的每笔保费进行收取。对于期缴保单而言，每期保费可划分为基本保费与额外保费两个部分，并且分别适用不同的费用率。

专栏 7—3

有关初始费用的监管规定①

一、期缴方式

基本保险费初始费用的比例不得超过下表所示的上限：

保单年度	初始费用上限
第一年	50%
第二年	25%
第三年	15%
第四、五年	10%
以后各年	5%

额外保险费初始费用比例的上限为 5%，追加保险费的初始费用比例的上限为 5%。

二、趸缴方式

初始费用的比例不得超过下表所示的上限：

保险费	初始费用上限
人民币 5 万元及以下部分	10%
人民币 5 万元以上部分	5%

趸缴保险费保单追加保险费的初始费用比例的上限为 5%。

团体投资连结保险保险费的初始费用比例的上限为 5%。

保险公司不得以扣减保单账户价值的方式收取初始费用。

① 摘自《关于印发投资连结保险万能保险精算规定的通知》，保监寿险［2007］335 号文。

（二）死亡风险保险费

死亡风险保险率即保单死亡风险保额的保障成本。风险保险费应通过扣除保单账户价值的方式收取，其计算方法为死亡风险保额乘以死亡风险保险费费率。该项费用一般在每月账户结算日扣除，扣除的顺序可以选择在结算利息进入账户前、结算利息进入账户后两种方式。

保险公司应当在保险合同中约定死亡风险保险费费率的最高水平，该最高水平应当表示为中国人寿保险业经验生命表的一定百分比。非标准保险合同的死亡风险保险费应由保险公司根据核保加费的结论及普遍认可的精算原则确定。

保险公司还可以通过扣减保单账户价值的方式收取其他保险责任的风险保险费。

（三）保单管理费

保单管理费是为了维护保险合同日常管理而收取的费用。该费用应当是一个与保单账户价值无关的固定金额，在保单首年度和续年度可以不同。对于团体万能保险，保险公司可以在对投保人收取保单管理费的基础上，对每一被保险人收取固定金额形式的保单管理费。该项费用一般在每月账户结算日扣除。

（四）手续费

手续费是保险公司在提供部分领取等服务时收取的费用，用以支付相关的管理费用。手续费一般为所领取账户价值的一定比例，在客户发生上述服务时扣除。

（五）退保费用

退保费用是保单退保或部分领取时收取的费用，用以弥补尚未摊销的保单获取成本。该费用一般根据保单经过年限，按账户价值的一定比例收取，在退保时扣除。

专栏 7—4

有关退保费用上限的监管规定

保单年度	期缴方式	趸缴方式	
		初始费用大于零	初始费用小于或等于零
第一年	10%	10%	10%
第二年	8%	8%	9%

续表

<table>
<tr><th rowspan="2">保单年度</th><th rowspan="2">期缴方式</th><th colspan="2">趸缴方式</th></tr>
<tr><th>初始费用大于零</th><th>初始费用小于或等于零</th></tr>
<tr><td>第三年</td><td>6%</td><td>6%</td><td>8%</td></tr>
<tr><td>第四年</td><td>4%</td><td>4%</td><td>7%</td></tr>
<tr><td>第五年</td><td>2%</td><td>2%</td><td>6%</td></tr>
<tr><td>第六年</td><td rowspan="6">0%</td><td rowspan="6">0%</td><td>5%</td></tr>
<tr><td>第七年</td><td>4%</td></tr>
<tr><td>第八年</td><td>3%</td></tr>
<tr><td>第九年</td><td>2%</td></tr>
<tr><td>第十年</td><td>1%</td></tr>
<tr><td>第十一年及以后</td><td>0%</td></tr>
</table>

三、持续奖金

根据监管的相关要求①，按照账户价值、累计已缴保费或趸缴保费的一定比例给付的持续奖金，其首次给付时间应不早于第五个保单年度。持续奖金采取直接进入账户价值的形式发放。

按照当期期缴保费的一定比例给付的持续奖金，可在投保人缴纳第二期保费时开始给付，给付比例应不得高于当期期缴保险费的2%，未缴纳期缴保费的保单年度不应给付持续奖金。

为确保未来对持续奖金有足够的支付能力，保险公司还应遵循普遍认可的精算原则决定是否提取准备金及提取方法。

四、各种因素的相互关系

在费用结构上，大多数万能保险保单收取的第一年费用要比续年高。期初与续年费用的收取方式分为四种：

- 以每一保单为基础；
- 以每1000元风险保额为基础；

① 《关于加快业务结构调整进一步发挥保险保障功能的指导意见》，保监发［2009］11号文。

- 以保费的某一百分比为基础；
- 以账户价值的百分比为基础。

保险公司在设计万能保险保单时，一般灵活采用一种或各种组合方式。例如，某保险公司的万能保险保单的首年费用综合采用了三种方式：每一保单固定收取96元，每月死亡费率0.15‰（每千元保额每月收取0.15元，即每年收取1.8元），另外收取所缴保费的10%。该保单的续年费用仅按保费的10%收取。这种保单的前端费用较高，而解约费用则很低。

对于不收取或收取较低前端费用的公司来说，后端费用即解约费用一般都较高，但不会超过法定限制。对于无前端收费的保单而言，第一年度的解约费用通常较高，用于弥补当期的超支费用和利息收入。也有保单收取固定或与未支付首年费用等额的解约费用。任何保单的解约费用都是在前几个保单年度内较高，而随着保险期间的增加逐渐下降，直至为零。

另外需要注意的是，由于期缴保单基本保费部分的扣费相对较高，但基本保费最高只能为6000元，所以保单实际扣费比例水平与保费水平有很大关系。举例而言，如果客户选择每年只缴纳6000元保费，那么其首年的扣费比例就是50%，进入账户的金额只有3000元，缴纳保费的投资效率相对较低，账户增值速度也会放缓。相反，如果客户选择缴纳保费2万元，那么6000元的基本保费扣除3000元的费用，而剩余的14000元保费只扣除700元费用，总体费用扣除3700元，只占2万元保费的18.5%，这样保费的投资效率将大大提升。所以如果购买期缴保单，客户必须合理地确定自身的缴费金额。

第四节　万能保险的经营管理

由于万能保险所具有的灵活、透明、投资关联性强等特点，所以万能保险的经营管理要求明显高于分红保险和传统保险。这种要求体现在销售管理、投资管理、风险管理、信息披露、财务与系统管理等几个方面，本节将结合我国的相关监管法规详细介绍这些方面的要求。

一、万能保险的销售管理

由于万能保险的保障程度、现金价值、保费缴纳等都以万能账户为基础，依赖于万能账户的运作情况，因此万能保险与传统保险相比具有极大的不确定性，需要消费者在投保之前对此有清楚的认识。为保护消费者利益，保险公司应加强万能保险的销售管理。

（一）宣传材料管理

保险公司应加强对万能保险产品说明书、保单利益测算书、宣传折页、宣传海报等宣传材料的管理。万能保险产品的信息披露材料应当由保险公司总公司统一负责管理。保险公司省级分公司设计、印刷万能保险产品的信息披露材料，应当报经其总公司批准。除省级分公司以外，保险公司的其他各级分支机构均不得设计、印刷和修改万能保险产品的信息披露材料。各类宣传材料应当由总公司统一管理，经总公司授权，分公司可以设计、印刷宣传材料，但应当报总公司审批。除分公司以外的其他各级分支机构和各类代理机构不得设计、印刷和变更新型产品信息披露材料。禁止代理人使用与产品说明书或保险条款不一致的信息披露材料。

（二）销售人员的资格管理

为了保证业务品质，规范展业行为，保险公司应严格进行万能险销售资格管理。例如，销售人员必须具有一年以上寿险销售经验且在以往销售中无误导客户的行为；必须通过万能保险的专项培训并考核通过等。同时应建立完善的惩罚机制，对销售人员在销售过程中出现有损客户利益或有与监管法律法规、公司管理制度等相违背的违规行为给予相应的惩戒。

（三）销售行为管理

（1）保险公司应加强内部培训和管理，逐一确定培训材料，建立严格的考核制度，确保讲师及销售人员全面、准确地理解万能保险产品。

（2）保险公司的销售人员在向消费者介绍万能保险产品时，应提供该产品的条款和产品说明书等资料，进行讲解和答疑，主动对产品说明书中的重点内容逐一进行特别说明，帮助消费者正确理解该产品。

（3）根据监管要求，在犹豫期内对投保人进行100%客户回访，了解投保人是否阅读了条款和产品说明书，是否正确理解了保险责任、责任免除、费用扣除情况、账户价值计算方法及犹豫期内自身的权利等。

（四）后续跟踪管理

根据监管要求，保险公司各分支机构每季度向当地保监局报送万能保险产品销售报告，销售报告应包括每一个万能保险产品当期保费收入、退保金、给付、消费者投诉和解决情况以及新开办产品的风险管控措施等。

二、万能保险的投资管理

保险投资管理是指保险公司在经营过程中，将积聚的保险资金部分地用于投资过程的资金运用与管理，是使保险资金达到保值增值的业务活动。保险公司在决定投资策略、渠道和投资比例时，需综合考虑资产与负债的匹配、投资组合与风险的匹配以及流动性要求。

从负债的收益性要求来看，万能保险要提供最低保证利率，并将高于保底收益的部分与客户分享。此外，万能险的结算利率还要受到市场竞争等因素的影响，综合各种因素，万能账户要求有稳定且较高的资金收益。从负债的流动性要求来看，万能保险多提供较为灵活的部分领取功能，客户可根据自身的需求从账户中提取现金，因此具有较高的流动性需求。而从万能账户资金来源来看，由于万能保险多为弹性缴费制度，使万能账户的资金来源具有不确定性的特点。万能保险负债现金流对于保底、收益、流动性的这些要求使得资产负债管理工作变得非常复杂，也对保险公司的投资策略提出了更高的要求。

三、万能保险的风险管理

万能保险产品除具有传统保险产品相同的保险风险外，由于产品的灵活性和收益的不确定性，尤其应关注产品的销售误导风险和利率风险。

（一）销售误导风险

万能保险与传统保险相比，对代理人的自身素质、金融知识水平、信息披露的内容和程度等方面提出更高的要求。在实际销售过程中，销售误导往往体现为代理人不明确讲明产品为保险产品，夸大或变相夸大产品收益，对产品的收益作出不实承诺，隐瞒费用扣除等重要事项，对客户进行误导性宣传等现象。如在销售过程中未对客户正确讲解万能险，使客户过于追求产品的收益情况而忽略了万能险作为保险产品所提供的保障功能，当实际结算情况未达到客户的不合理预期时，易引发大规模的客户纠纷和诉讼，造成极坏的社会影响，严重影响保险公司的信誉，并影响到其他业务的开展。同时，如出现群体退保事件，可能引发保险公司现金流紧张而带来流动性风险和资产变卖风险。

为保护消费者利益，中国保监会陆续出台了关于加强万能险销售管理、万能险精算规定、新型产品信息披露等方面的法规，明确了万能险销售的各项要求。保险公司也应加强自身的风险意识，制定严格的万能险销售管理办法，使用总公司统一制作的信息披露材料，规范分公司以及代理人的销售行为，严防销售误导风险。

（二）利率风险

利率风险包括利率保证风险、资产变卖风险和流动性风险。由于万能保险提供账户保底收益，如果万能保险业务的实际投资收益率低于最低保证利率，保险公司也必须按照最低保证利率提供保单收益，亏损部分由公司自己承担，加之万能保险的结算利率还要考虑竞争因素和客户的合理预期，因此，可能存在结算利率高于实际投资回报率的风险。

资产变卖风险和流动性风险都是保险公司在现金不足以提供短期内支付需求的时候，不得不以低价出卖资产而带来的风险。其中，资产变卖风险主要是在大规模退保或进行保单贷款、利率上升导致资产贬值时出现的风险。当市场利率上升并高于结算利率和退保扣费时，就可能给公司带来资产变卖风险和流动性风险。另外，如果市场上贷款利率上升，且万能保险条款上规定的贷款利率低于市场的贷款利率时，投保人就会倾向于向保险公司贷款，从而给公司现金流造成压力。因此万能保险的保单质押贷款的利率应该高于其结算利率。流动性风险是大量责任给付带来的现金压力。在把短期业务的资金进行长期投资时容易出现，长期投资的回报率相对较高，所以为了追求高回报而进行长期投资是有很大风险的。

若要做好利率风险管理，保险公司需要制定科学的保证利率与结算利率确定机制，做好风险情形测试，使得负债的成本控制在公司可以支持的范畴，从而避免出现资产贱卖等情况。此外，保险公司要做好业务管理，尽量避免出现大规模退保情况的发生，产品设计上也应做到科学合理。

（三）保险风险

保险风险具体来说分死亡率风险和发病率风险。如果万能保险的保障保费是保证不可改变的，在实际经验差于定价假设时，会造成保险风险。由于保障保费是每期从账户中扣除的，因此与传统保险相比，万能保险的保险风险要容易把握一些。在每一结算期内，保险公司可以直接将理赔支出与当期的保障保费收入比较来计算死差益，如果当期的保障保费收入低于理赔支出，需要分析其原因，是暂时的、差距不大的，可以不作任何变动；相反，就要考虑在允许的范围内提高保障保费（如果保障保费不是保证的），或通过提高其他如管理费等费用来弥补死差损。

（四）信用风险

信用风险就是通常所讲的资产失约风险（死账、坏账、呆账），由于交易的一方无法履约致使资产永久丧失价值的风险。资产失约后，降低的实际价值必须反映在账面上。公司的资本金和投资收益也要相应下降，严重的会影响公司的偿付能力。保险公司在选择万能账户资产的投资方向时，应充分考虑交易对手的信用等级及所投资资产的风险等级，尽量选择信用较高的交易对手，避免信用风险的发生。

四、万能保险的信息披露

所谓**信息披露**，是指保险公司向投保人及公众描述新型产品特性、进行保险合同利益测算、介绍经营成果等相关信息的行为。披露方式包括但不限于通过媒体、公司网站披露，通过销售网点、销售人员以及召开产品说明会等途径宣传介绍，通过客户服务人员进行电话回访，以及向客户寄送报告资料等。

（一）一般披露原则

保险公司在新型产品信息披露时，应当采用通俗易懂的语言，准确描述与产品相关的信息。保险公司应当对信息披露的客观性、真实性负责，无重大遗漏，不得对投保人、被保险人、受益人及社会公众进行欺骗、误导和隐瞒。

保险公司销售新型产品，应当向投保人出示保险条款、产品说明书；向个人销售新型产品的，还应当出示投保提示书。

订立保险合同，采用保险公司提供的格式条款的，保险公司向投保人提供的投保单应当附格式条款，保险公司应当向投保人说明合同的内容。

向个人销售新型产品的，保险公司提供的投保单应当包含投保人确认栏，并由投保人抄录下列语句后签名："本人已阅读保险条款、产品说明书和投保提示书，了解本产品的特点和保单利益的不确定性"。

保险公司不得授权其代理人设计、印刷和变更新型产品的信息披露材料。保险代理人不得设计、印刷和变更其代理销售的新型产品的信息披露材料。保险公司及其代理人不得使用与新型产品的保险条款、产品说明书不一致的信息披露材料。

（二）产品说明书

万能保险的产品说明书应当包含风险提示、产品基本特征、保单账户价值、利益演示、犹豫期及退保等要素。其中利益演示应当采用高、中、低三档向客户演示新型产品未来的利益给付。利益演示应当坚持审慎的原则，用于利益演示的万能保险的结算利率不得超过监管规定的最高上限。

专栏7—5

中国保监会《人身保险新型产品信息披露管理办法》
（保监会令［2009］年第3号）
对万能保险产品说明书的有关规定

……

第二十五条　万能保险的产品说明书应当包含以下内容：

（一）风险提示

1. 在产品说明书封面显著位置用比正文至少大一号的黑体字提示该产品为万能保险，结算利率超过最低保证利率的部分是不确定的。

2. 提供灵活缴费方式的，应当特别提示投保人停止缴费可能产生的风险和不利后果。

（二）产品基本特征

万能保险的运作原理，产品的保险责任、责任免除、保单利益以及万能险的主要投资策略。

（三）保单账户

1. 保单账户价值的计算方法。

2. 逐项列明收取的各项费用、费用扣除比例（或者金额）及扣费时间。

（四）利益演示

1. 以表格形式演示万能保险各保单年度末的保单利益，表格中至少应当包括以下要素：

（1）期缴或者趸缴保险费、追加保险费以及累计保险费；

（2）收取的各项费用，其中初始费用、保单管理费、风险保费等主要费用需逐项列明；

（3）进入万能保单账户的价值；

（4）不同假设结算利率下各保单年度末保单账户余额、死亡给付金额和现金价值。

2. 保险期间少于10年的，必须逐年演示各保单年度末的保单利益；保险期间大于10年的，前10年各保单年度末的保单利益必须逐年演示。

3. 利益演示时，必须注明用于演示的万能保险的假设结算利率，并用醒目字体注明该利益演示是基于公司的精算及其他假设，不代表公司的历史经营业绩，也不代表对公司未来经营业绩的预期，最低保证利率之上的投资收益是不确定的，实际保单账户利益可能低于中、高档利益演示水平。

（五）犹豫期及退保

1. 犹豫期的含义、起算时间、天数及投保人在犹豫期内享有的权利；

2. 犹豫期后退保需扣除的费用以及退保金的计算方法。

（三）公告制度

保险公司每月应当至少在公司网站上公布一次当月的日结算利率和年化结算利率。

保险公司应当在公司网站上保留至少最近10年万能保险各月结算利率的历史信息，供社会公众查询。运作时间不足10年的，应当保留万能保险开办以来各月结算利率的全部历史信息。

（四）保单状态报告

保险公司应当在保险合同条款中约定每年至少向投保人提供一份保单状态报告。保单状态报告应当包含以下内容：

1. 保险单信息

包括保险产品名称、保险单编号、保险单生效日、投保人姓名、被保险人姓名、报告期间等。

2. 报告期内本保单账户价值变动情况

（1）期初保单账户价值；

（2）本期保单账户价值增加情况：包括基本保费、额外保费、趸缴保费、追加保费、累计保费、初始费用（扣除项）、保单账户结算收益、持续奖金等；

（3）本期保单账户价值减少情况，包括风险保费、保单管理费、部分领取等；

（4）期末保单账户价值。

3. 报告期内各月的年化结算利率

保单状态报告不得用于销售宣传等其他目的。

保单期满前，保单账户余额不足以支付当前的风险保费及其他费用的，保险公司应当及时催告投保人，并且告知不按时支付相关费用的法律后果。

（五）回访制度

保险公司应当对万能保险的投保人实行100%回访。回访方式应当首先选择电话回访，不能成功进行电话回访的，可以通过信函或上门等方式进行，但必须取得投保人签名的回执备查。回访必须在犹豫期内完成，并做好相关记录。以电话方式回访的，应当对通话内容录音并至少保存5年。

万能保险客户回访至少应当包括确认投保人是否购买了该保险产品，是否在投保单上亲笔签名；确认投保人是否清楚犹豫期的起算时间、天数以及犹豫期享有的权利；确认投保人是否清楚保险责任和责任免除；提示客户超过最低保证利率的收益是不确定的，取决于公司实际经营情况；确认投保人是否清楚费用扣除项目及扣除比例或金额；确认投保人是否清楚退保可能产生的损失。

如保险公司在销售过程中未按照相关的信息披露监管办法执行，将被中国保监会视情节轻重给予相应处罚。

五、万能保险的财务及系统管理

万能保险的财务系统应当能够提供资产价值、账户价值和结算利息等信息，满足保险公司对该万能账户进行管理和利率结算的要求。

（一）对财务管理和投资的要求

根据保监会的规定，万能保险的账户须独立核算，投资账户不得与公司其他投资账户进行买卖、交易及资产转移，保险公司对万能保险账户资金的投资应采取稳健性原则、赢利性原则及流动性原则。相对于传统保险，由于万能保险的保障费用、账户管理费用都需从独立账户中扣除，因此对流动性的要求更高。

保险公司在对万能保险进行资金运用时，应严格限制在《保险法》及国务院规定的范围以内。要在每年4月1日前向保监会报送万能保险财务报告，包括账户资金平衡表、账户资金损益表、账户资金收益分配表，另外还需单独出具万能保险利润表。

（二）对电脑系统的要求

1. 电脑系统的功能

保险公司的电脑系统必须能够实现承保、核保，出单，缴费，保全变更，理赔、核赔，年金给付六大业务环节的功能，以及综合代理点管理、客户管理、产品管理、统计分析、账户管理等功能。

2. 账户的核算管理功能

账户的管理功能包括账户结算、账户查询、对账单打印、账户领取、账户撤销和总分公司资金对账等。账户的汇总可以分为按险种汇总账户、按机构汇总账户、按业务员汇总账户、按结算项目汇总账户、按日期汇总账户等形式。同时账户结算需做到对险种和保单动态不定时结算和动态定时结算。万能保险的保证利率必须在系统内可以换算成日结算收益率。

此外，为保证万能保险的灵活性、透明性，保险公司的业务、财务、电脑系统不仅需要能够支持定期的结算报告制度，而且能够支持客户就保单信息的随时咨询。

第五节　我国万能保险产品的发展与现状

近年来，随着我国市场经济体制改革进程的加快，保险市场发生了很大变化。金融保险领域的改革、居民投资渠道多元化和理财需求多样化，以及我国老龄化社会的临近，使国民保险保障和投资需求都在不断增长。为了适应新的形势，开发万能保险产品等新型寿险产品便成为了重要的举措。2000 年 8 月，中国太平洋人寿保险股份有限公司推出了国内第一个个人万能保险“太平盛世 · 长发两全保险”（万能型）。

一、我国市场出现万能保险产品的影响因素

具体而言，我国市场上出现万能保险产品受到了下列因素的影响：

（一）经营环境的变化

2000 年以前，我国银行利率连续七次大幅下调，传统的高利率产品给寿险公司带来了巨大的利差损，寿险公司的偿付能力受到影响，也使投保人和被保险人的整体利益受到威胁。同时，寿险产品的预定利率不得超过 2.5% 的规定，给保险公司的市场拓展带来了困难，而且一旦利率上升，还会造成退保风险。再则，我国保险市场的竞争日趋激烈，各家公司寿险产品日趋同质化，单纯依靠传统产品难以获得竞争优势，而且随着我国加入 WTO，保险业对外开放的步伐加快，保险产品的技术含量也在不断提高。

（二）保险资金运用渠道的放宽

保险资金从最初只能投资于银行存款和国债，到 1998 年 12 月中国人民银行批准保险公司加入全国同业拆借市场从事债券买卖，这是保险资金运用渠道放开的一个重要开端。此后，保险资金运用渠道先后从参与购买中央级企业债券，进一步扩大到参与证券投资基金一级市场配售并可通过证券投资基金的二级市场买卖间接进入股市等。这一方面表明了保险资金运用渠道的逐步放开是经济发展以及与国际惯例接轨的必然趋势，它为保险公司增加了安全、高效的资金运用方向，从而为万能保险的开办创造了前提和机遇；另一方面，这也体现了金融国际化及经济增长客观上要求保险业开发灵活性更强、能更好适应客户投资需求的保

险产品。

（三）保险市场的开放

随着我国加入 WTO，保险市场逐步对外资全面开放，在申请进入中国市场的外资保险公司中以欧美等发达国家的寿险公司居多，这些公司大都拥有先进的经营理念、管理水平以及丰富的人才资源。在欧美等发达国家，万能保险等新型寿险产品的发展十分迅猛，因此开发万能保险等新型寿险产品，也是国内保险公司借鉴国外先进经验，力求在竞争中赢得主动的重要举措。

（四）居民需求的变化

我国居民储蓄作为一种传统的投资手段，已经很难满足居民的投资需求，投资渠道的多元化将成为居民资金运用的又一趋势。同时，我国的保险需求正朝着多样化的方向发展，不仅要求有保险保障，还要求能够投资增值。因此，开发万能保险产品能较好地满足这种保险需求多样化的需要。

二、我国万能保险的发展现状

万能险虽然在我国出现时间较晚，但从产品形态、管理水平、市场占比等方面都体现了较快的发展态势。

（一）销售万能保险的公司逐年递增

万能保险的发展潜力使得越来越多的保险公司加入到这一市场中来。目前，在我国市场中的大部分人寿保险公司都开设了万能寿险产品业务。经营主体的增加对于产品形态的丰富、管理手段的创新等都起到了很重要的作用。

（二）万能保险的地位逐渐上升

万能保险伴随着资本市场的快速发展而有了较大幅度的发展，并在寿险公司的业务结构中占据一席之地。很多保险公司都将万能险作为其销售的主要产品。2007 年我国万能险保费收入已经近 850 亿元人民币，在总体业务中占比较高，如图 7－4 所示。

（三）万能保险产品形态日趋多样

继首款万能型两全保险问世后，陆续又出现了万能型终身寿险、万能型年金保险以及团体万能型年金保险产品，基本覆盖了大部分的产品形态。另外除了趸缴产品外，很多公司也推出了弹性缴费或固定缴费的万能产品。

（四）市场对万能保险的理解与认可增强

在万能保险引入初期，国内对其了解基本是一片空白，但随着时间的推移，公众对这种

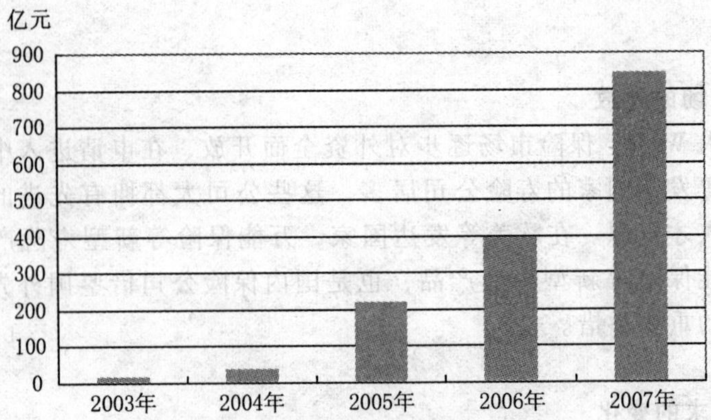

图 7-4 历年万能险保费收入

兼具保险保障和理财投资功能的保险产品形态已不再陌生，“万能保险”这一概念已逐渐为人们了解和接受。人们对于万能保险的认识已经从初期的理财工具变为更加理性的人生规划工具，已经理解万能保险在投资理财功能以外的丰富保障功能。

三、发展中存在的问题

（一）保险公司资金运作压力大

在一些国家保险监管机构的规定限制下，万能保险保费的投资方向有限，一般仅限于为数不多的一些回报稳定、收益不高的投资渠道，大多不能涉足证券市场等高风险、高收益的投资渠道，因此保险资金的增值幅度相当有限，可能会出现投资收益达不到保证利率，使保险公司的资金受到损失，客户的收益预期也无法实现的情况。

（二）公司销售管理的压力大

万能保险是一种结合了传统寿险的保障要素和新型投资理财因素的保险产品，它要求代理人不但能够掌握传统寿险的销售知识，更需要对投资、证券市场的各类渠道、术语、运作方式有全面的了解。一个适合销售万能保险的代理人不仅需要成为保险方面的专家，更要成为整个金融领域的专家。这就对代理人队伍提出了相当高的要求，而一些保险公司对自身销售队伍的信心不足，不愿轻易推出万能保险。此外，在银保业务跨越式发展的总体环境下，很多公司通过银保柜台大量销售万能保单，在销售的过程中存在一定程度的误导风险，这种情况已经在 2008 年的金融危机中有所体现，所以销售万能保险的保险公司迫切需要增强销售管理能力。

（三）对保险公司的内部资源要求更高

对于传统寿险产品而言，保险公司有成熟的核保、理赔、业务流转及资金运作流程，但开办万能保险对保险公司有很高的要求。我国及一些国家要求在资金运作方面为万能保险资金开设专门的投资账户，在电脑系统方面需要保险公司为其开发特定的程序，同样万能保险要求保险公司有更复杂的业务流程。由此可见，保险公司在开办万能保险产品时需要投人大量的资源，因此往往会显得十分谨慎。

四、我国万能保险市场的发展

针对万能保险的各种不足，国内开办了万能保险的公司采取了一定的措施，以提高万能保险的市场竞争力。

（一）积极拓宽投资渠道，提高资金收益率

在万能保险资金的运用上，在确保资金安全性的前提下，更多地关注收益率相对更高且同样保持资金高度灵活性的基金、债券市场。目前开办万能保险的公司已开始将更多的资金投入到基金、股票等投资渠道，而传统的储蓄比例正在逐年降低。目前，保险资金可投资于银行存款、政府债券、金融债券（含次级债券，次级债务，央行票据）、企业债券（包括公司债、可转换公司债、分离交易可转换公司债券及短期融资券）、证券投资基金、公开上市A股股票、质押式回购与逆回购、货币市场投资、基础设施间接投资、非上市商业银行股权和境外投资，其中万能保险投资账户投资股票的比例不得超过80%。

（二）加强代理人培训力度和考核要求

对于销售万能保险的代理人资质，国内各保险公司大都提出了一定的要求，如代理人销售传统寿险须达到一定的时限，以保证代理人可以对传统寿险有正确的理解，以避免混淆传统寿险和投资型产品，另外对销售人员的销售业绩、职位也有一定的要求，并在正式销售万能保险前给予一定课时的培训等。这些措施在一定程度上保证了代理人能较好地理解万能保险，将正确的信息传达给需要购买万能保险的投保人。

（三）完善保险公司内部运作流程

保险公司加强自身的电脑系统建设及客户服务和业务管理的力度，提高核保、理赔人员的专业素质，理顺内部业务运作流程，为顺利开展万能保险业务奠定了基础。

第六节　国外万能保险综述

万能保险产品最早于20世纪70年代末诞生于美国，但权威精算数学教科书 Life Contingencies 早在1922年就对万能保险的账户价值和准备金等关键因素进行了分析与探讨。随后，H. L. Riender 和 A. H. Guertin 分别在1946年和1964年提出了万能保险成为产品的想法。

1974 年，K. E. Polk 在精算年会上发表了专文，随后又有数篇探讨万能保险的论文发表，其中提供的计算公式使万能保险的发展成为可能。

在 1975 年第七届太平洋保险会议上，担任三家精算顾问公司总裁的安德森提出了一篇关于万能保险的论文，这篇论文至今仍被很多人视为万能保险发展道路上的重要一步。安德森在论文中提出，由于一些客观原因的存在，传统的终身寿险已越来越不能适应当时变化明显且不稳定的社会和市场的需求，需要有一些新的产品来推动整个保险市场的发展。这些客观的原因包括日益严重的通货膨胀、沉重的税收负担以及传统寿险的账户价值较低等。

传统的人寿保险资产运用以银行存款为中心，重视安全性，但在高通胀时代，其固有的资金增值速度较慢的缺点也显现无遗。投保人的保险资金存在着实际贬值的风险，消费者更希望能买到既含有传统寿险保障，又能帮助自有资金快速增值的新型保险产品。在此背景下，万能保险应运而生。

1979 年，美国加利福尼亚人寿保险公司推出了第一个真正意义上的万能保险产品，将寿险保障和资金运作两个概念结合在同一张保单内。最初的产品十分简单，由定期寿险和递延年金组合而成。当时正值美国历史上一段高利率时期（高过两位数），万能保险在最初的几年内保持着高额的投资回报，其账户价值明显大于传统型寿险的现金价值。因此到了 20 世纪 80 年代初，万能保险由于当时的高利率水平吸引了大量的消费者，万能保险的市场占有率由 1979 年以前的空白上升到 1983 年的 14%，到 1985 年更是达到了顶峰（占比 38%），此后虽然有所下降，但仍始终保持在 20% 以上的水平。

自 2000 年以来，万能险在美国的销售增长了 2 倍。驱动万能险保费迅速增长的动力之一是长期保证不失效的产品特色。只要账户价值足够扣除风险保费，即使账户价值降为零，保单也不失效。

保险公司在万能险的定价上也非常具有竞争力，因此产品销售得非常好。提供同样的保障，万能险比终身寿险便宜很多，当然保单现金价值要远远低于终身寿险。在股市急剧下滑后，万能险的保底责任在 20 世纪 90 年代初期非常受欢迎。

一、国外万能保险发展状况

目前，美国、英国、法国、日本、新加坡、中国香港、中国台湾等国家或地区都已开办了万能保险。万能保险在产品形态上已从最初的寿险加上年金的捆绑销售模式演变为更加灵活的产品形态。尤其是在美国，作为主流产品的万能保险的功能不断得到提高，而其他国家或地区的产品在当地市场一般都不是主流产品。目前国外万能保险实现的主要功能包括：

（一）缴费和领取方式更加灵活，投保人对已缴付的保险金拥有更高的自主权

消费者在支付第一期保险费后，可根据自身的实际经济状况选择合适的缴费方式与金额，同样也可以根据约定从账户中领取部分或全部的账户金额。

（二）保费分配透明分离

万能保险通过把保单分成保障、投资和费用三个部分实现了透明化，投保人可明确他所缴付的保险金支付保障费用、进入投资账户及支付其他费用的比例与金额，同时也可在保单生效后选择保障部分及资金运作部分的保险金比例，以在寿险保障和投资理财之间找到一个合适的平衡点。

（三）提供保证利率

目前国际上的万能保险通常会设置一个最低保证利率，保证投保人至少可获得相当于保证利率的增值回报，如保险公司的实际投资收益高于预定的保证利率，则超过部分由保险公司和投保人共享。

（四）产品形态呈现多样化

国外的万能保险已有三十多年的历史，各国的万能保险产品设计也呈现多样化，但总的来说提供定期或终身寿险责任的万能保险仍是主要形式。此外以两全险形式出现的万能保险保单也较为常见，还有的国家提供连生寿险及第二被保险人死亡形式的万能保险保单。也有一些保险公司还提供无死亡保障的年金形式的万能保险保单。在灵活性方面，各国的产品在缴费、保额调整、结算方面都有所不同，如有的保单规定每期必须缴纳最低限额的保费，有的保单按月结算，有的保单按季结算。各类保单对保额调整的频率和额度也有不同的规定。

（五）市场不断细分

国外万能保险的发展还出现了市场不断细分的趋势。美国的一些保险公司新近推出的万能保险保单针对高端客户附加了一些新的特性。比如蜜月费用支取，可在前五个保单年度内全额退保且不收取任何退保费用，但前提是投保人每年的保费必须达到10万美元。另外有的保单还允许投保人部分解约并推迟收取解约费用，如允许投保人在第五个保单年度后可以有一次机会申请减少保单账户价值且暂不收取解约费用，但保单价值的减少不影响保单原来规定的解约费用，即投保人若在此之后退保，解约费用将按原保额收取。这一条件仅适用于年缴保费达到5万美元的客户。

二、国外万能保险产品发展中的问题及措施

经过三十多年的发展，万能保险产品已成为人身保险产品中的重要类别，其兼顾寿险保障与投资理财且提供保证利率的特色受到了许多消费者的青睐。但目前其除在美国还保持有20%以上的市场份额外，在其他国家市场的份额都有所下降。究其原因，万能保险产品本身存在着一些不足之处，除了在我国出现的问题之外，还体现在对投资回报过于敏感。在美国20世纪70年代的高利率时期，市场上短期利率甚至高于长期利率，为了保证万能保险资金

运作的收益高于约定的保证利率，投资保费采用协议存款、短期存款、债券及基金等稳定性较好的投资方式。万能保险的高回报、高流动性迎合了市场的需求，吸引了大量原本投向短期投资市场的资金，但是随着短期利率的逐步走低，与短期投资市场联系较为紧密的万能保险的资金回报率也随之下降，至今各国万能保险的资金回报率仍保持在一个相对较低的水平，导致了部分客户转向了其他的投资渠道或保险产品。

国外保险公司经过二十多年的探索和研究，目前对万能保险的问题已有了一些较为有效的解决方法。比如，目前在国外出现了大量针对特定需求和特定人群的万能保险产品，如固定保费万能保险（Fix - premium Universal Life）、趸缴保费万能保险（Single - premium Universal Life）、最后生存者万能保险（Last - survivor Universal Life）及团体万能保险（Group Universal Life）等各类万能保险。这些万能保险在继续保持“万能”特性的同时，在保险责任、保险费的缴付方式、保险对象等方面发生了一定的变化，更能适合各类消费者的特定需求。此外，通过万能保险账户资金运作，选择合理的投资渠道，在严格控制风险的前提下，有效提高资金收益率以回报投保人，也是当前国外保险公司普遍采取的方法之一。

三、国外的万能保险产品监管

国外对保险产品的监管以偿付能力监管和市场行为监管为主。偿付能力监管的目的是确保保险公司能够应对负债的需要，当被保险人索赔时能够支付相应的保险金额。通常，偿付能力法规对资本金、流动性、准备金、投资和保单设计作出规定。市场行为法规的设计是为了确保保险公司的市场行为公平、公正，对公司的经营管理行为作出规范，包括日常管理、市场营销、核保、客户服务和理赔等方面。这两个体系的法规是相互影响、相互作用的。

由于万能寿险在美国出现的较早，长期以来美国在监管、信息披露等方面积累了丰富的经验，形成一套相对成熟的法规和措施，在此重点介绍。美国对于万能寿险产品的管理基于保护公众和保单所有人的权利，主要从以下四方面进行规范：

（一）从业人员和机构的管理

对保险代理人、经纪人、咨询人员和分析人员进行管理。保险代理人、经纪人是与保险保障对象接触最密切的人群，因此美国制定了有关代理人管理的法律法规来规范代理人的行为，保障社会公众的利益。代理人或经纪人在开展业务前必须首先获得准许执照，美国各州颁发执照的权力属于相关对代理人和经纪人有管辖权的部门，代理人和经纪人必须遵守保险法律法规，否则执照将被吊销。

为了获得销售万能寿险产品的权利，代理人、经纪人必须通过相关的考试，以证明代理人或经纪人的知识水平能够达到销售该产品的最低要求，考试通常采用笔试形式。考试内容涵盖了对执照申请人的责任心和执照申请人对该州相关法律了解程度的考察。考试由保险监管机构主持进行。除个别州外，如果外州的人已经在其所属的州获得了执照或某人已经完成了指定课程的学习，通常可以减免一定的笔试要求。

（二）报备材料的管理

报备材料的监管要求与保险产品的类别有关。在大多数州，万能寿险在销售以前必须到保险委员会报备。在部分地区，保险委员会审批通过后才能够开办，在其他一些地区，如果保险委员会在一段特定时间内没有给出反馈意见，产品就可以进行销售了。

在美国，由于产品复杂性较高，灵活缴费的万能寿险需要提供的报备材料相比一般个人寿险也增加了很多。

（三）市场行为管理

市场行为管理主要包括对保险示例、广告宣传、信息披露、责任转换等方面的管理。

对于保险示例的相关规定虽然在美国已经实行了较长时间，但一直没有引起重视。直到万能寿险、利率敏感型产品出现后，该规定才真正发挥了作用。由于计算机技术的发展，产品形态逐步复杂化，万能寿险将不透明的分红产品改变为结算利率、死亡保费扣除和费用扣除分类明确的产品，由于透明度提高，不同公司间的产品进行比较成为可能。而且，可以通过示例演示在不同的假设下保单价值的变化情况，代理人通过计算机为客户进行"立等可取"的演示，能够大大提高客户对产品的理解程度。

对于信息披露管理，为了避免保险公司利用其专业化优势侵犯客户利益、误导保险消费者，法律规定了保险公司必须向客户披露信息，以提高客户对自身利益的认识，加强对保险公司的监督。同时规定，保险公司应向投保人披露的信息主要是：用非专业的语言简要说明保单的主要特征，其中包括可变利益是如何随独立账户的投资状况变化的，哪些因素会影响这些变化等内容；独立账户的投资目标，拟进行的主要投资种类以及拟对独立账户运作方式实施的约束和限制；过去10年中独立账户的投资净收益（如账户设立不满10年，以其存续期为准）；下一年独立账户中可能发生扣除的费用项目等等。此外，在信息披露的渠道和方式上，除了定期在媒体上发布、向客户寄送详细的产品投资情况说明外，还利用了因特网。

关键词

万能保险　万能账户　弹性缴费　固定缴费　结算利率　风险保额　持续奖金
管理费用　退保费用

思考题

1. 万能保险的基本概念与基本功能是什么？
2. 万能保险是"万能"的吗？
3. 万能保险具有什么样的特点？它与分红保险产品有何区别？
4. 简述万能险设计中A/B两种死亡给付方式，并比较各种方式的优缺点。

5. 简述结算利率的特点。
6. 列举并描述万能保险的各种费用项目。
7. 简述万能保险的销售管理要求。
8. 万能保险可能存在哪几方面的风险？对于万能保险的监管有何特殊之处？

第八章

投资连结保险产品

学习目的

- 掌握投资连结保险产品的概念与主要特征
- 熟悉投资连结保险产品的各种形式
- 掌握影响投资连结保险竞争力的各种要素
- 熟悉投资连结保险的经营管理要求
- 了解投资连结保险的国内外发展背景与现状

> 保险公司必须摒弃急功近利的想法，完善投连险产品的保障功能，进一步实现投资和保障的有机结合，才能争取到更多的优质客户。
>
> ——《保险监管参考》①

投资连结保险于1956年在荷兰诞生，并于1999年由平安、新华等保险公司引入中国。很多人看到这类产品的名称就认为这是一类投资理财类的产品，但实际上在许多国家或地区，投资连结产品被看做是一种寿险产品，同时也要求产品含有最低的风险保障。投资连结保险的归类对于这类业务的发展是至关重要的，因为与类似的投资、储蓄等工具相比，政府通常倾向于给予寿险产品更优惠的税收刺激。所以如果投资连结产品被归属为寿险，不仅可以成为信托基金和其他投资基金的替代投资方式，同时也可以享受一定的税收优惠政策，从而成为与其他金融产品竞争的重要优势。

第一节　投资连结保险产品的概念及特点

为了更好地理解投资连结保险产品在寿险保障及投资理财两方面的功能，我们有必要先深入地了解投资连结保险产品的概念及特点。

一、投资连结保险产品的概念

投资连结保险是包含保险保障功能并至少在一个投资账户拥有一定资产价值的人身保险产品。投资连结保险产品的保单账户价值与保险公司为投资连结保险单独设立的投资账户的价值相对应，所以保单账户价值直接与独立账户的投资业绩相连。中国保监会规定，投资连结保险不得保证最低投资回报率。

投资连结保险可设置一个或多个投资账户供投保人选择。按合同约定，保险公司在扣除一定费用后，将保险费转入投资账户，并转换为投资单位。投资账户价值随投资单位价格变

① 《保险监管参考》，2007年第49期（总第407期），浙江保监局：《对投资连结保险发展的思考和建议》。

化而变化。保险公司按照合同约定定期从投资账户价值中扣除风险保险费等费用。

在投资收益方面，投资连结保险不提供收益保证，投保人要承担全部投资风险，同时也享受全部投资回报。因此，费差益（即初始费用、买入卖出差价、管理费和退保费用等保单所收取的费用与保险公司实际支付的费用之差）就构成了投资连结业务最大的利润来源，这不同于其他保险业务以利差益、死差益等作为主要的利润来源。

投资连结保险是"非捆绑式保险"，所有的保险费用收取是明确告知的，即客户能够清楚地了解产品的死亡成本、管理成本。而传统保险、分红保险产品是"捆绑式保险"，客户通常难以准确了解到保险公司是如何收取死亡成本、管理成本或者销售成本的。

二、投资连结产品的主要特点

从本质特征来说，投资连结保险既具有投资功能，也具有保险保障功能。投资连结保险区别于传统产品和分红产品的主要特点在于其投资账户的运作与管理、产品的透明性、灵活性和持续奖金的责任设计。

（一）投资账户独立

投资连结保险连结的投资账户完全独立于保险公司的其他投资账户，该账户是投资连结保险区别于其他类型保险产品的一个最主要的特征。保险公司收到保险费后，按照事先的约定将保费的部分或全部转入投资账户，并以投资单位计价。投资单位有一定的价格，保险公司根据保单项下的投资单位数和相应的投资单位价格计算其账户价值。

保险公司每过一段时间对投资账户进行评估，公布投资单位价格，评估间隔为月、周或日。在投资账户的投资方向上，不同类型的投资账户所投资的工具也不一样。

与传统寿险产品的保费概念不同，投资连结产品保费中的绝大部分将转换为投保人的资产，这些资产是以保险公司的投资连结产品的投资账户来表现和度量的。

投资账户的单位价值或价格具有特定的含义，应区分两种不同的价格，一个是单位买入价，另一个是单位卖出价。实务中，买入与卖出价格间通常有一定差异，这将给保险公司带来正现金流，以补偿在金融市场购买资产时的费用支出。

保险公司在收到第一笔保费后，根据投保人所选择账户对应的投资单位买入价，按照约定的分配比例，购买投资单位。投资单位的数量因扣除成本或费用而有所减少，投资单位的价格随投资业绩的好坏而波动。保单账户价值等于投资单位数量与卖出价的乘积。

（二）产品透明

投资连结保险在操作上的透明度很高，保单所有人可以看清楚每笔缴纳的保险费在投资账户、死亡成本及其他一些管理费用上的具体分配情况，也可以看清保费、风险保额、保单账户价值等要素的运作过程。透明性有利于减少保险公司与消费者之间的信息不对称，从而有助于提升消费者对产品的信心。透明性还有利于一个公正、公平、公开的保险市场的形成，消费者获得了知情权以后，就能够对不同保险产品进行比较，增加"市场之手"的力量。投资连结保险的运作机制如图 8－1 所示。

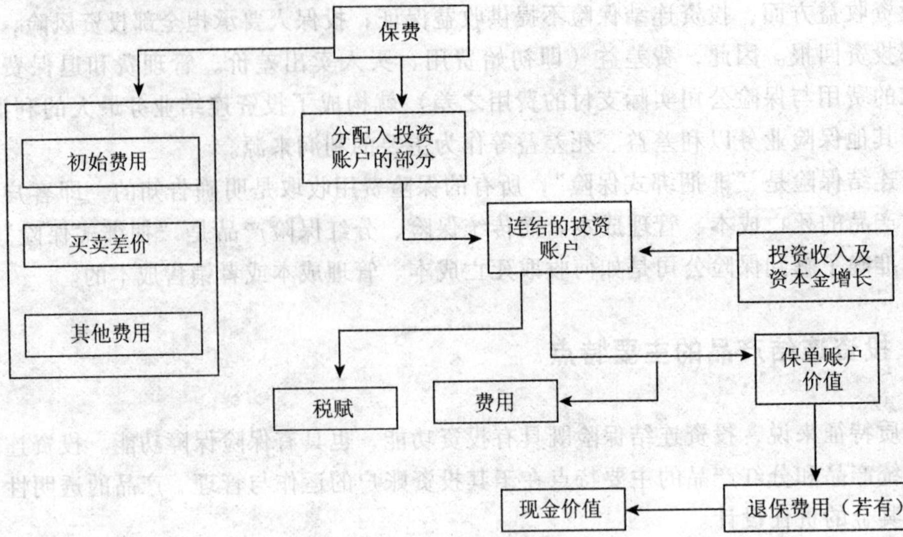

图 8－1　投资连结保险运作机制

（三）具有一定的灵活性

投资连结保险保险费可以灵活支付，保险金额可以灵活调整，投资账户也可以灵活转换，一张保单就可以灵活适应消费者未来多样化且不确定的理财需求。

在支付了首期最低保费之后，保单所有人可以按合同约定选择缴纳续期保险费的数额，甚至可以暂停缴纳保险费，只要保单账户价值足够支付保险成本与各项费用，合同就继续有效。此外，保单所有人可以根据合同约定提高（在提供可保证明以后）或降低保额，也可以选择切换不同的基金账户。相比之下，传统保单的效力有赖于按时缴纳事先预定的保险费。

投资连结保险为保单持有人提供了多种投资选择，消费者可以广泛地介入货币市场基金、普通股票基金、指数基金、债券基金等等，并把相当一部分保险费专门用于投资。因此，投资连结保险可以满足消费者保障理财、储蓄理财与投资理财三种需求。消费者可以按照自己的需要，把保费在风险保障账户、货币市场账户、资本市场账户之间灵活配置，既可以做成“保障为主、投资为辅”，也可以做成“投资为主、保障为辅”，甚至是“储蓄为主，保障为辅”等等。

（四）可以提供持续奖金

投资连结保险可以提供持续奖金。持续奖金是保险公司对持续有效的保单或持续缴费的保单满足合同约定条件时给予的奖金，以鼓励客户长期持有保单，或鼓励客户持续缴费。根据约定，保单在经过规定的保单年度，或达到了合同规定的部分领取条件，或者缴费达到了规定的最低次数后，保险公司就会给予客户持续奖金，一般持续奖金是通过为客户购买单位数的形式，增加客户的保单账户价值。

三、投资连结保险和万能保险的区别

广义上，万能保险和投资连结产品都属于投资理财类产品，在资金运用方面都具有向风险资产倾斜的特点，追求风险收益的综合高回报率，产品的账户价值与投资收益有直接关系。

它们的区别主要体现在以下几点①：

（一）投资自由度不同

投资连结保险的投资风险全部由投保人承担，在投资策略上追求高回报，往往比较激进。一般公司也会提供几种风险特征不同的账户供客户选择，比如固定收益类投资占比较高的稳健型投资账户、权益类投资占比较高的进取型账户等。客户可以根据自己在不同的人生阶段、不同的理财规划目标等因素选择或转换适合自己的客户。而万能保险往往只提供一个账户，客户不能根据自身需求进行选择，所以自由度较差。由于万能产品的结算利率存在平滑机制，为了维持一个稳定的结算利率预期，监管机关往往也会限制万能账户的投资结构，设置股票投资的上限，从而也限制了公司在万能账户上的投资自由度。

（二）账户价值的计算方式不同

万能保险的账户价值根据结算利率增长，结算利率根据万能账户的投资收益率确定，但该结算利率是经过平滑后的，并不完全等于投资收益率。而投资连结保险的账户价值根据单位数与单位价格确定，单位价格直接反映投连账户的投资回报情况，并不存在平滑因素，所以其波动性要远高于万能保险的结算利率。

（三）风险承担不同

投资连结保险由于没有保证利率的设置，所以投资风险全部由投保人承担，购买此类产品的客户要求承担风险的能力较高。而万能保险往往设置保证利率，这样保险公司承担了一定的投资风险，而保险公司为了能够匹配这种保证利率的要求，往往需要配置更多的固定收益类投资资产。

（四）管理要求不同

由于投资连结保险的单位价格核算、单位数管理、投资账户转换等比较复杂，而且结算频率较高，所以对于公司内部系统管理的要求要远高于万能保险；而由于投资连结保险客户的投资风险较高，所以对于销售管理的要求也更高。

① 参考丁昶、李汉雄主编：《投连和万能的原理与监管》，中国财政经济出版社 2009 年版。

第二节　市场上主要的投资连结保险产品形式

保险公司可以创造性地将投资连结技术发展、运用到各种类型的产品中。尽管很难列出所有具有投资连结基本性质的寿险产品，但概括起来，可以用产品保障部分的特点，将投资连结产品按照两全或终身寿险以及年金进行划分。按照投保人性质划分，投资连结保险可分为个人和团体两种投资连结保险，两者都可采取终身寿险、两全保险和年金保险的产品形态，但团体投资连结保险较多采用年金保险的产品形态。

我国已有多家保险公司开展了投资连结保险业务。各家保险公司的产品在保险责任、费用设计等多个方面虽然各有特点，但仍有许多共同之处。一般而言，投资连结保险根据保险责任进行区分，除保障责任以外的保单要素往往差异不大。从保险责任看，一般投资连结保险可以提供寿险、年金、健康等方面的保障。下面主要介绍终身寿险与年金保险。

一、投资连结型终身寿险

该类型保险产品以死亡为给付保险金条件，保险期间为终身。终身寿险形式一般通过投保人退保或部分退保实现保单账户价值的领取。

（一）缴费方式

目前，多数投资连结保险具有灵活缴费的特点。但在缴费方式和保费结构上，不同产品还是有所不同。

1. 缴费方式

一种方式是在固定缴费基础上增加保险费缓缴功能。合同约定一个固定的缴费金额和缴费时间，但允许投保人不按约定的日期缴费，而保单照样有效，避免了因为超过60天宽限期而导致合同失效。另外还允许投保人除缴纳约定的保险费外，可以随时额外缴纳保费，增加了产品的灵活性。这种缴费方式有利于规划客户的理财行为，避免保单由于账户价值不足缴纳保单费用而失效；同时保险公司也能够获得稳定可预期的现金流，从而设计合理的投资策略，争取投资收益最大化。

另一种方式是取消了缴费期间、缴费频率、缴费数额的概念。投保人可随时支付任意数额（有最低数额的限制）的保险费，并按约定的计算方法进入投资账户，这种方式对客户的灵活性最高，但保险公司对保费支付的可控性及可预测性降低，同时也提高了对内部操作系统的要求。

2. 保费结构

从客户缴纳保费的结构看，保费可以分为基本保费、额外保费与追加保费。对于期缴保单而言，由于基本保费部分扣费较高，所以会约定最高的期缴保费标准；期缴保费高于基本保费的部分称为“额外保费”；在约定期缴保费以外临时缴纳的保费称为“追加保费”。额外保费与追加保费通常适用相同的扣费标准，但保险公司往往约定持续奖金为期缴保费的一定比例，对于追加部分并不提供持续奖金，所以客户需要在期缴持续缴费的限制及未来持续奖金的预期之间进行合理的平衡，确定合适的期缴保费水平。趸缴保单不存在基本保费与额外保费的概念，但客户初始缴纳的保费会分段收取费用。

（二）身故责任设计

与万能型终身寿险相类似，投资连结型终身寿险在死亡保险金额的设计上也存在两种方法：一种是取给付保险金额和保单账户价值两者较大者（方式A），另一种是取给付保险金额和保单账户价值之和（方式B）。

- **方式A** 的死亡给付金额在保单年度前期是不变的，当保单账户价值超过保险金额后，随投资账户价值波动。这种方法的优点在于被保险人的死亡保障不会低于预先确定的金额，同时降低了投保人的保险保障成本。因为随着被保险人年龄的增加，预期死亡率也升高，保险保障成本也相应上涨，特别是在高年龄段尤其明显。采用此方法，可以避免被保险人在需要养老时反而要支付过高的保险保障成本。
- **方式B** 的死亡给付金额随保单账户价值而不断波动，但风险保额（死亡给付金额与投资账户价值之差）保持不变。这种方法的优点是便于客户理解，但在高年龄段，被保险人要支付较高的保险成本，这时一般需要提供转换年金的选择权，否则有可能出现投资收益不足以支付保险保障成本而导致投资账户价值减少的情况。

一般而言，在其他条件相同的情况下，采用方式A的保险金额比方式B的要高。

对于个人投资连结保险，在保单签发时的死亡风险保额不得低于保单账户价值的5%，团体投资连结保险的死亡风险保额可以为零。

投资连结型终身寿险在保险费缴纳、账户价值支配、保单账户运作等方面均具有投资连结保险的一般特点。

二、投资连结型年金保险

此处的年金保险是指提供有年金选择权的投资连结保险，即以生存为给付保险金条件，按约定分期给付生存保险金，且分期给付生存保险金的间隔不超过一年（含一年）的投资连结保险。年金给付的具体金额基于年金给付时客户保单账户价值金额确定。

投资连结型年金保险的死亡风险保额可以为零，即被保险人身故（有时也包括身体全残）时，保险公司按照账户价值给付身故保险金。

按给付方式，年金给付包含一次性、按年或按月给付等方式。在年金领取之前，被保险人可以变更领取方式。客户到达约定领取年龄时，公司按照客户当时的年龄及选择的给付方式将账户价值转换为年金。年金开始给付后，被保险人的投资账户即被取消。在年金保险中，有一类变额年金产品，该产品在领取年金之前类似于一个投资连结保险，但在领取期后其领取金额还会随着所选择账户资产收益的变动而浮动，实现了领取金额与投资收益的互动，能够有效保护领取金额的真实价值。变额年金产品在本书后续的章节将有详细描述。

通过投资连结的方式购买年金保险，能够有效抵御通货膨胀对于养老基金的影响，同时实现养老基金的有效增值，从而保证客户未来的年金领取水平。

三、关于提供保险保障的方式

投资连结保险能够提供非常便宜的保障，这也是这类产品区别于其他金融理财产品最大的优势。一般提供保障的方式有两种：内置型与外附型。

1. 内置型保障

是指保障责任内置于投资连结保险中，形成一个整体的产品，保障的成本从客户的投资账户中按月或按年扣除，由于保险公司收取的往往只是自然费率（根据发生率计算，无附加费用），所以相对于同类的传统保障型产品而言比较低廉，而且客户不用担心忘记缴纳保费而导致保单失效。但不利于客户的是，由于保障成本从账户中扣除，所以在一定程度上会影响客户的账户增值。此外，自然费率的特点是保障的成本会随着客户年龄的增长而增长，所以如果由于资本市场波动而导致账户价值缩水，可能会导致账户无法支付老年阶段高昂的保障成本，最终导致保单失效。因此，客户如果选择内置型保障的话，必须根据自身的年龄、账户的价值等因素及时调整保障计划，从而在保证资产增值的同时享受到合适的保障。

2. 外附型保障

是指将保障责任设计成附加险的形式，与投资连结主险捆绑成一个保险计划销售给客户。由于保障是单独附加的，所以保障的成本需要客户按照约定额外支付，而不会从投资连结账户中扣除。保障的费率可能会采用上述自然费率的方式计算，也可能采用均衡费率（每年费率相同，不随客户年龄而变化，一般有一定的附加费用）。这种方式的好处是保障的成本不会影响投资账户的增值，而且费率也可能不会随年龄的增长而变化，有利于客户合理地规划自身的保障支出。即使客户在年龄很大的时候也不会因为保障成本的问题导致主险保单失效。不利的方面主要是客户需要牢记自己需要缴纳保费，可能会因为未及时缴纳保障保费而导致保障失效。此外，外附型保障的灵活性也比较差，客户不能根据自身需求任意调整保障计划，而必须到保险公司申请办理。

客户应该根据自己对于保障灵活性与投资增值预期的要求合理地选择保障的类型，从而实现保障与收益的双赢。

第三节　投资连结保险的关键产品要素

一、投资连结保险的竞争要素

产品竞争的重要内容之一就是价格。而与万能保险相似的是，投资连结保险也是“非捆绑式保险”，并不存在所谓的“价格”，所以产品的竞争力就体现到了附加责任、费用结构与水平、持续奖金、单位价格的波动等方面。而除单位价格波动以外的因素在投保时就能够明确，所以要了解投资连结保险的价格，首先应了解其费用结构情况以及持续奖金情况。

（一）费用结构

个人投资连结保险可以并且仅可以收取以下几种费用，对于团体投资连结保险，保险公司可以在备案或审批的费用基础上，在以下规定的范围内进行合理调整：

1. 初始费用

即保险费进入投资账户之前扣除的费用，一般用于保险公司业务佣金、保单的承保、投资账户建立等方面的支出。投资连结保险的初始费用不得以减少保单账户价值的形式扣除，并根据缴费方式的不同和投保人类型的不同，初始费用收取的比例监管规定有不同的最高限制。如第二节所述，客户缴纳的保费将分段收取不同的比例，下面举例说明。

【例 8－1】 客户选择 5 年期缴方式，每年缴纳 1 万元。基本保费为 6000 元，额外保费为 4000 元，客户于第二次缴纳保费的时候追加缴纳了 5000 元，则其第二年初始扣费情况及进入账户的金额如图 8－2 所示。

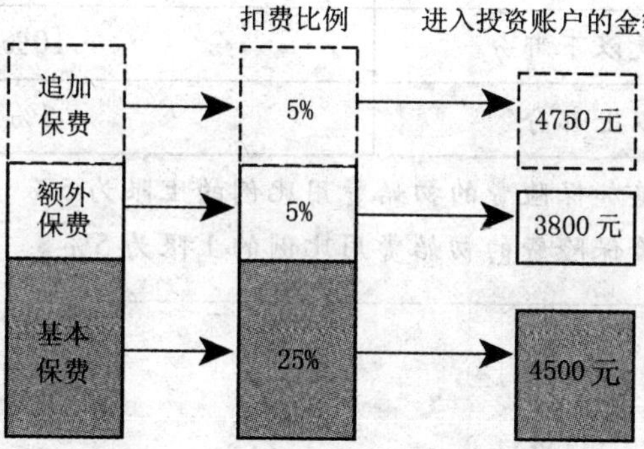

图 8－2

那么客户在第二年总共缴纳了 1.5 万元后，将有 13050 元进入投资账户，初始费用共扣除了 1950 元。

专栏 8—1

中国保监会《关于印发投资连结保险、万能保险精算规定的通知》（保监寿险［2007］335 号）对投资连结保险初始费用的有关规定

一、期缴方式

基本保险费初始费用的比例不得超过下表所示的上限：

保单年度	初始费用上限
第一年	50%
第二年	25%
第三年	15%
第四、五年	10%
以后各年	5%

额外保险费初始费用比例的上限为 5%，追加保险费的初始费用比例的上限为 5%。

二、趸缴方式

初始费用的比例不得超过下表所示的上限：

保险费	初始费用上限
人民币 5 万元及以下部分	10%
人民币 5 万元以上部分	5%

趸缴保险费保单追加保险费的初始费用比例的上限为 5%。

团体投资连结保险保险费的初始费用比例的上限为 5%。

2. 保单管理费

即维护保险合同向投保人或被保险人收取的管理费用。一般用于保单的日常管理、印制保单状态报告等用途。

保单管理费一般是一个与保单账户价值无关的固定金额，在保单首年度与续年度可以不同。保险公司不得以保单账户价值一定比例的形式收取保单管理费。

对于团体投资连结保险，保险公司可以在对投保人收取保单管理费的基础上，对每一被保险人收取固定金额的保单管理费。

3. 资产管理费

按账户资产净值的一定比例收取。一般用于账户资产交易、席位管理等费用。投资连结保险资产管理费年度百分比最高为2%。

4. 手续费

保险公司可在提供账户转换、部分领取等服务时收取，用以支付相关的服务费用。

5. 买入卖出差价

即投保人买入和卖出投资单位的价格之间的差价，用以弥补由于资产购入与卖出而发生的费用。投资连结保险的买入卖出差价不得超过2%。

6. 死亡风险保险费

即保单死亡风险保额的保障成本。风险保险费一般通过扣除投资单位数的方式收取，其计算方法为死亡风险保额乘以死亡风险保险费费率。保险公司应当在保险合同中约定死亡风险保险费费率的最高水平，该最高水平应当表示成中国人寿保险业经验生命表的一定百分比。

非标准体保险合同的死亡风险保险费应由保险公司根据普遍认可的精算原则确定。

保险公司也可以通过扣除投资单位数的方式收取其他保险责任的风险保险费。

7. 退保费用

即保单退保或部分领取时保险公司收取的费用，用以弥补尚未摊销的保单获取成本。保险公司收取的退保费用一般为保单账户价值或者部分领取部分对应的保单账户价值的一定比例，并且需满足比例的上限要求。

专栏8—2

中国保监会《关于印发投资连结保险、万能保险精算规定的通知》（保监寿险［2007］335号）对投资连结保险退保费用上限的有关规定

保单年度	期缴方式	趸缴方式	
		初始费用大于零	初始费用小于或等于零
第一年	10%	10%	10%
第二年	8%	8%	9%

续表

保单年度	期缴方式	趸缴方式	
		初始费用大于零	初始费用小于或等于零
第三年	6%	6%	8%
第四年	4%	4%	7%
第五年	2%	2%	6%
第六年	0%	0%	5%
第七年			4%
第八年			3%
第九年			2%
第十年			1%
第十一年及以后			0%

（二）持续奖金

为了鼓励投保人继续持有保单，降低保单退保率，从而使得客户能够获得长期回报，投资连结保险一般提供持续奖金。

根据中国保监会《关于加快业务结构调整进一步发挥保险保障功能的指导意见》（保监发［2009］11号）的相关要求，按照账户价值、累计已缴保费或趸缴保费的一定比例给付的持续奖金，其首次给付时间应不早于第五个保单年度。按照当期期缴保险费的一定比例给付的持续奖金，可在投保人缴纳第二期保险费时开始给付，但给付比例不得高于当期期缴保险费的2%，未缴纳期缴保险费的保单年度不应给付持续奖金。

为确保未来对持续奖金有足够的支付能力，保险公司还应遵循普遍认可的精算原则决定是否提取持续奖金准备金。

（三）各种因素的相互关系

各种产品因素之间并不是相互独立的。初始费用和退保费用之间有密切的关联，完全不收取初始费用和附加费用的公司通常会在退保时收取很高的退保费用，反之亦然。初始扣费较高的产品往往也提供较高的持续奖金。保险公司在对投资连结保险进行产品设计时，将反复测试各种产品要素的组合对公司利润及客户收益的影响，最终形成既能满足竞争要求又能达到公司最低利润要求的产品。

二、保单账户价值确定的原则和方法

投资连结保险的**保单账户价值**是投保人所拥有的所有投资账户的保单账户价值之和，保单账户价值为所连结的投资账户的价格（一般为卖出价）与客户在该账户所拥有的投资单位数的乘积。

（一）单位价格的确定

投资单位有两个交易价格，保险公司卖给客户的价格称为**申购价**（从客户的角度，又称“买入价”），客户赎回投资单位的价格称为**赎回价**（从客户的角度，又称“卖出价”）。

在评估投资账户时，应包括投资账户内的所有资产和负债。确定投资账户总资产时先确定投资账户是处于扩张阶段还是收缩阶段，再根据扩张阶段和收缩阶段不同的计算方法，评估投资账户的总资产。根据中国保监会的规定，投资账户的总资产根据保险公司采用账户资产买入价或者卖出价作为基础评估投资账户价值确有困难的，经中国保监会批准，可以采用其他合理的市场价格作为评估的基础。

投资账户价值 = 投资账户资产 - 投资账户负债

投资单位的卖出价 = 投资账户价值/投资单位总数

投资单位的买入价 = 投资单位的卖出价 ×（1 + 买入卖出差价）

（二）确定投资单位数

根据中国保监会的规定，保险公司应当至少每周对投资账户中的资产价值评估一次，目前国内保险公司对投资连结保险一般采用每个工作日对资产价值评估一次，对投保人买入卖出投资单位的要求，保险公司应使用下一个资产评估日的单位价格，否则，需报中国保监会批准。

投保人购买投资连结保险，缴纳的保险费在扣除初始费用后，使用下一个资产评估日的价格，购买投资账户的单位数。保险公司收取的资产管理费、保单管理费、死亡风险保险费和手续费等可以通过扣除投保人投资账户单位数的形式进行收取。保险费的缴纳、相关费用的扣除和部分领取都会引起单位数的变化。

第四节　投资连结保险的经营管理

一、投资连结保险的销售管理

由上文对投资连结保险的介绍中，我们可以看到，投资连结保险所连结的投资账户的投资风险是完全由投保人承担，保险公司只是投资账户的管理人，而投资账户的收益受资本市场的影响很大，呈现周期性波动特征。从国外和中国的历史来看，投资连结保险的销售中因销售误导而导致的法律诉讼风险和集体性退保风险较大，因此，各国对于投资连结保险的销售行为的监管较为严格，从销售者的销售资格到保险公司的信息披露等都进行严格监管。为保护消费者利益，保险公司应加强投资连结保险的销售管理，主要集中在以下几个方面：

（一）销售人员资格管理

为了保证业务品质，规范展业行为，保险公司应严格进行投资连结保险销售资格管理，例如，保险公司委托银行代理销售投资连结保险的，应严格限制在银行理财中心和理财柜销售，不得通过银行储蓄柜台销售投资连结保险。投资连结保险销售人员必须拥有资格证书，且应至少拥有 1 年寿险销售经验，并无不良记录。保险公司授权销售人员销售投连险前，应自行组织对销售人员的产品和法律知识等进行书面考试，没用通过考试的，不得授权其销售投连险；投资连结保险销售人员应接受不少于 40 个小时的专项培训。保险公司应将相关培训材料报当地保监局备案。

（二）宣传材料管理

保险公司应加强对投资连结保险产品说明书、保单利益测算书、宣传折页、宣传海报等宣传材料的管理。各类宣传材料应当由总公司统一管理。经总公司授权，分公司可以设计、印刷宣传材料，但应当报总公司审批。除分公司以外的其他各级分支机构和各类代理机构不得设计、印刷和变更新型产品信息披露材料。禁止代理人使用与产品说明书或保险条款不一致的信息披露材料。

（三）销售行为管理

1．保险公司应加强对销售人员的后续管理，完善退出机制

同一销售人员被查实存在两次以上销售误导的，不得再授权其销售投连险；同一代理网点被查实存在两次以上销售误导的，不得再与其续签投连险代理合同。

2．保险公司应当对购买投资连结保险的投保人实行 100% 回访

回访方式应当首先选择电话回访，不能成功进行电话回访的，可以通过信函或上门等方式进行，但必须取得投保人签名的回执备查。回访必须在犹豫期内完成，并做好相关记录。以电话方式回访的，应当对通话内容录音并至少保存五年。

二、投资连结保险的投资管理

投资连结保险可以连结多个不同的投资账户，在投资账户的投资方向上，不同类型的投资账户所投资的工具也不一样。目前大致有债券类、股票类、基金类、平衡类和货币市场类五种。投资账户的收益虽然是完全归投保人所有，但是投资账户的收益水平直接影响到产品的销售量，退保率和保险公司收取的保单账户价值相关管理费的水平。因此，投资账户的管理对于保险公司的客户经营、公司品牌形象和投资连结保险的盈利水平同样具备重要意义。

三、投资连结保险的风险管理

投资连结保险的风险有传统的保险风险、费用收取不足的风险、销售误导风险和资本市场波动带来退保风险。由于其他的风险如保险风险、资产风险和法律风险等都与其他产品类似，以下重点介绍此类产品的销售误导风险。

投资连结保险由于其投资风险完全转嫁到投保人身上，选择合适的销售对象，进行正确的产品销售，这对销售人员个人的素质、知识水平和诚信度提出了较高要求。如果投资连结保险销售时不对客户进行合理的区分，就可能会将这种高风险的产品卖给风险承担能力较低的客户，从而人为增加后期退保风险。另外，销售人员也可能会为追求业绩和销售利益往往会夸大产品的收益，对产品的收益做出不实承诺，隐瞒费用扣除等重要事项，对客户进行误导性宣传。如果在销售过程中未对产品的风险进行正确解释，扣费情况进行详细说明，特别是在投资市场出现大幅下跌的情况下，易引发大规模的客户纠纷和诉讼，造成极坏的社会影响，严重影响保险公司信誉，并影响到其他业务的开展。我国市场曾经发生过投连大规模退保的情况，出现这些情况的主要原因就是客户选择不当及销售误导等因素。

为了规范投资连结保险的销售行为，减少销售误导现象，中国保监会陆续出台了投资连结保险规定、关于加强投资连结保险销售管理、新型产品信息披露等方面的法律、法规，为规范投资连结保险销售提供了监管基础。保险公司也应加强自身的风险意识，制定严格的投资连结保险销售管理办法，使用总公司统一制作的信息披露材料，规范分公司以及代理人的销售行为，严防销售误导风险。

四、投资连结保险的信息披露

（一）一般披露原则

保险公司在新型产品信息披露时，应当采用通俗易懂的语言，准确描述与产品相关的信息。保险公司应当对信息披露的客观性、真实性负责，无重大遗漏，不得对投保人、被保险人、受益人及社会公众进行欺骗、误导和隐瞒。

保险公司销售新型产品，应当向投保人出示保险条款、产品说明书。向个人销售新型产品的，还应当出示投保提示书。

订立保险合同，采用保险公司提供的格式条款的，保险公司向投保人提供的投保单应当附格式条款，保险公司应当向投保人说明合同的内容。

向个人销售新型产品的，保险公司提供的投保单应当包含投保人确认栏，并由投保人抄录下列语句后签名："本人已阅读保险条款、产品说明书和投保提示书，了解本产品的特点和保单利益的不确定性"。

新型产品的信息披露材料应当由保险公司总公司统一负责管理。保险公司省级分公司设计、印刷新型产品的信息披露材料，应当报经其总公司批准。除省级分公司以外，保险公司的其他各级分支机构均不得设计、印刷和修改新型产品的信息披露材料。

保险公司不得授权其代理人设计、印刷和变更新型产品的信息披露材料。保险代理人不得设计、印刷和变更其代理销售的新型产品的信息披露材料。保险公司及其代理人不得使用与新型产品的保险条款、产品说明书不一致的信息披露材料。

（二）产品说明书

投资连结保险的产品说明书应当包含风险提示、产品基本特征、投资账户情况说明、利益演示、犹豫期及退保等要素。其中利益演示应当采用高、中、低三档向客户演示新型产品未来的利益给付。

专栏 8—3

中国保监会《人身保险新型产品信息披露管理办法》（保监会令［2009］年第3号）对投资连结保险产品说明书的有关规定

……

第十八条　投资连结保险的产品说明书应当包含以下内容：

（一）风险提示

1. 在产品说明书封面显著位置用比正文至少大一号的黑体字提示该产品为投资连结保险，产品投资风险由投保人承担。

2. 提供灵活缴费方式的，还应当特别提示投保人停止缴费可能产生的风险和不利后果。

（二）产品基本特征

投资连结保险的运作原理，产品的保险责任及责任免除。

（三）投资账户情况说明

1. 产品所连结的各投资账户的资产配置目标、原则、投资策略、投资工具及比例等；

2. 产品所连结的各投资账户过去10年每月末账户卖出单位价格变化图；投资账户运作时间不足10年的，则为其存续时间内每月末账户的卖出单位价格变化图；

3. 各投资账户提取的各项费用及提取时间；

4. 投资单位价值评估方法；

5. 各投资账户面临的主要投资风险；

6. 在投资账户设定投资业绩比较基准的情况下，说明投资业绩比较基准及计算方法；

7. 委托商业银行进行资产托管的投连产品，还应当披露资产托管银行名称。

（四）利益演示

1. 利益演示应当以表格形式预测投资部分的未来利益给付情况，且至少应当包括以下项目：

（1）期缴或者趸缴保险费、追加保险费以及累计保险费；

（2）收取的各项费用，其中初始费用、保单管理费、风险保费等主要费用需逐项列明；

（3）进入投资账户的价值；

（4）不同假设投资回报率下的投资账户价值、死亡给付金额和现金价值。

2. 保险期间少于10年的，必须逐年演示各保单年度末的保单利益；保险期间超过10年的，前10年各保单年度末的保单利益必须逐年演示。

3. 利益演示必须注明投资连结保险对应资产的假设投资回报率，并用醒目字体标明该利益演示基于公司的投资收益假设，不代表公司的历史经营业绩，也不代表对公司未来经营业绩的预期，实际投资收益可能出现负值。

（五）犹豫期及退保

1. 犹豫期的含义、起算时间及天数；

2. 投保人在犹豫期内的选择权以及不同选择权下犹豫期内解除保险合同应当退还的金额；

3. 犹豫期后退保需扣除的费用以及退保金的计算方法。

（三）公告制度

开办投资连结保险的保险公司每周应当至少在公司网站或者中国保监会认可的公众媒体上公告一次投资账户单位价格。

保险公司应当在公司网站上保留至少最近10年的投资账户单位价格历史信息；运作时间不足10年的，应当保留投资连结保险开办以来投资账户单位价格的全部历史信息。

保险公司在网站上公布的投资账户单位价格的历史信息应当方便公众查询。

专栏 8—4

中国保监会《人身保险新型产品信息披露管理办法》（保监会令［2009］年第3号）对投资连结保险信息公告的有关规定

……

第二十一条　开办投资连结保险的保险公司每半年应当至少在公司网站及中国保监会认可的公众媒体上发布一次信息公告。信息公告应当包括以下内容：

（一）各投资账户简介，包括投资策略、主要投资工具及各类资产比例；

（二）各投资账户财务状况的简要说明；

（三）列表比较各投资账户自设立以来各年度的投资回报率；

（四）投资连结保险账户资产估值原则，包括上市交易和未上市交易的各类证券品种的估值原则和处理方法；

（五）投资连结保险账户投资回报率及其他涉及业绩表现的财务指标的计算公式；

（六）报告期末股票资产中各行业股票市值及占比；

（七）报告期末债券资产中各类债券账面余额及占比，不同信用等级的债券账面余额及占比；

（八）报告期末基金资产中各类基金净值及占比；

（九）报告期内资产托管银行变更情况；

（十）其他根据中国保监会要求应当公开披露的信息。

（四）保单状态报告

保险公司应当在保险合同条款中约定每年向投保人提供一份保单状态报告。保单状态报告应当包含以下内容：

（1）保险单信息，包括保险产品名称、保险单编号、保险单生效日、投保人姓名、被保险人姓名、报告期间等；

（2）保单周年日（若保单周年日为资产评估日）或者保单周年日后第一个资产评估日（若保单周年日为非资产评估日）各投资账户余额，包括持有的单位数、单位价值、账户价值总额；

（3）报告期间保单项下各投资单位数变动情况及报告期初和期末各投资账户余额；

（4）逐笔列示报告期间内发生的期缴或者趸缴保险费、部分领取、账户转换、保单管理费、死亡风险保险费、追加保险费等事项；

（5）报告期间发生的其他需要告知投保人的重要信息。

保单状态报告不得用于销售宣传等其他目的。

（五）回访制度

投资连结保险客户回访至少应当包括以下内容：确认投保人是否购买了该保险产品以及投保人是否在投保单上亲笔签名；确认投保人是否知悉犹豫期的起算时间、天数以及犹豫期享有的权利；确认投保人是否知悉保险责任和责任免除；确认投保人是否知悉投资连结保险的投资回报是不确定的，实际投资收益可能会出现亏损；宣传材料上的利益演示仅基于假定的投资收益，不代表未来的实际收益；确认投保人是否知悉费用扣除项目及扣除的比例或者金额；确认投保人是否知悉退保可能产生的损失。

如保险公司在销售过程中未按照相关信息披露监管办法执行，将被中国保监会视情节轻重给予相应处罚。

五、投资连结保险的财务及业务系统管理

投资连结保险由于其计价的特殊性，对公司的财务系统和业务系统的要求特别高，主要体现在其操作流程的设置和处理的时效性上。

（一）对财务管理和投资的要求

根据中国保监会规定，投资连结保险的账户需独立核算，投资账户不得与公司其他投资账户进行买卖、交易及资产转移。

销售投资连结保险产品的保险公司应当在每年三月底之前向中国保监会呈报投资账户的年度财务报告。

（二）对业务管理的要求

由于投资连结保险计价频率较高，对于投保人的各种关于投保、部分领取、退保、报案等投保、保全、理赔处理的时效性要求较高，保险公司一般把投资连结保险业务处理的优先级排在其他产品之前，以确保投保人、公司不会在资本市场波动较大的情况下由于操作迟延而产生不必要的损失。

（三）对电脑系统的要求

保险公司的电脑系统必须能够实现基本的承保、核保、出单、缴费、保全变更、理赔、核赔、年金给付六大业务环节的功能，以及综合代理点管理、客户管理、产品管理、统计分析、账户管理等功能，除此之外投资连结保险还需要实现各投资账户的计价处理。

投资连结产品对计价频率的要求较高，目前国内的保险公司基本上实现了按天的计价频率，要求在每个工作日都能够准确评估投资结果。定价频率越高，对保险公司数据处理系统、定价系统、业务管理系统等的要求也越高。保险公司的 IT 系统通常要彻夜处理当天的业务，以便及时计算单位价格。投资单位价格的计算程序必须经过仔细详尽的检查，而且任

何失误或延迟都可能给公司造成巨大的财务影响。

此外，为保证投资连结保险的灵活性、透明性，保险公司的业务、财务、电脑系统不仅需要能够支持计价要求，而且能够支持客户就保单信息的随时咨询。

第五节　我国投资连结保险发展的现状

在亚洲，投资连结保险的起步较晚，主要在新加坡、中国香港发展得较好。新加坡由于政府税收方面的优惠，投资连结保险增长迅速，1997 年已达 32% 的份额。在中国香港，投资连结保险的发展始于 20 世纪 90 年代初期，特别是 1995 年采用英国的偿付能力标准后，各保险公司出于资本效益的考虑，开始更大规模地推广投资连结保险的销售，到 1999 年，市场份额已攀升到 34%。1999 年 10 月，平安保险在上海开始试点销售“平安世纪”理财投资连结保险产品，这是我国大陆的第一个投资连结保险产品。

一、投资连结保险产品开发背景

在 1999 年之前，我国寿险市场的产品基本都是传统保险。这些产品的保费、保额和现金价值等保险利益都是预先确定的，一旦合同生效，保险公司和投保人都无法调整。

由于传统保险的保单利益固定不变，保险公司几乎承担了所有的定价风险，比如市场利率下降、实际费用膨胀、死亡率恶化等。特别是利率不断降低导致的利差损风险，既不可控，又不可预测，是人寿保险公司需要应对的主要风险。

就我国当时寿险市场的具体情况分析，利差损风险显得尤为突出，成为保险公司稳健经营的极大隐患。这主要可以归结为以下几方面的原因：

（一）储蓄类寿险产品占绝对主导地位

保险公司销售的寿险产品的绝大多数是储蓄性很强的两全或终身寿险，这类产品定价时，预定利率是最为重要的影响因素，预定利率的微小变化，都将给产品价格和保险公司利润带来很大影响。

（二）利差损风险较为突出

20 世纪 90 年代，随着我国经济的“软着陆”成功，宏观经济逐步从高通胀、高增长向低利率、高增长转变。1996—2002 年短短几年间，中国人民银行连续八次大幅调低银行存款利率，一年期存款利率从1996年5月1日以前的7.2%，一直降到2002年2月21日的1.98%[①]。市场基准利率的下降导致固定收益类资产的回报率大幅下降并长期保持在较低水平。而保险公司1999年以前销售的长期寿险保单的预定利率均在年复利5%以上，这些高利率保单给当时的保险公司带来了巨额的利差损，严重影响了保险业的偿付能力。

（三）资产负债期限匹配困难

资产负债管理是金融企业控制利率风险的重要手段，其核心是资产和负债的存续期间相对一致，使资产的投资所得刚好可以如期偿还负债。

寿险产品的保险期间一般都比较长，有的长达20年、30年乃至终身。但当时国内金融市场发展不完善，投资品种单一，几乎不存在可以与此类长期负债匹配的债券等资产，且1995年出台的《保险法》所允许的保险资金运用形式仅限于银行存款、买卖政府债券、金融债券等。所以保险公司不得不集中投资于诸如银行存款、国债等中短期资产上，因而承担了非常大的再投资风险。在利率不断下滑的市场环境下，这些风险对保险公司是致命的威胁。

（四）低预定利率导致销售和退保风险

为了化解利差损风险，中国保监会于1999年6月10日将传统寿险保单定价所允许的最高预定利率降至年复利2.5%。一方面，由于预定利率大幅降低，保险费率比以前有了很大的提高，传统寿险对市场的吸引力大大降低，对新保单的销售造成了不利影响；另一方面，一旦利率重新走高，传统型产品将由于相对其他金融产品收益过低而面临退保风险。大量的退保将迫使保险公司处置未到期资产，可能给保险公司带来巨大的现金流风险。

无论是预定利率和市场利率上升或下降，传统产品都会给保险公司带来难以化解的利率风险，其本身已不足以应对变化日益频繁、波动日益剧烈的经济大环境。保险公司急切希望设计开发既能减缓利率风险，同时又可以增进寿险业发展的新型产品。

西方成熟的保险市场提供了现成的答案：一种产品是分红保险，另一种产品是投资连结（变额）保险。这两种产品虽然看起来大相径庭，但究其实质，都是将部分或全部的利率等定价风险转给客户，而客户同时也取得了获取更高投资收益的可能。对于保险公司而言，投资连结保险在规避利率风险上比分红保险产品更为彻底；在产品形态上，投资连结保险比分红保险更为灵活透明。

二、国内投资连结保险产品的诞生

我国保险业在发展初期，以日本、中国台湾为学习对象，到1999年后，随着发达保险市场经营理念的逐渐渗透，开始侧重向美、英等成熟保险业学习。1998年，平安保险公司率先开始了投资连结保险的研究、开发工作，并于1999年10月在上海试点销售，之后不

---

① 数据来源：中国人民银行网站。

久，在其他几个主要城市也进行了试点销售，2001 年 3 月正式在全国推广。

作为第一个投资连结保险产品，“平安世纪”理财投资连结保险与传统寿险保持了较多的相似性，主要不同点是：投资连结保险设立了单独的投资账户，因而身故、满期给付、现金价值等随之变动。作为第一个投资连结保险，其概念不仅对于客户、代理人，甚至对于保险公司内部管理人员来说，都是全新的。开发与传统产品形态有较多相似性的投资连结保险，在当时的条件下，一方面有利于市场对产品的接受，另一方面也便于保险公司内部的运作。

投资连结保险的诞生，是当时我国保险业甚至金融业的一个重要事件。作为一种既可以满足客户的保险保障，又可以帮助客户进行投资理财的新型金融产品，投资连结保险有其存在和发展的必然性。

三、我国投资连结保险产品现状

1999 年以来，我国投资连结保险从无到有，发展很快，主要表现在：

（一）销售投资连结保险的公司有所增加，投资连结保险的地位逐渐上升

投资连结保险在规避利率风险方面的优势及其发展潜力使得越来越多的保险公司加入到这一市场中来。目前，投资连结保险已经成为市场主流险种之一。特别在银行代理市场，投资连结保险占据了相当稳定的市场份额。市场上甚至出现了瑞泰人寿等专营投连险的保险公司。

（二）投资连结保险的产品形态更加丰富

与“平安世纪”理财投资连结保险相比，目前我国的投资连结保险产品保障功能更为全面，投资功能更为强大，通常具有多个投资账户，包括债券型、股票型、混合型等，在保费缴纳、保险保障和账户管理等方面更为灵活、透明。

（三）市场对投资连结保险认可逐步增强

在投资连结保险引入之初，社会大众对其了解甚少。经过数年的发展，社会大众对投资连结保险已不再陌生，投资连结保险产品逐渐为人们所了解和接受。

投资连结保险作为一种客户承担投资风险的产品，在现实中也存在一些问题，主要表现在两个方面：

第一，投资连结保险由投保人完全承担投资风险，投资收益率受资本市场的波动性较大。近年来，随着我国股市的大起大落，投资连结保险在我国经历了很大的起伏。

1999 年 10 月，“平安世纪”投连险推出之初，期间正值股市大好，出现消费者疯狂抢购的情景，各家寿险公司的投连产品曾创下月投资回报率近两位数的奇迹，投连险保费收入由 2000 年上半年的约 4 亿元一路飙升到 2001 年上半年的 64 亿元。

由于 2001 年下半年资本市场的波动，以及 2002 年股市持续走低，投连险的投资账户出

现了不同程度的亏损，投连险陷入了低迷，保险公司纷纷停售投连险，投资连结保险险些遭遇“灭顶之灾”。

2006 年以来，随着股市的升温和走高，外资公司如瑞泰人寿、金盛人寿、信诚人寿等重推投连险，取得了很好的销售业绩。部分外资保险公司保费曾一度有 80% 以上来自投连险。

2007 年末开始的全球金融危机，导致我国股市受到深度重创，对投资连结保险产生了非常不利的影响。

第二，作为一种融保险与投资于一身的险种，投连险本身要求其销售人员必须具备一定的素质，才能够准确地将所推销的投资连结保险产品介绍给客户。由于我国保险市场还处于初级阶段，客户投资风险意识较为淡薄，业务员素质有待于进一步提升。在销售投连险的过程中，存在销售人员夸大收益，隐瞒保单扣费的情况。由于误导消费者而导致的诉讼、群体退保等恶性事件的发生，也给投连险的发展带来了阴影。

四、我国投资连结保险产品发展趋势

随着市场的不断成熟，投连险的未来发展前景将更为广阔。

一方面，在产品设计上将更为完善。一是保险公司将更加注重产品组合的灵活性，方便客户根据自身的家庭状况、健康状况等，通过主险、附加险的不同搭配，满足自己的个性化保险需求。二是在产品收费上将更趋于透明，保险成本、经营费用以及投资费用在设计时就彻底分开，客户对费用情况可以一目了然。三是在保险费支付和保额方面的调整将更为灵活、便利，客户可以根据自身的实际支付能力和保险需求，在不同的人生阶段选择适合自己的缴费方式和保险保障。四是投资账户或者投资账户的组合更加多样化，并可以更方便地进行转换，以更好地满足客户个性化的投资理财的服务需要。

另一方面，投连险的销售将更为规范。2009 年，保险监管机构出于风险防范的目的，出台了《关于进一步加强投资连结保险销售管理的通知》等一系列针对投连险的规定，要求“保险公司高度重视对投资连结保险销售的管理工作，确保通过合格的销售人员，经由合适的销售渠道，将投资连结保险销售给具有相应风险承受能力的客户人群”。从销售人员、销售渠道和客户人群三方面对投连险的销售提出了更高的要求。

第六节　国外投资连结保险发展综述

目前欧洲、北美保险市场的投资连结产品发展比较成熟（参见表 8－1），其中以英、美两国的投资连结产品更具代表性。

表8-1　　投资连结保险在欧美、亚洲等国家推出的时间及名称

国家	推出时间（年）	名称
英国	1957	基金连结保险①
加拿大	1961	股票连结保险②
德、法、意	1970	基金连结保险
美国	1976	变额寿险；变额万能寿险
日本	1986	变额保险
新加坡	1990	投资连结保险③
中国	1999	投资连结保险

一、英国基金连结保险产品发展回顾

英国真正意义上的投资连结保险是1957年诞生的一张**递延年金保单**。到1960年，有6家保险公司销售这类保单。到1970年，已有91家保险公司销售基金连结保单，但市场份额不大。在随后的二三十年里，基金连结保险的市场份额得到稳步的提升。其间，虽然在个人寿险方面，由于税收优惠政策逐渐消失而导致基金连结保险的市场份额开始降低，但在养老保险方面，至90年代其基金连结保险的份额已远超过非基金连结保险，从而使整个寿险业中基金连结保险的份额达到50%左右。

从英国的发展情况来看，当时投资连结保险能够迅速发展的主要因素包括五方面：

一是信托基金通过人寿保险开拓市场的努力是早期投资连结市场发展的重要推动因素。

二是80年代以前，有关保险的税务优惠政策，比如保费抵税、增值税递延等等，使得通过投资连结保险的方式投资基金在税务方面占有优势。

三是成立时间较长的保险公司在过去的经营中通过传统保险（分红和非分红）累积起充裕的自由准备金，可以广泛地投资于具有较高回报的资产。对于70年代涌现的大量新保险公司而言，由于无法在传统保险业务上与老公司较量，因而另辟蹊径，大力开拓投资连结保险市场，使新公司也可以投资到高风险、高回报的资产。

四是20世纪90年代之前的30年中，股市投资回报率长期保持良好状态，对传统的固定利率产品产生了较大冲击和挑战，同时也促成投资连结保险的顺利发展。

五是保险监管当局对寿险产品的偿付能力要求，使得投资连结保险在资本效率方面比传统寿险更有吸引力。

（一）基金连结保险产品起源

英国是投资连结保险的发祥地。投资连结保险的起源可以追溯到信托基金的销售。信托

① 基金连结保险：Unit - Linked Insurance。
② 股票连结保险：Equity - Linked Insurance。
③ 投资连结保险：Investment - Linked Insurance。

基金是一种合伙投资基金，基金被分成等值的单位，投资者通过购买基金单位享有基金的投资收益。基金的价格每天在报纸上公布，便于投资者了解基金的资产价值。

信托基金面世后，随着资本市场的发展，面临进一步扩大市场的挑战。但由于英国法律不允许信托基金进行个人陌生拜访式销售，市场销售很难大规模地开展。而人寿保险可以很好地避免以上问题，并且有税收上的优势。于是，一些保险公司和基金公司尝试将人寿保险和信托基金结合起来销售，这便产生了早期的基金连结保险。

Abbey life 和 Hambro life 是两家最先销售这种保单的保险公司，并且取得了成功。Save & Prosper 信托基金公司随后建立了自己的保险公司来扩大基金的销售规模。在 20 世纪 60 年代到 70 年代期间，传统保险公司由于自身业务发展不错，并没有意识到这是一个新的机会，因此较晚才逐步建立起自己的投资基金并开始销售基金连结保险。

（二）基金连结保险产品的发展

早期的基金连结产品基本是生死两全保险或终身寿险，都具有较强的储蓄性质。生死两全保险的设计一般采用以下方式：大部分保费用于购买基金单位，其余部分用于死亡保障和其他费用；购买基金的比例可以由被保险人年龄、保险期限和保费等因素确定；满期金可以设最低保证。终身寿险可以只附加很低的保险保障，比如 1% 的基金价值作为风险保额。这些产品的死亡保障和费用收取水平是不透明的且保证不变的。此外，定期缴费或一次性缴费的延期年金产品也逐渐流行，这些产品由于没有身故保险金额，其主要目的是为投保人在退休前提供一种免税的保费累积。

对于年缴保费的产品，在缴费前期，投保人所缴保费只有一部分被分配进入投资基金，有时第一年的保费并不进入投资基金，而在缴费后期，所缴的保险费则有可能 100% 进入投资基金。另一种收费方式是将投保人的前期保费分配进入一种特殊的资本金中，这种基金的管理费较高，通常约为5% ~6%，剩余的保费则分配进入正常收费的累计基金中。

20 世纪 80 年代，保险市场上出现了灵活缴费的基金连结保险。通常为终身寿险形式，主要有以下特点：(1) 保费可在多个不同投资策略的投资基金中选择；(2) 投资基金不保证投资收益；(3) 各项费用的收取是清晰列明的；(4) 按月从投资基金中扣除各项费用；(5) 对保险保障没有最低保证，其他费用未来的收取水平不变；(6) 投保时可以选择保额；(7) 投保后可以在一定条件下更改保单；(8) 保单的现金价值等于投资基金单位的回赎价值（有时要扣除退保费用）。

随着市场的发展，伤残收入保障基金连结保险，以及重疾、全残、长期健康险、豁免保费等各种附加险也相继问世。

二、美国变额寿险产品发展回顾

美国第一个投资连结保险产品是 1976 年由公平人寿销售的**变额终身寿险保单**。1982 年，保诚寿险推出了第一个融合了变额寿险和万能寿险特点的变额万能寿险保单，在保费支付、保额变更、投资选择等方面提供了更大的自由度。

（一）变额寿险产品发展历程

变额寿险的发展初期，销售情况并不理想。一个重要的原因是在此期间市场利率一直维持在两位数的水平，传统分红产品及非变额产品可以提供不错的投资回报，而且公众对变额寿险的投资风险尚不习惯。

1981 年，一种可以充分利用寿险税收优惠的趸缴变额保单被推出，并作为投资产品销售，受到普遍欢迎，1985—1987 年销售额急剧扩大。该产品取得巨大成功，以致美国众议院于 1987 年通过了新的《税务条例》，取消了其作为寿险产品的部分税收优惠，从而直接导致 1988 年变额寿险销售量的下滑。年缴变额寿险和变额万能寿险没有受到此次《税务条例》变化的影响。除了税收调整的原因外，1987 年 10 月的股市衰退也对整个变额寿险销量的低迷起了推波助澜的作用。

20 世纪 90 年代利率走低，股票市场进入一个长期的上升阶段。这使得非变额产品的吸引力相对下降，而各保险公司在设计新的变额产品时又不断推陈出新，比如提供最低保额保证、最低投资回报保证、保单不失效保证等等，并提供诸如无限制次数的基金转换权、更多的投资基金选择权等服务。至 20 世纪 90 年代末，变额寿险特别是变额万能寿险已成为美国保险市场中最重要的产品之一。

与欧洲类似，美国保险市场中由非专属渠道（如银行、财务顾问、经纪人等）销售的比重日趋增加，变额寿险的销售也有相同的趋势。

美国变额寿险发展过程也表明，变额寿险销售额的多寡与利率的波动之间存在明显反方向变化的趋势，这也显示该类产品的经营具有较强的不稳定性。

（二）变额寿险产品设计

美国公众对“前端收费”概念的接受程度远不及英国普遍。出于竞争压力的考虑，大多数美国公司的变额寿险都采取“后端收费”方式，这无疑增加了公司的经营风险。变额寿险的产品设计可以按照以下两类产品分别进行具体说明。

1. 变额寿险

变额寿险通常采用以下方式设计：最低身故受益保证采用确定的生命表进行定价，同时用假定的投资收益率（比如 4%）估算保单现金价值表。如果实际投资回报高于假设的投资收益率，就用高出部分购买缴清保险；如果低于假设的投资收益率，增加的缴清保额就被取消。保单现金价值随投资业绩的波动而变动，但身故保险金不低于最低保证。

变额寿险典型的费用结构包括：（1）销售费用。一般为 5% ~10% 左右，有时对保单的前几年会收取更高的费用，比如前 4 年保费的 20%。（2）保单管理费。通常每年从 36 美元到 120 美元不等。（3）退保费用。如果是固定缴费，一般是按保费比例收取，比如在前 15 年从首年保费的 25% 逐年降低，最终消失；如果是灵活缴费，一般是目标保费的倍数，在前 10 ~20 年间逐步降至零。（4）资产管理费。大约每年为投资基金价值的 0.75% ~1.5% 左右。

2. 变额万能寿险

变额万能寿险具有万能寿险和变额寿险的双重特点，占整个变额寿险销售额的绝大部分。

与变额寿险一样，变额万能寿险的保费分配进入投资基金，保单的现金价值会随着投资收益的变化而时高时低，但有最低收益和本金保证。保单所有人可以指定不同投资组合的基金，也可以在不同基金间转换。由于转换是发生在寿险保单之内的，因此并不需要纳税。

变额万能寿险的产品设计更类似于万能寿险：保单的账户价值是所缴保费扣除保险保障和其他费用后的逐年累积值；保费支付是灵活的，支付数额在一定范围内可自由选择；保额也可以在一定条件下随意增减；许多保单在前几年有不失效保证，以后若账户现金价值为零，则保单于60天宽限期后失效。

变额万能寿险的死亡保额有两种可选形式：固定保额和固定风险保额。保险保障部分的成本按月从账户中扣除，一般的计算方法是保险成本率与风险保额的乘积，在保单中应该列明保险成本率的上限。

变额万能寿险产品的显著特点是其灵活、透明的设计方式，易于投保人了解保单的内部运作，这与传统寿险产品有很大的不同。

三、国际上的投资连结保险监管

从保险业近二百年的发展历史来看，使保险公司商业利益遭受重大损失的各种原因中，有两个最为突出：一是投资失误，二是销售误导而致的法律诉讼。投资连结保险产品的技术性很强，同时横跨保险业和证券业，这不仅给保险公司带来巨大的挑战，而且导致监管也更加复杂。借鉴国外的成功经验无疑将有助于促进我国投资连结保险业务的健康发展。

（一）英国对基金连结保险的监管

英国一直采取比较松散的监管方式，没有制定严格的基金连结保险监管体系；另外，对投资者的保护也是在1986年《金融服务法案》（FSA86）颁布后才有较详细的规定。

英国的寿险销售渠道传统上以经纪人和从属于保险公司的代理人为主。传统的寿险产品功能体现在家庭保障和退休金积累等方面，投资回报在销售时并不显得非常突出。基金连结保险则不同，销售时的主要卖点集中在投资回报上，客户购买的主要动机也是希望获得比较理想的投资收益，保险保障的需求倒在其次。初期，由于没有严格的增员和培训标准，在咨询服务和展示说明上亦没有严格的限制，销售队伍不需要有专业的资格，也不要求有财务知识，加上当时股票市场一路攀升，寿险产品又有较大幅度的税收优惠，所有这些使得基金连结保险的销售变得轻松容易，也就导致了初期销售质量的下滑。

1984年，英国政府取消了累计相当于客户年应缴保费20%的税收优惠。在此前几年，基金连结保险佣金协会解散，佣金逐步提高。监管当局和舆论开始担心在保单销售展示中使用了太高的投资回报假设，销售误导行为引起了公众普遍的关注。1986年，英国通过了《金融服务法案》，并于1988年开始执行。这项法令形成了对投资者保护的框架，对销售行为进行了一系列限制。执行初期，保险业很难接受这些规则，但是现在这些标准已经成为基本准则。

《金融服务法案》在保护投资者方面，几乎涉及所有的寿险产品，主要包括以下几个方面：（1）保护投资者的资产；（2）提供投诉和索赔的渠道；（3）要求经过培训和具有资格的人员进行销售。同时，还明确了一系列的销售指导行为，包括：了解客户的财务状况；提出最基本的建议并说明理由；说明佣金和其他各项实际费用；举例说明各项费用的影响；记录并保存各项建议；给予客户两周时间的犹豫期。

《金融服务法案》对英国保险业产生了重大影响，销售基金连结保险的人员必须接受全面的培训，并且通过考试才能获取销售资格。销售过程已经变成一个咨询过程，销售所需时间也随之变得很长。以上这些有助于帮助销售人员了解客户的真实需求和正确地宣传产品。保险公司设计出详细的调查表去搜集客户的信息，调查表的方式给保险公司提供了一个更便利地接近客户的机会。新的法令也导致了保单持续率的提升。法令的一个主要目的就是通过提高持续率和降低费用，来减少整个行业的损耗。

（二）美国变额寿险监管

变额寿险在美国同时接受保险法规和证券法规的制约。美国证券交易委员会（SEC）①视该类保险为一种证券产品，因而要对其进行监管。

1．证券方面的监管

《美国联邦证券交易法案》赋予了分离账户独立的法律地位，独立账户被视为由投资者和其资产所有，保险公司被视为独立账户的存放者，所以独立账户和保险公司都是变额寿险的参与方。

在销售该类产品时保险公司必须在SEC注册，应向客户提交产品说明书，详细列明本公司的性质、经营范围、财务状况、所收保费的用途、投保人权益等情况。经纪人和代理人必须通过美国证券交易商协会②的专门考试，取得资格后才能销售变额寿险。变额寿险收取的销售费用也受到严格的控制，通常情况下，SEC要求这些费用是适度的，并能证明其成本。

销售人员必须充分了解投保人的风险偏好和风险承受能力，以决定是否适合投保；必须向投保人充分说明不同情况下的业绩表现并展示风险与收益的关系。

变额寿险的客户报告要求遵循合理谨慎原则，以保证信息的正确和不产生误导，并使用非专业的语言进行信息披露，披露必须清晰、可理解和具有可比性。

2．保险方面的监管

由于美国各州实行独立的保险法，变额寿险在销售之前必须得到州保险监管机构的批准，并在经营中受其监管。各州有关变额寿险的法规不尽相同，但都是根据美国保险监督官

---

① 美国证券交易委员会：U. S. Securities and Exchange Commission，SEC。
② 美国证券交易商协会：National Association of Securities Dealers，NASD。

协会[①]（NAIC）颁布的《变额寿险法规范例》制定的，主要包括：（1）从业人员、机构资格管理；（2）单独的设立与运作管理；（3）产品报备材料；（4）信息披露；（5）法定责任准备金计提；（6）销售过程监管。

美国对变额寿险的监管可谓面面俱到，但这种全方位的监管使得保险公司在销售变额寿险时为了满足监管的各种要求而要消耗大量的时间和成本，需要在法律方面花费相当多的精力，与其他保险产品相比，这也成为变额寿险的一个劣势。

关键词

投资连结保险　内置型保障　外附型保障　初始费用　退保费用　持续奖金　单位价格
基金连结保险　变额寿险　变额万能寿险

思考题

1. 简述投资连结保险的主要特点。
2. 简述投资连结保险与万能保险的主要区别。
3. 简述投资连结保险的费用结构。
4. 试分析中国发展投资连结保险产品的产生背景与现状。
5. 论述经营投资连结保险的销售与信息披露要求。

附件 8－1　　人身保险产品比较表

项目＼种类	传统寿险产品	分红保险产品	投资连结保险产品	万能保险产品
投资风险	预定利率固定，保险公司承担投资风险	预定利率较低，客户与保险公司共担投资风险	预定利率无保证，客户完全承担投资风险	可以提供最低保证利率，客户与保险公司共担投资风险
投资收益	按固定的预定利率计算保单利益	按分红保险产生的可分配盈余进行红利分配，分红不固定	无最低保障，收益由公司专门账户的投资收益决定，波动性大	可以提供最低保证利率，高出部分由客户和保险公司共享
账户管理	无专门账户，统一运作	名义上独立账户	专门账户	可以是单独账户，也可以是公司普通账户的一部分
账户价值	固定	固定，按保证利率计算	随投资账户价值变化而变化	不固定
保险费	固定缴费	固定缴费	固定或灵活缴费	灵活缴费
身故给付	固定、平准	固定、平准	可调整	可调整

① 美国保险监督官协会：National Association of Insurance Commissioners，NAIC。

续表

种类 项目	传统 寿险产品	分红 保险产品	投资连结 保险产品	万能 保险产品
展业资格	一般限制	一般限制	较严格限制	较严格限制
销售管理	要求代理人掌握相关保险知识	要求代理人掌握相关保险知识	对代理人要求较高，代理人不但要求掌握保险知识，还需掌握金融知识	对代理人要求较高，代理人不但要求掌握保险知识，还需掌握金融知识
业务管理	精算、实务管理，客户服务相对简单，对电子化水平要求相对较低	红利计算较复杂，需要精算和电脑系统的大力支持	精算、实务管理、客户服务较复杂，需要电脑系统的大力支持	精算、实务管理，客户服务较复杂，需要电脑系统的大力支持
客户偏好	预定利率经常变动，影响了对客户的吸引力，保费较低，适合于有保障需求但收入较少者	红利分配提高了客户的购买兴趣	相对高风险和高收益，风险偏好者喜欢	既有最低保证利率，又有享有高回报的可能，对客户产生较大的吸引力

第九章

健康保险产品

学习目的

- 掌握健康保险的基本概念及特点
- 掌握健康保险的主要形式
- 了解健康保险产品定价考虑的主要因素及过程
- 了解健康保险的产生、发展和现状
- 了解管理式医疗的基本概念

坚持高标准、高起点，精心组建，规范运作，结合实际学习借鉴国外成功经验，务必办好。

——温家宝①

第一节　健康保险的概念及特点

一、健康保险的概念

健康保险是以被保险人的身体为保险标的，保证被保险人在疾病或意外事故所致伤害时的直接费用或间接损失获得补偿的一种人身保险。健康保险包括疾病保险、医疗保险、失能收入损失保险和护理保险。

- **疾病保险**，是指以保险合同约定的疾病的发生为给付保险金条件的保险。
- **医疗保险**，是指以保险合同约定的医疗行为的发生为给付保险金条件，为被保险人接受诊疗期间的医疗费用支出提供保障的保险。
- **失能收入损失保险**，是指以因保险合同约定的疾病或者意外伤害导致工作能力丧失为给付保险金条件，为被保险人在一定时期内收入减少或者中断提供保障的保险。
- **护理保险**，是指以因保险合同约定的日常生活能力障碍引发护理需要为给付保险金条件，为被保险人的护理支出提供保障的保险。

阅读材料 9—1

健康保险的相关概念

在我们日常工作和生活中，经常会遇到健康保险、医疗保险、社会医疗保险和商业医疗保险以及疾病保险、护理保险、失能保险这些术语。它们之间有什么联系和区别呢？

在这些术语中，医疗保险最常见，也最通俗。医疗保险是指以保险合同约定的医疗行为的发生为给付保险金条件，为被保险人接受诊疗期间的医疗费用支出提供保障的保险。商业保险公司提供的称为“商业医疗保险”，政府机构提供或推行的称为“社会医疗保险”。

① 此为2005年国务院总理温家宝为中国人民健康保险股份有限公司成立时的题字。

而健康保险的内涵和外延比医疗保险更广，包含医疗保险。健康保险不仅包括医疗费用损失经济补偿，还包括残疾经济补偿、失能收入损失保险、护理经济补偿（护理保险）、疾病预防和健康管理等内容。

目前在我国，不论是商业保险公司提供的，还是政府机构提供或推行的，医疗保险产品居多。虽然有人把它们称为“健康保险”，但实质上，仍然只局限于医疗保险的范畴。

需要注意的是，习惯上有不少人将商业医疗保险称为“健康保险”或“商业健康保险”。为叙述方便，以下将遵从这一习惯而对这三个术语不加区别。

此外，本章主要介绍商业健康保险，因而对社会医疗保险的概念只是直接引用和作必要的区别，但不作进一步的讨论。

二、健康保险的作用

健康保险的作用可以从微观和宏观两个方面进行分析。

（一）微观作用

从微观看，健康保险可以提高个人和企业对健康保障的需求。

健康保险能为被保险人提供医疗费用的保障，为被保险人提供预防保健服务，为因残疾失能导致的收入损失提供补偿，为伤病或年老所致生活不能自理提供护理费用，帮助被保险人对抗因健康问题带来的财务风险。

健康保险是企业员工福利的重要组成部分，是企业吸引人才、留住人才、增强凝聚力和保持长期经营的重要手段。目前，许多国家对商业健康保险采取税收优惠政策，购买健康保险可以减免税费。如美国，雇主为雇员缴纳的团体医疗保险费，可作为当期经营费用而免缴所得税；雇员出险后得到的医疗费用保险金赔付，无论金额多大，均不列入雇员的应税收入；残疾收入保险金也通常不被视为雇员应税收入。在我国，根据《个人所得税法》第四条第五款的规定，健康保险的医疗费用和损失补偿作为保险赔款可在个人应纳税所得额前扣除。

（二）宏观作用

从宏观看，健康保险对国家和社会能起到稳定器的作用。尽管不同的国家和地区健康保险的发展水平不同，但其在保障国民身体健康、促进国民经济发展中所发挥的作用是相同的。社会医疗保险和商业健康保险的共同发展，不但能为国民提供基本的医疗保障，还能满足不同群体对健康保险的差异化需求，起到减轻国家财政负担，稳定社会的作用。

三、健康保险的特征

健康保险的特征可以从与寿险的区别和与社会医疗保险的区别两个方面进行描述。

（一）健康保险与人寿保险的区别

健康保险作为人身保险的重要组成部分，与人寿保险相比，除了保险责任不同外，还有以下特征：

1. 合同条款中的特征

健康保险为被保险人提供医疗费用、护理费用和残疾失能收入损失的经济补偿，基本以被保险人的生存为条件，大多数情况下，被保险人和受益人常为同一个人。健康保险合同中，除适用一般寿险的不可抗辩条款、宽限期条款等外，还采用一些相对特殊的条款，如既往症责任免除条款、体检条款、免赔额条款和等待期条款等，有关保险责任部分的条款也相对复杂。

2. 精算上的特征

健康保险定价的风险因素与寿险业务相比更多、更复杂。人寿保险在制定费率时主要考虑死亡率、费用率和利率，而健康保险则需考虑疾病发生率、伤残率、疾病（伤残）持续时间、费用率、利率等多方面因素。

3. 经营风险上的特征

健康保险保障的主要是健康原因带来的风险，其影响因素远较人寿保险复杂，逆选择和道德风险都更严重。为降低逆选择风险，健康保险的核保要比人寿保险更为复杂和严格，道德风险导致的索赔欺诈也对健康保险的理赔工作提出了更高的要求。精算人员在进行风险评估及计算保费时，除了要依据统计资料，还要获得医学知识的支持。此外，健康保险的风险还来源于医疗服务提供者，医疗服务的使用数量和价格在很大程度上由医疗服务提供者决定，作为支付方的保险公司很难控制。

4. 保险给付上的特征

在人寿保险中，保险金的给付额度通常为在保险合同中事先约定的某个金额，索赔次数也多为一次；而健康保险强调的是对被保险人因健康原因导致的损失提供补偿，所以给付额度往往会因为遭受损失大小的不同而有所不同。此外，发生健康风险的频率相对较高，也使得在保障期间内可能出现多次的理赔。

（二）商业健康保险与社会医疗保险的主要区别

社会医疗保险与商业健康保险都是我国医疗保障体系的重要组成部分。它们的主要区别表现为以下几个方面：

1. 社会医疗保险是强制的或不可选择的，而商业健康保险是完全自愿的和可选择的

- 社会医疗保险由国家通过法律强制实施，社会医疗保险机构没有选择投保人和被保险人的权利，对规定范围的参保人，不论其年龄大小、是否已患疾病，社会医疗保险机构都必须接受；而投保人和被保险人也没有选择是否投保的权利，必须按规定缴纳保险费，参加社会医疗保险；如果某企业不为其员工投保社会医疗保险，则是对其员工利益的侵害，员工可以举报，政府将对有关责任人依法进行处罚。另外，社会医疗保险的缴费额度和保障程度均由政府确定，一般不允许退保。

● 商业健康保险是完全自愿的，投保人与商业保险公司是保险合同关系。投保人可以根据自己的需求及经济条件决定是否购买商业健康保险，在对商业保险公司和具体商业健康保险险种的选择上也完全由投保人自主决定。同时，商业保险公司也可以选择被保险人，对于高龄、非健康人群及从事危险职业的人群，以及道德风险高的投保人或被保险人，保险公司可以拒绝接受投保，或者采取加费、责任除外等方式有条件地承保。商业健康保险的费率和保障责任由保险公司制定，投保人与商业保险公司完全建立在自愿的基础上，且投保人随时都可以退保（除非已经发生保险赔付）。

2. 社会医疗保险的公平性表现为互助共济，而商业健康保险的公平性表现为权利与义务对等

● 社会医疗保险实际上是社会财富的二次分配，保险费由单位和个人按工资总额的一定比例缴纳。效益好的企业及高收入者缴纳的保险费明显高于效益差的企业和低收入者，而对同等收入的人群而言，尽管风险的大小不同，他们也都缴纳同样额度的保费。因此，社会医疗保险的公平性实际上是高收入者救济低收入者，低风险者救济高风险者，年轻人、健康人救济老人和多病的人，在医疗费用的负担方面实现企业与企业之间、个人与个人之间的互助共济。

● 商业健康保险是“相同的风险，保障越高缴费越多；相同的保障，风险越高缴费越多”，体现的是“权利与义务的对等”。因此，购买商业健康保险时，对于相同的保障，老年人的保险费通常是年轻人的好几倍。

3. 社会医疗保险是非营利性的，而商业健康保险是营利性的

● 社会医疗保险不以营利为目的，社会医疗保险基金以“以收定支、收支平衡”为其筹资原则，结余资金将积累下来，作为未来的风险保障储备金，而一旦社会医疗保险发生亏损，则将由国家财政兜底。

● 商业健康保险作为一种市场和企业行为，必然追求商业利润，因为利润是商业保险公司赖以生存和发展的基石。商业保险公司之所以能在保证产品质量和提供良好服务的前提下赢利，主要依靠良好的经营机制和管理技术，以及规模化的经营和资金运作。商业保险公司是自负盈亏的经济实体，如经营出现亏损，商业保险公司将自行承担。

4. 保险费计算方法和产品形态的差别

● 社会医疗保险的保障设计和保险费确定是根据当地医疗消费水平和经济承受能力来决定的，而商业健康保险的保险费是根据被保险人的风险大小和投保人所选择的保障程度来决定的。

● 社会医疗保险一般是费用补偿型的，社会医疗保险机构赔付的依据是被保险人实际花费的规定范围内的费用；而商业健康保险可以是费用补偿型的，也可以是定额给付型的，即商业保险公司的实际赔付跟被保险人实际花费的医药费用不一定存在必然的关系，而只是根据发生的保险事故按保险合同的事先约定的额度和时间进行给付。

四、健康保险的分类

按照不同的分类标准，如保障目的、投保对象、续保方式、给付方式等，可以将健康保

险分成不同的业务类别。

（一）按保障范围分类

根据保障范围的不同，健康保险可分为疾病保险、医疗保险、失能收入损失保险和护理保险。

（二）按承保对象分类

根据承保对象的不同，健康保险可分为个人健康保险和团体健康保险。个人健康保险以单个自然人为投保人；团体健康保险以团体法人作为投保人，团体成员作为被保险人。

个人健康保险和团体健康保险的主要区别在于：（1）个人健康保险只对单一的个人提供保障，而团体健康保险则是保险公司和投保团体签订一份保险合同，保单的所有人是企业或雇主，被保险人是投保团体的组成人员。（2）由于集体购买的方式减少了保险公司的营销费用和管理成本，且团体的逆选择风险一般低于个人，因此，通常情况下团体保险的费率低于个人保险的费率。（3）保险公司在承保团体保险时，只关心整个团体的可保性，而不太计较团体中的个人是否可保。

（三）按续保方式分类

根据续保方式的不同，健康保险可分为保证续保的健康保险和非保证续保的健康保险。

• 保证续保的健康保险，在条款规定的可保证续保的期间里，只要投保人愿意继续缴费，保险公司就必须接受续保申请，续保合同必须成立，直至约定的终止条件发生。该期间内只有投保人才有中止保险合同的权利，而保险公司没有中止保险合同的权利，亦不能对被保险人新发生的健康风险进行加费或作为除外责任。

• 非保证续保的健康保险，每一次保险期间到期续保时，保险公司、投保人都有决定是否继续承保、投保的权利。

（四）按给付方式分类

作为健康保险的重要类别，医疗保险可根据给付方式的不同，分为定额给付型、费用补偿型和混合型医疗保险。

• 定额给付型医疗保险，是指按照约定的数额（如按次、按日或按项目支付约定的保险金额）给付保险金的医疗保险。

• 费用补偿型医疗保险，是指根据被保险人实际发生的医疗费用支出，按照约定的标准（如扣除免赔额后再乘以给付比例）确定保险金数额的医疗保险。费用补偿型医疗保险的给付金额不得超过被保险人实际发生的医疗费用金额。

通常定额给付型医疗保险在理赔时被保险人无需提供医疗费发票，而费用补偿型医疗保险必须提供医疗费发票。定额给付型医疗保险相对费用补偿型医疗保险操作更简单，理赔纠纷也相对较少，但由于定额给付型医疗保险与被保险人实际发生的医疗费用无直接关系，故有时保险公司的赔付可能多于被保险人的实际医疗费用，亦可能少于实际医疗费用。

• 混合型医疗保险是指既含定额给付型保险责任又含费用补偿型保险责任的保险。

除以上分类方式外，还有其他一些分类方法，如按照销售方式健康保险可分为主险和附加险等等，在此不再一一叙述。

第二节 健康保险的主要形式

本节将介绍国外健康保险的主要形式，以及我国市场上目前销售的主要健康保险。

一、国外健康保险的主要形式

美国是商业健康保险比较发达的国家，以下以美国为例介绍健康保险的主要情况。

美国健康保险的主要形式大体上可分为三类：医疗保险、护理保险和失能保险。

（一）医疗保险

美国的医疗保险主要有住院及手术费用保险、高保障医疗费用保险和特殊医疗保险。

1. 住院及手术费用保险

住院及手术费用保险对以下医疗费用提供保障：住院病房费用（如食宿及护理费用）、住院杂项费（如药剂费用、检查费用、化验费用、使用手术室费用、救护车费用）、手术费用。

• 住院病房费用按日给付，设有每年最高给付天数，如 31 天、60 天、120 天或 365 天。

• 住院杂项费多以每日病房费用的数倍为最高保额，在此保额之后的费用被保险人需分担一定比例；也有些保险对所有杂项费提供全额补偿。

• 手术费用可按表定或非表定两种方式给付。表定方式规定了每种手术的最高给付金额，通常列有 100 种手术，不在表内的手术则参照表列手术的百分比计算；非表定方式是基于某一地区施行该手术所应收取的合理费用来确定，如施行多个手术，其给付则视其手术是否在不同部位及不同时间实施而确定。不同住院手术保险的保障侧重各不相同。

2. 高保障医疗费用保险

基本的住院及手术费用保险保障程度有限，高保障医疗费用保险则对医疗费用的保障范围更为广泛，保额较高，主要有以下两种形式：

（1）补充高保障医疗费用保险。该保险常附加于由保险公司或蓝十字/蓝盾组织提供的基本保障之上，用以偿付基本保障所不支付的部分或超出基本保障范围的费用。通常补充高保障医疗费用保险设有 500 ~ 5000 美元的免赔额，在免赔额之后，该保险按固定比率偿付

（如 80%）。图 9－1 为补充高保障医疗费用保险与基本保障衔接的图示。

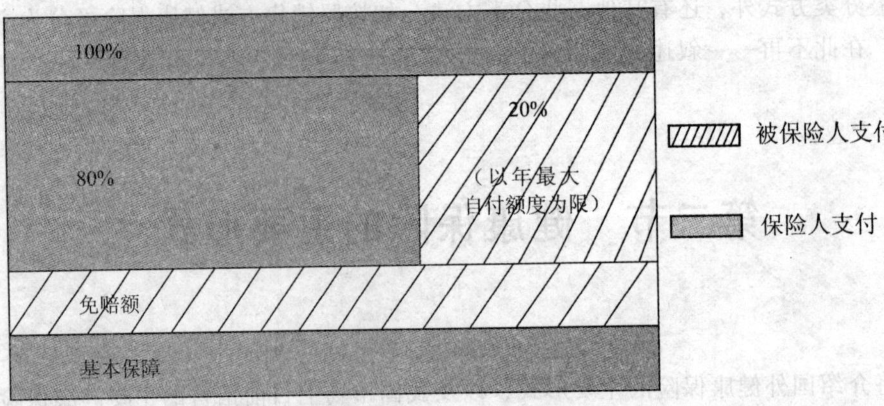

图 9－1　补充高保障医疗费用保险与基本保障的衔接

（2）全面高保障医疗费用保险。该保险保障比较全面，包括住院、手术、医生巡视、化验检查费用等，终生保障额度可以高达 100 万美元。该保险计划通常设有年度免赔额（如 100 美元），保险公司对免赔额以上的所有费用按比例（如 80%）给付保险金。

该保险计划的变型是对自负额进行调整，如将住院费用、外科手术费、医生访视费等费用纳入特定项目医疗费用，不设置免赔额和共保比例，使之更加符合全面保障的概念。此外，大部分全面高保障医疗费用保险均为被保险人设置了止损额，如每年最多自负 1000 或 2000 美元（参见图 9－2）。

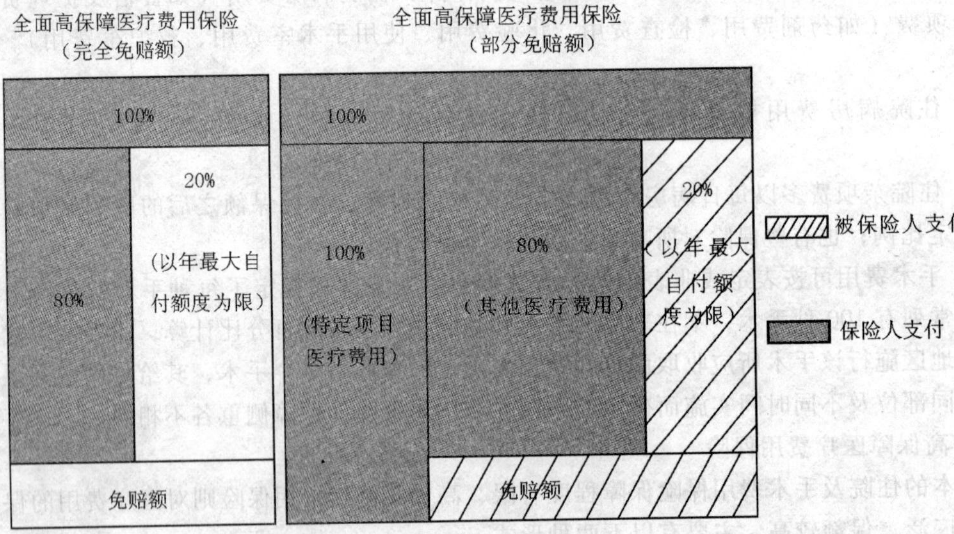

图 9－2　全面高保障医疗费用保险计划

3. 特殊医疗保险

除住院及手术费用保险、高保障医疗费用保险外，保险公司还提供住院日额给付型保险、老年医疗辅助保险、特定疾病保险等特殊医疗保险。

（1）住院日额给付型保险：相对于住院医疗费用保险是以补偿实际发生的费用而言，住院日额给付型保险对每个住院日支付一个固定金额。

（2）老年医疗辅助保险：专为老年医疗保险提供辅助的保障，在最大给付限制内支付被保险人在老年医疗保险中的免赔额和自负额，包括老年医疗保险保障限额以上的有关住院或家中看护的费用。

（3）特定疾病保险：如重大疾病保险，对保单指定的重大疾病，如癌症、心脏病等进行补偿，包括住院、化疗、手术等，可以是定额支付，也可以是根据实际费用赔付。

（4）牙科保险：为牙齿的常规检查、牙病预防及龋齿、口腔疾病治疗提供费用补偿。

（5）视力保险：为接受眼科检查和视力矫正过程中发生的费用提供补偿，具体费用包括常规眼科检查费用、眼镜片、镜架和隐形眼镜的一定金额。

（二）护理保险

护理保险是为因年老、疾病或伤残而需要长期照顾的被保险人提供护理服务费用补偿的健康保险，一般的医疗保险或其他老年医疗保险中不提供这样的保障。

目前，护理保险可提供医护人员看护、中级看护、照顾式看护和家中看护四个等级的保障范围。

典型的护理保险规定：被保险人不能完成下述五项活动之两项即可给付护理保险金：①用餐；②沐浴；③穿衣；④如厕；⑤移动。

但是，患有老年痴呆等认知能力障碍的人常需要长期护理，而他们却能自理某些日常活动。为解决这一矛盾，目前所有护理保险已将老年痴呆、阿基米德病及其他精神疾患保障在内。

- **医护人员看护**是最高程度的护理，需要特殊的护理专长，由医师确定医嘱，由有执照的护士或看护人员进行24小时看护，有时也可由治疗师提供康复治疗等看护。与住院相比，选择医护人员看护会较为便宜。
- **中级看护**与医护人员看护相似，只是病人不必24小时接受看护，是一种非连续性的医护人员看护。
- **照顾式看护**是最基本的看护，通常不含医疗性质，只对那些无人协助就不能完成基本活动的人在日常生活上提供照顾。照顾式看护可以由未经过专业训练的看护人员提供，但是否需要照顾式看护必须由医生决定，同时由护士来监督看护的提供。
- **家中看护**指护士或治疗师到病人家中提供医疗照顾或治疗、佣人提供家政服务或外出看病购药的交通服务等。

护理保险保险金的给付期限有1年、数年和终身等几种不同的选择，终身给付保单通常很昂贵。另外，护理保险也规定有20天、30天、60天、90天、100天或180天等多种免责期。例如，选择20天的免责期，即从被保险人开始接受承保范围内的护理服务之日起，前20天不属保障范围，免责期愈长，保费愈低。

越来越多的护理保险提供了在家中看护的保障。在家中看护比在看护机构要便宜，较受老年人欢迎。此类保单每日最大限额一般为看护机构护理最大限额的50%。

绝大多数护理保险保单设有通货膨胀保护条款，要求根据通货膨胀指数对给付额进行调整，但需缴纳额外的保费。

护理保险的保费通常为平准式，也有每年或每一期间固定上调保费的，其年缴保费因投保年龄、等待期间、保险金额和其他条件的不同而有很大区别。护理保险一般都有豁免保费保障，即保险公司开始履行保险金给付责任的60天、90天或180天后可免缴保费。

此外，护理保险一般来说应当是保证续保的，可保证对被保险人续保到一特定年龄，如79岁，有的甚至保证对被保险人终身续保。保险公司可以在保单更新时提高保险费率，但不得针对具体的某个人，必须一视同仁地对待同样风险情况下的所有被保险人。

最后，护理保险还有“不丧失现金价值条款”规定，当被保险人撤销其现存保单时，保险公司会将保单积累的现金价值退还给投保人。

（三）失能保险

失能保险是指当被保险人由于疾病或意外伤害导致残疾，丧失劳动能力不能工作以致失去收入或减少收入时，由保险公司在一定期限内分期给付保险金的一种健康保险。其主要目的是为被保险人因丧失工作能力，导致收入的丧失或减少提供经济上的保障，但不承担被保险人因疾病或意外伤害所发生的医疗费用。

残疾是失能保险中非常重要的概念。残疾指由于伤病等原因在人体上遗留的、影响正常生活和工作能力的固定症状。通常导致残疾的原因有先天性的残障、后天疾病遗留、意外伤害遗留。对先天性残障，失能保险不给付保险金；对非先天性残障，失能保险只对满足保单规定定义的给付保险金。保险公司通常还规定，残疾的鉴定应在治疗结束后，由保险公司指定或认可的医疗机构进行。如果被保险人自遭受疾病或意外伤害起180天后治疗仍未结束，则按照第180天的身体情况进行鉴定。

失能保险包括免责期间、给付期间和保险金三个基本要素。

- **免责期间**，又称“等待期间”，指在残疾失能开始后无保险金可领取的一段时间。免责期间的设定目的在于除外一些不连续的疾病或受伤，其所致失能可能只有几天。各保险公司的免责期间不同，如30天、2个月、3个月、6个月和1年等，免责期越长，保费越便宜。此外免责期间允许中断，如被保险人在短暂恢复后（一般限定为6个月以内）再度失能，可将两段失能期间合并计算免责期间。
- **给付期间**，是失能保单支付保险金的时间。一般地，失能保险的给付期间不会区分是生病致残还是受伤致残，从13周、26周、52周，到2年、5年或给付至65岁，甚至可提供终生给付。多数失能为短期失能，约98%的失能者在1年甚或6个月内可恢复，若恢复期超过12个月，恢复工作能力的机率也随之锐减，尤其是年老者，因而年老者更宜于选择较长的保险给付期间。
- **保险金**，失能保险一般是每月提供某一固定金额的保险给付，一般而言，失能保险所提供的保险金会低于被保险人在伤残以前的正常收入水平，不一定能完全补偿被保险人因伤残而遭致的收入损失，但也不能太低，否则达不到保障目的。因此，保险金应与被保险人伤残前的收入水平有一定的联系。

失能保险一般还提供其他保障，包括部分伤残保险金给付、未来增加保额给付、生活费用调整给付、残疾免缴保费，以及移植手术保险给付、非失能性伤害给付、意外死亡给付。这些补充保障作为特殊条款，可通过额外缴纳保费的方式获得。

二、我国的健康保险

目前，我国市场上销售的健康保险主要为疾病保险和医疗保险。疾病保险多为重大疾病保险和癌症保险，医疗保险多以保障住院、手术、意外医疗为主。

（一）重大疾病保险

重大疾病保险只为特定的疾病提供保障，这些疾病的共同特点就是对人的生命危害大、治疗费用高。尽管不同的重大疾病保险选择承保疾病的标准大致相同，但在产品设计形态上却各有特点。

1. 重大疾病保险的分类

（1）根据保险期间划分，重大疾病保险可以分为定期和终身两类。

• **定期重大疾病保险**为被保险人在固定的期间内提供重大疾病保障，有的还提供等额的身故和高度残疾保障，固定期间按年数确定（如1年、10年）或按被保险人年龄确定（如保障至70岁）。在2006年以前，有的公司将定期重大疾病保险设计为“两全”的形态，即被保险人在保险期间内未患重大疾病且生存至保险期末也可获得保险金。2006年中国保监会发布了《健康保险管理办法》，明确规定疾病保险产品不得包含生存给付责任，此类产品逐步退出了市场。

• **终身重大疾病保险**可为被保险人提供终身的保障。终身保障的形式有两种：一种是为被保险人终身提供重疾保障，直至被保险人身故；另一种是指定一个“极限”年龄（如100岁），当被保险人健康生存至这个年龄时，保险公司给付与重大疾病保险金额相等的保险金以结束保险合同。终身重大疾病保险大都含有身故保险责任，费率比较高，缴费方式多样，目前大部分客户都采用分期缴费的方式（如20年期交）购买该类产品。

（2）根据给付方式划分，重大疾病保险可分为提前给付型、附加给付型、按比例给付型、回购式选择型四种。

• **提前给付型**重大疾病保险包含重大疾病和死亡/高残保险责任，总保险金额为死亡/高残保额（如10万元），其中重大疾病保额为总保险金额的某个比例（如6万元），该比例可设计为较低的比例，如30%，也可设计为达到100%。如果被保险人罹患保单所列重大疾病，被保险人可以将一定死亡/高残保额比例的重大疾病保险金（6万元）提前领取，用于医疗或手术费用等开支；其后，如被保险人死亡/高残，将由受益人领取剩余比例（4万元）的死亡/高残保险金。如果被保险人没有发生重大疾病，则全部保险金（10万元）作为死亡/高残保障，由受益人领取。但在提前给付了重大疾病保险金的同时，实质上减少了被保险人的死亡/高残保额，而被保险人由于身患重大疾病也基本丧失了重新再购买寿险的机会。

• **附加给付型**重大疾病保险的保险责任通常也包含重大疾病和死亡/高残两类责任（假设死亡/高残保额为10万元，重大疾病保额为6万元）。不同于提前给付型的是，该类型产品发生重大疾病给付后不影响死亡/高残保险金的给付，且该类型产品有确定的生存期间要求。**生存期间是指被保险人身患保障范围内的重大疾病始至保险公司确定的某一时刻止的一段时间，**通常为30天、60天、90天、120天不等。在该类重大疾病保险中，如果被保险人发生死亡/高残，保险公司直接按总保险金额（10万元）给付死亡/高残保险金；如果被保险人患重大疾病且在生存期间就导致死亡，保险公司也直接按总保险金额（10万元）给付死亡/高残保险金；如果被保险人患重大疾病且存活超过生存期间，保险公司先按重大疾病保险金额（6万元）给付重大疾病保险金，其后，如客户死亡/高残，再给付死亡/高残保险金（10万元）。此种产品优势在于死亡/高残保障始终存在，不因重大疾病保障的给付而减少死亡/高残保障。缺点在于保费相对昂贵，定价风险偏高，生存期间的确定易招致理赔纠纷。

• **按比例给付型**重大疾病保险针对重大疾病的种类而设计，同时可应用于以上几种类型产品中，主要考虑按发生率、死亡率、治疗费用等因素将重大疾病进行分类。被保险人患某一类重大疾病时，将按照重大疾病保险金额的一定比例给付。此类产品保障具有针对性，但存在保障不足和容易带来逆选择等缺陷。

• **回购式选择型**重大疾病保险针对提前给付型因领取重大疾病保险金而导致死亡保障降低的不足，规定保险公司给付重大疾病保险金后，如被保险人在某一特定时间后仍存活，可以按照一固定费率买回原保险总额的一定比例（如25%），使死亡保障有所增加；如被保险人再经过一定的时间仍存活，可再次买回原保险总额的一定比例，最终使死亡保障可以达到购买之初的保额。此类产品最早出现在南非，在澳大利亚和英国也非常普遍，在我国尚属空白。回购式选择带来的逆选择是显而易见的，因此对于"回购"的前提或条件的设定至关重要。

在提前给付型重大疾病保险中还有一些其他形式的产品形态变化，常见的有保费豁免、附加保费返还、年金转换、手术（包括康复治疗）利益保障、个人意外伤害（强调由于意外所致的结果接近重大疾病特征）保障等。

2. 我国的重大疾病保险

1995年，我国首次推出个人附加定期重大疾病保险，提供了包括心肌梗塞在内的7种重大疾病保障。时至今日，保障最多的重大疾病保险产品已提供了多达40余种重大疾病的保障。

2001年7月，国内出现了首款分红终身个人健康保险，此后，各保险公司陆续开发了多款重疾分红产品。为了规范重疾产品的开发与销售，保护保险消费者的合法利益，解决重疾产品销售过程中存在的问题，2003年，中国保监会《人身保险新型产品精算规定》规定，从2003年7月1日起停止审批个人分红健康保险。

2007年4月，经过全行业的共同努力，中国保险行业协会推出了我国第一个重大疾病保险的行业规范性操作指南——《重大疾病保险的疾病定义使用规范》（以下简称《重疾定义》）。对重疾险产品中最常见的25种疾病的名称、定义进行了统一和规范，对重疾险的除外责任、条款中出现术语的解释作了统一，对重疾险条款和宣传资料中疾病的排列顺序、疾病名称的表述方式也作了规定。同时，《重疾定义》要求，各保险公司定名为“重大疾病保险”的产品必须包括这25种重大疾病中发生率和理赔率最高的6种疾病。

阅读材料9—2

××公司××终身保险（2007年修订版）

××公司推出的××终身保险的保障范围是疾病状态和手术，共10种，疾病释义及所列疾病均为中国保险行业协会制定的《重大疾病保险的疾病定义使用规范》。该险种提供疾病、身故、高残三重保障。重大疾病保险金是指患合同约定的重大疾病，将获得一笔资金以支付医疗费用。身故、残疾亦可获得保险金，若被保险人一旦遭遇不幸将获得一笔资金，以维持家人的正常生活水平。同时该险种还提供保费豁免（即在缴费期内患合同约定的重大疾病，则免缴以后各期保费）和保单借款等。

××公司储值型大病保障计划

××人寿公司目前正在销售的储值型大病保障计划，保障范围大，包括33种重大疾病和身故赔付，覆盖大部分高发大病。同时，可自行定制保障期间，保障额度可每年调整，保障费用低廉，还有额外保单账户价值5%的身故保障，最低保证结算利率为2.5%。

××公司重大疾病保险

××公司于2007年10月1日推出一款重大疾病保险。该产品有四大特色：升级保障，多种重疾责任举重若轻，该险种保障范围达35种疾病；雪中送炭，特定重大手术提前给付功能缓解压力、特定的8种重大疾病关爱提前给付；人性关怀，特设特定疾病保障安心康复；真诚守护，尊崇健康人生周全保障，亦包括身故和全残保障。同时该险种列明若被保险人确诊的重大疾病是因意外伤害所致，仍按即时保险金额给付重大疾病保险金，但合同终止。

（二）癌症保险

癌症保险实际上也是重大疾病保险的一种形式，但只对被保险人患恶性肿瘤提供保障。其补偿方式可以是对癌症采用定额给付，也可以对癌症治疗费用进行补偿给付。前者按保单约定的固定额度进行给付，后者又分两种，即明细费用定额型和每日费用限额型。明细费用定额型对每一种类型的费用都有约定的保险金给付额度，这些费用包括药费、手术费、化疗费、放疗费、输血费和护理费等；每日费用限额型则对治疗期间每天的费用提供约定的日额保险金。

（三）定额给付型医疗保险

定额给付型医疗保险的保险金给付不以被保险人的实际医疗费用支出为计算依据，只要发生保险条款约定的保险事故，保险公司就会按预先确定的金额赔付保险金，而不管其实际花费是多少。这使得有的被保险人获得的保险赔付高于其实际花费，有的被保险人获得的保险赔付不足以支付其实际花费，这是定额给付型产品的特点，具有目标人群广泛（可以是所有社会成员）、比较容易控制风险、理赔手续比较简单（理赔时不必提供医疗费用原始发票）、理赔纠纷较少等优点，故很受市场欢迎。

阅读材料9—3

××公司住院医疗保险

××公司目前正在销售的某住院医疗保险是一款住院医疗费用津贴型的寿险产品，即在客户因疾病或意外住院期间，保险公司将会以合同约定的金额，向客户支付每日的住院津贴，一年最高可连续支付365天，同时还兼有重大疾病住院的每日津贴、手术费用津贴和器官移植的保障，能满足投保人对医疗保障，包含住院津贴、手术补贴、器官移植等多项医疗保障的需求。同时通过保证续保条款，体现医疗保障的价值和意义。保额最高33.725万元，可单独作为主险投保。

××公司终身住院医疗保障计划

该终身住院医疗保障计划由××公司一款终身寿险和附加长期保险组成。此保障计划，为投保人或被保险人在保险公司建立一个终身住院医疗补贴账户，账户总额就是投保人选择的保险金额，每次住院，都可以从账户中支取津贴，作为社保以及其他报销方式的补充，账户余额还能够作为身故保险金返还。

（四）费用补偿型医疗保险

与定额给付型医疗保险不同，费用补偿型住院医疗保险是根据被保险人发生的实际医疗费用进行赔付。保险公司在设计费用补偿型医疗保险时，一般会在保险责任中设置免赔额和赔付比例，当被保险人发生的医疗费用超过预定免赔额后，保险公司才对免赔额以上部分的医疗费用按约定的赔付比例给付保险金。

通常情况下，费用补偿型医疗保险会为被保险人在医疗期间发生的药品费、检查费、治疗费、手术费和护理费等项目提供保障。

目前，费用补偿型医疗保险中多为住院医疗保险，主要有“一般住院费用型医疗保险”和“分项限额住院费用型医疗保险”两类。

1. 一般住院费用型医疗保险

一般住院费用型医疗保险的形态比较简单，保险公司对超过免赔额以上部分的住院医疗费用按约定的赔付比例给付保险金，最高给付额以保险金额为限。

阅读材料 9—4

××公司住院医疗保险特约

这是一年期个人附加险产品，代表了市场上一般住院医疗保险的普遍特征。该产品只对被保险人因疾病住院而发生的医疗费用提供保障，同时明确列明了可以保障的 10 项住院医疗费用，并设立了 1000 元的免赔额和 90 天的等待期，按累进比例计算保险金给付。

---

2. 分项限额住院费用型医疗保险

分项限额费用型住院医疗保险的主要特点是将住院医疗费用细分为若干项，每一项医疗费用设置相应的保险金额，即单项医疗费用的最大给付以其单项保险金额为限。由于对医疗费用进行细分且限定各项费用的最大给付限额，因此该类产品一般不设免赔额。该类产品在产品开发时需对各项医疗费用的分类和限额进行科学合理的设计，才能保证为被保险人提供充分的保障。

阅读材料 9—5

××公司个人住院费用医疗保险

该险种在合同保险期间内，被保险人因意外伤害后，保险公司对患疾病在指定医院住院治疗所引起的合理的实际医疗费用，依合同约定给付保险金：

（一）住院床位费保险金

对被保险人实际住院发生的床位费用，××公司按每日 20 元限额给付住院床位费保险金，每次住院最长给付天数为 180 天。

（二）住院杂项费及手术费保险金

1. 如果被保险人以社会医疗保险参保人员身份住院并接受治疗，对被保险人因每次住院所引起的杂项费及手术费，公司对其医疗费用超过 300 元的部分，按合同规定的不同档次的 90% 给付住院杂项费及手术费保险金。

2. 如果被保险人不是以社会医疗保险参保人员身份住院并接受治疗，对被保险人因每次住院所引起的杂项费及手术费，公司对其医疗费用超过 500 元的部分，按合同规定的不同档次的 70% 至 95% 给付住院杂项费及手术费保险金。

另外，在合同保险期间内，被保险人不论一次或多次发生住院医疗费用，保险公司均按本条第一款规定分别给付保险金，累计给付保险金达到保险金额全数时，该合同效力即行终止。

××公司附加住院医疗保险

该产品将医疗费用分为药品费、住院费、治疗费、检查费和材料费等五项，其中××公司对被保险人实际支出的药品费、住院费、治疗费、检查费和材料费用按75%、85%、80%、75%、75%给付，但各项目的给付限额为本附加合同保险金额的45%、6%、30%、14%、5%。投保人或被保险人可根据自己的需求及主险合同的购买情况选择合适的保险金额。

（五）健康保险新产品的探索

除以上主要产品类型外，近年我国在健康保险产品设计方面也进行了一些有益的探索。

1.“保证续保”条款①

此前，市场上的个人医疗险大多是一年期不保证续保的。被保险人身体健康的时候年年均可得到正常续保，一旦被保险人健康出现问题，其当年虽可以获得保险公司相应的赔付，但下一年续保时，保险公司往往会对其作出加费、除外某种疾病甚至拒保的承保决定。这对于被保险人特别是那些已投保多年的被保险人，是非常不公平的。

针对这种不公平性，在中国保监会的支持推动下，一些保险公司在产品中逐渐引入了保证续保条款。**保证续保**是指被保险人经过一定时期（如三年）的观察审核后可向保险公司申请保证续保权，被保险人一旦获得保证续保权，则无论其再出现何种健康风险，保险公司都不能对该被保险人进行加费、除外该疾病的承保处理，更不能拒绝投保人的续保要求。实际上保险公司已经失去了对被保险人核保的权利，投保人只要按时缴纳保险费就可以续保至合同规定的最高保障年龄。

2. 非传统的门诊医疗保险

近年来，有些公司推出的综合性团体医疗保险所包含的个人门诊医疗保险金则更是突破了传统门诊医疗保障的概念，具有“节余归己，终生有效，逐年累积，100%报销”的特点，有效地减少了被保险人滥用卫生资源的现象，最终使得被保险人（职工）、投保人（单位）和保险公司三方受益。“个人门诊医疗保险金”将在引导人们合理进行医疗消费方面发挥积极的作用。

3. 银行代理销售健康保险②

目前国内许多保险公司已经开始通过银行渠道销售健康保险。

---

① 2000年11月1日，某寿险公司推出了国内第一个保证续保的个人医疗险主险——《世纪泰康个人住院医疗保险》，引起市场各方关注。之后，较早推出《个人住院安心保险（99型）》和《个人住院费用保险（99型）》的保险公司在2001年宣布对其已有客户承诺保证续保；2002年另一家寿险公司推出了《个人住院费用医疗保险》、《个人住院补贴医疗保险》和《附加个人手术医疗保险》三款保证续保产品，并且将投保年龄放宽至70周岁。

② 最早在银行销售健康保险产品的探索可以追溯到1999年某寿险公司的“福寿卡单”。2002年，另一家寿险公司正式推出了国内第一款由银行代理的重大疾病保险——《附加安康重大疾病保险》，投保人可以直接在银行柜台购买，手续便捷。该产品提供了18种重大疾病的保障，同时含有身故保险责任。2003年5月，市场上出现了附加防癌银保产品——《附加世纪泰康定期防癌个人疾病保险》。

4. 特定人群的健康保险[1]

由于常见的疾病保险所列疾病对不同年龄、不同性别人群不具针对性，因而有针对性的女性健康保险逐步得到广大女性的青睐。女性健康保险是针对女性生理和心理特点设计，除保障一般的重大疾病外，还将女性特有的疾病、生理过程及特殊需要列入保障范畴，如乳房、子宫颈、卵巢、输卵管等器官的原位癌、生育及遭受意外事故而需接受整形手术治疗等。

5. 护理保险和失能保险

近年来，部分保险公司着手护理保险和失能保险的研究和开发，试图将这一在国外健康保险市场中发展较为成熟的保险产品引入国内。

阅读材料 9—6

××公司××长期护理个人健康保障计划

××公司于2006年6月推出该险种。主要针对长期护理及老年护理有一定保险需求的客户，以主险方式销售，保险期间可达100岁，投保年龄是6~59岁，等待期180天。该险种的保险金给付范围包括：

长期护理保险金：被保险人在60周岁对应的保单周年日之前丧失日常生活能力且持续至观察期结束，在观察期结束的次日及之后每届满1年时，按基本保险金额的12%给付长期护理保险金，直至被保险人60周岁。

老年护理保险金：在被保险人60周岁之后（含60周岁）的每个保单周年日，若被保险人生存，按基本保险金额的12%给付老年护理保险金。

老年关爱保险金：若被保险人生存至100周岁对应的保单周年日，给付老年护理保险金外，再按基本保险金额的8%额外给付老年关爱保险金。

---

[1] 如某寿险公司的《××女性健康保险》，这个产品提供女性癌症保险金、女性重大疾病保险金（包括严重狼疮性肾炎、严重类风湿性关节炎）、女性疾病及医疗保险金（包括骨质疏松症、尿失禁症、女性原位癌、特定手术），同时还可以选择《××附加女性生育健康保险》，来获得怀孕期疾病、分娩身故、新生婴幼儿先天性重大疾病及特定手术的保障。另外，《××女性疾病保险》除了提供6种女性特定癌症和10种常见女性手术之外，还将被保险人于合同有效期间内分娩产下的、已生存7日以上的婴儿作为"附带被保险人"。另一家寿险公司的三款女性保险产品中，《××女性长期健康保险》涵盖了25种重大疾病保障及终末期疾病保障。该产品将"经输血导致的人类免疫缺陷病毒感染"列入保障范围，并设有额外的特种疾病津贴，为常见的心血管手术提供保险金；《××附加女性疾病保险》为18~64周岁女性提供了六大项的女性疾病保障；《××附加女性生育疾病保险》提供多种怀孕期疾病及新生儿疾病保障。

第三节 健康保险产品的定价

健康保险从保险期间角度可分为长期健康保险和短期健康保险。两类保险费的厘定是一个相当复杂的过程，本节只是以短期健康保险为例进行简单的介绍。

一、短期健康保险定价的主要考虑因素

虽然所有保险的数理基础和基本原理都是相同的，但具体到保险标的和保险责任的不同，定价考虑的因素是不同的。与寿险相比，健康保险由于其自身的特点，在定价时考虑的因素相对更加复杂。不同保障内容、给付方式和保险期间的健康保险，在定价时考虑的因素也各不相同。下面介绍影响健康保险定价的主要因素。

（一）疾病发生率

保险责任中如果提供了疾病的保障，如根据所患疾病定额给付保险金或根据疾病的治疗费用按比例支付保险金，则在定价过程中要充分考虑所保疾病的发生率。精算人员要根据历史数据计算出各年龄组所保疾病的发生率，并相应参考其他同类数据予以调整，使之尽量能符合未来的实际发生状况。

（二）免责期

绝大多数的健康险产品都会设定免责期，被保险人在免责期内因疾病支出医疗费用或收入损失，保险公司不承担保险金给付责任。

免责期的设定主要有两个目的：一是减少被保险人的逆选择行为，即有意识的带病投保；二是尽量避免在投保前已经患病但没有察觉的人投保，即无意识的带病投保。虽然保险公司在承保前可以要求被保险人进行体检，但考虑到成本问题，保险公司不可能对每一个被保险人都进行体检，因此设立免责期是非常必要的。

免责期的设定必须合理，时间过短起不了风险控制的作用，时间过长客户难以接受。目前国内大多数的健康险都设有一个免责期（如 90 天），有的公司还根据疾病的特点设立不同的免责期（如一般疾病 30 天，重大疾病 180 天）。随着经验的累积、精算技术的发展，相信未来健康险免责期的设立会更加科学合理。

（三）住院率、平均住院费用和平均住院天数

在大多数的医疗保险中，保险公司会为被保险人提供住院医疗的保障，因此这类产品定

价时首要考虑因素就是住院率。其次保险金给付方式的不同，其他相关考虑因素也会不同。若根据被保险人的医疗费用发生情况按比例给付保险金，则定价时需要估计平均住院费用；若根据被保险人的住院天数定额给付保险金，则定价时需要估计平均住院天数。此外，有的住院医疗保险设计成分项限额给付的方式，即将总的医疗费用细分成若干项（如药费、床位费、治疗费、检查费等），按各项实际支出的医疗费用给付保险金，这类产品在定价时还需估计各个项目的平均医疗费用。

住院率、平均住院费用和平均住院天数估计要准确，要尽量减小与承保后实际发生情况的误差，定价时估计过低或过高，都会对保险公司造成不利的影响。

（四）免赔额和赔付比例

- **免赔额**，是指保险公司预先设定的一个医疗费用额度，只有当被保险人发生的医疗费用超过该额度时保险公司才开始承担保险金给付责任。免赔额有绝对免赔额和相对免赔额之分，两者主要的区别在于当被保险人发生的医疗费用超过免赔额时，在绝对免赔额情况下保险公司只承担免赔额以上部分医疗费用（即总医疗费用扣除免赔额后的剩余部分）的保险金给付责任；而在相对免赔额情况下，保险公司承担全部医疗费用（即总医疗费用，不需要扣除免赔额）的保险金给付责任。
- **赔付比例**，指保险公司负担医疗费用的比例，如保险公司负担医疗费用的80%，被保险人需自行承担医疗费用的20%。

保险公司设定免赔额一般是出于三方面的考虑：一是免赔额可以有效地将大量小额理赔申请拒之门外，减少报案的发生频率，降低保险公司的经营成本；二是从医疗费用的分布来看，医疗费用越低，发生的频率越高，因此免赔额具有降低保险费的功能，免赔额越高，保险公司承担的责任相对越少，保险费自然越低；三是免赔额在一定程度上能增强被保险人控制医疗费用的意识，节约卫生资源，有利于降低保险公司的风险。

保险公司设定赔付比例的目的是使被保险人在享受保障的同时不得不面对一定比例的自付费用，从而产生医疗费用自我控制意识，主动减少一些不合理或是不必要的医疗费用支出，减少滥用医疗资源的现象，有效降低次均赔付金额。

（五）保险因子、通胀因子和安全附加因子

- **保险因子**，反映的是保障程度的高低对被保险人的医疗需求和医疗费用的影响效应。一般说来，同一个人在有医疗费用报销和没有医疗费用报销的不同情况下，其医疗发生频率和医疗费用发生额度是不同的；同样，享有医疗保障水平的高低也会对其医疗发生频率和医疗费用发生额度产生影响。通常情况下，医疗保险保障水平越高，医疗发生频率和医疗费用发生额度相对越高。保险因子就是描述这种影响的统计学指标，精细的健康保险定价时应考虑保险因子的影响。
- **通胀因子**，是描述未来医药价格趋势的统计学指标。通常情况下，寿险保单出险时的给付保险金即为合同的保险金额，寿险保单的未来保险金给付金额在合同签订时就已确定（或是固定不变或是按约定比例递增）。而健康险特别是医疗险（定额给付型除外）未来保

险金的给付金额是不确定的，虽然在投保时约定了合同的保险金额（即最大给付金额），但健康险出险时的给付金额往往视实际发生的医疗费用而定，而未来可能发生的“实际医疗费用”将受当时医疗消费价格水平的影响。精算人员在产品定价中所用的基础数据都是过去的经验数据，而从已往经验数据分析的结果来看医疗消费价格水平往往呈历年上升的趋势，因此在对未来时段的医疗风险定价时要将未来医疗消费价格水平的变化因素（即通胀因子）考虑进来，对未来医疗消费价格水平的变化作出合理预期。

- **安全附加因子**，主要用来防止其他意外因素造成的风险，以及实际风险偏离统计结果的风险。在对健康保险定价的过程中，虽然已考虑到了各方面的风险因素，但仍可能存在一些未知的、突发的原因带来的额外风险，如突发的某些自然灾害、传染病等；另一方面，前期统计数据若不够充分，也可能使得统计结果不能准确地反映未来的风险，通过增加安全附加因子可以有效降低这些因素对保费造成的不利影响。

（六）续保率、退保率

短期健康险往往会赋予被保险人合同到期后续保的权利，而**续保率**是指合同到期后实际续保的保单件数占应续保保单件数的百分比。续保率过低会使公司的优质客户流失；续保率高则有利于公司累积客户、维持现金流的稳定。

退保是指在合同有效期内被保险人要求解除保险合同。退保率过高同样会造成保险公司现金流的变化。

（七）附加费用

与寿险保单一样，健康险保单也有佣金和管理费的支出，产品定价时也要考虑附加费用。

二、短期健康保险的定价过程

在产品形态和各种考虑因素得到确认后，便可进入下一步——保险费的计算。保险费的计算有三个基本步骤，首先计算风险保费，然后计算纯保费，最后计算毛保费。

毛保费就是保险公司最终向投保人收取的保险费。

（一）风险保费的计算

对于同一种风险（如患某种疾病），不同的被保险人，其风险的大小不相同，这种差别是因为年龄、性别、生活习惯等各种因素的综合影响而造成的。**风险保费是指根据影响风险因素将被保险人分类，并按各类别的风险特征计算出的各类人群的保险费。**风险保费对被保险人而言比较公平，对减少逆选择的风险也有一定帮助。

当然，风险保费的“公平”也只是相对的，因为风险的大小是各种因素综合影响的结果，而在保费计算中不是所有的因素都会被考虑进来，受统计资料的限制，实际操作中只会根据最主要的几个因素（如年龄、性别）来分类计算风险保费。

我们常见的短期医疗险多以被保险人的年龄来分类。当确定某个年龄段后，根据该年龄段人群的相关统计数据，便可以计算该年龄段的风险保费了。

下面给出几个健康险的风险保费计算公式。

（1）特定疾病保险（定额给付）：

风险保费＝疾病发生率×定额给付金额

（2）住院医疗保险：

• 根据实际发生医疗费用按比例给付保险金：

风险保费＝住院率×平均住院费用×赔付比例×保险因子×通胀因子

• 根据住院天数按日定额给付保险金：

风险保费＝住院率×平均住院天数×日额保险金×保险因子

（二）纯保费的计算

纯保费也称“净保费”，即承保风险成本。纯保费是在风险保费的基础上加上一定的安全附加。其计算公式为：

纯保费＝（1＋安全附加因子）×风险保费

（三）毛保费的计算

商业保险机构为了维持正常的经营活动需要费用开支和业务花费，而纯保费考虑的只是承保风险的成本。若保险公司按纯保费收取保险费，虽然能应对未来保险金的支付，但经营费用得不到弥补，经营难以存续。所以保费计算时还要考虑保险公司的运作成本（包括佣金、管理费用、营业税等等），精算人员会在纯保费的基础上附加一定费用，以弥补这些成本的支出。附加费用的确定要视公司的经营状况、险种的特点和类别而定。纯保费加上相应的附加费用就是毛保费，通常也称“总保费”。计算公式如下：

毛保费＝纯保费＋附加费用

影响定价因素的水平和作用会随时间不断变化，定价所用的基础数据也需要不断更新，精算人员需要不断监测健康保险的整体业务运行状况，并视实际情况决定是否对产品价格作出相应调整。因此，产品定价工作是一个不断循环的过程。

第四节　健康保险的产生和发展历程

一、健康保险的起源

健康保险最早发源于欧洲。早在古希腊、古罗马时代，就有专为贫民和军人治病的国家公职人员。中世纪晚期，基督教会为贫困病人建立了慈善医院，手工业者则自发成立了“行会”组织，会员定期缴纳会费，行会筹资帮助生病的会员渡过难关，在会员遭遇工伤事故时提供收入补偿，当时英国和意大利的部分行会组织能向会员提供死亡、疾病、抢劫、沉船、火灾等事故的救助。在这之后，工业化的发展使产业雇佣工人大量增加，工人面临着因病造成收入损失甚至失业的威胁。产业工人为了减轻由于恶劣的工作状况和生活状况所造成的风险，自发成立了既不同于同业工会也不属于宗教团体的“友爱社”，其团体成员采用“赋课制”方式缴纳一定的费用，死亡或患病后可得到经济补偿。17 世纪，欧洲还出现了使海员获得疾病保障、士兵获得残疾保障的法律。

这些早期自愿性互助团体对健康保险的产生起了重要作用。到 19 世纪末，它们已经覆盖了欧洲一半以上的人口。此后，这种互助性的健康保险不断扩大发展，由一定人群扩大到一个行业，最后由政府出面扩大到全社会的大多数劳动者，社会医疗保险即由此脱胎形成，与此同时，商业健康保险也伴随而生。

美国的健康保险产生略迟，1890 年前后才出现因若干疾病而不能工作时提供收入补偿给付的契约，它是由若干互助会提供的，并且还根据互助会的经验编制了最初的“疾病表”，用以计算适当的保险费。随后商业性保险机构开始经营疾病保险。

二、健康保险的发展

商业健康保险最初起源于旅途意外伤害保险。1848 年英国开始办理火车旅行伤害保险，有效期仅一个旅程，以后才逐步扩展到其他常遭遇伤害的部门，1900 年英国已有 50 家保险公司经营伤害保险业务。随着业务的增加，保障范围也不断扩大，1915 年英国伤害保险的医疗给付已包括住院、内外科治疗及看护费用。1920 年开始出现团体伤害疾病保险，当被保险人患上保险合同中规定的疾病时，保险公司给付事先约定的疾病保险金。

此后，随着业务的发展，疾病保险金变成可以按照事前约定的金额逐日给付，因此，疾病保险金可以同时用来支付医疗费用和提供收入损失的补偿。即使这样，当时的健康保险所能提供的保障也是非常有限的，比如，19 世纪末一家叫做 Fidelity Life and Casualty 的美国保险公司提供了一种包含意外伤害和疾病给付的保险产品，其合同中规定，被保险人只能得到 15 种特定疾病的保障，保险金最多支付 26 周。

保险公司之所以只能提供非常有限的保障，是因为当时有关伤病发生率的统计资料非常有限，保险公司很难准确地估计疾病发生的概率，相应地也就很难计算应收取的保费。随着经验数据的积累，保险公司逐渐有信心提供包含所有疾病和各类外科手术保障的健康保险了。

19 世纪末至 20 世纪初，健康保险的市场竞争越来越激烈，许多保险公司开始采取降低费率的竞争策略，不合理的费率使经营利润得不到保证，同时一些保险公司承保了应拒保的业务，导致了超过预期的赔付，经济萧条也对正在形成的疾病保险形成了沉重的打击，因而一些经营健康保险业务的公司由于经营不善而退出了市场。

20 世纪 30 年代的经济危机之后，美国健康保险得到了长足的发展，具体表现在：提供了更优惠更广泛的保障；团体保险的引入和普及；寿险公司在健康保险领域的大发展；高保障医疗费用保险逐步发展。到20世纪50年代中期，已有7700万人投保了住院医疗费用保险，6000万人投保了手术费用保险。这一阶段，商业健康保险公司虽然为成千上万的社会大众提供了健康保险，却仍以营运经验作为保险费计算的依据。20世纪60～80年代是美国保险业飞速发展的时代，商业保险公司开始为大众提供高保障综合医疗费用保险，并使用精算技术确定费率。美国是世界上医疗费用最昂贵的国家，也是当今商业健康保险最发达的国家。

此外，重大疾病保险作为健康保险的一个重要产品形态，也在19世纪80年代开始萌芽。1886年，瑞士的保险公司对重大疾病进行承保，当时的重大疾病以急性传染性疾病为主，故其保险责任是对由于急性传染性疾病而导致的死亡进行赔付。1951年，条款中出现了"慢性病死亡"赔付的约定。20世纪60年代，美国开始将癌症列入保险赔付责任范畴。80年代初，以色列的寿险公司加入对冠状动脉疾病治疗进行全额赔付的责任。1982年，第一个具有现代意义的重大疾病保险产品在南非问世，当时保障的疾病仅有癌症、脑血管意外、心脏病及冠状动脉手术四种，且必须搭配寿险、永久全残保险、意外保险、疾病保险。重大疾病保险在南非的成功实践（目前南非有70%的保单包含重大疾病保险责任）鼓舞了保险公司开展重大疾病保险的信心。1985年，重大疾病保险在英国登陆，1987年在澳大利亚销售良好，此后，重大疾病保险迅速扩展到世界各地。

三、健康保险的现状

商业健康保险的发展与社会医疗保险制度的推行密不可分。目前许多发达国家均有相对完善的多层次的社会医疗保障体系，社会医疗保险和商业健康保险相辅相成，相得益彰，但在不同的国家各有侧重。商业健康保险在世界上不同国家和地区的发展并不平衡，目前，多数国家以社会医疗保险作为医疗保障体系的主体部分。

美国是实行商业健康保险为主的多元化医疗保险体系的代表，其社会医疗保险仅负责老年人、低收入人群、残疾人、退伍军人等十分有限的人群。在2006年，美国2.97亿人口中有2.5亿人拥有健康保险，其中2.017亿人拥有商业健康保险（见图9－3），商业健康保险覆盖的人群中有59.7%是通过雇主来投保商业健康保险的。全美约1/3的医疗费用由商业健康保险支付（见图9－4）。

蓝十字和蓝盾[①]组织是美国两家最大的非营利性的健康保险组织，创立于1930年，主要提供团体医疗保险。蓝盾由医生组织发起，承保范围主要为门诊服务；蓝十字由医院联合会发起，承保范围主要为住院医疗服务。医疗保险基金主要来源于参加者缴纳的保险费，由雇主和雇员共同负担。蓝盾按常规的医疗费用支付给医生，但有一个上限；蓝十字根据投保者的医疗情况向医院支付医疗费用，但享有平均14%的折扣。投保人看病一般不再自己支付医疗费用。

① 蓝十字和蓝盾：Blue Cross；Blue Shield。

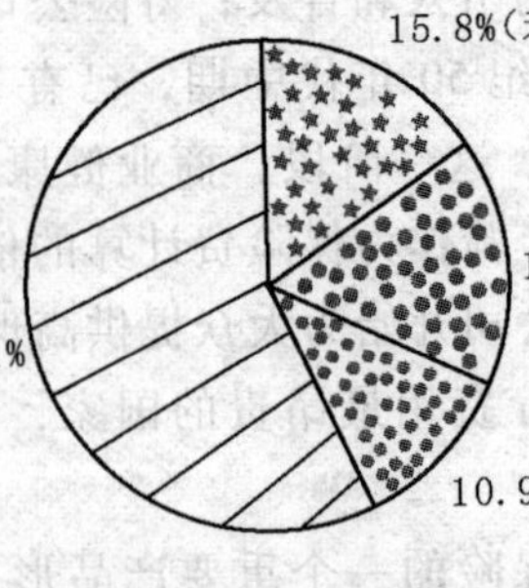

图 9－3　2006 年美国健康险覆盖的人群

资料来源：U. S. Census Bureau（http：//www. census. gov），2007 年 8 月。

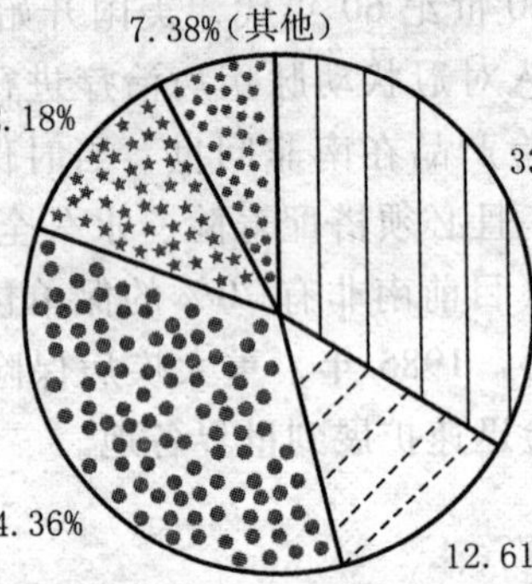

图 9－4　2006 年美国医疗费用分布

资料来源：U. S. Department of Health & Human Services（http：//www. cms. hhs. gov），2008 年 2 月。

营利性的私人健康保险公司除提供费用低廉的医疗服务保障外，也对费用昂贵的医疗项目单独提供保障。

由于传统的健康保险"第三方付费"（即保险公司付费）办法对医疗服务的提供者（医院）和医疗服务的接受者（被保险人）缺乏控制力，引起医疗需求的过度膨胀，医疗费增长迅猛，近年来年平均增长率达 20%，20 世纪 70 年代中期，美国开始对医疗服务的提供方式和费用支付方式进行调整和改革，出现了以健康维护组织（HMO）① 和优先提供者组织（PPO）② 为代表的管理式医疗保险，对医疗保健的价格、医疗服务的质量和人们获得医疗服务的途径，都进行严格的管理。管理式医疗保险已成为美国近年健康保险发展的一个主要模式。

在其他欧美国家，社会医疗保险覆盖面相对较广，保障程度较高，商业健康保险的份额相对较少。但多数国家也都为商业健康保险的发展留下了市场空间，通过发展商业健康保险弥补社会医疗保险的不足，并鼓励民众通过购买商业健康保险满足多元化的健康保障需求。法国由于国家对社会医疗保险的保障范围和保障程度进行限制，使商业保险公司提供了大量

① 健康维护组织：Health Maintenance Organization，HMO。

② 优先提供者组织：Preferred Provider Organization，PPO。

的补充医疗保险，来补充社会医疗保险保障不足的部分，全国约85%的人口都参加了商业健康保险。德国规定收入超过一定水平的个人可自愿选择参加社会医疗保险或商业健康保险，荷兰则规定高收入人群只能参加商业健康保险，因此以上两国的商业健康保险也较为发达。

四、健康保险的问题及对策

与社会医疗保险一样，商业健康保险也同样遭遇医疗需求过度膨胀、医疗费增长迅猛、医疗资源浪费严重、医疗服务提供方风险控制不易等问题。

以美国为例，2000年医疗费用总支出为1.35万亿美元（占当年GDP的13.8%），人年均4790美元。到2008年，医疗费用总支出已上升到2.40万亿美元（占当年GDP的16.6%），人年均8000美元。预计全美医疗费用在2017年将达4.3万亿美元，每年预计将增长6.7%，2017年医疗费用将占GDP的19.5%左右。医疗费用之所以如此迅猛地增长，主要是因为应用新医疗技术的费用高昂、通货膨胀、医疗服务价格提高、人口老龄化。2000年时，美国个人商业健康保险年平均保费为2655美元，家庭健康保险为6772美元，比1996年分别增长33.3%和36.7%；2005年，美国个人商业健康保险年平均保费已升至3936美元，家庭健康保险则升至11340美元，比2000年又分别增长了48.2%和67.5%。

阅读材料9—7

解决医疗费用过快增长的主要思路

一些学者认为，控制医疗费用过快增长的解决思路主要有以下几种：

1. 提高免赔额；
2. DRGs（疾病诊断相关分组）① 模式，主要应用在美国和澳大利亚；
3. 总额预算制模式，多数欧洲国家采用；
4. 细化服务提供者的费用定额偿付方式及通过有效地监督、考核，调动服务提供者主动控制需求和医疗费用的积极性；
5. 增大投保方服务选择权，主要在荷兰、德国和美国应用；
6. 审核报销单、预审就诊、实施人头费用包干，将投保方（被保险方）的保障权利与自我约束义务有机地结合起来，增强了市场竞争机制的运用和服务需求方的管理控制力度。

总之，商业健康保险和社会医疗保险都力求通过建立一种保障模式，充分调动医疗服务

① 疾病诊断相关分组（Diagnosis Related Group System，DRGs）。自20世纪70年代起，美国率先不惜耗资组织对疾病诊断相关分组DRGs进行研究，并建立了按疾病诊断相关分组—预付款制度（DRGs－PPS），这一重大改革及其展现出的显著效益，使许多有医疗费用膨胀通病的国家也纷纷相继效仿。目前，DRGs以及相似病种管理已成为世界各国卫生服务发展研究的重要研究课题。

提供者在医疗费用控制和服务质量保障上的积极性；在费用偿付、服务选择、保障责任中将投保方（被保险方）的权利与义务有机地结合起来，突出其服务的选择权；在保障范围设计和经营服务拓展时，把医疗保险的概念延伸扩展到包含有健康管理内涵的“健康保险”的范畴。

从国际上的成功经验看，要建立健全国民医疗保障体系，有效地控制医疗费用过快增长，提高医疗卫生利用效率，必须根据国情，建立适合本国国情的医疗保障模式；必须建立竞争性的医疗保险市场，同时管理好医疗服务供给市场，鼓励商业医疗保险的合理发展和适度竞争；必须在医疗服务提供上下工夫，建立多层次医疗体系，满足不同层次人群的需要；必须建立有医疗服务提供者参与，医疗服务提供者与医疗保险经营者利益共享、风险共担的经营模式；必须克服单纯按服务项目付费的弊病，改革费用偿付方式，将定额预付制、总额预算制、费用分担的共付制、按服务项目后付制等费用偿付方法有机地结合起来加以应用；必须拓展保障范围、服务内容和服务方式，从单纯补偿费用到与预防保健服务结合运用，实施健康管理。

五、我国商业健康保险发展概况

我国商业健康保险的历史不长，1982 年恢复国内人身保险业务后开始有零星的健康保险业务，进入 2000 年后，商业健康保险开始得到关注，发展速度明显加快。

（一）我国商业健康保险的产生

1979 年恢复国内保险业务后，中国人民保险公司于 1982 年开始经营人身保险，产品主要是简易人身保险、养老年金保险和团体人身意外伤害保险。同时，经上海市人民政府批准，中国人民保险公司上海分公司经办了《上海市合作社职工医疗保险》，并经 1982 年的试点后于 1983 年 1 月实施。据查，这是恢复保险业务后我国大陆第一个医疗保险业务。1985 年，中国人民保险公司又开始在部分地区试办附加医疗保险和母婴安康保险。1987 年 1 月，中国人民保险公司上海分公司与上海市卫生局共同制定了《上海市郊区农民医疗保险》。1988 年，中国人民保险公司上海分公司正式开办母婴安康保险，同年 5 月，根据《中华人民共和国中外合资经营企业劳动管理规定》和《上海市中外合资经营企业劳动人事管理条例》又开办了合资企业中国职工健康保险，保险责任包括门诊和住院医疗。1990 年，中国人民保险公司上海分公司为配合计划生育基本国策推出了人工流产安康保险，与分娩节育保险、母婴安康保险形成计划生育系列保险。

1991 年 10 月，中国人民保险公司在国内首先开办中小学生和幼儿园儿童住院医疗保险，年底有近 200 万中小学生、儿童参保。随后太平洋保险公司开办了大学生平安附加住院医疗保险产品，平安保险公司也分别于 1993 年推出了 24 个团体医疗保险产品，于 1994 年推出了 5 个个人医疗保险产品。到 1992 年，全国销售的各式医疗保险产品已达 70 余种，健康保险的保费收入上升到 3.0638 亿元。

（二）重大疾病保险的出现

进入20世纪90年代后，保险市场的竞争主体增多，人保虽一枝独秀，但平安保险、太平洋保险发展快速，外资保险公司友邦保险也在部分地区开展业务。1996年，泰康人寿、新华人寿相继成立。

随着我国保险市场竞争主体的增加，各保险公司在提高服务水平的同时，也积极吸取国外经验，开发新产品。1995年，我国首次推出个人附加定期重大疾病保险，提供了包括癌症、脑中风、心肌梗塞、冠状动脉绕道手术、尿毒症、瘫痪和重要器官移植在内的7种重大疾病保障。此后，各家保险公司相继推出了多款重大疾病保险产品。

1997年后，定额给付型、费用报销型及综合型医疗保险（含住院、门诊医疗责任）陆续推向市场，健康保险开始多样化。

（三）我国社会医疗保险制度的形成

1998年12月，国务院颁发了《国务院关于建立城镇职工基本医疗保险制度的决定》，此后，1999年、2000年，国务院以及国家有关部门又陆续出台了系列文件。改革的目标是以建立和完善城镇职工基本医疗保险制度为核心，在扩大覆盖范围、提高社会化服务水平、完善基础管理的基础上，建立多层次的城镇医疗保险体系，根据人口和经济特征，通过多种形式解决医疗保险，满足不同人群的多层次的医疗保障需求。本着“基本水平、广泛覆盖、双方负担、统筹结合”的基本原则，实现三个转变：由福利型转变为保险型、由包揽型转变为分担型、由自保型转变为互济型。

同时，在农村医疗卫生状况急剧恶化、恢复传统合作医疗制度努力普遍失败的情况下，中央政府的有关部门于2003年出台了新型农村合作医疗制度的改革思路，明确提出了政府增加投入的责任。新农合的出台对于解决农村居民“看病难、看病贵”的问题有很大的缓解，但是其仍然存在一些如缴费能力不足、保障层次不高等问题，也需要通过发展其他形式的商业医疗保险来弥补。

2007年7月，国务院发布《关于城镇居民基本医疗保险试点的指导意见》，主要针对没有医疗保险制度安排的城镇非从业居民，建立以大病统筹为主的城镇居民基本医疗保险制度，实现基本覆盖城乡全体居民的医疗保障体系的目标。我国社会医疗保险制度初步形成。

（四）商业健康保险的快速发展

在建立完善基本医疗保险制度的同时，国家对商业健康保险也给予了高度重视，国务院及政府部门高度重视，首届“中国商业医疗保险论坛”成功举办。中国保监会于2004年批准设立人保健康、瑞福德健康、昆仑健康、平安健康4家专业健康保险公司。2006年，国务院《关于保险业该份额与发展的若干意见》提出“统筹发展城乡商业养老保险和健康保险，完善多层次社会保障体系”。中国保监会先后下发了《关于加快健康保险发展的指导意见》、《健康保险管理办法》和健康保障委托管理业务、健康保险统计制度等方面的规范性文件，完善了重大疾病定义，基本形成健康保险专业化监管框架。

中国商业健康保险进入了一个快速发展时期。2002—2008 年，我国商业健康保险保费收入从 122.4 亿元增长到 585.5 亿元，年均增长近 30%，远超过同期国民经济和保险业的增长速度。目前，已有包括 4 家专业健康保险公司在内的近 100 家保险公司开展了健康保险业务，在售的健康保险产品达上千款，涵盖疾病保险、医疗保险、失能收入损失保险和护理保险四大类。截至 2008 年底，累计为 11.3 亿人次，提供了 52.6 万亿元的健康风险保障。健康保险服务模式也有所创新，倡导"健康保险与健康管理相结合"理念，逐步由简单的事后费用报销和经济补偿，向疾病前、疾病中、疾病后的综合性健康保障方向发展。商业健康保险的发展对提高人民群众健康水平，缓解"看病难、看病贵"问题起到了积极的作用。

虽然近年来商业健康保险有了很大的发展，但我国商业健康保险发展还处于初级阶段，与产险、寿险相比，健康保险发展仍较为滞后，其保费收入与赔付支出占行业比重还很低。2008 年我国健康保险保费收入占行业总保费的 5.98%，赔付支出占比 5.9%，远低于成熟市场 30% 的比例（见表 9-1）。

表 9-1　1999—2008 年中国商业健康保险的保费收入与赔付支出及占保险业的比重

（单位：亿元、百分比）

年份	原保险保费收入	健康保险保费收入	占比（%）	原保险赔付支出	健康保险赔付支出	占比（%）
1999	1393.22	36.54	2.62	510.24	11.00	2.16
2000	1595.86	65.48	4.10	527.36	12.92	2.45
2001	2109.35	61.55	2.92	598.25	33.52	5.60
2002	3053.14	122.45	4.01	706.73	49.94	7.07
2003	3880.40	241.92	6.23	841.01	69.90	8.31
2004	4318.13	259.88	6.02	1004.44	89.10	8.87
2005	4927.34	312.30	6.34	1129.67	107.92	9.55
2006	5641.44	376.90	6.68	1438.46	125.10	8.70
2007	7035.76	384.17	5.46	2265.21	116.86	5.16
2008	9784.10	585.46	5.98	2971.17	175.28	5.90

资料来源：中国保险监督管理委员会网站历年数据。

健康保险的发展尚不能满足人民群众健康保障的需求。2007 年，我国商业健康保险的保费收入占卫生总费用的比重为 3.40%，与此同时，健康保险赔付支出占医疗卫生总费用的比例更低（见表 9-2）。2007 年，我国个人医疗费用支出占医疗卫生总费用为 45.2%，而健康保险赔付支出仅占医疗卫生总费用的比例不足 1%，与发达国家相比存在巨大差距。在以商业健康保险模式为代表的美国，这一数字高达 37%，在以国家保障模式为代表的英国，这一数字为 11.9%，即使在以社会保障模式为代表的德国，这一数字也达到了 9%。

表 9－2　　1999－2007 年我国健康保险保费收入占卫生总费用比例　（单位：亿元、百分比）

年份	健康保险保费收入	卫生总费用	占比（%）
1999	36.54	4047.50	0.90
2000	65.48	4586.63	1.43
2001	61.55	5025.93	1.22
2002	122.45	5790.03	2.11
2003	241.92	6584.10	3.67
2004	259.88	7590.29	3.42
2005	312.30	8659.91	3.61
2006	376.90	9843.34	3.83
2007	384.17	11289.48	3.40

资料来源：《中国卫生统计年鉴》，2007 年，第 83 页；卫生部卫生经济研究所编，《中国卫生总费用研究报告 2008》。

阅读材料 9—8

健康保险需求的急剧增加

2000 年 13 家调查机构对北京、大连、长春等 14 个城市居民生活状况进行了调查，2001 年中国消费者协会在哈尔滨、南京、郑州、武汉、西安、兰州 6 城市进行了“消费者与保险”调查。两次调查的结果显示，已购医疗保险的人数比例 2000 年为 17.2%，在购买保险产品的人群中排名第三，而到了 2001 年已达到了 36.7%，排名上升到第一位；准备购买医疗保险的比例 2000 年为 8.8%，1 年后已上升至 17.1%，且两次都排在第一位，这说明医疗保险是百姓最需要的保险。

2001 年，国务院发展研究中心市场经济研究所与中国保险学会等共同组织的“中国 50 城市保险市场调研”结果显示，在未来 3 年里，有 49.9% 的城市居民考虑购买商业保险，其中医疗保险的预期购买率达到预期消费者总数的 76%，成为未来 3 年里中国城市居民最希望购买的商业保险产品，其次为养老保险（50%）和意外伤害保险（37%）。

（五）商业健康保险参与基本医疗保障经办管理

在自身发展的同时，保险业还发挥行业优势，以委托管理和保险合同等形式积极参与新型农村合作医疗、城镇基本医疗保险、医疗救助等基本医疗保障经办管理。在委托管理模式下，政府委托保险公司提供经办服务，并支付适当的管理费用。保险公司按照政府要求，提供报销、结算、审核等服务，不从医疗保障基金中提取任何费用。医疗保障基金赤字由政府承担，医疗保障基金节余转入下一年度。以保险合同模式经办的，保险公司应当按照合同约定，承担保障责任，维护参保人利益。

经过几年的运作实践证明，这种保险公司参与基本医疗保险经办管理具有以下特点：一是建立了“征、管、办”互相分离、互相制约的运行机制，有助于减少“人情支付”，加强对不当医疗行为的管控，减少不合理医药费用支出；二是通过政府购买服务降低了基本医疗保障经办管理成本，也使政府可以从繁杂的具体事务中解脱出来，集中精力履行规划、筹资、监管等政府职责；三是引入竞争机制，提升了基本医疗保障运行质量和效率。从国际趋势看，政府购买服务是许多国家社会保障经办管理的运作模式之一。从国内情况来看，政府购买商业保险公司医疗保障经办服务也是转变政府职能，建设小政府、大社会的重要发展方向。

阅读材料 9—9

保险业参与基本医疗保障经办管理情况

2008 年，保险业参与了全国 14 个省（市、自治区）的 115 个市县的新农合工作，其中，以委托管理模式参与 101 个市县，参保人数 3118.9 万人，委托管理资金 63.66 亿元，补偿 673.8 万人次，补偿金额 18 亿元；以保险合同模式参与 14 个市县，参保人数 172.7 万人，累计实现原保险保费收入 1.3 亿元，已决赔付金额 1.1 亿元。以委托管理和保险合同形式参与 27 个市县的城镇居民基本医疗保险，参保人数 108.7 万人。此外，保险业还在 73 个市县开办医疗救助，参保人数 115.3 万人。

（六）探索健康保险与医疗服务合作。

一是探索发展医疗责任保险。2007 年中国保监会与卫生部、国家中医药管理局联合下发了《关于推动医疗责任保险有关问题的通知》，推动医疗责任险的发展。二是探索投资医疗机构。通过资本纽带强化医保合作，有利于促进保险业与医疗服务产业的优势互补，提升健康保险服务质量，延伸服务领域和范围。目前已有保险公司在这个方面进行了尝试，控股连锁门诊服务机构，参股体检机构，或在医院内部设立特需病房等。

阅读材料 9—10

医疗责任保险发展情况

据不完全统计，2008 年我国医疗责任险保费收入超过 5 亿元，为约 3 万家医疗机构提供了超过 140 亿元的保险保障，对于分散医疗风险，缓解医患矛盾、维护正常医疗秩序起到积极作用。

（七）我国商业健康保险发展面临的困难

虽然我国的商业健康保险已经有了一定的发展，各保险公司也越来越清楚地认识到商业健康保险的市场潜力和对寿险、产险的带动作用，都在加大对健康保险的投入。然而，健康险与财产险和寿险相比，由于运作模式更复杂、风险控制难度更大、技术要求更高及经营管理经验更少等原因，我国的商业健康保险的发展还面临许多困难。

1. 经营健康险的积极性不高

主要是两方面的原因：一是健康险比较复杂、技术要求较高；二是健康险基本上是现收现付，经营结果很快就能见分晓，而纯寿险主要保死亡、伤残及养老，支付大都在几十年以后，真正的大量支付对公司当前经营基本上没有什么影响，经营压力要小得多。

2. 专业化经营程度不高

大多数公司是在用经营寿险的理念、流程和方法来经营健康险。风险评估的方法是寿险的，风险控制的方法是寿险的，产品设计的思路、原则也是寿险的。有的甚至用确定意外险、责任险的精算方法来计算健康险的费率。而健康险的精算基础和精算方法与财产险、意外险及一般寿险的精算基础和精算方法不是完全一样的，有的甚至差别很大，如最基本的住院率的分布与死亡率、财产损失率的分布就完全不同。此外，财产险、寿险只涉及保险公司和投保人两方关系，健康保险则涉及保险公司、投保人和医疗服务提供者三方面的关系，医疗服务提供者的介入增加了健康保险管理的复杂性，而目前的健康险的各经营主体都十分缺乏与医疗服务提供者合作的经验。事实上，我国健康保险专业化经营的模式、风险管控制度、精算体系、信息平台等必需的软硬件基础都还没有建立起来。健康险没有专业化经营所带来的后果是：产品不能满足市场的需要、保费偏高、保障偏低，投保人和医院都不满意，保险公司经营亏损，以致商业健康保险很难做大做强。

3. 专业人才短缺

健康保险以保险、医学、法律、精算、运营管理等多学科为基础，综合性、技术性很强。而目前各保险公司主要是从医院招聘医务人员作为医疗保险的管理人员，知识结构比较单一，也没有高素质的营销人员，健康险的销售都是借用寿险的销售队伍，许多营销员不仅不具备健康保险的基本知识，甚至没有起码的医学常识，不仅不懂得挑选优质客户的重要意义，甚至连向客户详细清楚地解释保险条款都有问题。尤其近年来，我国保险业蓬勃发展，各类保险专业人才更显稀缺。

4. 健康保险数据基础不牢

健康险的产品设计、风险评估、风险控制都需要大量的经验数据和严密的精算来支持。在人生的不同阶段，发生疾病的种类、频率都是不一样的；同样，不同疾病的治疗时间、所需费用也是各不相同；不同年龄的人群对医疗的基本需求和水平也存在较大的差异。我国商业健康保险经营时间不长，经验数据本来就较少，再加之专业化经营程度不高，对经验数据的积累重视不够，同时，商业健康保险又很难分享到社会医疗保险及卫生部门的医疗数据，各商业保险公司的有限数据更是不能相互共享。一些保险公司开展健康保险业务十几年，但仍没有实质性地进行有效的健康保险数据积累和分析。因此，有些保险公司为了开展业务，只能求助于再保险公司，以国外的经验数据作为精算的基础。但由于目标人群不同，数据必然有偏差，有的甚至偏差很大。将国外的经验数据全盘照搬，势必使我国商业健康保险的经营面临极大的风险，给业务发展埋下隐患。

5. 保险公司对医疗机构行为控制不力

目前，我国部分医院存在较严重的多开药、大处方、滥用高尖医疗设备、纵容冒名就诊和挂床住院、坐吃药商回扣等问题，部分医疗机构甚至存在与投保人勾结篡改病历进行欺诈的行为。与社会保险机构不同，商业保险公司对医疗机构的不当行为缺少有效的管控手段，一定程度上影响了健康保险的健康发展。

事实上，医院是健康保险风险控制的重要环节。目前，医疗服务的提供者与健康保险机构既不存在直接的经济利益关系，也没有行政上的从属关系，而是通过被保险人发生间接联系，即被保险人从医疗服务机构获得所需的医疗服务，并向医疗机构支付相应的费用，之后从医疗保险机构获得补偿。在这一过程中，简单地通过被保险人将医疗服务的提供方与医疗保险的提供方联系起来的方式，使得保险机构难以直接影响医疗服务提供方的行为，因而难以从医疗服务机构方面控制风险，只能更多地采取约束需方行为的措施，但如果对需方约束过多，则会削弱人们对医疗保险的需求。

6. 保险欺诈严重

在保险经营中，保险公司对逆选择的防范一般通过财务和健康核保、理赔调查来实现，由于保险合同双方在获取被保险人健康信息方面的不对称，保险公司难以了解被保险人在投保时的真实健康状况，承保健康保险比寿险存在更多的困难。寿险的主要保险事故为被保险人身故，死亡证明由公安部门出具，不易伪造和篡改，发现寿险的保险欺诈相对比较容易。而健康保险的投保金额不高，从经营成本考虑，不可能要求每个被保险人做体检，只能依靠被保险人的告知进行判断。带病投保、挂床住院、冒名就诊，甚至串通医生伪造、修改病史、开假诊断证明等情况时有发生，保险欺诈问题在一定程度上制约了商业健康保险的发展。

此外，部分保险公司不诚信经营，欺诈、误导消费者，理赔难、无理由拒赔等行为也在一定程度上损害了健康保险的良好形象，影响了健康保险的发展。

7. 政策支持不够

目前，国家对商业健康保险在税收方面给予了一些优惠政策，如保险公司经营健康保险可免缴营业税。由于目前国内市场上销售的健康保险产品“轻保障、重投资”的情况，因此，还没有个人或团体购买健康保险费用支出税前抵扣的税收优惠政策，这不利于进一步鼓励团体为员工购买医疗保险，也不利于鼓励个人为自己的健康投资。根据国际经验，国家的政策支持对健康保险的发展至关重要，除税收优惠政策外，还有其他很多方法。以美国 HMO 的发展为例，HMO 出现于 20 世纪 70 年代，初期并没有受到欢迎和关注，但到了 80 年代，HMO 的市场份额已占到了 20% 左右，其发展迅速的根本原因是政府的政策支持。实际上，1974 年美国政府就依靠法律支持 HMO 以解决社会的医疗保障问题。其政策并不是采用强制性的法律手段，而是采用优惠待遇的方式，即 HMO 接受某些条件（如成员医疗福利的最低标准要求等），则政府要求公司的雇主向雇员提供 HMO 的选择，并要求雇主向 HMO

缴纳的保费比例等于向其他组织缴纳的保费比例，因此，HMO在短时期得到迅速发展。

8. 市场秩序不够规范

一些保险公司在争夺健康保险业务时，采取了恶性价格和手续费竞争、违反产品管理规定以各种名义给客户附加利益、违规赠送保险、擅自提高产品预定利率、相互诋毁和误导客户等违规的手段。这些行为违反了《保险法》及有关监管规定，严重扰乱了商业健康保险的市场秩序，并有可能引发潜在的经营风险。

（八）《关于深化医药卫生体制改革的意见》与商业健康保险

2009年4月，中共中央、国务院发布了《关于深化医药卫生体制改革的意见》（以下简称《医改意见》）。《医改意见》充分肯定了商业健康保险在国家医疗保障体系中的重要作用，提出要加快建立和完善以基本医疗保障为主体，其他多种形式补充医疗保险和商业健康保险为补充，覆盖城乡居民的多层次医疗保障体系。鼓励企业和个人通过参加商业保险及多种形式的补充保险解决基本医疗保障之外的需求。鼓励商业保险机构开发适应不同需要的健康保险产品，简化理赔手续，方便群众，满足多样化的健康需求。同时，《医改意见》鼓励和支持商业保险参与基本医疗保障经办管理服务，提出在确保基金安全和有效监管的前提下，积极提倡以政府购买医疗保障服务的方式，探索委托具有资质的商业保险机构经办各类医疗保障管理服务。

《医改意见》的出台，对于今后一段时间我国商业健康保险的发展以及发挥商业保险在国家医疗保障体系中的积极作用具有重要的指导意义。

第五节 管理式医疗

管理式医疗，又称“管理型健康保险”，被大多数雇主为员工提供健康保险福利时采用。1991年，管理式医疗在美国商业健康保险团体业务的占比就达到了47%①。管理式医疗在风险控制和医疗质量保证方面很有特色。

一、管理式医疗的概念和产生背景

（一）管理式医疗的概念

管理式医疗目前没有一个公认的标准定义，最初仅指传统医疗保险中一些费用控制的方法和技术，如医疗服务利用审查。现代的管理式医疗已远超出了这一范畴。一般认为，管理

① 资料来源于 HIAA Managed Care Survey，1991年。

式医疗是把医疗服务的提供和提供医疗服务所需资金的供给结合在一起的保险系统。其目的在于控制医疗费用、医疗服务的利用度，提高服务质量。其服务对象为加入该组织的成员，通过与经过挑选的医疗服务提供者达成协议，向其成员提供医疗服务，并通过协议改善服务质量及效率，同时强调保健以减少对医疗服务的使用，以优惠机制鼓励成员使用协议提供者所提供的医疗服务。

（二）管理式医疗的产生背景

管理式医疗的产生背景是医疗费用的飞速增长。医疗费用上涨的原因是多方面的，比如人口老龄化、公众医疗预期的提高、昂贵的新医疗技术的应用等，而传统的医疗保险对费用的增长缺乏有效的控制手段，存在很多弊端。

第一，传统的医疗保险是按医疗服务收费，医疗服务提供者的收入与其提供服务的多少成正比，这就鼓励提供者提供昂贵的医疗服务，在缺乏监督与限制的情况下，注定造成高成本的医疗服务。

第二，传统的医疗保险只是简单支付被保险人的医疗费用，当全部或大部分账单由保险公司直接赔付时，消费者没有被鼓励去有效地使用该制度下的服务，他们没有动机去审核医疗服务的成本及相对质量。

第三，传统的医疗保险用资金导向治疗而不是预防或早期制止疾病，这种重视疾病治疗而忽视保持健康的倾向更助长了医疗费用的增加。

第四，传统的医疗保险模式管理成本较高，被保险人选择医院的灵活性、索赔过程的复杂性和难以协调的三方关系使得传统的医疗保险缺乏管理上的规模效应。

在这样的背景下，传统的医疗保险模式已不能有效的控制医疗费用的增长。一种全新的、将医疗服务的提供与资金供给结合起来的管理式医疗应运而生。

（三）管理式医疗与传统医疗保险的区别

管理式医疗与传统医疗保险的主要区别如表 9－3 所示。

表 9－3　　管理式医疗与传统医疗保险的主要区别

	传统医疗保险	管理式医疗
对医疗服务提供者的选择	没有限制	鼓励或要求使用经过挑选的医疗服务提供者
医疗服务提供者收费方式	事后按服务收费	按事先协商的数额支付
风险承担者	保险公司	管理式医疗机构与医疗服务提供者共同分担
费用控制手段	几乎无手段来鼓励医疗服务提供者控制费用	对医疗服务提供者建立经济上的奖励机制

二、管理式医疗的组织形式

管理式医疗的具体组织形式很多，且新的类型不断出现，但都具有以下要素：

（1）对医疗服务的提供与资金供给的共同管理；

(2) 建立成本控制手段；

(3) 医疗服务提供者与费用支付者之间分担风险；

(4) 对医疗服务过程的管理。

管理式医疗组织往往由保险公司、政府或者其他发起人通过合同形式组织各种医疗服务提供者构成，主要有健康维护组织、优先医疗服务提供者组织、排他性医疗服务提供者组织和服务点计划等形式，如表 9－4 所示。

(一) 健康维护组织 (HMO)

HMO 是在收取固定保费的基础上，向自愿加入者提供综合医疗服务的组织。最早的 HMO 于 20 世纪 30 年代在美国西海岸出现，70 年代全美有 25 个 HMO。《1973 年健康维护组织法案》正式采纳了 HMO 这一概念，并使之成为全国性的健康政策。到 2000 年，全美已有 600 多个 HMO。HMO 通过雇佣医生和经营医院或者与医生和医院订立医疗服务合同来直接向加入者提供医疗服务。可供选择的医疗服务提供者通常仅限于 HMO 网络内的医生和医院，如果被保险人到网络外的医疗服务提供者那里接受医疗服务，HMO 不支付费用。HMO 使用门诊主治医生来审查、决定并管理有关需接受专门治疗或住院治疗的建议。

根据雇佣及偿付医疗服务提供者的方式，HMO 有开放型、封闭型和混合型：

1. 开放型 HMO

可以分为个体从业医生协会 (IPA)① 模式和直接签约模式 HMO。

• 个体从业医生协会模式是指 HMO 与 IPA 签订合同，由该协会的医生为 HMO 成员提供医疗服务。个体从业医生协会模式通常比其他 HMO 模式更易建立，因为 IPA 的医生有自己的医务室，而无需 HMO 提供，且独立行医，把为 HMO 成员提供服务作为其日常行医工作的一部分。HMO 按人头支付法对 IPA 进行补偿，而 IPA 负责对该协会的个体医生进行补偿。IPA 对基层保健医生采取人头支付法，而对专科医生采取折扣服务费支付法。

• 直接签约模式的 HMO 直接与从业医生签订合同，为其成员提供医疗服务，而不存在任何中介组织，多数采取人头支付法。

2. 封闭型 HMO

包括雇佣模式和团体模式。

• 雇佣模式 HMO 直接与从业医生签订服务合同，也可以拥有医院、实验室、药店和其他医疗机构，或者与这些机构签订合同，为其成员提供各种医疗服务。这是启动最困难和最昂贵的一类 HMO，但便于对医生实施监控。

• 团体模式 HMO 的运作方式与雇佣模式 HMO 十分相似，只是与某一从业医生团体签订服务合同，其医生不属于 HMO 的雇员，而是医生团体的雇员，这些医生团体通常属于同一个医疗服务机构或只是共用诊所和某些医疗设施。HMO 与多个从业医生团体签订合同的团体模式称为"网络模式 HMO"。团体模式 HMO 对从业医生团体通常采取人头支

① 个体从业医生协会：Individual Provider Association，IPA。

付法。

3. 混合模式 HMO

这种模式的 HMO 既与多个个人医生协会或医生团体订立服务合同，也直接和某些医生签约，既拥有直接雇佣的医生，也拥有属于医生团体或个体医生协会属下的医生。

（二）优先医疗服务提供者组织（PPO）

PPO 是管理式医疗的第二种形式，发起人可以是医生、医院或者第三方管理人，但最多的还是保险公司。与 HMO 不同，PPO 允许计划参加者使用该组织外的医疗服务提供者，但要支付更高的保费、分摊更高比例的医疗费用、负担更高的免赔额费用。PPO 以此来鼓励计划参加者使用本组织网络内的医疗服务提供者。PPO 往往限制加入网络的医疗服务者数目，医疗服务提供者必须同意接受 PPO 的医药服务使用情况审核，同时按照协商好的折扣标准收费以获得偿付，PPO 以此来控制费用风险和保证医疗质量。

（三）排他性医疗服务提供者组织（EPO）[①]

EPO 类似于 PPO，但是 EPO 对加入的医疗服务提供者的选择更有限制性，对医疗服务提供者的资信要求更为严格。以此保证病人可以得到更高质量的医疗服务。而且 EPO 和 HMO 一样，只允许计划参加者使用其服务网络内的医疗服务提供者，否则自己承担全部费用。

EPO 的医疗服务提供者以打折后的价格按服务收费，并同意遵守医药服务使用审核程序，把病人推荐到本网络内的专科医生或医院接受专门治疗或住院。

（四）服务点计划（POS）[②]

POS 结合了 HMO 与 PPO 的优点，网络内的医疗服务提供者收取固定的保费，一般不按实际服务收费。参加者可以在就医时使用规定的管理式医疗计划和服务网络，也可以使用计划外的医疗服务，但后者需分摊部分医疗费用，或支付更高的保费。

归纳起来各种组织模式的管理式医疗都有如下几个特点：

（1）鼓励、引导或者要求被保险人使用保险公司挑选的医疗服务提供者；

（2）保险公司不是间接对医疗服务提供者进行补偿性的按服务付费，而是采取预先付费或者折扣后付费；

（3）医疗服务过程和保险过程不是像传统买单式健康保险模式那样是分离的，而是合二为一的；

（4）医疗服务提供者分担风险；

（5）建立经济上的激励机制促使医疗服务提供者关注费用风险控制；

（6）制订了衡量和监督医疗服务质量的方法。

---

① 排他性医疗服务提供者组织：Exclusive Provider Organization，EPO。

② 服务点计划：Point of Service Plans，POS。

表 9-4　　管理式医疗的组织形式及其特征

<table>
<tr><th colspan="2">组织形式</th><th>特征</th></tr>
<tr><td rowspan="3">健康维护组织（HMO）</td><td>开放型</td><td rowspan="3">1. 参加者必须选择网络内的医院和医生；
2. 由门诊主治医生审查、决定并管理参加者是否需接受专科治疗或住院治疗；
3. 参加者不按实际服务付费，支付固定保费。</td></tr>
<tr><td>封闭型</td></tr>
<tr><td>混合模式</td></tr>
<tr><td colspan="2">优先医疗服务提供者组织（PPO）</td><td>1. 鼓励参加者选择网络内的医院和医生；
2. 允许参加者选择网络外的医院和医生，但可能要支付更高的保费、分摊更高比例的医疗费用、负担更高的免赔额费用。</td></tr>
<tr><td colspan="2">排他性医疗服务提供者组织（EPO）</td><td>1. 参加者必须选择网络内的医院和医生；
2. 严格选择高素质的医院和医生加入其网络，故参加者可以得到更高质量的医疗服务，但可供挑选的医院和医生更少。</td></tr>
<tr><td colspan="2">服务点计划（POS）</td><td>1. 参加者不按实际服务付费，支付固定保费（类似 HMO）；
2. 参加者在需要医疗服务时，可以选择网络内或网络外服务（类似 PPO）。</td></tr>
</table>

三、管理式医疗控制医疗费用和监督医疗服务质量的手段

控制费用风险和监督医疗服务质量是管理式医疗最为注重的两个方面。

（一）控制医疗费用的手段

（1）通过对医疗服务提供者的偿付来控制费用，管理式医疗的偿付方式往往含有风险分摊和节约费用有奖的机制。

（2）对医疗服务提供者的监督。通过对行医资格证明的审查、对不良行医行为的审查、对从业行为的调查等各个方面，对费用进行控制。

（3）“把关”医生负责审查并指导有需要的病人接受专科或者住院治疗。

（4）审核医药服务，而且主要是在提供医疗服务之前对其恰当性进行评估，以避免浪费和对病人的潜在风险。具体技术有病例管理、专科和住院的预先审核、住院期间费用审核、出院计划和回顾性费用审核等。

（二）监督医疗服务质量的手段

（1）财务上对医疗质量控制，如果医疗服务提供者的医疗服务达不到标准，可能得不到相应的费用支付或者暂押的薪金；

（2）对医疗服务使用的审核，在审核费用的同时审核医疗质量；

（3）从行医资格和信誉的角度严格选择医疗服务提供者。

管理式医疗之所以能够实现对医疗费用和医疗质量的良好控制，关键在于医疗服务和相关的费用支付是整合在一起的，使保险公司可以介入到医疗服务过程中。通过把关医生等机制，保险公司能够在医疗过程开始时就介入，可以审核治疗建议、选择合适的治疗，这样使

整个医疗过程能够达到保险公司要求的费用和质量标准。此外，管理式医疗还关注被保险人的预防保健，维护被保险人群体的健康水平，能起到减少医疗费用的发生的作用。

关键词

健康保险　疾病保险　医疗保险　失能收入损失保险　护理保险　社会医疗保险　商业医疗保险　管理式医疗

思考题

1. 简析健康保险与医疗保险的区别。
2. 简述健康保险与人寿保险的主要区别。
3. 试分析各种重大疾病保险给付方式的异同。
4. 美国的健康保险产品发展有哪些特点？
5. 试述我国健康保险发展的现状。
6. 保险业参与基本医疗保险有哪些模式和效果？
7. 健康保险发展面临的困难。
8. 《医改意见》对健康保险有哪些规定？

第十章
意外伤害保险产品

学习目的

- 熟悉意外伤害保险产品：保障范围、保险责任、给付方式及特点
- 熟悉意外伤害保险产品的主要形式
- 掌握意外伤害保险产品的定价、经营管理及监管
- 了解意外伤害保险产品的起源、发展过程、目前状况、发展趋势、发展中存在的问题以及相关对策

天有不测风云，人有旦夕祸福。[①]

意外无法预知，随时可能发生。在日常的生活中，所见所闻，常如交通事故，罕至自然灾害，但有时候意外事故又是难以避免的，您永远都不可能知道它何时来临，这就需要未雨绸缪。如果拥有一份意外保障、做好准备，是可以把因意外事故导致的经济损失降到最低的！

第一节　意外伤害保险产品的概念及特点

一、意外伤害保险产品的概念

（一）概念简述

意外伤害保险产品指在被保险人遭受意外伤害，导致身体残疾或死亡时，保险公司将按事先约定（保险合同约定）的残疾给付比例支付残疾保险金、或按规定的保险金额支付身故保险金的一种保险产品。

意外伤害保险可用于和寿险一起进行特殊的包装和组合，方便市场销售，并灵活地满足不同的需求。

意外伤害保险产品既可作为独立的主险单独投保，也可作为附加险种附加于基本的人寿保险产品。比较常见的形式是，当意外伤害保险附加在一般人寿保险上时，保险金额与人寿保险相同，如果被保险人因意外伤害而身故，则受益人可获得双倍保险金额的赔付，简称"意外双倍给付"。有时，保险公司也允许一般寿险的被保险人附加多份意外伤害保险。这样，被保险人因意外伤害而身故，就可获得多倍保额的赔付，又叫"多倍意外给付"。

（二）保障范围

意外伤害保险产品是一个满足特殊需求的保险产品，是专门针对意外伤害事故承担责任的保险产品。什么是意外伤害事故？理论上，**意外伤害**指以外来的、突发的、非本意的和非疾病的客观事件为直接且单独的原因致使身体受到的伤害。但是，由于这个定义在实务中存

① 出于宋无名氏《张协状元·胜花气死》，不测：料想不到。比喻有些灾祸的发生，事先是无法预料的。

在一定分歧，是一些争议的焦点。

【案例 10-1】

王某家住10层，一直患有心脏病，2007年3月遇到保险代理人丁某，买了一份意外伤害保险。2009年6月，王某下楼时发现电梯临时停运，于是决定从楼梯走下去，而由于当天下雨，楼梯间有些湿地面很滑，王某一不小心滑倒并从楼梯上摔下引发心脏病发作，路人张某将王某送到医院，但是抢救无效死亡。

【分析】 一种观点认为由跌倒引发心脏病从而死亡，那么死因是跌倒，因此属于意外范畴，另一种观点认为由于直接死因为心脏病，如果没有心脏病，跌倒并不会造成王某死亡，因此跌倒不是直接死因，死因是心脏病，不属于意外范畴。在我国各家保险公司的实务中，医院或者公安局的死亡鉴定对法院的判决影响较大，上述案例中，由于医院的死亡证明为心脏病死亡，法院据此判决不属于意外事故的范畴。

【案例 10-2】

王某家住10层，一直患有心脏病，2007年3月遇到保险代理人丁某，买了一份意外伤害保险。2009年6月，王某下楼时突然心脏病发作并从楼梯上摔下，路人张某将王某送到医院，但是抢救无效死亡。

【分析】 王某此次事故由心脏病导致，其死亡过程由心脏病和摔伤共同作用，因此争议较大。根据近因原则，直接死亡原因为心脏病，但是目前中国的法律体制还不成熟，保险法并没有将近因原则纳入体系，因此法院裁定时主要根据作用力的大小，依据医院的死亡报告，看心脏病和摔倒中的哪个对死亡的影响较大来裁定是否需要理赔。

【案例 10-3】

2008年12月，在农村的李某为自己买了份意外伤害保险。2009年5月，李某的家人拿着村委会的意外死亡证明来公司理赔，该证明表示李某因帮同村的好友张某装修房屋从屋顶上摔下来而身故，保险公司的核赔人员接到报案后就赶到李某所在的农村进行调查，但是发现李某并未被送到医院，也没有得到任何救助，因此无法在医院查询相关纪录，而此时李某也已经下土无从查证。

【分析】 从理论上讲，从屋顶摔下而身故属于意外伤害保险的保障责任，但是由于李某的身故原因除了村委会的证明没有其他的来源，而保险公司在进行理赔时大多依据医院的相关纪录，因此双方就容易引发纠纷。这起案件中，保险公司随后又走访了当地多家医院，查找李某的既往病例，发现李某既往乙肝病史5年，因肝癌曾住院治疗。因此，保险公司有理由怀疑李某的死因是肝癌。随后保险公司与村委会核实，称出具意外身故证明是李某家属的意思，并未核实。随后保险公司与李某家属沟通，他们承认是编造意外事故。此案因此不予理赔。但是，如果李某生前没有住院病史或者村委会与李某家属一口认定是意外事故身故，那么该案的判决可能就应该是保险公司应予以给付。

目前，一些意外伤害保险约定，意外伤害事故导致的死亡必须发生在意外事故发生后的一段时间内，例如，6个月内或12个月内，否则不在保障范围内。这样的规定一方面是为了能够准确判断导致保险事故发生的原因；另一方面是考虑到随着医学科技的发展，被保险人发生了意外事故后，医生可以长时间地维持被保险人生命或身体功能，从而使保险公司很难最后判断死亡的原因。然而，在有些国家，法律不允许保险公司设置这种意外死亡时间规定的限制。

我们不仅需要非常明确和清晰地定义保险事故，而且为了防止道德风险，一般还会列明一些责任免除。责任免除条款在不同的国家或者不同的公司都不尽相同。在责任免除条款中，一般都详细而明显地列明不属于意外伤害事故的责任，这样更能保证保障范围内的保险事故的定义清晰明确。比较常见的责任免除主要包括：（1）被保险人生理、心理疾病或先天身体缺陷；（2）被保险人犯罪、故意行为、自杀或自残；（3）被保险人受酒精驱使或吸食毒品，但在有资格的医生指导下服用的不在此限；（4）战争、军事冲突、暴乱或武装叛乱；（5）核爆炸、核辐射或核污染；（6）被保险人参加高风险体育运动，速度耐力体育竞技；（7）被保险人位于任何航空装置（商业航班乘客除外）；（8）被保险人怀孕或不遵医嘱。

此外，许多人身意外伤害保险规定，投保时被保险人年龄不超过65或70周岁；也有些保险公司只针对新投保的被保险人引用该规定，而续保是可以超过该年龄限制的。

（三）保险责任的构成种类

意外伤害保险主要可灵活地满足人们不同的保险需求。归纳起来，意外伤害险的保险责任主要为以下几个方面，这些责任各自有其不同的利益给付条件。

1. 意外伤害身故责任

意外伤害身故责任是以在约定期间内发生可保范围内的意外事故导致被保险人身故为给付条件，身故的给付金额通常是签约时约定的保险金额。

在意外身故责任下，仅当被保险人发生了在保障范围内的意外伤害事故导致身故时才进行赔付。相对于一般寿险，因意外伤害导致身故显然比任何死亡原因导致身故的机率小得多。由于这种事故必须是突发的、外来的，事故发生的诱因来源于外部，与被保险人自身情况相关度相对较小，因此，这种因意外伤害而身故的风险与年龄和性别并非均匀相关。比如，对于30岁的人和50岁的人来讲，坐一次飞机发生航空意外的概率几乎是相同的。但是，意外身故的概率在某些人群明显较高，例如，一些职业的从业者，如矿工、司机等。

意外伤害身故责任可附加于任何其他保障中，通常其保险金额与主险的保险金额相同。例如，在储蓄性较强的两全保险上附加一个意外伤害身故保障，就可以较低的费率获得一个额外的意外身故保险利益。单独的意外死亡保障虽然价格比较便宜，但其保障是不够全面的，在基本的人寿保险基础上进行附加组合，就可以起到较强的补充保障作用。

2. 意外伤害残疾责任

根据意外伤害保险的定义，意外伤害残疾责任提供发生意外事故后导致被保险人残疾的保障。被保险人发生意外伤害事故而导致残疾，保险公司按合同约定的残疾给付比例乘以保额进行赔付。残疾给付比例必须在合同中明确约定，残疾给付比例一般理解为一种损失的比例，一般的残疾给付比例规定为10%～100%。目前国内所采用的残疾比例表是1997年由中国人民银行公布的，一直沿用至今。

尽管国外存在很多种不同残疾比例的划分，但意外残疾赔付的一个共同点就是不论残疾对被保险人而言是否影响其日常生活，是否影响他继续从事意外发生之前的职业，均按意外事故所造成的残疾比例和保险金额进行赔付。

例如，一个电台播音员，如果某次意外事故导致其丧失语言能力，她本人可认为自己是完全丧失了工作能力，但是按照残疾比例表规定，对其保险赔付的比例却并非100%。而且这种赔付仅仅是按照保险金额的比例支付，不考虑其预期的工资收入损失。这也是因为遭受意外发生残疾对于所有人来讲，无论其收入损失多大，其身体上的残疾程度的鉴别、身体残疾比例都是一样的。

需要说明的是，意外伤害身故和意外伤害残疾责任通常组合在一起为被保险人提供身故或残疾保障，意外的身故和残疾合计给付金额不超过保险金额，而有些国家流行的意外伤害险产品却是残疾和身故给付完全分开，且残疾的赔付金额较高。

虽然理论上意外伤害保险不包括医疗责任，但在实际情况中时常会包含意外伤害医疗责任、意外伤害住院津贴、意外伤害失能津贴等责任。（在本章中，为方便学习和理解，依据目前意外伤害保险市场的实际情况，将“意外伤害医疗责任”、“意外伤害住院津贴”和“意外伤害失能津贴”一并介绍。）这三种责任通常附加于意外身故及残疾责任下，被保险人只有投保了前两项责任，才可附加投保以下这三种责任，但是许多情况下，投保人也可以在投保了其他基本寿险情况下，只选择投保这些责任的任意一种或几种。

3. 意外伤害医疗责任

被保险人发生保险意外事故，如果直接导致死亡，则不会产生医疗费用。然而，通常情况下，意外事故发生时总会经历一个医疗救治过程，这样总会发生一些医疗费用、住院费用。

意外伤害医疗保险责任一般会对发生的医疗费用进行限制，以便合理控制医疗费支出的风险。例如：（1）在意外伤害事故发生后的一段时期内（如遭受意外伤害的180日内），在所认可或指定的医院治疗发生的费用。（2）设置医疗费免赔额，避免小额的索赔，减少费用和审核。（3）设置被保险人医疗费自负比例，降低道德风险。（4）设置最高支付金额，通常是意外医疗责任的保险金额。（5）对意外伤害所致的医疗费用范围进行明确而合理的定义。

国内的意外医疗保险条款通常规定，医疗费范围为政府卫生部门规定的公费医疗涵盖的医疗费，或社会医疗保险允许范围内的医疗费用。一般包括合理的医生诊断费用、处方、药费、各种必要的检查费，如x光检查、护理、医疗用品等在医院内支付的费用。

意外伤害医疗险的除外责任中除了意外身故责任所包含除外责任，还可能进行一些必要的补充规定，尤其是涉及医疗费用方面的限制，如医疗费用的补偿性原则限制，被保险人不可从医疗费赔付中获利，还有一些自费项目明确列出，如美容、牙齿美白、营养药品等。

4. 意外伤害住院津贴

正如意外伤害医疗责任一样，被保险人遭受意外伤害往往要到医院进行治疗，比较严重的意外伤害事故甚至导致被保险人住院多日进行治疗。在住院期间，必然要发生一系列费用，如医疗费用、食宿费用、看护费用等。意外伤害医疗责任虽然已经可以弥补大部分的与治疗直接相关的医疗费用，但是在住院治疗期间，被保险人及其家属还将产生其他一些损失，如营养费、交通费、误工费等。这些费用难以以保险风险进行承保和赔付，因此，就产生了这种被保险人因意外伤害住院治疗期间，每天可按固定金额获得每日住院津贴的保险保障。这种给付并不是补偿性质，这点与医疗责任相差较大。只要被保险人经医院确认必须继续住院治疗，无论其是否遭受损失，也无论损失大小，都可以获得这种每天的固定金额的住院津贴。

当然，保险公司为了控制风险，防止滥用这项责任，一般会限制每日住院津贴的最高支付天数。有些公司还有严格的住院治疗条件规定，避免有些被保险人可以出院而不出院，继续领取住院津贴而从中获益。

另外，每日住院津贴的金额大小也会影响被保险人的行为，如果每日住院津贴的额度大大超过了其住院治疗的损失和正常工作下的每日收入，被保险人就极有可能进行逆选择。

所有适用于意外身故、残疾责任的除外责任，均适用于意外伤害住院津贴责任。

5. 意外伤害失能津贴

被保险人若遭受承保范围内的意外伤害事故，有时会造成严重伤害而残疾，或者造成短期内失能甚至完全失能。

失能津贴责任主要针对被保险人失能期间进行保障，通常是以年金的方式进行支付，因此可以看作是一项长期的保障责任。而且失能津贴的给付与生存有关系，一旦被保险人死亡或恢复健康或重获劳动能力，给付即行终止。

失能的定义非常难以界定，因为每个人的职业不同，工作手段和方法不一样，所以将失能定义为被保险人不能从事发生事故前的职业还是完全丧失任何劳动能力，区别非常大。而且随着科技水平的发展，丧失劳动能力很难进行科学准确的判断。例如，著名残疾科学家霍金，即使可以判定为完全残疾，但是他一样可以运用科技手段进行研究和工作。因此，在进行失能的定义时，必须非常明确而清晰，同时还有考虑管理和操作是否可行，是否能满足被保险人的合理需求。

目前国内的有些保险产品，其失能责任大都以残疾比例表第一级或最多至第二级为依据进行判断是否失能，并作为失能给付的依据，有的直接叫做高残保险金。

如果失能的判断依据不够客观或明确，定义不清晰，意外伤害失能津贴保障的风险就变得非常大。所以支付失能津贴最主要的是失能的定义。即使失能定义非常明确，要判断被保险人由失能状态转换到非失能状态也非常困难。

在目前很难有效控制失能风险的情况下，国内开办的一些包含失能责任的产品最多是寿险主险的失能提前给付、保费豁免等，而且失能的定义均为全残，还很难看到失能津贴的保险产品。最主要的原因就是风险大，管理和风险控制难度大。

意外伤害失能津贴责任在团体员工保障计划中比较常见，最主要的用途是员工若在工作期间遭受意外伤害而丧失在原工作岗位的劳动能力，可以获得固定的津贴，直至该员工恢复健康并能继续从事原岗位工作。这种津贴的支付是以丧失劳动能力并处于生存状态为条件，同时，该责任一般也会设置最长的津贴支付年数或支付时间最长至退休年龄，这样既可以控制风险，又满足投保人及被保险人的需求。

保险责任的设计和组合并非一成不变。但是，不论意外伤害保险产品设计如何变化，其保险责任均属于以上所述的几种责任范围内。

以上5种责任虽然经常出现在意外伤害保险相关产品的责任中，但是意外伤害住院津贴和意外伤害失能津贴不属于意外伤害保险范畴，而应该归属于健康险范畴。但是因为住院或者失能的原因是“意外伤害”，所以应该在意外伤害保险中进行说明。

（四）给付方式

意外伤害保险产品可以设计成包括许多不同的保险责任，在不同的保险责任下发生保险事故应该有不同的保险利益给付方式。概括一下，意外伤害保险的利益给付方式有以下几种：

1. 意外身故给付

被保险人遭受保险合同约定的意外事故而身故，其受益人就可按照合同约定的保险金额获得身故利益给付。身故利益的给付是一次性的，给付的唯一条件就是发生保险意外事故导致被保险人身故。

被保险人投保意外身故保险时，身故保险金额的约定非常值得关注。因为意外伤害保险是纯保障性质的保险，不带有储蓄性，所以费率非常低，被保险人以很低的价格就可以获得非常高的保险金额保障。为了防止道德风险，保险公司会限制投保人选择不符合实际需求的高保险金额，有的规定就是其年收入的一定倍数关系，如4倍等。同样，意外残疾利益给付的保额规定也与身故保额基本相同。身故利益一次性给付后保险合同也即行终止。

2. 意外残疾给付

被保险人遭受保险合同约定的意外事故而导致身体残疾，可按约定的残疾比例乘以保险金额获得残疾赔偿。残疾的鉴定需要明确规定，例如，鉴定的时间，鉴定的机构。这种给付与意外身故给付捆绑，可看成是身故保障的提前给付。

被保险人身体残疾的鉴定一般规定是在治疗结束后，由有资格的医疗机构或鉴定机构进行鉴定。如果被保险人自遭受意外伤害之日起一定时日内，例如180天治疗仍未结束，则一般约定按照某一时点如遭受意外伤害的第180日对被保险人的身体状况进行鉴定。

意外残疾利益给付在保险期间内按规定可以多次给付，如被保险人第一次遭受意外伤害事故造成20%的残疾比例，后来在保险期间内再次发生意外伤害事故，造成50%的残疾，则该被保险人前后可获得两次残疾赔偿，但一般规定，无论被保险人在保险期间内发生几次意外造成残疾赔付，总的残疾赔付金额不超过保险金额的100%。

3. 意外伤害医疗费用给付

被保险人遭受保险合同约定的意外事故而需要到医院进行治疗，所发生的医疗费用将按合同规定获得一定的保险赔付。这种医疗费用的赔付约定较多，通常保险条款的规定与当地的医疗服务内容和管理体系有关。我国国内的商业意外医疗保险甚至其他医疗保险，通常采用卫生部门规定的属于社会医疗保险可支付的医疗费用有关规定，一些自费项目如疗养、超标进口药等就不属于支付的范围。

而且，由于医疗费用的赔付是补偿性质的，被保险人不能通过保险赔付而获益，因此一般规定被保险人的意外医疗费用在获得社会保险的支付或其他渠道的支付后，保险公司只对其进行差额给付。

意外医疗保险责任对被保险人的医疗费给付是以在医院治疗的费用凭证为依据，一般是事后根据实际发生情况进行支付。保险公司设置的免赔额、被保险人医疗费自负比例等将起到一定的风险控制作用。有一种形式的意外伤害保险，紧急救援或救助保险，却可以为被保险人在发生了意外事故后的紧急情况下，提供紧急医疗救助和实施救援，这种保险与其说是一种新形式的险种，还不如说是一种服务的延伸更为恰当，因为其实施救援（给付）的前提也是被保险人遭受保险范围内的意外事故，不同的是保险公司通过救援组织或就是自己的服务人员，将意外医疗保障的服务前置到了保险事故现场而不是事后以报销形式进行赔付。紧急救援或救助保险的责任一般也就是紧急情况下提供医疗、救助的保险服务，医疗费用可以垫付或直接与治疗机构结算，等同于将意外医疗费用的赔付前置，由救援机构直接支付或垫付，并提供及时的服务。有些救援服务机构本身就是保险公司的下设机构，有些救援机构是专设机构，保险公司可与其签署服务协议，以服务费的代价，授权其代理救援和理赔。

4. 意外伤害住院津贴给付

被保险人遭受保险合同约定意外伤害而住院治疗，可按约定的金额获得每日住院津贴给付。这种给付不论实际发生的住院医疗费用是多少，只要被保险人根据医生建议仍然要进行住院治疗，就可以获得这种每日住院津贴。正如前面所述，每日住院津贴给付是为了满足被保险人住院期间的一些经济损失和支出的保障需求，几乎所有的意外住院津贴给付责任都与前面几种给付责任捆绑在一起，为被保险人提供比较全面的意外伤害保障。此外，每日住院津贴给付一般规定了合理的最多给付天数，并有免支付的天数规定，避免小额支付，还可最大限度地控制风险和防止被保险人的逆选择。

5. 意外失能津贴给付

这种给付比较复杂，被保险人失能期间按照约定的支付日期获得年金性质的给付，这种年金给付当然是以失能和生存状态并存为前提，因为这种津贴给付保障的是被保险人失能后的收入损失，因此这种支付一般最长到被保险人退休时止。只要失能状态持续下去，津贴给付就一直继续。

津贴给付的方式有很多种，可以是每年支付、每月支付，或者每季度支付等，也可以考虑通货膨胀因素，每年给付金额按一定比例递增。当然，给付的金额最好不要过高，如果高于被保险人的预期收入，被保险人就可能进行逆选择。

二、意外伤害保险产品的特点

意外伤害保险产品是一种特定的保险产品，主要用于被保险人综合保障计划和一般寿险进行保险组合，可为被保险人提供多样的保险保障安排。归纳起来，主要有以下几个特点：

（一）保险责任设计灵活

意外伤害保险中可视被保险人的需求灵活定义保障范围内的意外伤害事故，并灵活设计保险责任。意外伤害事故既可以是所有意外事故，也可以只保障约定的特殊情况下的意外事故如交通事故；保险责任既可以是身故责任，也可以是残疾给付、医疗费用赔付责任。

（二）非补偿性的保障保险

人身意外伤害保险是约定保险金额的保障险种，发生保障范围内的意外伤害事故造成死亡或残疾，即按保险金额或其比例获得赔偿。这与财产保险的损失补偿性质不同，也不适用于代位求偿原则。但是意外伤害医疗保险中的费用补偿型产品例外，因为它用于补偿被保险人发生意外而支付的意外伤害医疗费。

（三）价格较低，覆盖面广

除了部分高危人群外，意外伤害事故发生的概率一般较低，例如，意外伤害导致的死亡比寿险保障的一般死亡发生率低，所以与其他保险产品相比，意外伤害保险的费率相对较低。除此之外，意外伤害产品的产品形态一般也较为简单，因此该产品的需求受地域、经济和年龄的影响不大，拥有广阔的销售市场，为广大百姓所接受。

（四）销售方式和销售渠道多样

意外伤害保险可为被保险人提供完善的特殊的保险保障需求，其销售方式可以是作为主险独立销售，也可以附加险形式附加于其他主险上进行销售，还可以进行灵活的搭配和组合销售，同时提高其他险种的销售竞争力。

意外伤害保险因其简单的产品形态而被新的销售渠道所青睐。随着电子商务的兴起，意外伤害保险这类短期、小额的保险产品开始借由这一新兴的渠道进一步推广，目前各大保险公司在电子商务渠道推出自助型的意外保险卡，投保人可以在网上直接购买，并可以根据需要自主选择保障期间。

（五）纯保障险种，核保简便

意外伤害保险产品保险期间一般较短，不具储蓄性，主要为被保险人提供纯意外伤害保障。意外伤害保险保障的风险一般与被保险人从事的职业关系密切。对于低保额的保障需求，保险公司基本不采用什么复杂的核保；对于高保额的保障需求，保险公司一般进行简单的财务核保和医疗核保，确定风险大小类别和保险金额是否合理。

诚信原则适用于所有保险合同，但是由于意外伤害保险的风险特点，意外伤害保险更能体现最大诚信原则，它一般要求投保人完整地就投保书中的项目和被保险个人信息进行如实填写和告知。但是，也正是由于保费低廉而保障水平较高，被保险人容易进行逆选择，有时不进行如实告知，保险公司很难掌握和判断风险。

（六）适用近因原则，部分理赔鉴定较难

造成被保险人身故或残疾的主要事故原因必须是在可保范围内，排除除外责任事故，损失的发生必须是一系列完整的意外事故原因，事故的发生直接导致了被保险人的死亡或残疾，且没有其他因素影响被保险人的死亡或残疾结果。在理赔时，既要考虑运用条款的解释，又要进行责任和除外责任的判断，搜集各种证据，排除非保险事故的原因。

虽然在合同中对于可保的意外伤害进行明确的定义，但是实际当中，发生意外伤害导致的被保险人身体受到伤害的原因有很多，有时许多原因交织在一起，很难判断是否是保险意外事故导致被保险的死亡或残疾。通常保险公司会采用所谓近因原则，以此判断事故发生的原因是否是属于保险范围，但许多情况下仍然难以排除一些理赔上的争议。

例如，一个 60 岁的人作为被保险人投保意外伤害保险，这名被保险人本身曾患有心脏病并一直未痊愈，作为团体投保，被保险人通常不用告知，因此保险公司并不知情。这名被保险人旅行途中由于比较劳累而摔跤，诱发心脏病（心肌梗塞）导致死亡。这样一个案例情况下，理赔时虽然可以知晓这名被保险人死亡的直接原因应该是摔跤导致心脏病发作，摔跤又是一种意外事故；但被保险人如果没有心脏病，这种程度的摔跤不会导致死亡。目前，这种情况在保险公司的实务中，采用疾病大于意外事故的解释原则，一般不予赔付。

意外伤害保险可分为团体险和个人险两种形式，目前，意外伤害保险产品得到不断的丰富和发展，各种方式的意外伤害保险产品应有尽有，为被保险人提供 24 小时的保障，其中旅行意外伤害险、旅行救援险也有较大发展。此外，考虑到通货膨胀，被保险人的意外保险金额不断提高，同时人们也越来越重视对意外残疾的保障，残疾责任的保险利益也越来越高。

三、意外伤害保险产品的主要提供者

人身意外伤害保险产品是以人的身体为保险标的的保障保险产品，在很多国家，直接保险公司都可以开展此类业务，包括寿险公司和财产险公司。

对于寿险公司而言，本身其经营的就是针对人的身体的保险业务，尽管意外伤害保险单独不能为被保险人提供完善的人身保险保障，但是通过与寿险的组合，人身意外伤害保险产品就可以发挥很大的作用。

财产险公司可将人身意外伤害保险产品混合在其他财产险中满足被保险人一揽子需求，例如，提供家财险同时可为家庭每位成员提供人身意外伤害保险，这样做的优势就是财产的意外事故，例如，家财的火灾可能导致人身的伤害，同时提供人身意外伤害险给被保险人就一举两得了。

第二节　意外伤害保险产品的主要形式

现在中国的保险业还是一个新兴行业，近 10 年来，中国保险业的发展日新月异，保险产品层出不穷。随着人们生活方式的发展变化，人们对于意外伤害保险产品的保障内容及范围的要求也是不断变化的。因此，意外伤害保险产品原有的一些保障内容消失了，取而代之的是更新更详细的保障内容；即使一些保障还在，但投保要求、保险金额及赔付方式等重要保险因素也发生了很大变化。

一、普通意外伤害保险

普通意外伤害保险主要提供两种意外保障，即意外死亡赔偿和意外残疾赔偿。

意外身故赔偿规定，意外伤害事故发生之日起一段时间之内，若被保险人因该意外伤害事故而导致身故，保险公司按事先约定的保险金额给付意外身故保险金。要强调的是被保险人的死亡必须是由意外事故造成的身体伤害导致的，并且此原因是直接的且唯一的。定义虽是如此，但准确确定被保险人的直接死因有时是相当困难的。

意外残疾赔偿规定，若因意外事故而导致残疾，则保险公司将按残疾程度给付等值于一定比例保险金额的残疾保险金。

普通意外伤害保险的赔付通常不超过双方事先约定的保险金额。普通意外伤害保险也按不同的职业等级计算不同的费率。

在中国，保险公司开发人身意外伤害保险产品时，通常倾向于在普通意外伤害保障的基础上，增加一些其他保障。如增加意外烧烫伤赔偿、特定意外事故保障及一些意外伤害医疗保障（如意外医药补偿、每周给付收入保障）等。

意外烧烫伤赔偿规定，若被保险人因遭到意外伤害事故而导致烧烫伤，保险公司按烧烫伤程度给付等值于一定比例保险金额的烧烫伤保险金。

特定意外事故保障规定，若因发生保险公司规定的特定意外事故而导致被保险人身故或身体受到伤害，则保险公司将赔付等值于多倍基本保险金额的特定意外事故保险金。

意外伤害医疗保障规定，如果被保险人因意外事故而导致医疗费用开支，保险公司将按实际医疗费用进行赔偿。每次意外事故，最高赔偿以双方事先约定的保险金额为限。

每周给付收入保障规定，如果被保险人因意外事故而导致暂时或连续丧失工作能力，保险公司将在被保险人丧失劳动能力期间，每周给付被保险人收入保障。同时规定最多给付周数。

目前中国市场上在售的意外伤害保险基本都包含意外身故、意外残疾和意外医疗三类保险责任。而在国外（以美国为例），普通意外伤害保险通常以附加保险形式出现，并可以附加在任何种类的寿险上，作为一种补充、增补利益。普通意外伤害保险主要提供两种意外保障，即意外死亡赔偿和意外伤残赔偿。

二、特定职业意外伤害保险

意外伤害程度的伤残程度百分率是根据人体各部位伤残对一般劳动能力的影响判定的，它适用于大多数人，但不一定适用于某些从事特定职业的人。如果某个被保险人要求按人体某个部位的伤残对其从事的特定职业的劳动能力的影响给付意外伤残保险金，则应与保险公司特别约定。

特定职业意外伤害保险对于承保风险的确定、保险标的价值的确定均不同于一般的意外伤害保险，需要一些特殊的技术及丰富的承保及理赔经验。由于我国意外伤害保险的发展还不十分成熟，特定职业意外伤害保险产品并不像西方及日本等发达国家那样形式繁多。在西方及日本等发达国家，这种特别约定的意外伤害保险五花八门。比如，歌唱家投保其歌喉；舞蹈家投保其双腿、脚趾；钢琴家投保其手指等。当他们的歌喉、双腿、脚趾、手指残疾时，保险公司要给付高额的保险金。当然，他们为此支付的保险费也相当高。

目前，我国特定职业意外伤害保险主要有建工险、矿工险等，并基本上以团体意外伤害保险的渠道来承保。

三、旅游意外保险

国内的旅游意外伤害保险在发展初期提供的保障范围不够广泛，主要针对旅行过程中搭乘交通工具时的意外伤害，如航空意外伤害保险和交通意外伤害保险。航空意外伤害保险的保障通常包括：意外身故及残疾给付、意外住院日津贴补助、意外医疗补偿保障等。需要强调的是，上面提到的保障与一般意外伤害保险中相对应的保障在内容上并无本质差异，但航空意外伤害保险中的意外事故不同于一般意外伤害保险中的，是**航空意外事故**。

目前，我国旅游意外保险保障的范围与内容也随着旅行中遇到的各种各样的问题而不断地扩大与丰富，主要包括以下几方面：

（一）旅游意外保险中的人身意外伤害保障

在一些旅行意外保险中包含基本的人身意外伤害保障，即意外死亡赔偿与意外伤残赔偿。对于基本的人身意外伤害保障，有些保险公司在赔付上还进行了更细致的划分。例如，某保险公司根据发生意外事故时，被保险人乘坐的不同交通工具给付不同的赔偿金。意外事故发生时，若被保险人是搭乘陆地或海上公共交通工具，则意外死亡伤残赔偿上限为 x；若被保险人是以乘客身份搭乘私人机动交通工具，则意外死亡伤残赔偿上限为 y；其他情况下，意外死亡伤残赔偿上限为 z。

（二）医疗保障

1. 海外医疗费用

被保险人因在国际旅行过程中遭遇意外事故而导致在本国以外进行住院治疗，保险公司将全部或部分赔偿此期间所发生的费用。保险公司负责赔付的费用通常包括：手术费、住院费、救护车、物理诊疗费等。通常保险公司都会对海外医疗费用保障设定理赔上限。但在个别情况下，当保险公司可以较准确、较有效地预测与控制因提供此项保障而带来的风险时，个别保险公司也选择不设理赔上限。

2. 海外住院补助

被保险人因在国际旅行过程中遭遇意外事故而导致在本国以外进行住院治疗，保险公司除了全部或部分赔偿此期间所发生的费用外，有时还会提供住院补助。住院补助通常有两种形式：日津贴额、一次性津贴给付。

日津贴额，规定在被保险人住院期间保险公司每天必须支付日津贴额给被保险人，比如每天 100 元。通常保险公司还会规定住院期间最开始的几天作为责任免除期，即保险公司在这几天内不履行支付日津贴额的责任，保险公司有时还会规定最多给付天数。

对于一次性津贴给付，保险公司事先设定一笔固定数目，当被保险人因在旅行过程中遭遇意外事故而导致住院治疗，且满足其他给付条件时，保险公司将一次性给付这笔固定金额作为被保险人的住院津贴。

3. 医疗遣送回国、遗体送回本国及 24 小时全球范围医疗紧急救助热线

除了上面提到的海外医疗费用、海外住院补助两种保障外，保险公司还提供医疗遣送回国费用补偿、遗体送回本国费用补偿的保障。被保险人在伤势较重的情况下，可能会被考虑送回本国治疗；被保险人在伤势过重而不幸在异国去世的情况下，遗体会被送回本国。运送过程中发生的费用，被保险人会根据事先双方的约定进行全部或部分赔偿。有些保险公司的保障还覆盖丧葬费用的补偿。提供 24 小时全球范围医疗紧急救助热线也是被保险人可以享受的保险利益之一。

四、待记名式意外伤害保险

以上介绍的三大类保险产品，即普通意外伤害保险、特定职业意外伤害保险、旅行平安保险，都是需要保险公司与被保险人双方签订保险合同后，合同中规定的保险利益方可生效。对于这些保险产品，保险公司通过制订投保规则可以对被保险人进行选择。通过对不同的风险群体制定不同的费率，甚至拒绝承保风险过高的个体，进行风险控制。但还有一些保险，保险公司无法对被保险人进行选择。因此，这类保险产品无法通过也不通过对高风险个体收取额外费率进行风险补偿及风险控制。根据这个特征，将这类保险产品称为待记名式意外伤害保险。待记名式，需要有一个填写被保险人信息的过程，但是，由于部分公司实务操作的不规范，这一程序基本上被省略了，从而产生法律隐患。比如，一些公路旅客意外伤害保险规定，购买车票的同时即购买了相应的意外伤害保险；公园的门票中包含了在公园游玩

期间发生意外事故的赔偿。由于保单上未记载投保人及被保险人信息，保单信息也未能及时进入公司业务系统，可能会出现保险公司难以确定出险乘客是否购买了保险，导致保险公司错赔、漏赔甚至拒赔的现象。2009 年 1 月中国保监会下发了《关于停止以撕票方式经营短期意外伤害保险的通知》后，该险种将逐步规范。

第三节　意外伤害保险产品的定价、经营管理及监管

一、意外伤害保险产品设计

首先，保险公司需要分析市场，研究市场上投保人的人身意外保障需求，确定目标市场和客户群。

确定了新产品的市场策略之后，保险公司还需要考虑销售模式和销售渠道。正如前面所提到的，意外伤害保险产品具有补充性质，但也可以作为主险单独投保。确定了目标客户群后，保险公司需要制订产品的销售模式，可以选择与其他一般人寿保险进行组合，以附加险方式附加于一般人寿保险，或者以独立的主险形式进行销售。这完全取决于保险公司的整体营销策略和意外伤害保险发展决策。

意外伤害保险产品的销售渠道有很多，比如通过个人代理人，通过直销，如电话、邮件，也可通过机构代理，如商店、旅行社、银行等。但是在定价中对于不同的销售渠道要考虑不同的销售成本，主要是佣金和代理费。

其次，保险公司需要就意外伤害保险产品进行规划和设计，最主要的当然是保险责任、缴费方式、保险期间、保险事故定义等。例如，国内为了打破乘客航空意外伤害保险多年的僵化经营局面，许多保险公司开发设计了一年期的航空意外伤害保险，保险责任相同，也是一次性缴费，但保险期间增加到一年，目的非常明确，原来的乘客航空意外伤害保险保险期间是乘客上下飞机一次，是一次性飞行的保险，而一年期的这种乘客意外伤害保险实际上就是一年之内无论被保险人乘坐多少次飞机，保险责任均有效。如果被保险人一年内多次需要乘机，在进行产品规划和设计时，就可以购买这种一年期的航意险，以此来替代原来每次乘机都要购买的航空意外伤害保险。

二、意外伤害保险产品定价

意外伤害保险的费率一般不区分年龄，但针对不同的职业和风险群体又有不同的费率，一个群体内部的费率是一致的，有些意外伤害保险费率因男女性别而不同。无论怎样，意外

死亡保险的费率肯定比相同期间的一般寿险费率低。

（一）意外伤害保险产品定价的影响因素

意外伤害保险产品的定价受意外事故发生率、产品带来的收入和支出、产品周期、公司投资情况等因素影响。

1. 意外事故发生率

意外伤害保险承担的是被保险人遭受意外伤害造成的身体伤害如身故，而一般寿险不论何种原因导致身故均承担保险责任，因此意外伤害事故死亡发生率较一般寿险发生率低，而且意外伤害事故的发生率并非像一般寿险与年龄的均匀分布关系，但是，意外伤害风险较高的人群主要有以下一些：（1）儿童、60岁以上的老人、智力残障者以及残疾人；（2）18岁至25岁的青年人，特别是喜好飙车、冒险者；（3）一些高风险职业的从业者，如矿工、建筑工人等；（4）特殊生活方式爱好，如喜好登山攀岩、野外徒步冒险等高风险活动爱好者。

基本的意外事故发生率包括死亡和残疾发生率。这可以从以前的经验数据得到。例如，保险公司多年的经营分析数据，或者社会公布数据（如医疗卫生数据）。保险公司也可以从再保险公司、保险行业协会等其他途径获得数据，或借鉴市场竞争对手的一些数据。

2. 意外伤害保险产品带来的收入和支出

定价过程中，保险公司要考虑产品带来的收入和支出，需要预测业务收入和支出从而考虑产品的价格。

（1）收入项目。收入项目主要就是保费，要考虑保单数量、每单的平均保费等。在预测保单销售数量时，应考虑代理人和各种销售渠道的销售能力和销售数量，同时也要预测保单的失效率和中途退保的情况。

（2）支出项目。支出项目主要是各种支出：

①预期发生的各项费用。包括市场调研、电脑管理系统开发费用、广告费用、各种初始费用、佣金、代理手续费，管理费用等。

②预期的理赔金额。保险公司要考虑预期的有效索赔金额，还需要考虑索赔金额的通货膨胀，考虑那些低风险人群预期的退保，这些因素都会影响保险公司的最终理赔支付。

对于理赔方面的预测还要考虑保险欺诈及各种逆选择带来的不利影响。

③资本金成本支出。保险公司要考虑提取责任准备金、风险准备金、偿付能力要求，这些都会占用资本金，影响资本金运用，即资本金的占用成本。

④再保险支出。为防范单个高保额等风险，减小损失波动，一般会需要安排再保险，有些国家甚至要求法定再保险，保险公司一般还会安排巨灾再保险。各类再保险费的支出也会形成支出，并影响预期的风险利润。

根据以上这些收入和支出项目，在一定合理的假设下，保险公司就可以得出该产品业务的固定时点的现金流，并考虑合理的利润率进行产品的最终定价。

在一定水平的利润率要求下，可以通过改变各种合理假设而得出不同的费率水平，这个过程也可以叫做产品的利润测试。举例如下，见表10-1。

（3）其他需要考虑因素。保险公司还需要考虑的因素有产品的周期，需要根据实际情况，在业务开展的范围内预测所能开展的时间。公司的投资情况也影响保费收入后的投放。

表 10－1　　一个会计年度内收入与支出情况对比表

收入	支出
保费 再保险手续费摊回 再保险理赔摊回 退保罚金	产品开发费用 产品投放和销售费用 佣金、代理手续费 行政管理费用 一般管理费用分摊 预期的理赔金额 退保金额及费用 再保险费用 资本金占用成本 营业税

资料来源：编写者自行整理。

（二）产品定价中的数据搜集及费率计算

在搜集数据时，必须注意其准确性和实效性，对所搜集的数据进行提炼和统计分析，保证其适用性和可靠性。例如，保险公司在确定意外伤害死亡率的时候，由于意外事故发生率主要与被保险人所从事的职业密切相关，一般说来保险公司至少需要每个职业类别的 5 年之内的意外事故数据，而后求得不同职业类别的意外事故死亡率：

$$R_{acc}\text{（不同职业的意外事故死亡率）}=\frac{n}{e}$$

其中：n 为历年内意外事故死亡发生的总次数。

　　e 为历年内风险暴露总数(保单)。

此外，保险公司定价时必须在意外事故发生率基础上附加一定的安全保证系数，当然，这与各保险公司的定价策略有关系，有些国家或地区的意外伤害保险安全附加系数有最高比例限制规定。

但是，保险公司往往很难获得意外伤害残疾、意外伤害医疗、意外伤害住院津贴等风险发生率的数据。虽然政府部门定期会公布一些类似的数据，但由于统计的方法等问题，这些数据很多情况下不能被直接引用。获得这些数据较好的办法就是搜集所有医院的统计数据、引用再保险公司的研究数据等。我们也不可忽略，保险公司如果已经经营多年，其自身的经验数据应该是最可靠的。所以一个经营成熟的保险公司，其意外伤害保险的经验分析数据是其比较宝贵的财富。

尽管如此，保险公司在确定意外残疾风险发生率时最常用最简单的方法就是每个职业类别的意外死亡率乘以各残疾类别的赔付比例。当然，可直接得到意外伤害残疾发生率的方法就是直接引用各类残疾发生率总次数，再与其相应一段时间内的风险暴露数相比就可得到。

另外一项需要关注的就是意外伤害住院医疗津贴的风险发生率，这需要考虑意外伤害发生率和发生后的住院天数。

保险公司还要对其他的定价附加因素进行考虑，意外伤害保险定价时要考虑的其他加费因素很多，这就是前面所提到的各种费用支出和要求的利润率，各种附加费用可以是保费的一定比例，可以是每单固定金额，保险公司还要在定价中加入利润率和其他一些加费。作为主险销售的，由于损失风险和费用加大，通常还需要进行单独的加费以达到一定的利润率要求。另外，意外伤害保险定价还要考虑再保险费、风险积累的调整附加等。最后，保险公司还要考虑风险准备金成本、再保险成本及其预期的利润损失。

三、意外伤害保险产品管理

（一）产品和业务运作监控

意外伤害保险产品投放市场后，就需要密切跟踪管理。如果不进行产品的市场测试和监控，就会失去对产品的有效管理和风险管控，因此对产品开发、管理、销售等环节进行衡量，这些环节就可以得到有效的管理和完善。

保险公司需要监控的因素很多，主要包括：（1）各销售渠道的销售状况、业务量分析，各销售渠道的销售能力分析；（2）不同保单年度的赔付率分析；（3）各保单年度的退保率分析监控；（4）产品的开发成本，包括研究费用、开发费用、管理系统费用等；（5）销售成本，如广告宣传等；（6）资本的边际成本、客户服务。

保险公司最好能够根据意外伤害保险产品运营中实际发生的情况进行利润分析，将以上的结果每年度进行一次监控，检验是否与定价假设相符合。这样做，保险公司可以每年度进行一些假设的调整进而实现对价格的调整，改善一些环节，如销售、客户服务等，分析利润形成的来源或者亏损的原因所在，控制重点风险，改进产品和市场需求点。

（二）产品的价格风险管控

其实，保险公司在初次定价时，往往会首先考虑采取高费率政策，将风险估计稍高，而后安排再保险以分散风险，以后根据经验调整，采取经验费率。由于意外伤害保险是纯保障的险种，必然存在一些高风险因素如道德风险：（1）投保人、被保险人或受益人的不如实告知和诈骗行为；（2）意外伤害医疗责任下，被保险人可能的诈赔；（3）意外伤害住院津贴责任下，被保险人可能病好不愿出院以获得更长时间的赔付；（4）市场调研不够，数据不真实，对一个新的市场不了解，实际索赔较预期赔付高，导致保费不足；（5）代理人销售误导，导致客户满意度下降，从而会使得退保率上升，高于预期的保单失效率；（6）通过直销模式进行销售，有时产品设计比较复杂而导致销售不利，产能不高，有时产品的价格过高，销售困难。

以上这些风险的存在极有可能导致整个产品和市场营销的失败，从而给保险公司带来亏损。

（三）聚合风险管理

意外伤害保险对被保险人遭受意外伤害进行经济上的保险补偿，是一种纯保障的风险经营。在一次意外事故发生时，可能有许多人同时遭受事故，这些人可能购买了同一家保险公司的同一个意外保险产品。另外一种聚合风险就是保险公司主动接受的，即承保一个团体意外伤害保险，而这个团体内的被保险人具有同一种风险，如一艘游船的乘客、一个旅游团队、一个工厂的工人。这种聚合风险造成巨灾赔付的主要原因是一个被保险人购买了同一个保险公司多份意外伤害保险保单，或者是一个保险事故造成众多被保险人身故或残疾，如一电影院发生火灾造成许多观众死伤，观众全部都是同一保险公司承保，则这个保险公司将面临巨额赔款。因此，保险公司必须就这种聚合的风险进行分散，减少这种风险的办法有：

1. 溢额分保

对同一被保险人投保多张保单要进行系统整合、统计，及时发现和处理，可确定适当的自留额，进行溢额分保。

2. 巨灾分保

针对团体意外保险的某一次事故造成巨灾损失的风险纳入巨灾保险合同。

聚合风险可分为可知的和不可知的两种，这种概念反映了保险市场的逐渐发展过程，也促使保险公司考虑解决这种聚合风险的办法：

（1）当保险公司能在投保人投保时及时发现该被保险人的聚合风险累积，就可以很简单地进行拒保，或者降低保额，还有就是安排分保。安排分保是最适宜的办法。

（2）隐性的聚合风险，如不记名的意外保险就不能被及时发现，这就需要考虑超额分保合同。

四、意外伤害保险产品的经营和监管

在我国，意外伤害保险产品因其简单、灵活的特点在保险业种形成了一个独特的经营模式。

我国意外伤害保险市场的经营状态亟待改善。由于早期在我国保险市场对短期的意外伤害保险需求较大，因此出现了意外伤害保险基本由一些旅游景点、交通部门、公园、游乐园等代售的情况。由于这些代售点基本上都没有先进的设备系统与保险公司联网，再加上方便销售使得手续及其简单，使得被保险人在真正出险后出现理赔纠纷。这种未实行实名制、手撕保单的销售方式带来了一些问题，突出表现在：保单上未记载投保人及被保险人信息，未能及时进入公司业务系统，如果发生保单毁损或遗失，可能会出现保险公司难以确定出险乘客是否购买了保险，导致保险公司错赔、漏赔甚至拒赔，造成乘客或其家属得不到应有的赔偿，被保险人合法权益难以得到保护。

针对意外伤害保险市场经营中出现的问题，中国保监会开始从费率、准备金、承保流程和合同条款等方面出台相关规定进行整顿。

2002 年中国保险监督管理委员会下发《关于加强航空意外保险管理有关问题的通知》和 2007 年下发的《关于加强航空意外保险管理有关事项的通知》（以下简称《通知》），从保护消费者利益的角度出发，促进航空意外保险市场竞争和规范发展。

2007 年 9 月 14 日，《通知》的下发改变了过去以条款和费率管制为主的监管手段，废止行业指导性条款，要求公司加强内控、销售管理和再保险安排，促进市场竞争和规范发展，标志着航空意外保险（以下简称“航意险”）改革迈出了重要一步。

2008 年 6 月，中国保监会下发关于修订短期意外伤害保险法定责任准备金评估有关事项的通知，进一步规范一年期及一年期以内的人身意外伤害保险的责任准备金的计提方法。

2009 年 1 月，中国保监会下发了《关于停止以撕票方式经营短期意外伤害保险的通知》，要求保险公司从 2009 年 3 月 1 日起，一律停止以手撕票方式经营的短期意外伤害保险，维护被保险人的合法权益。

为了进一步规范意外伤害保险市场，中国保监会 2009 年出台了《人身意外伤害保险业务经营标准》（保监发［2009］91 号），对短期意外伤害保险业务管理、出单管理、销售管理等方面进行规范。

阅读材料 10—1

中国保监会《人身意外伤害保险业务经营标准》（保监发［2009］91 号）

为规范人身保险意外伤害保险市场秩序，保护投保人和被保险人的合法权益，促进人身意外伤害保险业务健康发展，制定本标准。

一、单证管理

（一）人身意外伤害保险（以下简称“意外险”）保单（包括保险凭证，下同）应由保险公司总公司统一设计、统一编码管理。意外险纸质保单应由保险公司总公司或经授权的省级分公司印制。保险公司不得授权保险中介机构或个人印制具有保单性质的保险信息单、保障告知卡等单证。

（二）保险公司应建立单证管理系统，及时准确地记录意外险纸质保单印制、发放、领取、使用、核销、留存等环节的详细信息。

（三）保险公司应要求保险中介机构建立单证管理系统或台账，及时完整记录意外险保单领取、使用、作废、回销的详细情况。保险公司应对保险中介机构单证管理情况进行定期检查。

二、出单管理

（一）保险公司及保险代理人（经纪人）销售意外险，应实现系统联网电脑出单，禁止手工出单或脱机打印。保单应当载明下列信息：保险公司名称、保险产品名称、投保人姓名或名称、被保险人姓名、保险费、保险金额、保险期间、免责条款提示、销售机构、客户服务电话和保单查询方式。

（二）意外险出单系统应与核心业务系统实时对接，保单信息内容应当实时完整记录在保险公司核心业务系统。激活注册式保单在激活注册时应要求输入投保人及被保险人身份信息，激活注册时保单信息应当进入公司核心业务系统。

（三）意外险出单系统应与单证管理系统无缝对接，相互勾稽校验意外险保单类型、编码和状态。

（四）保险公司应加强运用信息技术对意外险出单系统进行管理，防止未授权保险中介机构使用出单端口出单。

三、销售管理

（一）保险公司委托保险中介机构销售意外险的，应确保保险中介机构在单证管理、出单管理和销售行为等方面符合本通知要求。保险公司应当要求保险中介机构不得将意外险产品作为从事传销、非法集资等活动的工具。

（二）保险公司不得委托不具有合法资格的保险中介机构或个人销售意外险产品；也不得委托经营区域外的保险中介机构或个人销售意外险产品。保险公司应当要求保险中介机构不得通过其子公司、分支机构在保险公司经营区域外销售意外险产品，也不得将保险业务代理权转让给其他不具有合法资格机构或个人。中国保监会对网络销售、电话销售另有规定的，从其规定。

（三）保险公司应在激活注册式意外险产品上标明激活注册方式，并明确提示消费者保险责任在激活注册后才开始。

（四）保险公司及保险代理人（经纪人）销售标有固定面额的意外险产品时，应按标示的保费金额进行销售。

（五）意外险产品不得捆绑在非保险类商品或服务上向不特定公众销售或变相销售。

四、财务管理

（一）保险公司应实现财务系统与核心业务系统无缝对接，真实、准确、完整记录有关意外险收支情况。

（二）保险公司应按保单上标示的保费金额确认保费收入，不得冲减保费抵扣佣金，以净保费入账。

（三）保险公司应按照财务制度据实列支向保险中介机构支付的佣金，不得向不具有合法资格的机构和个人支付佣金，不得向没有发生代理（经纪）业务的机构支付佣金，不得虚构中介业务套取资金。

五、查询服务

（一）保险公司应为客户提供电话和互联网两种方式的意外险保单信息查询服务。自2010年1月1日起，保险公司签发保单或客户注册激活保单后，客户可通过保单上标明的客服电话即时查询保单信息，并最迟可在2日后通过公司网站自助查询保单信息。保单信息查询服务应当至少保留至保险责任结束后一个月。

（二）各保险公司总公司应在其门户网站的醒目位置设置意外险保单信息查询栏目。

（三）各保险公司可以根据各产品特点设置不同的查询内容和查询界面，但至少应当提供下列信息：保险产品名称、保单号码、保险费、保险金额、保险期间、销售单位。

（四）保险公司提供保单查询服务时，应注意保护投保人和被保险人的隐私。

六、产品管理

（一）意外险产品应由保险公司总公司统一管理，统一向中国保监会备案。

（二）保险公司开发的激活注册式意外险产品的保险期间应不少于7天，保险责任开始时间应在激活注册之后。

七、其他

（一）除特别说明外，本标准所称保险公司均指保险公司总公司及其分支机构。

（二）本标准自2010年1月1日起施行。

第四节 意外伤害保险产品发展历史

一、意外伤害保险产品的起源

（一）国外意外伤害保险产品的起源和发展

近代保险制度中出现最早的是海上保险，人身保险制度的形成与海上保险有着密切的关系。而人身保险制度的最初形式就是人身意外伤害保险。

人身意外伤害保险产品起源于15世纪，最初只是海上保险的附加保险，承保对象是经海上贩运的奴隶。后来，船长和海员等也陆续参加了这一保险。

新大陆发现后，海上贸易空前繁荣起来。随着海上贸易的发展，海上保险也逐渐形成。海上保险主要保的是船舶和货物。15世纪的欧洲已经比较流行奴隶贩卖活动，许多奴隶是殖民主义者海上贩运而来的。奴隶被视为商品，许多奴隶贩子为保障运输过程中不会因为奴隶的病亡而发生商品价值上的损失，于是纷纷为自己的货物——被贩运的奴隶投保海上保险，这就产生了以人的生命或身体作为标的物的保险，这种保险针对的是人身危险，与以往的对物的保险有所不同。由于海上航行中的人们都面临着海难、海盗抢劫、传染病等各种危及生命或身体健康的危险，因此产生了对奴隶的保险后不久就出现了对船长、船员也实行人身保险的情况。

意外伤害保险真正形成并获得发展是在19世纪40年代发明了火车之后。在铁路使用的最初阶段，人们乘坐火车旅行具有一定的危险，1848年英国开始办理旅行意外伤害保险，保险期限为一个旅程。

此后，这种保险逐步从铁路客运扩展到其他容易遭受风险伤害的部门。截止到1900年，英国共有50多家保险公司开办了意外伤害保险业务，保障范围也随业务的扩大而扩大。

到了1915年，意外伤害保险产品的保障范围已包括意外伤害造成的残疾、死亡、住院治疗及看护等费用。

（二）国内意外伤害保险产品的起源和发展

中国古代社会的自然环境、经济条件和集权政治特征，决定了中国古代保险思想萌芽的与众不同。受东方中央集权的封建制度、重农抑商的传统观念以及地理环境的影响，商业保险的萌芽出现的很晚。

中国古代尽管产生了萌芽性质的保险，但中国现代商业保险确实是从西方传入的。从1805年，英国在广州成立广州保险公司开始，外资保险公司自此垄断了中国的保险市场，他们能够随意确定条款、费率，掠夺了大量财富。后来的洋务派及民族资产阶级虽然也开办了自己的保险公司，但均未改变这种局面。意外伤害保险产品也被引入了中国。

1949年新中国成立之初，新中国中央人民政府政务财经委员会批准，中国人民保险公司成立。中国人民保险公司就开始经营包括人身意外伤害保险、航空旅客人身意外伤害保险等产品在内的人身保险业务。

1959年，中国人民保险公司全面停办国内业务。之后，有些地区由交通部门继续办理公路旅客意外伤害保险，有的地方则不办。

1979年经国务院批准中国人民保险公司恢复办理国内保险业务，首先恢复的是国内财产保险。1982年恢复了人身保险。这一时期意外伤害保险业务主要是以向团体提供保障为主，中国人民保险公司占据绝对市场份额。

在1981年年底，中国人民保险公司重新修订了简易人身保险保险条款。次年在少数省、市地区试办。在取得了一定的经验后，于1983年开始在全国范围内推行。简身险是以普通群众为投保对象，而且需要每月收费，所以保险公司广泛地采取代理人制度，通过企事业、团体的财务、工会或专职代理人进行宣传和收费工作。简身险收费低廉，被保险人不用体检，而且带有储蓄性质，几年间简身险业务发展很快，成为人身保险业务的主要险种。

1982年，中国人民保险公司制订了团体人身保险和团体人身意外伤害保险的条款。不享受社会保险的城镇集体企业和乡镇企业职工，参加了这两项保险后，可以在因病或意外伤害而致残废或死亡时领取保险金，以便家庭生活获得一定的经济保障。享受劳动保险的职工也可以参加这两项保险，以作社会保险的补充。

1982年中国人民保险公司恢复办理人身保险，许多地区也恢复或由保险公司接办公路旅客意外伤害保险，其办法与50年代基本相同，只是每名旅客的保险金额提高为3000元（个别地方为5000元），而费率仍为基本标价的2%。

从1984年开始，投保团体人身保险和团体人身意外伤害保险的单位，可以附加投保意外伤害医疗保险。团体人身保险、团体人身意外伤害保险很受企事业单位职工的欢迎，所以发展较快。

1988年，中国平安保险公司成立并对外营业，开办的意外伤害保险包括团体人身意外伤害保险、旅游险等。

1995年10月1日，规定由寿险公司专营健康保险和意外伤害保险业务，财产险公司不可以经营这两项业务。

1996 年，由于实行产险和寿险的分业经营，在当时的保险法[①]限制下，作为财产险公司的中国人保暂停了人身保险业务，退出人身保险市场。

2003 年允许国内的财产保险公司获准经营意外伤害保险和短期健康保险业务。

2002 年中国保险监督管理委员会开始从保护消费者利益的角度出发，出台了一系列促进航空意外保险市场竞争和规范发展的规定。

航意险是目前市场上颇具争议的险种之一，有观点认为目前航空意外的发生率较定价低，因此指责该险种有暴利的嫌疑，事实上这种指责是不成立的，航空意外风险属于发生率较低而保额较大的产品，与巨灾风险有相似之处，即使目前没有发生事故，保险公司也不能将保费全部转化成已赚利润，而需要为未来可能发生的事故建立储备。

随着保险业务的发展，人身意外伤害保险出现了许多新形式。意外伤害保险险种不断地丰富。从投保方式划分，可分为个人人身意外伤害保险和团体人身意外伤害保险；从缴费方式划分，可分为普通人身意外伤害保险和满期还本人身意外伤害保险；从保险期限划分，可分为定期人身意外伤害保险和不定期人身意外伤害保险（如航空人身意外伤害保险、住宿旅客人身意外伤害保险等少于一年的超短期保险）等。另外，从投保对象划分，有以旅游者为对象的旅游保险；以大、中、小学的在校学生为对象的学生团体平安保险；以轮渡、轮船、飞机旅客为对象的轮渡、轮船、飞机等旅客的意外伤害保险；以机动车驾驶员和乘车人员为对象的机动车驾驶员、乘车人员的意外伤害保险；以企业职工为对象的意外伤害满期还本保险；以外出提供技术咨询服务人员为对象的咨询技术人员意外伤害保险等。

二、意外伤害保险产品的目前状况及发展趋势

（一）“第三领域”概念

商业保险通常可分为人寿保险、财产保险、意外伤害保险和健康保险，人寿保险常称为第一领域；财产保险常称为第二领域；意外伤害保险和健康保险则常称为“第三领域”。将意外伤害保险与健康险视为人身保险和财产保险之外的“第三领域”，主要是因为这两个险种的业务特点介于寿险和产险之间。从保险标的来看，意外伤害险与人寿保险相同，都以人的生命和身体为保险标的，因此一个国家在其保险分业经营的初期，一般都将其划入寿险公司的经营范围。但从其业务性质和经营特点来分析，意外伤害保险与财产险之间同时也存在着许多共性：首先，意外伤害保险与财产险一样都属于短期业务；其次，意外伤害保险的费率厘定是以危险事故的发生概率为依据，而不是参照寿险的生命表，并且保费不含利息因素；第三，意外伤害保险具有损失补偿性质，实行的是与财产保险相同的损失和费用补偿原则；第四，意外伤害保险的精算基础和财务处理方式，如责任准备金提取等与财产险基本一致。因此，无论是理论依据还是国际惯例的实践经验，都说明财产保险公司即使是在产、寿险分业经营的前提下经营意外伤害保险业务，既不会降低该险种的偿付能力，也不会增大财

① 《中华人民共和国保险法》于 1995 年通过，2002 年第一次修订，2009 年第二次修订。

产保险公司的经营风险。因此，国际上多数国家都允许寿险公司和非寿险公司同时经营意外伤害险业务。

（二）国际意外伤害保险产品的现状

1. 投保率较高

在发达国家，一方面保险发展历史比较长，人们的保险观念比较好，保险意识比较强，对保险所提供的保障功能比较认同；另一方面，保险公司在长期的发展过程中，管理方面的水平不断提高，市场更加规范而有序，为客户投保提供更多的便利条件。

2. 销售渠道广泛

保险公司通过电话、邮递或互联网的直接销售意外伤害保险保单制度正在逐步展现出其巨大的生命力。例如，在幅员辽阔的美国和加拿大，采用邮递、电话及已经相当普及的国际互联网来传递保险销售信息的做法早已司空见惯。近年来，随着信息技术的飞速发展，越来越多的保险公司开始通过互联网直接销售保单。这种直接销售的方式的优势是相当明显的，不仅使保险公司的销售费用大幅降低，省去了许多容易引起委托—代理纠纷的环节，而且保险公司承保的选择性也得到了提高（通过筛选投保人来避免逆向选择），这样就会使得承保的质量得到相当的改善。

3. 经营主体多样

国际上大多数国家都允许寿险公司和非寿险公司同时经营意外伤害保险业务。另外，在有些国家，保险公司的分工比较细，存在着专门经营意外伤害保险业务的公司。

（三）我国意外伤害保险产品的发展现状

1. 意外伤害保险业务占整个人身保险业务的比例较低

根据中国保监会公布的截至2008年12月底的统计数据，我国人身意外保险保费收入为203.56亿元，比去年同期（190.1亿元）增加了13.46亿元，同比增长了7.08%。2008年全年我国人身意外伤害保险保费收入仅占人身保险保费收入（7447.39亿元）的2.73%，占全部保费收入（978.41亿元）的2.08%，意外伤害保险业务的增长幅度大大低于人身保险业务48.82%的增长幅度，这充分说明我国意外伤害保险市场拥有广阔的发展前景、极大的发展潜力和发展空间。

2. 销售渠道日益多样化

形成了包括营销、团体、银行与旅行社代理等多渠道销售意外伤害保险的局面。网上销售和电话销售意外伤害保险在近几年有了很大的发展。

3. 市场上提供的意外伤害保险产品种类比较多

例如，旅游保险可供人们选择的就有旅游救助险、旅游人身意外伤害保险、住宿旅游救助保险和旅游景点意外伤害保险等险种，意外伤害保险产品的保障将更加广泛。

4. 寿险公司对意外伤害保险管理水平不断提高

经过多年发展，寿险公司积累了意外伤害保险核保、风险控制、理赔、业务流程优化等多方面的经验。

5. 意外伤害保险产品的监管日益完善

中国保监会对意外伤害保险的监管从无到有，并逐步走向完善。中国保监会出台的关于规范意外伤害保险市场的法规有：规范了人身意外伤害残疾给付比例的标准、旅游意外伤害保险方面的规定、关于加强航空意外保险规范管理有关事项的通知。

（四）意外伤害保险产品的发展趋势

1. 意外伤害保险产品的创新

意外伤害保险的产生基于人类活动中的意外伤害风险，其发展与我们的生活方式直接相关。如果历史上没有出现火车等交通工具，就不会出现乘坐交通工具所带来的意外风险，就不会产生交通意外伤害保险；如果旅游市场没有得到很好的开发，那么旅游意外伤害保险也就不会有发展的空间。社会在进步，人们的生活方式在不断地发生着变化，社会分工也会越来越细。这就对意外伤害保险的产品创新直接提出了要求。

2. 意外伤害保险产品的销售渠道创新

意外伤害保险产品比较简单，人们很容易理解意外伤害保险所提供的保障，不像复杂的寿险产品，需要代理人的详细讲解才能够弄明白。

由于意外伤害保险是短期险，而且产品简单、价格容易对比，另外，寿险公司与财产险公司都允许经营意外伤害保险业务，竞争激烈，所以相对于其他的寿险产品来说，价格水平对产品销售比较敏感。

产品的简单性、较小的逆选择风险、网络的逐步普及等，都为通过互联网等现代化渠道销售意外伤害保险提供了可能性。而价格竞争的激烈要求保险公司尽量地降低成本（可以减少保险推销的中间环节，省去保险代理人、经纪人等中介环节，有效地降低保险公司的经营成本，提高运作效率），所以销售渠道创新将会为意外伤害保险发展提供广阔空间。

三、意外伤害保险产品发展中存在的问题与对策

在国际上，意外伤害保险市场的发展也是经历了从不成熟到成熟、人们的保险意识不断提高、保险监督管理机构根据市场情况不断完善监管的过程。

（一）我国意外伤害保险产品发展中的主要问题

1. 居民的长期意外保障意识不强

根据国家旅游局网站的数据，2007 年进行国内旅游人次高达 16.10 亿人，总花费 7770.62 亿元，人均消费 482.6 元。旅游市场在当前的消费市场中，不能不算是一支生力军。随着旅游出行的火爆，风险系数也不断增大，事故增多。以交通事故为例，北京地区保险公司 2007 年“五一”黄金周 5 天中接到的车险报案数相当于平时 1 个月的数量。虽然总的来说与过去相比，保险意识有了很大的提高，比如，目前旅行社购买的强制性旅责险比率已经接近 100%；但是游客自行投保的比率依然不足，旅游险投保率仍然偏低。据近年有关调查显示，购买旅游保险仅占出游者的 30% 左右，旅游险严重缺位。人们对于外出旅游及

旅游保险的反差态度，在一定程度上反映出旅游消费者旅游保险意识淡薄，旅游保险市场发展相对滞后。

2004 年包头空难后，北京地区意外伤害保险销量大增。数据显示，每次出现像包头空难事故这样的“大事件”后，意外保险销售量就会上涨，这充分反映出我国居民长期保障意识的淡薄。

2. 市场有待规范与完善

意外伤害保险产品结构简单、同质性强，加上保险公司管理技术和手段有限，为意外伤害保险单纯的价格竞争提供了可能性。同时，某些短期意外伤害保险保单的防伪手段、制假成本较低，容易被不法分子利用，制售假保单，严重扰乱了意外伤害保险市场的正常秩序。

目前，我国意外伤害保险市场的发展还处于初级阶段，保险公司的竞争手段还比较单一，服务水平还相对不高，保险客户的忠诚度还比较低，价格仍是目前意外伤害保险市场的主要竞争手段，无序竞争的现象比较常见。从财险公司进入意外伤害保险市场迅速占领一定的市场份额，我们就可以看出这一点。对于面向团体和行业的大项目，新兴市场主体只须通过简单的价格降低就可以轻松地从原承保人手中夺过业务，说明保险公司与客户的互动性差，关联程度较低。

3. 产品覆盖面不高，产品类型单一

近年来频繁发生的矿难事故中意外伤害保险的缺失反映了我国意外伤害保险产品覆盖率不高的问题。

目前，从寿险公司看，其意外伤害保险业务类型主要有个人业务和团体业务。个人业务主要有综合保险、交通意外伤害保险以及旅游意外伤害保险和出境人员意外伤害保险。团体保险主要有团体人身保险、团体人身意外伤害保险、建筑工程团体人身意外伤害保险、执法人员团体人身意外伤害保险等。某些寿险公司还经营针对儿童的人身意外保险业务。而从财险公司的业务类型看，团体人身意外伤害保险占业务收入的比重超过 60%，其他业务包括教师学生幼儿意外伤害保险、人身意外伤害保险、人身意外伤害综合险、驾驶人员意外伤害险、其他意外伤害保险等。

目前意外伤害保险市场细分不够，产品种类有限，同质化明显。近几年来，一些公司已经认识到这些问题，并开始重视意外伤害保险市场的深度开发，发展境外紧急救援计划、住宿学生综合保险以及专门针对管理人员的意外伤害保险等业务。

（二）解决国内意外伤害保险产品发展中存在问题的对策

1. 通过多种渠道提高居民的保险意识

一次次的“意外”教育着人们要有保险意识，人们的保险意识也确实在一次次惨痛的意外事故后有所提高。但是，仅通过意外事故提高人们的保险意识是远远不够的。事实上，这种意外事故的发生只能培养人们的短期保障意识，对于长期保险意识的培养保险业还有很长的路要走。

政府有关部门应该借这样的时机，加强社会公众的保险教育，积极引导群众的保险意识，倡导人们为保障投资。保险公司也应该加强保险的宣传工作。目前，老百姓真正了解保险包括意外伤害保险的并不多。保险公司虽然有大量的保险营销人员，但是，他们的工作仅仅停留在就卖保险、谈保险上。如何让老百姓增强保险意识并主动购买保险，还需要保险公司加大宣传的力度。一方面，保险公司可以充分利用各种媒体进行保险宣传；另一方面，保险公司也可以利用数量众多的营销人员进行宣传，这也是宣传保险的一种有效途径。因此，保险公司需要花大力气培训保险营销人员，提高营销人员的综合素质。

2. 通过监管法规来规范市场，提高市场竞争力

中国保监会针对市场上存在的种种问题，出台相关的规定逐步完善意外伤害保险市场。

（三）国际意外伤害保险产品发展中存在的问题及相应对策

在各主要的国际保险市场上，保险业的竞争日趋激烈。成熟市场中的过度竞争同时也导致了保险业利润的下降。为了解决因市场激烈的竞争带来的问题，保险行业在积极创新。具体到意外伤害保险产品，包括提供更为全面的意外伤害保障；针对某些特殊需求，提供特别保障；销售渠道上的创新；其他服务上的创新等。

关键词

意外伤害　意外伤害保险　意外身故给付　意外残疾给付　意外伤害医疗费用给付　责任免除　日津贴额　一次性津贴给付　航空意外伤害保险　航空意外事故　销售渠道　海上保险　第三领域

思考题

1. 通常情况下，意外伤害保险产品是如何定义的？目前在中国，意外伤害保险产品包含哪些责任？
2. 意外伤害保险产品具有哪些特点？
3. 分别叙述意外伤害保险产品的主要形式。
4. 简述意外伤害保险产品设计时的基本步骤。
5. 简述意外伤害保险产品定价的影响因素。

第十一章

人身保险产品销售管理

学习目的

- 了解我国寿险业销售渠道的类型和发展趋势
- 掌握销售渠道及销售环节所存在风险的成因和表现形式
- 了解销售队伍管理应做好哪些工作
- 了解如何有针对性地对销售风险进行防范和管控

扩大保险覆盖面，要在创新销售模式上下功夫。销售是连接保险与客户的渠道，加强销售渠道建设是推动保险走进千家万户的关键。渠道建设的核心，在于销售人员的品质锤炼和技能提升。

——吴定富①

任何销售主体，即商品的生产者或卖方，都以满足利润最大化作为销售的出发点和归宿，但正如马克思在《资本论》中所说的“惊险的一跃”，如果商品的生产者或卖方不能或无法满足买方的需求，则商品的交换价值将不会得到充分体现，商品生产者或卖方的货币需求也将不会得到有效满足。因此，要保证这“惊险的一跃”不出意外，销售主体必须以满足消费者的价值需求为中心，只有如此，才能在商业竞争中立于不败之地。

近年来，随着经济全球化和中国经济的迅猛发展，我国保险业尤其是人身保险市场主体越来越多，竞争愈演愈烈。但是，在寿险业高速增长的背后，销售渠道也越来越多地暴露出一些问题，销售环节所隐藏的风险不断积聚，销售人员的失信和违规行为，特别是销售误导问题，已成为寿险业的一个突出问题，不利于寿险业健康发展。因此，加强销售渠道管理，防范和控制销售环节发生的风险，是促进寿险业全面协调可持续发展的一个重要途径。

第一节 人身保险产品销售模式

一、寿险销售渠道的类型

销售渠道是指产品从生产者向消费者转移所经过的通道或途径，即产品由生产者到消费者的流通过程中所经历的各个环节连接起来形成的通道。销售渠道的职能就是把产品或服务从生产者转移到消费者手里。**保险销售渠道**是保险公司、销售人员、投保人或被保险人等为共同利益而彼此联结起来的通道，它是连接保险公司与投保人或被保险人的桥梁与纽带。

目前，按照渠道所经历的不同环节，我国寿险公司主要采用以下五种销售渠道：

① 吴定富于2009年8月13日在浙江调研时的讲话。

（一）个人代理人渠道

个人代理人也叫保险营销员，是根据保险公司的委托，向保险人收取佣金，并在保险公司授权范围内代为办理保险业务的个人。个人代理人渠道于1992年由美国友邦上海分公司引入中国寿险业，通过个人代理人向分散型个人客户销售保险产品，推动了保费收入大幅攀升。截至2009年上半年，我国共有保险营销员2707537人，比上季度末增加了23万人。其中，寿险营销员2374720人，产险营销员332817人。由保险营销员实现的保费收入为2525亿元，占总保费收入的42.18%[①]。可见，个人代理人渠道已成为寿险业最重要的销售渠道。

（二）银邮保险渠道

即保险公司与银行、邮政等行业部门签订兼业代理协议，通过兼业代理网点开展保险业务，银邮兼业代理机构向保险公司收取佣金，主要以销售投资型保险产品为主。其中，银保业务合作始于1996年，经过十多年的发展，由银行网点代理销售保险产品业务已成为寿险公司重要的业务增长点和销售渠道，与个险销售渠道、团体销售渠道并驾齐驱。通过银行与寿险公司签署合作协议，在银行柜面或理财中心销售保险产品，能够实现客户、银行和保险公司的“三赢”。2009年上半年，保险兼业代理机构实现保费收入2439.61亿元，同比增长2.45%，占总保费收入的40.76%。[②]

（三）经纪代理渠道

即通过与保险经纪人和保险代理人等中介机构建立合作关系销售保险产品或提供专业技术服务，保险公司向中介机构支付佣金，中介机构在保险公司的授权范围内开展保险业务，协助或促成保险业务关系的发生。中国保监会发布的《2009年上半年保险中介市场发展报告》显示，2009年上半年，全国保险代理公司和保险经纪公司实现保费收入266亿元，同比增加22.72%；占全国保费收入4.44%，比去年同期上升0.58个百分点。

（四）直复渠道

即通过直邮、短信、电话营销、电视和网络等方式与潜在客户进行沟通的渠道。直复销售模式是最近才出现的新型销售渠道。例如，电话销售就是以电话的形式，向客户提供保险产品介绍、咨询等服务，从而达到保险产品销售的目的。虽然目前电话销售渠道所占的市场份额较少，但其发展速度不容忽视，是保险销售渠道多元化发展的趋势。网络销售则是以因特网技术或保险网站为销售工具，通过建立网络服务系统，开展各类网上保险销售活动。

（五）直销渠道

即通过保险公司在编外勤员工向保险需求者或客户直接提供各种保险产品，然后向保险

---

① 中国保监会发布的《2009年上半年保险中介市场发展报告》。

② 同上。

公司领取薪金的渠道。直销渠道主要侧重开发团体保险业务。由于团险渠道成本低、效率高，是开发员工保险福利市场的有效渠道。本章节将主要以个人保险产品销售为主，团体保险产品或团体业务销售不在阐述之列。

不同类型的保险销售渠道（见表11－1）各具特色，各有利弊，这说明选择合适的销售渠道非常重要。

表11－1 各类保险销售渠道优劣势比较

渠道类别	优势	劣势
保险公司业务员	1. 保险公司控制力强 2. 业务员的展业欲望较强	1. 人员流失率高，人员素质参差不齐 2. 由于利益驱动，保单质量有时会存在问题，甚至会产生欺诈行为
专业保险代理公司	1. 保险公司前期投入少 2. 业务员的不当行为由专业代理公司负责，可以减少纠纷	1. 保险公司控制力较差 2. 合作关系不稳固，易与其他公司签约 3. 承保质量相对较差
保险经纪公司	1. 可以获得一些较大的团体客户 2. 专业水平相对较高	1. 佣金较高，保险公司获利较少 2. 消费者对经纪公司了解不够，对其实力不认同
银行	1. 网点多，较高效率地覆盖市场 2. 银行诚信度高，易取得客户的信任	1. 手续费较高 2. 售后服务跟不上 3. 缺乏专业咨询服务
邮局	1. 网点多，覆盖面最广 2. 手续费比银行低	中低收入客户比重大，只能出售一些设计简单、比较容易解释且单件利润较低的产品
网络营销	大大缩减经营和管理成本	1. 缺乏人性化的服务 2. 仅局限于一些金额小、普通型的险种 3. 消费者对于网络保险的认同度还不够
电话销售	具有成本优势	1. 一部分消费者对电话营销有抵触心理 2. 只适合简单易懂的险种
保险超市	1. “一站式购物”，消费者可以货比三家 2. 节省佣金	保险超市的服务仅停留在咨询的层面，一旦发生法律纠纷，保险超市不负有任何法律责任，因而难以获得消费者的认可

资料来源：KDOS视点，开和迪在线调查系统（http://www.kdos.cn/Untitled－11.html）。

二、寿险销售渠道的发展趋势

纵观世界寿险业，伴随不同的发展阶段，寿险销售渠道也呈现出多元化的格局。目前，国际上比较普遍的寿险销售渠道包括个人代理人、保险代理公司、保险经纪公司、银行邮政销售以及直复销售等。

可以说，在中国经济快速发展的大背景下，保险业的改革开放向纵深发展，我国寿险业已历经多种销售渠道的创新和拓展，这些新的销售渠道对于促进保险业平稳发展起到了积极作用。例如，从早期的、传统的个人代理人销售渠道以及不断发展壮大的银行保险、保险代理机构、保险经纪机构等销售渠道，到目前多种形式并存的电话销售、网络销售、电视销售、信函销售等新型销售渠道，为中国寿险市场注入了极大的生机和活力。中国保监会主席吴定富在2008年全国保险工作会议指出："各保险企业要合理利用和配置销售渠道资源，根据公司发展和市场实际，充分发挥个人代理、团险、银邮等不同销售渠道的优势，改变过分依赖某一类销售渠道的状况，逐步形成不同渠道相互补充、共同发展的格局。"可见，传统销售模式与新型销售模式互相补充、互相促进的多渠道销售模式正成为寿险营销发展的趋势。

多元化的销售格局促进了销售渠道由传统的交易型模式向合作伙伴型方向的转变。传统的销售渠道中，渠道成员以追求各自利益最大化为目标。而新型销售渠道则是形成一个由保险公司与保险代理人、保险经纪人、银行邮政机构等组成的利益共同体，是一种共生共荣的合作伙伴关系，渠道各方以提高销售业绩、经营效率为共同目标，避免了因各分销渠道为追求各自利益而造成的冲突。同时，渠道的多元化格局使得过去单纯依靠人力增长实现业务扩张的粗放式经营模式，转变为依靠人力素质和人均产能的不断提高来实现扩张的集约式增长模式，其核心是逐步提升销售队伍的整体素质和诚信服务水平，最大限度地满足保险消费者的切身利益。

但是，由于保险商品的特殊性，在今后相当长的一段时期内，个人代理人渠道仍将是保险销售的主渠道，寿险公司将持续重视个人营销渠道。根据2008年北京开和迪咨询有限公司联合中国保监会对我国保险市场的客户满意度调查结果显示，目前我国寿险销售渠道虽然已经打破了前些年保险公司业务员一统天下的局面，但是保险公司业务员仍占有压倒性优势，75%的客户是从业务员渠道购买寿险，是保险销售的主力军。同时，银保渠道将面临调整，其他新型销售渠道将继续不断拓展和创新，保险销售渠道将进一步朝多元化方向发展。

专栏 11—1

要平衡不同销售渠道发展

2009年7月27日，中国保监会下发了《关于进一步加强结构调整 转变发展方式 促进寿险业平稳健康发展的通知》（保监发［2009］84号），强调指出："要平衡不同销售渠道发展。要根据不同渠道的特点，发展与之相适应的产品，建立能够促进风险保障型和长期储蓄型产品销售的渠道组合。对于个人代理渠道，要充分发挥其销售风险保障型和长期储蓄型产品的独特作用，通过提高招聘门槛、加强培训等措施来逐步提高代理人素质。对于银邮代理渠道，保险公司要根据互惠互利、风险共担的原则，开发适合银保渠道特征的产品，通过发展长期的、期缴的、保障功能强的产品与银行建立长期稳固的战略合作关系，积极探索与银行合作，向客户提供多种增值服务。对于公司直销渠道，要坚持发展有效益的业务，注重发展团体养老金业务，及时跟踪国家在养老保险方面支持政策，利用已有的销售渠道，做好相关业务的准备和开展工作。”

（资料来源：中国保监会网站，2009 年 7 月 27 日。）

三、寿险销售渠道管理

“得渠道者，得天下”。当今寿险市场主体间的竞争，不仅是品牌、产品的竞争，销售渠道的竞争也成为重要的一环。能够具有覆盖和控制整个目标市场的销售网络，以及保证这个销售网络有效运转的管理体制，是寿险公司占据市场、提升竞争力的重要资本。寿险销售渠道的管理主要是通过建立渠道资源共享平台来强化渠道之间的合作，挖掘和满足保险消费者的多样化需求，充分发挥渠道的销售能力，防范和化解各种可能出现的销售风险，为消费者提供多元化服务，提高客户的忠诚度和满意度，真正实现寿险业健康有序发展。

（一）寿险销售渠道管理的重要性

1. 有利于提升消费者对寿险产品及服务的满意度

保险产品最终是要提供给消费者的。随着我国寿险市场的快速发展和日趋成熟，消费者对于人身保险产品及服务的要求越来越高，需求趋向多元化，购买行为相对理智，使得人身保险产品销售难度不断加大。因此，保险产品销售渠道设计要更加考虑消费者需求的特点，只有将消费者需求与产品销售结合起来，建立以消费者需求为导向的销售方式，才能真正掌握市场竞争的主动权。特别是多元化的销售渠道，不仅使消费者能够方便、快捷地获得其所需要的各种服务，带来更多的实惠和利益，而且新型销售渠道如网络保险的出现，使得消费者更能自主选择和购买产品，消除了客户对保险公司强买强卖现象的抵触情绪，有效地提高消费者对寿险产品及服务的满意度。

2. 有利于保险公司提升经营管理水平和市场竞争能力

市场开拓的最终目标是为了提高消费者的满意度和忠诚度，为公司的业务发展带来持续动力。为了打造竞争优势，寿险公司必然会不断调整与消费者之间的沟通、交流方式，不断创新产品、渠道、服务的内容。在渠道成本上升时，寿险公司可以通过寻求新的销售渠道形式，充分挖掘和满足消费者需求。通过差异化、多样化渠道的创新进入市场竞争，可以在一定程度上推动寿险公司从粗放型经营向集约化经营方式的转变。因此，销售渠道成为培育和发展企业核心竞争力的重要途径，有利于寿险公司逐步提高经营管理水平，增强公司的市场竞争能力。

3. 有利于推动保险市场可持续健康发展

纵观世界寿险业销售渠道发展的历史和经验，各种销售渠道的创新与开拓都与寿险业发展的不同阶段息息相关，且在不同程度上成为保险市场可持续发展的重要手段。例如，发达国家银行保险的产生，就是由于金融监管的不断放松为银行顺利地进入保险领域创造了良好的外部条件，同时银行保险也是保险业横向扩展的需要。自1992年个人代理人制度引入我国以来，保险市场迅猛发展。随着保险市场经营主体的快速扩张，打破了原有市场的格局，竞争压力越来越大，产品、条款和服务趋于同质化，亟需发掘新的市场领域，拓展新的销售渠道，改变个人代理人渠道一统天下的局面。因此，20世纪90年代后期的银邮渠道的开辟使我国保险业务出现了爆发性的增长势头。而随着信息及网络技术的发展与应用，电话、网络销售模式开始成为传统保险销售模式的重要补充，成为新的业务增长点。

4. 有利于进一步增强消费者的保险意识

单一的销售渠道模式下，消费者只能通过代理人了解保险，造成消费者对保险认识有限，保险知识欠缺，保险意识淡薄。而随着多元化销售渠道的不断创新与开拓，保险逐渐深入到人民群众的生活中，增强了保险销售服务的贴近性，有利于促进保险公司以更为多样、便捷的方式接近消费者，提供优质产品和服务。同时，保险消费者可以通过各种渠道和途径了解保险产品，有利于增加消费者对保险产品和保险市场的认知以及对保险公司的信任感，提高消费者的保险意识和风险防范意识，使保险公司与消费者之间的沟通交流更加顺畅。

（二）寿险销售渠道管理应注意的问题

以消费者需求为起点来指导整个销售流程，是现代销售渠道构建的主要思路。所谓销售就是帮助有需求的客户得到他们所需产品的过程。简单说来，就是以消费者为起点，通过对生产者、分销商活动的整合，达到以最低的成本、最快的速度、最好的服务满足顾客需求的目的。保险销售人员的工作目标，就是熟悉市场需求，理解目标群体需要什么，根据不同的客户分类，关注消费者购买产品可以得到什么保障，向他们提供适合的保险产品或者服务。也就是说，在保险销售领域，要从过去的"产品导向"向"需求导向"和"服务导向"过渡，正确地选择恰当的客户群是关键，要让消费者充分了解各种险种，并通过服务来加强消费者对保险产品和保险企业的认知。

目前，在寿险销售过程中有两个主要问题需要关注：

1. 要注重市场细分与客户选择

相对于粗放式销售管理的精细化管理模式，意味着基于市场细分战略的个性化、差异化销售模式，即要根据选定的最有价值的客户群的需求，追随客户的期望，通过客户喜欢的方式进行销售。把握市场细分是赢得消费者购买的基础，是以需求为导向的渠道管理体系的关键。通过市场细分，可以最大限度地开发销售资源，在满足消费者需求的同时获取较高的利润。市场细分就是按照寿险消费者的需求特点、投保行为的差异性及社会因素、地理因素、心理因素、文化因素的不同，将寿险市场划分为由若干个不同消费者人群组成的细小市场，每一细分市场都是由具有同类需求倾向的保险消费者构成。通过市场细分，可以深入地了解各个细分市场客户群的需求和特性，根据不同客户群的寿险市场购买力，研究消费者的需求满足程度，避免发生寿险销售风险。

在进行客户细分的同时，还需注重提高对客户风险的监控，重视投保人的逆选择风险，通过对客户资源进行细分，如年龄段、工作单位等，进行筛选判断。对不符合标准的，不予承保或适当提高费率。特别是销售偏重投资理财的保险产品时，对消费者的持续缴费能力和风险承受能力都要作出相应要求。这是因为：一些具有投资理财功能的保险产品，如投资连结保险，其投资风险完全由客户承担。在销售过程中，如果销售人员不了解客户风险偏好和风险承受能力，就容易导致纠纷和投诉。

总而言之，保险销售就是要在多元化的销售渠道中找到适合不同消费者的渠道，将人身保险产品销售给具有相应风险承受能力的客户人群，满足客户多样化的需求，尽可能地提高市场覆盖率，消除误导可能产生的根源，保护消费者利益。

专栏 11—2

进一步加强投资连结保险销售管理

2009 年 2 月 2 日，中国保监会专门针对投资连结保险销售管理下发了《关于进一步加强投资连结保险销售管理的通知》（以下简称《通知》），要求建立客户风险承受能力识别机制，包括将银行渠道的投连险新单趸缴保费限制在 3 万元以上，通过提高客户门槛，将金融资产少且主要用于日常开支、不适宜投资的客户排除在外。同时，还要求保险公司建立风险测评制度，对客户的风险偏好和风险承受能力进行评估，并制订适合客户的投保方案。“投资连结保险销售人员需与客户共同完成对客户财务状况、投资经验、投保目的，以及对相关风险的认知和承受能力的分析，评估客户是否适合购买所推介的投资连结保险产品，并将评估意见告知客户，双方签字确认。”对于测评结果显示客户不适宜购买投资连结险的情况，《通知》要求保险公司和销售人员主动告知客户，不能仅仅为了保费或佣金收入而置客户风险承受能力于不顾。“如果客户评估报告认为该客户不适宜购买，但客户仍然要求购买的，保险公司应以专门文件列明保险公司意见、客户意愿和其他需要说明的必要事项，双方签字认可。”

2. 要注重销售队伍建设

2009 年 8 月，中国保监会主席吴定富在基层调研时曾指出：“渠道建设的核心，在于销售人员的品质锤炼和技能提升。因此，要把加强销售人员的队伍建设放到更为突出的位置来抓，对于银保渠道的销售人员而言，要坚持专人专岗、系统培训和持证上岗三项标准不动摇，加强人员规范管理，提高专业管理水平，逐步增强银保业务的内在品质；对于个人业务渠道的销售人员而言，要坚持岗前的职业培训和在岗的后续教育两个环节不放松，把好人员准入关口，避免队伍无序流动，进一步提升行业的社会形象。总之，要通过持之以恒的素质建设，建立一支符合新形势需要的销售队伍，推动保险业在参与全面建设小康社会中发挥更大的作用。”

保险市场的竞争归根结底是人才的竞争，是否拥有高素质的销售队伍决定了保险公司能否在市场竞争中胜出、渠道业务销售能力能否全面提升的关键所在。销售队伍是保险公司与保险消费者之间的桥梁，是树立和塑造公司诚信服务形象的窗口。因此，建立一支具有较高的综合素质、销售产能更高、诚信服务意识和稳定性更强的新型销售队伍，是提升服务水平、增强销售渠道竞争能力的重要举措。

第二节 人身保险产品销售风险

所谓**保险销售风险**，是指在保险销售活动中，保险公司及其员工、销售人员由于受各种主客观因素影响，造成公司经营效益、品牌及声誉受损，进而影响公司持续健康发展的风险。这种风险存在于保险销售的各个环节，有时表现明显，有时表现隐蔽。因此，为了确保保险销售活动的平稳发展，必须加强对销售风险的识别、管理和控制，将可能引发的损失降至最低点。

一、人身保险产品销售风险的主要特点

（一）客观性

销售风险是一种客观存在，是不以人们的主观意志为转移的。销售风险随时存在于销售过程中，人们只能在一定的范围内改变风险形成和发展的条件，降低风险事故发生的机率，减少风险所带来的损失程度，但无法彻底消除销售风险。目前，我国寿险业尚处于初级阶段，销售环节所发生的风险不可避免，治理销售风险需要长期的努力。

（二）易发性

易发性是指风险潜伏在保险销售过程中，并对寿险业健康发展构成威胁，这是由于保险销售双方信息的不透明或不对称造成的。在保险市场上，由于人身保险产品具有较强的专业性和技术性，投保人往往对人身保险产品及相关知识了解较少。在这种情况下，如果销售人员素质不高，就很容易为了增加业绩和佣金收入而误导投保人；反之，从投保人角度看，那些比一般人更有可能遭受风险损失的人更倾向于购买保险，如果这时投保人缺乏必要的法律意识和道德操守，往往容易隐瞒重要事实而与保险公司订立保险合同。

（三）危害性

在保险销售活动中，销售人员的不当行为会给被保险人、保险公司乃至整个行业带来很大损失，这些影响甚至在相当一段时间内难以消除。一旦消费者受到保险公司或销售人员的误导，则社会公众往往归咎于整个保险业缺乏诚信，不利于行业整体发展。例如，保险公司

的销售误导行为容易引发集中退保、群体退保，不仅会加大保险公司的经营成本、使保险公司面临现金流风险，也会使保险公司诚信经营的社会形象遭到破坏，消费者的切身利益受损，从而影响行业可持续健康发展。

（四）可控性

保险销售活动虽然具有很大的风险性，且不可完全避免，但是保险监管部门及保险机构可以通过识别分析，对销售风险发生的概率及其损失后果作出判断、预测和评估，并采取有效的措施，将风险控制在最低程度。从全局看，只要全面加强法律法规建设，强化对销售人员以“最大诚信”为核心的职业道德教育，通过国家的宏观监管、行业自律、保险机构风险管控机制的建设以及消费者保险意识和风险防范意识的提高，才能形成对保险销售风险的全面防范、管理和控制，实现寿险业的稳健经营。

二、人身保险产品销售风险产生的主要原因

销售能力决定寿险公司的经营效益和竞争能力。对人身保险产品销售实行科学的管理，可以促进寿险公司提高销售能力，有效控制销售环节的风险；可以提高保险契约的品质，树立寿险公司良好的社会形象。人身保险产品销售过程中风险产生的原因主要有以下几种：

（一）销售人员利益驱动下的短期行为

由于供给方（保险公司）和需求方（投保人）之间的信息不对称，双方都无法为对方提供完整全面的信息，如果销售人员为了既得利益，误导欺骗消费者，则会造成投保人或被保险人的利益受损，保险公司的信誉下降，不利于行业的良性发展。目前，绝大多数寿险公司对销售人员的考核是以业绩为主，业绩的高低决定其佣金的多少。在业绩考评的压力和利益最大化的驱动下，少数销售人员为了提高业务量和多拿佣金，违背“最大诚信原则”和职业道德，从有利于自身业绩和佣金的角度来解释保险条款，不考虑产品是否适合客户需求，形成对消费者的种种误导甚至欺诈，给投保人、被保险人造成经济损失。而这些以误导方式取得的保费形成了寿险公司潜在的销售风险。一旦客户出险而保单满足不了客户需求时，潜在风险则立即转化为现实风险，导致业务纠纷和退保率上升，寿险公司既要为此承担的一定的经济损失，也要承担不可估量的信誉损失。

（二）保险公司经营理念导向失误

当前，保险市场主体的多元化促使市场竞争日趋激烈，多数寿险公司以保费规模和市场占有率为战略导向，重短期绩效轻长远发展、重保费规模轻合规规范、重业务数量轻业务品质、重推销技巧轻综合素质，对销售风险的认知、判断和控制能力较弱，放松对销售队伍的管理，对诚信经营和销售业务品质管理缺乏有效的预防机制和切实措施。此外，有些寿险公司出于业务发展和增员压力等方面的顾虑，对销售人员的日常违规行为视而不见甚至纵容姑息，更加诱发了风险的发生。例如，在招聘过程中重量不重质，忽视业务素质的考核，缺乏

系统的业务培训，造成销售队伍良莠不齐，特别是分红、万能、投资连结等新型保险产品销售时，更需要销售人员具有相当的专业知识才能向客户正确介绍产品。

（三）监管力度和监管措施尚不到位

中国保监会自1998年成立以来，在规范保险市场行为、完善保险市场秩序等方面做了大量工作，但保险监管体系仍存在着监管力度不足、行业的风险监管以及诚信监管体系尚未有效搭建的问题，客观上为某些违规行为的形成创造了条件。因此，如何将人身保险产品推广过程中极易发生的误导风险予以制止和纠正，是监管部门的一项重要职责，这就要求对销售过程的每一个环节，包括人身保险产品的信息披露、投保提示、业务操作规范、销售人员资质及道德水平、违规行为的处罚、责任追究等方面制订相应的标准和详细地说明。目前，我国保险监管部门对上述环节已经制定了一些规定，应随着保险业的发展变化进一步予以完善。

（四）消费者保险意识和风险防范意识淡薄

由于保险业在我国属于新兴行业，发展较晚，行业规模较小，保险知识普及度较低，绝大多数消费者对保险功能认识不足，对新型人身保险产品更是缺乏了解，过分信任销售人员对于产品的介绍和解释，购买时带有一定的盲目性。此外，一些消费者风险防范意识淡薄，保险业务办理都交由销售人员全权代理，收到保单后也不仔细阅读条款，接受回访时不认真思考，这些都给一些不法销售人员造成可乘之机。

三、人身保险产品销售风险的表现形式

人身保险产品销售过程中的风险既表现为销售环节的整体风险形式，也表现为特定渠道中的特殊风险形式；既有销售欺诈误导、截留挪用保费等整体风险，也有个险渠道的代签名、银保渠道的混淆产品概念、电话销售渠道的消费者知情权难保障等特殊风险，这些成为影响寿险市场秩序规范的重点问题。由于人身保险产品销售风险受众广泛、形式多样、后果严重，如果不能得到及时有效地解决，将严重削弱保险业诚信经营的基础，损害被保险人利益，影响保险业健康稳定有序发展。

（一）销售渠道的整体风险表现形式

1. 销售误导

中国保监会吴定富主席在2008年全国保险监管会议上指出："销售误导是寿险市场反映最突出的问题，从近年来保险监管部门受理的信访投诉情况看，销售误导问题占寿险信访投诉的50%左右。"值得警惕的是，在调查中发现一些保险公司将投资型保险卖给了不具备风险承受能力的人，销售误导的问题较突出，有可能引发大面积退保的风险。2008年第二次全国寿险公司客户满意度调查结果显示：金融危机直接导致投资型保险退保和投诉率的上升，其中营销员对客户的误导销售是导致消费者投诉的原因之一。调查显示，8.4%的被调

查客户认为营销员做出过合同以外的承诺或暗示，6% 的被调查客户认为营销员诱导客户不如实向保险公司进行告知，12.1% 的被调查客户认为保单条款内容和营销员讲解有很大差别。可见，销售误导已成为保险经营的风险，阻碍着保险业的健康发展。

销售误导的主要特征是在保险产品销售过程中，保险机构或销售人员违背诚信原则，不能全面、真实、准确地告知有关情况，故意损害被保险人或投保人利益，从中获得不当得利的行为。我国《保险法》对误导问题也作了相关规定，如第一百一十六条：“保险公司及其工作人员在保险业务活动中不得欺骗投保人、被保险人或者受益人；不得对投保人隐瞒与保险合同有关的重要情况。”

目前，销售误导问题在个人代理人渠道和银邮代理渠道表现较为突出，其主要表现形式如下：

（1）夸大宣传。主要表现为向消费者过分夸大产品功能，私自承诺高额投资回报，使用各种手段保证或夸大收益误导消费者。例如，有些销售人员为了追求业绩，吸引客户投保，销售分红保险时夸大分红水平，销售万能保险和投资连结保险时夸大投资回报，向客户保证高收益率，而对风险避而不谈，使客户误认为可以得到高回报或至少能够保本。

专栏 11—3

××人寿保险公司违规销售投资连结保险被罚

投连险能承诺保本收益吗？××人寿天津分公司于 2007 年销售投资连结险、万能险和分红险时，在业务压力之下，一些业务员在销售投资连结险时，给予客户高额保底收益承诺，有的甚至还签署了书面协议，还有部分业务员对消费者误导销售，而这些都是中国保监会在对投连险销售的监管上严格禁止的。中国保监会天津监管局就此开出两张罚单，罚款总额 35 万元，并对相关责任人给予警告，责令该公司一年内停售投连险。

据天津保监局的调查，××人寿天津分公司于 2007 年 1 月至 12 月期间，向代理银行和部分投保人出具了对投资连结险、万能险、分红险保本保收益的书面承诺。

《保险法》明文规定，保险公司在保险业务活动中不得欺骗投保人、被保险人或者受益人；不得对投保人隐瞒与保险合同有关的重要情况；新开发的人寿保险险种的保险条款和保险费率，应当报保险监督管理机构审批。

（资料来源：华商网——重庆时报 2009 年 8 月 29 日。）

（2）故意隐瞒。主要表现为对新型寿险产品不按监管规定作全面、完整、准确的介绍。例如，有的销售人员不如实向客户讲解条款内容，只介绍产品的投资收益功能，而对有关费用扣除、退保损失、责任免除、投资风险等情况不明确提示；有的销售人员销售分红保险时只按高档利率预测分红水平，不演示低档和中档红利利益；有的销售人员销售万能保险时不提及犹豫期以及退保费用，使消费者无法全面掌握新型产品的风险特性。

（3）不当销售。主要表现为在推销保险产品时，不考虑保险的意义与功用以及消费者的实际保险需求，而只从个人佣金收入角度来进行险种选择、方案设计，侵害消费者的切身利益。例如：新型寿险产品有着设计复杂、风险不定的特点，应销售给具有一定金融保险知识和经济承受能力的客户。但近年来，伴随新型寿险产品的热销，不断出现诱导无缴费能力客户投保的问题，销售人员为增加佣金收入，而将投资连结保险、万能保险等产品销售给无购买能力的消费者如老人、工人、农民等。

（4）自行印制宣传材料。有些销售人员擅自印制产品宣传材料来代替保险条款，许多消费者往往仅根据宣传资料上的介绍选择投保，结果引发了一系列的纠纷，给整个行业形象带来不良影响。中国保监会对保险公司的产品宣传资料、投保设计和投保书曾作出明确规定，即“应由总公司或总公司授权的分公司设计样式和内容，其他分支机构及其代理人不得擅自变更或另行印制”。[①] 我国《保险营销员管理规定》也明确指出：“保险营销员不得擅自印制、发放、传播保险产品宣传材料”，严禁营销人员自行印制、制作宣传材料。[②] 2009 年 10 月 1 日实施的《人身保险新型产品信息披露管理办法》还特别针对投资连结保险、万能保险、分红保险产品明确规定：“保险公司不得授权其代理人设计、印刷和变更新型产品的信息披露材料。保险代理人不得设计、印刷和变更其代理销售的新型产品的信息披露材料。保险公司及其代理人不得使用与新型产品的保险条款、产品说明书不一致的信息披露材料。”

2. 违规返佣

所谓“返佣”，是指销售人员在保单销售过程中，为了促成业务，将自己佣金中的一部分给予或者承诺给予客户的行为，以吸引投保人购买。

保险代理人的收入构成来源主要包括保险公司发放的佣金和奖金，其中佣金为主要收入，约占收入的 80%。在保险销售竞争日益激烈的情况下，有些销售人员因为业绩不好又急于求成，以返还佣金作为条件招徕客户。这种以“价格”代替“服务”的违规竞争会造成代理人进行低收入经营，引发客户追求高额返佣率，使得售后环节的保单服务质量无法保证，极易变成“孤儿保单”，给消费者留下寿险公司经营不规范、不专业、不诚信、寿险市场混乱的印象，影响整个行业的持续健康发展。

我国《保险法》第一百三十一条明确规定：“保险代理人、保险经纪人及其从业人员在办理保险业务活动中不得给予或者承诺给予投保人、被保险人或者受益人保险合同约定以外的利益”。从法律的角度要求保险代理人和保险经纪人开展业务，应当遵循公平竞争的原则，不得从事不正当竞争，不得通过给予或者承诺给予投保人、被保险人或者受益人保险合同约定以外的保险费回扣或者其他利益的方式招徕业务。保险公司一般均禁止销售人员向投

① 《关于规范人身保险经营行为有关问题的通知》保监发［2000］133 号。

② 《保险公司管理规定》保监会令［2004］3 号。

保人返还佣金，因为这种不正当竞争手段破坏了整个保险市场的竞争秩序，对投保人、销售人员、保险公司、整个行业都是不利的，直接导致了寿险销售风险的扩大。

3. 截留挪用侵占保费

有些销售人员利用公司管理漏洞，将收取的保费侵占或挪作他用。比如，通过私刻公司印章和经办人名章方式，按照公司保单格式制作假保单，收取客户私款，挪用新单保费据为己有。有的销售人员则在续期保费上大做文章，利用收据、白条作案，开具"鸳鸯联"收据、使用早期已作废未核销的收款收据、涂改伪造收款收据、以收款收据代替正式发票、私刻公章等手段进行诈骗；有的销售人员则利用客户的信任，直接以打白条或不出具任何凭证的方式骗取客户资金。而由于保费被截留侵占挪用，又造成大量客户保单的失效，给寿险公司带来较大的销售风险。

我国《保险法》第一百三十一条明确规定："保险代理人、保险经纪人及其从业人员在办理保险业务活动中不得挪用、截留、侵占保险费或保险金"。保险费或保险金是保险合同履行的重要内容，事关保险公司、投保人、被保险人、受益人的根本利益。因此，在保险业务办理过程中，销售人员不得利用职务便利，擅自挪用保险费或保险金归个人或他人使用；不得对收取的保险费或保险金不按规定归入保险公司账户，或不按规定支付给投保人、被保险人或者受益人；不得以非法占有为目的，将保险费或者保险金据为己有。

（二）特定渠道的特殊风险表现形式

1. 个人代理人渠道

目前在个险销售渠道，代替投保人或被保险人签署投保单及保单回执是存在的主要问题。有些销售人员为了展业成功，往往代替客户填写应由投保人填写的客户信息资料，或在投保单被保险人签名处代替被保险人签名，带来极大的风险隐患。按照法律规定，如果保险合同缺少投保人或被保险人的亲笔签名，保险公司可以签名不真实、保险合同不成立为理由，将"代签名"保单视为无效保单，作出拒赔或退保的处理；如果客户发现销售人员有"代签名"行为，则会向保险公司提出保险合同无效，要求全额返还保险费，上述情形都会严重损害保险业形象，侵害投保人或被保险人利益。中国保监会对"代签名"问题早在2000年就明文规定："严禁保险公司工作人员和代理人替投保人、被保险人填写投保书和签名，或诱使他人代替填写和签名"。"各保险公司必须在展业流程中加入防止代签名的有关程序，凡是发现代理人再有代签名或误导客户代签名的行为，保险公司应当与该代理人解除代理合同。"①

2009年9月9日，中国保险行业协会发布《保险从业人员行为准则实施细则》，进一步规范"代签名"等违规销售行为，明确了"对从业人员的代签名、代体检、伪造客户回访记录、故意滞留客户保险合同等行为处以业内通报批评、禁入市场等处罚，造成恶劣影响的，各机构均不得录用"。同时，代理人的违规行为也将被记入"诚信记录"，并向社会公布。

---

① 《关于规范人身保险经营行为有关问题的通知》保监发［2000］133号。

2. 银邮代理渠道

由于分红保险、万能保险等新型寿险产品已成为银行保险渠道的主打产品，很容易形成银行柜台销售误导风险。为吸引客户，增强说服力，有的销售人员故意将保险与其他金融产品概念相混淆。比如，将分红保险与储蓄的收益率相比，使客户误以为购买分红保险相当于储蓄和投资；有的销售人员故意将万能险与基金等其他理财产品相比，将保险产品介绍为“人民币理财产品”，使本来不打算投保的客户误以为其推销的产品是银行销售的理财产品；有的销售人员将保费缴费介绍为“存款”、保险期间介绍为“存款期”、返还的生存金介绍为“利息”，引诱欺骗客户购买保险。

针对上述违规行为，新出台的《人身保险新型产品信息披露管理办法》明确规定：“保险公司及其代理人进行新型产品的信息披露，不得使用比率性指标与其他保险产品以及银行储蓄、基金、国债等进行简单对比，也不得对投保人、被保险人、受益人及社会公众作引人误解的宣传或者虚假宣传”，进一步加强了对销售行为的规范，遏制销售误导的产生。

3. 电话销售渠道

由于电话销售渠道成本低，越来越多的保险公司开始把电话销售作为一种新兴渠道进行拓展。但是，这种非面对面的方式使得销售人员无法事先知道客户的状态，频繁的促销接触容易使客户产生被骚扰、强迫买卖的不良消费体验，导致客户资源被严重破坏。此外，目前电话销售主要存在两个法律风险：一是保险公司以电话录音作为证明保险合同成立的依据，存在证据不足的法律风险；二是销售人员未尽到明确说明的职责，对需要客户注意的内容简略带过，故意误导，导致合同部分有效。目前，随意扣款、客户信息外泄、保费退还等已成为电话销售渠道最主要的问题。

目前，中国保监会在《关于促进寿险公司电话营销业务规范发展的通知》（保监发［2008］38 号）文件中已经对电话销售的机构、销售人员的资质、销售的产品、销售过程和客户信息的安全管理、售后服务等方面作了规范，特别是对容易产生问题的几个重要环节提出了明确要求，包括要求开展电话业务的寿险公司，应在全国性媒体公示电话号码，应根据不同地区、不同人群的生活习惯，严格管理电话呼出的时间等。中国保监会要求保险公司加强电话销售机构、销售人员的管理，做到销售过程规范，切实保护投保人和被保险人的利益。

专栏 11—4

违规电话销售××保险公司遭处罚

因在电话销售分红产品的过程中，销售人员没有告知投保人与合同相关的重要内容，中国保监会日前对××人寿保险有限公司做出 10 万元的行政处罚。

××人寿保险公司在 2008 年 6 月份的电话销售业务中，分红产品销售语中未包含分红不确定性、犹豫期、中途退保损失等与合同有关的重要内容；抽取的销售录音显示销售人员在销售过程中也未提示上述内容。上述事实行为违反了《中华人民共和国保险法》第106条的相关规定。依据《中华人民共和国保险法》第139条规定，给予10万元的行政处罚。

事实上，保险代理人在销售保险时，往往会同银行储蓄产品进行比较，来夸大宣传万能险、分红险的投资收益。为了治理投资类人身保险销售中的这个“顽疾”，中国保监会曾明确规定，“保险公司在销售时不得以任何方式将本公司新型产品经营成果与其他保险公司进行比较，也不得将新型产品（投资连结险、万能险、分红险，以及保监会认定的其他产品）与银行储蓄等其他金融产品进行简单对比，投资连结险、万能险、分红险的产品说明书，都要在显著位置提示产品风险。”

（资料来源：解放网——每日经济新闻（上海），2008年12月5日。）

第三节　销售队伍管理与人身保险产品销售风险

有人用“三分天下有其二”① 来形容销售队伍的重要性，这是因为销售队伍在保险服务中处于最前沿，是保险公司获取利润的直接工作者，是保险公司销售业绩的有力保障。自2002年以来，我国保险营销队伍平均年增长率达12%，近几年更是发展迅速，由2006年年底的156万人扩充到2009年二季度的270万人，成为寿险业发展的重要支撑。

但从目前保险业现状来看，“增员难”、“留存低”、“队伍整体素质偏低”等问题十分突出，与人身保险产品销售过程中所蕴含的风险相伴相生，已成为制约保险营销发展的瓶颈。规范的人身保险产品销售，必须建立在优秀的销售队伍基础上。因此，应把提升销售队伍整体素质和服务水平作为解决人身保险产品销售风险、促进寿险业可持续发展的重要措施。特别是对于直接拥有和管理销售队伍的保险企业，其在销售队伍建设及根除销售误导方面，更肩负着不可推卸的责任，有义务在销售队伍管理方面采取切实可行的措施，力争将销售风险降到最低。

一、规范保险销售招聘行为

招聘是人力资源管理的源头工作，是整个风险预警系统中重要的一环。有效的招聘不仅

① 引自《论语·泰伯》：“三分天下有其二，以服事殷。”

可以节约成本，而且只有选到合适的人员才能进行人力资源管理的使用、培育和留存环节，避免因人员流动过于频繁而带来的损失，为企业创造价值。如果没有把严招聘关，则后续的改进工作效果会大打折扣。此外，有效的招聘还有助于宣传和塑造保险公司的形象。美国著名管理学教授加里·德斯勒在其著作《人力资源管理》中指出："研究结果显示，公司招募过程质量的高低会影响应聘者对企业的看法"。应聘者通过招聘过程了解保险公司的组织结构、经营理念、企业文化等。可见，招聘工作既是吸引、招募人才的过程，又是向外界传播公司形象、扩大影响力和知名度的窗口。因此，规范保险公司的招聘行为就显得尤为重要。

由于保险产品的特殊性，寿险业务的增长主要是依靠销售人员的数量及人均产能。传统的营销观念中，增员几乎是销售业绩的代名词。保险公司依赖大量的"廉价的劳动力资源"进行低成本经营，以寻找潜在客户的态度增员，以"感情展业"方式挖掘每个营销员的家庭和社会关系，以此维持源源不断的保源；[①] 基层营销员也乐此不疲，视增员为自我发展和获取增员奖励的有效途径，甚至不惜采用欺骗的手段快速增员。这种"短、平、快"的人海战术开发策略，忽视人员的质量和基本标准，只要有人应聘就予以录用，很少考虑应聘者的道德诚信水平、专业学历及销售能力等，使销售人员素质参差不齐，高素质人才不愿意加入，欺骗与误导在所难免，保险公司对增员失去管控。针对保险市场招聘甄选存在的问题，中国保监会已在《关于加强和完善保险营销员管理工作有关事项的通知》（保监发［2009］98号）中要求："逐步优化保险营销人员队伍结构。各公司要根据公司的管理水平、市场实际，严格保险营销人员的招聘标准，建立高于监管要求的保险营销人员最低准入条件，逐步提高保险营销人员的整体文化水平，改变目前保险营销人员来源渠道比较单一、整体文化不高的状况，确保保险营销人员具备较好的职业素质和专业技能。"实际上，越来越多的保险公司已经开始意识到招聘工作的重要性，在招聘初期，就对应聘人员采取一系列甄选测试手段，比如，对保险市场、保险产品、目标客户市场的基本了解；比如，性格价值取向测试（LASS），测试应聘者的性格类型，是否适合从事保险销售工作等。通过测试，选取合适人才，减少人员流失带来的负面影响。此外，销售团队主管在人员招聘方面也起着非常重要的作用，要甄选那些具有团队精神、个性适合、价值观一致及事业忠诚度的人为己所用，才能真正将团队销售工作做好。

目前，保险市场上销售人员的招聘形式也存在各种不规范的现象。例如，很多保险公司因使用"保险代理人"、"保险营销员"字样已招不到人，则转而用"储备干部"、"保险规划师"、"财务经理"、"理财师"、"人事助理"、"高级文秘"、"销售精英"等名义招聘营销员。对此，《关于加强和完善保险营销员管理工作有关事项的通知》明确要求，"各公司对外发布的招聘保险营销人员广告等宣传材料，应当清楚说明营销职位的工作内容、性质和用工方式，不得以各种模糊的职业称谓和职位头衔粉饰保险营销的工作性质；不得以混淆保险营销人员的职业性质和职位级别等手段误导社会求职人员盲目加入保险营销队伍。"在人才市场和招聘网站上，有些营销员还以个人名义发布招聘信息，如"合资巨头企业打造精英团队"、"世界500强诚招储备干部"等，致使应聘者无法与保险公司签订正式合同，只

① 中国保监会《关于改革完善保险营销体制机制的意见（征求意见稿）》，2009年。

能以兼职身份成为营销员个人的“下线”，劳动权益难以保障，直接影响了保险业务的质量和销售队伍的形象。中国保监会对此种营销员招聘形式也在《关于加强和完善保险营销员管理工作有关事项的通知》中明文规定“禁止授权现职保险营销人员以任何形式单独招聘保险营销人员；要严厉制止基层机构和基层人员在招聘保险营销人员过程中的误导行为和不实宣传”、“不得允许现职保险营销人员单独举办招聘推介会、发布招聘信息。”

二、强化教育培训体系建设

著名企业管理学教授沃伦·本尼斯说：“员工培训是企业风险最小、收益最大的战略性投资”。保险市场主体之间的竞争归根结底是人才的竞争，从某种意义上讲，更是员工培训的竞争。保险产品销售的成败，在很大程度上取决于销售人员的专业化水平，而只有完善的培训体系才能产生强大的销售队伍，才能确保公司业务健康稳健发展。重视培训及销售队伍整体素质的提升和对公司文化的认同，是当今保险企业增强自身竞争力的根本途径。

目前，一些保险公司培训销售人员的主要目的是为了在短期内尽快提高业绩，将更多地保险产品推销出去。因此，在培训时更多地关注“销售话术”的传授，忽略与“话术”无关的保险基础知识，即向销售人员灌输如何包装自己使客户高兴，然后盲目地掏钱购买产品，忽视保险销售的实质在于提供适合客户需求的保险产品，满足客户的保障需求。而且，这种只侧重销售技能的培训，容易使销售人员认为培训是在“走过场”，目的只是获得证书。加之公司对继续教育和销售人员职业生涯规划不够重视，结果形成人才高流失、高脱落的局面。事实上，有关诚信服务、职业道德、行为规范的培训是销售技能培训的有益补充，是销售队伍职业化、专业化发展的有效保障，有利于销售人员工作态度和事业心的培养。

在强化销售人员教育培训体系建设方面，有以下几项措施值得借鉴：

第一，切实做好岗前培训工作。代理人资格考试辅导和岗前培训是针对销售人员所进行的基础培训，也是留住人才的关键所在。中国保监会《保险营销员管理规定》明确要求：“保险营销员岗前培训不得低于 80 小时”。保险基础知识的培训，能够使销售人员对保险业及保险销售工作具有正确的理解和认识，是销售人员逐步走向成功的开始，因此必须严格按照规定课时进行培训。

第二，切实做好保险销售人员继续教育工作。改变片面强调销售技巧的传统培训模式，坚持专业技能培训与素质能力培训相结合的原则，注重培训内容多元化，不断强化保险理念、保险专业技能、法律法规和职业道德、行为规范的培训，提高销售人员的综合素质。严禁以考代训，不得唆使、误导销售人员进行违背诚信原则的活动，逐步弱化营销团队主管个人化的培训色彩。

第三，构建分级分类的培训课程体系，对销售人员实行分级分类管理。不同级别的销售人员应具有不同的销售资格，销售人员必须取得相应的考试资格，如中国寿险理财规划师、寿险管理师和员工福利规划师资格，才能销售分红保险、万能保险、投资连结保险及健康保险产品等，有助于销售人员具备一定的保险及投资理财专业知识，防止误导消费者，防范销售风险。

第四，加强培训效果跟踪评估工作。培训结束后，应对培训效果予以跟踪和评估，包括销售人员在保险知识、专业技能等方面的收获以及对培训工作的看法、建议，促使培训工作不断改进和提高、更加突出针对性和可操作性。

三、加强销售人员流动管理

根据国外有关机构研究表明：保险代理人留存率是影响利润的重要因素之一。例如，保险公司提高4年的留存率可使新单保费增加29%，续期保费增加25%，而一名营销员离职对公司所造成的损失几乎与其年收入相同。因此，提高营销员队伍的留存率不仅可以节省成本，给公司创造更大的利润，而且能够提高产能和服务质量。

通过对我国中资、合资和外资较有代表性的5家保险公司营销员留存率的调查发现，营销员3个月留存率基本维持在90%左右，6个月留存率在60%左右，13个月留存率在30%左右，25个月留存率在15%左右。营销员在3—6个月和6—12个月的脱落率最高，均在30%左右。[①] 这与香港55%～75%的6个月留存率、美国60%—80%的13个月留存率相比，差距较大，使得保险公司陷入“增员难”、“留存难”的流动性怪圈。

此外，“恶意挖角”现象也进一步加速了人员留存率的降低。保险业作为一个新兴行业，发展迅速，竞争主体繁多，而人才储备相对不足。很多公司为了迅速拓展业务，倾向于到其他公司“借”人，不惜以高福利待遇挖人，引发销售人员流动频繁甚至是销售团队集体跳槽。这种跳来跳去的“保险蟑螂”容易使销售团队产生群体性不安全感，在一定程度上加剧了销售队伍的不稳定性。而且，销售人员流动后常伴随保单的转移，损害的往往是客户的利益。可见，销售人员流动过快已成为当前销售队伍管理中的突出问题。一方面，较低的留存率导致“孤儿保单”增多，售后服务跟不上，直接损害了客户利益；另一方面，销售人员高脱落率不仅增加了公司前期的人事管理和培训成本，而且造成对公司及行业的忠诚感缺失。因此，保险销售队伍的关键在于如何解决业绩、人力负增长和低留存率问题，而留存率的提高，必然会带来较高的人力和业绩增长，有利于销售队伍的整合、保险公司及保险业的稳健发展。

针对营销员流动问题，各地保险监管部门已出台相关措施，降低人员流动频率，打击“恶意挖角”。例如，江苏保监局推动江苏保险行业协会修改完善《江苏寿险公司人员流动自律公约》，要求“涉及职能部门多名主要工作人员或10人以上保险个人代理人的集体转司行为，转入和转出公司应加强沟通和协调，如实向协会反映情况，避免损害客户利益的情况发生。如发生违约行为，报协会按本公约的规定处理”、“保险代理人员的流动，时间间隔原则上应在半年以上。在一年内流动两次以上的保险代理人，各公司应认真调查，慎重处理。如发现有损害保险行业信誉的行为，及时予以制止，行为恶劣者报协会按本公约的规定处理。”上海保监局在《关于进一步加强保险营销工作的通知》（沪保监发［2006］90号）中，也要求寿险公司应妥善处理保险营销员的流动问题，“教育保险营销员倍加珍惜和谨慎

① 梁涛主编：《寿险营销创新和竞争力研究》，中国财政经济出版社2009年版。

行使自身自由流动的权利，不断增强其合同意识和诚信意识。保险营销员流动都应当按照保险营销合同的约定，认真履行必要的程序，做好必要的交接手续。谨防因保险营销员流动而损害广大客户的合法权益”、“严密防范少数保险营销员的恶意行为。对于那些流动频繁，专吃‘聘才’，或有侵吞保费（理赔金）、唆使诱导客户退保或转保，或采取其他不良方式严重损害公司和客户利益的保险营销员，各公司应当遵照行业自律的有关规定，坚决予以抵制。严禁利用虚假‘聘才计划’诱导保险营销员流动。”

四、加强销售业务品质管理

业务品质是决定保险公司竞争实力的关键指标，而保单继续率在寿险业又常常被视作公司发展的生命线指标，对保险公司的赢利能力产生直接影响。保单继续率是用来评估期交寿险保单的续年缴费成功比率的指标，通常以 13 个月或 25 个月作为采样标准。即保险公司承保的期交业务在第 13 个月（一年后）或第 25 个月（两年后）的存续情况，保户是否继续缴费、让保单持续有效。保单继续率越高，表明保单品质越好，销售人员的人均产能及效率越高，公司的经营也越稳定。如果保单继续率太低，则意味着保险公司前期已支付的佣金收不回来，不利于公司的业务经营稳定性。此外，保单继续率也是评价保险公司服务品质及客户满意度的重要指标。保户缴纳第一年保费后，如果认为保单符合自身需求，且销售人员的服务品质上乘，则愿意续缴保费；相反，如果认为在保单销售过程中，销售人员没有如实告知、夸大宣传、故意隐瞒风险、销售不适合的保单，或是为了人情投保，保户在第二年就会停止缴费。可见，提高保单继续率是公司业务管理的重要组成部分，是公司长远发展、销售队伍稳定、客户满意的基石。

由于目前保险销售队伍脱落率高、专业素质和诚信服务水平较低，业务承保质量不高，致使一定数量的“孤儿保单”、保单失效和退保产生，从而造成保单继续率下降，使保户利益和公司利益同时受损。在中国保监会制订的《结构调整评价指标表》[①] 中，保单继续率一直被作为品质类重要评估指标之一，用来衡量保险公司整体业务品质状况。通常，我国寿险公司保单继续率保持在 80% 左右为正常，具有一定保费规模及实力的寿险公司，其 13 个月保单继续率可达 85% 以上。国际上衡量寿险代理人高品质销售的标准，要求 13 个月保单继续率至少为 90%。因此，保险公司在销售队伍管理中需将保单继续率作为重要指标，同时采用人均产能、活动率、人均件数、留存率、客户转保率等关键指标，达成对销售人员的考核，实现保险销售队伍从粗放式向高产能组织转变，改善保险销售产能，从根本上改变“代理人人数 = 销售业绩”的观念。

① 《关于进一步加强结构调整　转变发展方式促进寿险业平稳健康发展的通知》（保监发［2009］84 号）。

第四节 人身保险产品销售风险的防范与控制

人身保险产品销售风险的防范与控制是指在销售风险事故发生前采取防止、避免和消除销售风险事故发生的措施，减少和降低已发生损失的继续扩大，努力将寿险销售风险控制在最低点。当前我国保险业正处于新起点、新阶段，人身保险产品销售环节所发生的误导、欺诈现象，不是短期内能彻底解决的。只有整合销售人员、保险公司、行业自律组织、保险监管部门等多方面的力量，从强化责任、完善制度、加强引导、提升素质等方面入手，才能真正起到防范和控制销售风险的作用。

一、销售人员与人身保险产品销售风险的管控

保险销售过程离不开销售人员，作为人身保险产品的主要销售者，保险销售人员直接代表寿险公司向公众销售各种各样的保险产品，满足客户的寿险需求。在销售活动中，保险最大诚信原则也是通过销售人员来实现的，其服务质量和服务水平直接影响着客户的利益，如果销售人员对合同条款不作如实说明和解释，将会导致误解和纠纷频发，不仅给寿险公司带来经济损失，而且会影响保险业的社会形象和声誉。因此，从规范销售人员自身行为入手，有利于将销售风险扼杀在萌芽状态，有利于销售人员诚信、专业形象的树立和销售队伍的稳定发展，有利于保险消费者需求的满足，有利于寿险业更加良性地发展。

我国《保险营销员管理规定》着重强调了保险营销员在销售活动中应当遵循的行为规范以及岗前培训与后续教育要求。例如，《保险营销员管理规定》针对保险市场反映比较集中的、损害消费者利益和保险业形象的21种展业行为予以“明令禁止”，如做虚假或误导性说明、对不同保险产品内容做不公平或不完全比较、对保险产品的红利、盈余分配或者未来不确定收益作出超出合同保证的承诺等。为进一步规范保险从业人员职业行为，提高保险从业人员整体素质，建设保险业良好社会形象，《保险从业人员行为准则》和《保险从业人员行为准则实施细则》都要求保险从业人员恪守最大诚信原则，认真履行保险监管机构、行业自律组织、所在机构制定的各项服务规范和承诺，严禁参与承保欺诈、骗赔、多赔等活动。因此，销售人员在销售活动中应履行好以下几项义务：

（一）销售人员遵守相关法律法规的义务

针对保险从业人员销售过程中可能存在的风险，中国保监会已陆续出台了一系列法律法

规，旨在规范销售行为，切实保护消费者利益。例如，《保险营销员管理规定》、《保险从业人员行为准则》、《人身保险新型产品信息披露管理办法》等，销售人员应予以严格遵守。同时，销售人员还应当符合职业教育培训及资格考试、无违法违规记录及有效投诉的规定。目前，我国已规定保险代理人需通过保险代理人资格考试，并满足一定课时的职业教育培训，如《保险营销员管理规定》要求："保险营销员岗前培训不得低于 80 小时，从业后每年参加不得少于 36 小时的后续教育，其中，法律法规、职业道德和诚信教育不得少于 12 小时。"而销售投资连结、万能、分红保险等新型寿险产品的人员还需取得相应资格，中国保监会在 2009 年 2 月 2 日发布的《关于进一步加强投资连结保险销售管理的通知》中，已明确规定"投连险销售人员必须拥有资格证书，且应至少拥有 1 年寿险销售经验并无不良记录，投连险销售人员应接受不少于 40 个小时的转向培训。"

（二）销售人员对投保人的如实告知、说明义务

即应将保险公司的基本经营情况、信誉度、综合实力以及保险条款、合同内容、风险情况进行如实告知和说明。此外，还应当依据诚实信用原则，真实、客观、准确地向客户宣传和解释保险目的、承保范围、保险责任、适用费率、赔偿原则以及投保人的权利和义务等，不得隐瞒、编造事实，欺骗投保人或被保险人。销售人员还需根据保险产品及险种的特点、投保人自身需求和经济承受能力，向投保人提出合理化建议，设计适合投保人的保险方案。

专栏 11—5

中国保监会要求销售保险时需提示主要风险点

以往很多退保事件、理赔纠纷等都是因投保提示流程不规范而引发的。为了保护客户合法权益，中国保监会昨日发布《关于推进投保提示工作的通知》（以下简称《通知》），要求各保险公司建立和完善人身险投保提示制度，在销售保险时，要向客户提示主要风险点和各方面注意事项。

《通知》明确了签单流程，要求保险公司销售人员在客户签单前，以书面形式向客户提供投保提示书。各保险公司应明确要求投保人在投保提示书上签字确认，签字时间不得晚于投保单的签字时间，并对投保提示书和投保单上的客户签字进行审查核对，确保投保人签字真实有效。

在展业行为方面，《通知》要求销售人员在介绍公司产品时，应使用保险公司统一制作的宣传资料，不得自行手写或制作有关公司和产品的宣传资料；销售人员不得通过承诺给予保费回扣或保险合同规定以外的其他利益诱导客户购买保险或替换以前购买的保险产品；在客户明确拒绝投保的情况下，销售人员不得继续向客户推销，干扰客户的正常工作和生活。

《通知》还要求保险公司对条款重点内容进行提示。例如，引导投保人重点关注保险责任、责任免除、被保险人权利和义务、免赔额、申请赔款的手续、退保的规定等内容，并提醒客户在犹豫期内可以无条件解除保险合同，但应退还保单，保险公司除扣除不超过10元的成本费以外，应退还全部保费并不得对此收取其他任何费用。

销售人员销售分红险、投资连结险、万能险时，最易出现误导行为。《通知》要求销售人员详细介绍产品的收益或分红来源、扣除的各种费用，以及存在哪些风险等。例如，在介绍分红险时，应该包括以下几部分内容：分红水平主要取决于保险公司的实际经营成果；如果实际经营成果优于定价假设，保险公司才会将部分盈余分配给投保人；如果实际经营成果差于定价假设，保险公司可能不会派发红利；产品说明书或保险利益测算书中关于未来保险合同利益的预测是基于公司精算假设，不能理解为对未来的预期，红利分配是不确定的。

此外，《通知》还提醒客户维护自己的合法保险权益，并指出投保时应注意的细节等，建议客户确认保险机构和销售人员的合法资格，为未成年子女选择保险产品时保险金额应适当等。

（资料来源：《北京商报》，2009年6月4日。）

二、保险公司与人身保险产品销售风险管控

追根溯源，人身保险产品销售环节所发生的风险实际上与寿险公司的管理水平和重视程度密切相关，销售风险的预测、控制和防范是寿险公司管理工作的重要环节，也是实现管理目标的必然选择。寿险公司应抓住销售活动的风险点，排查销售环节上的各种风险隐患，加强销售行为的规范与控制，从源头上防范销售误导。

（一）建立完善的销售风险预警体系

寿险保单大多是长期合同，销售风险的客观性及销售人员的违规行为，决定了对销售风险应实行日常的监控。因此，寿险公司应建立销售人员的风险预警系统，对销售行为实时监控，对可能存在违规风险的销售人员进行提示。通过建立起一套科学、量化、具有可操作性的销售人员风险等级评估指标，锁定高风险人群，开展有针对性的风险排查，将风险管控的关口前移，做到早发现、早解决，变被动应付为主动查找、变事后补救为事前防范，一旦发生销售误导，可主动采取措施、快速处理，确保销售风险在发生前能够得到有效的控制，避免引发群体性事件。

（二）健全有效的销售风险内控体系

健全有效的销售风险控制制度是保险公司防范销售风险的重要举措，使销售风险管理工作融于公司各项管理工作之中。通过健全内控体系，不断提升公司的风险防范能力和水平，

增强治理销售误导意识，从内部消除销售风险产生的根源。通过制度设计、方案执行、合规检查、风险控制等具体工作，加强对各类风险的量化评估和动态监控，使内控机制覆盖各个业务部门和业务环节。可通过对销售人员留存率、保单持续率、续保率等指标进行分析和评估，分析存在的问题，制定完善的规范制度。

（三）加强回访制度的管理和落实

做好客户服务管理、提高客户服务质量是提高保险公司品牌形象的前提。客户回访工作是加强客户服务质量管理、监控和防范销售误导行为发生的重要措施。通过客户回访，不仅加深公司与客户之间的联系和沟通，还能及时发现销售人员展业中的违规行为，防范非正常退保风险，保证销售业务品质，提升公司整体服务水平。回访工作应由专人负责，通过电话、信函、面谈及登门服务等多种形式，真正起到使客户了解投保权益、检验销售人员服务品质的作用。此外，回访不能只限于新单销售，还要对撤单、失效和永久失效保单、大额退保保单、给付、投诉等进行重点回访，了解客户对缴费方式、费用扣除、个人账户价值、保障利益以及产品风险的认识、保单失效的具体原因等是否清楚，及时发现和解决承保、给付工作中存在的问题，并采取措施予以化解，维护公司和客户的利益。

专栏 11—6

中国保监会《人身保险业务基本服务规定》

为提高人身保险服务水平，保护消费者利益，2010 年 1 月发布了《人身保险业务基本服务规定》，特别针对回访形式和客户回访内容制定了相关规定。

第十四条　保险公司应当建立回访制度，指定专门部门负责回访工作，并配备必要的人员和设备。

第十五条　保险公司应当在犹豫期内对合同期限超过一年的人身保险新单业务进行回访，并及时记录回访情况。回访应当包括以下几容：

（一）确认受访人是否为投保人本人；

（二）确认投保人是否购买了该保险产品以及投保人和被保险人是否按照要求亲笔签名；

（三）确认投保人是否已经阅读并理解产品说明书和投保提示的内容；

（四）确认投保人是否知悉保险责任、责任免除和保险期间；

（五）确认投保人是否知悉退保可能受到的损失；

（六）确认投保人是否知悉犹豫期的起算时间、期间以及享有的权利；

（七）采用期缴方式的，确认投保人是否了解缴费期间和缴费频率。

人身保险新型产品的回访，中国保监会另有规定的，从其规定。

第十六条　保险公司与保险销售人员解除劳动合同或者委托合同，通过该保险销售人员签订的一年期以上的人身保险合同尚未履行完毕的，保险公司应当告知投保人保单状况以及获得后续服务的途径。

第十七条　投保人、被保险人或者受益人委托他人向保险公司领取金额超过人民币1000元的，保险公司应当将办理结果通知投保人、被保险人或者受益人。

第十八条　保险公司在回访中发现存在销售误导等问题的，应当自发现问题之日起15个工作日内由销售人员以外的人员予以解决。

（四）建立销售人员信用体系

通过全面搜集销售人员展业过程中的各类信息，如销售人员的业绩、服务质量、违规行为、奖惩记录等情况，对销售人员的信用品质状况进行评估，建立相应的个人信用考核等级制度，实行分类管理，作为日常评比和是否继续聘用的重要依据。比如，信用等级高的销售人员，可以在客户服务、业务处理等方面，享受公司提供的优先待遇。而信用等级低的销售人员，则会受到相应的处罚如通告、解除代理合同等。

（五）加大对销售误导行为的惩戒力度

保险公司应建立销售人员退出机制，采取有效措施，如实行“黑名单”及行业通报等，对销售人员的欺诈误导行为予以严惩，规范销售人员的展业行为。例如，建立销售人员考核指标体系，如退保件数、投诉率、保单失效率等指标，对有不良记录被列入“黑名单”、有误导欺诈等违规行为的销售人员，保险公司应解除其代理合同，其他保险公司在规定年限内不能再录用。同时，保险公司还应采取切实可行的跟踪检查机制，确保对违规销售人员的处罚落到实处。

（六）提高销售队伍整体素质

加强销售人员的管理，是提高销售队伍素质和销售产能的重要手段。规范销售行为，必须加强对销售人员的招聘管理、保险专业知识培训和诚信、职业道德教育。一方面，应按照中国保监会对保险从业人员的资格要求，严格准入标准，改变现行保险销售人员选聘机制中重数量、轻素质的做法，逐步提高销售人员专业水平和优化销售队伍结构。特别是销售投资连结险、分红险、万能险等专业性较强的产品，销售人员必须具备一定的综合素质，对保险和资本市场有一定程度的了解，才能够将产品准确地介绍给客户，从源头上遏制销售误导。另一方面，要加强对销售人员的职业技能培训，除保险专业知识、理财知识、销售技巧外，还应包括诚信服务、职业道德方面的培训，树立销售人员依法合规意识，教育销售人员不误导、不欺诈、不隐瞒。此外，还应积极创新销售队伍管理模式，配合保险销售人员分级分类考试，结合保险产品性质和客户群体的特点，对现有销售队伍的销售资格和能力逐步实行分级分类管理，变单一管理模式为差异化管理模式。

三、行业自律组织与人身保险产品销售风险管控

防范与控制销售风险，仅靠保险机构和监管部门的力量是不够的，还必须重视行业自律组织的功能。我国新《保险法》首次明确了保险行业协会的法律地位，是保险业的自律性组织，发挥行业自律对保险业规范发展起着重要作用。《保险法》第一百八十二条规定："保险公司应当加入保险行业协会。保险代理人、保险经纪人、保险公估机构可以加入保险行业协会。保险行业协会是保险业的自律性组织，是社会团体法人。"在保险市场化的竞争趋势下，保险行业协会在整合行业资源、协调行业利益、促进行业全面协调可持续发展方面具有举足轻重的意义。因此，在人身保险产品销售风险的防范与控制方面，行业协会也必将发挥着越来越积极的促进作用。

首先，行业协会要以防范风险、促进可持续发展为目标，充分发挥监督自律、违约处罚的职能，督促会员公司依法合规经营。应组织会员公司对销售风险的成因、后果及风险管控措施进行深入研讨，建立防范销售风险的自律公约，约束不正当竞争行为，进一步加强和完善保险公司之间的自我约束和相互监督机制，配合保险监管部门加大对销售人员欺诈误导违规行为的打击力度，并监督检查各公司的具体执行情况，有效降低销售风险。

其次，行业协会应组织制定行业标准，明确从业人员行为准则、道德规范以及产品服务标准等，进一步完善销售人员的执业、展业资格的管理和后续教育的培训工作，大力推广营销员分级分类考试，通过产品条款通俗化、销售行为规范、专业知识技能培训等一系列措施，督促会员机构和销售人员共同遵守、认真执行。同时，还应在行业内大力宣导和推行诚信文化，对从业人员积极开展诚信教育，健全保险从业人员信用体系建设，对销售人员的信用进行考核测评，强化失信惩戒机制。

此外，行业协会应从开展消费者教育入手，加强保险知识宣传，扩大行业影响，引导消费者树立正确的消费理念，从转移风险的角度科学地认识保险产品，特别是具有投资功能保险产品的特点及可能存在的风险。同时，要进一步强化消费者对销售环节的风险认知，加大宣传力度，提示消费风险，提高投保人、被保险人自我保护意识和对欺诈误导行为的自我防范能力。例如，加大对《保险法》及国家相关法律法规的宣传力度，特别是《保险法》中增加的保护消费者权益的内容，开展各种形式的宣传活动，提高保险消费者的维权意识和能力。通过各种渠道，动员社会力量防范销售误导和欺诈。

四、保险监管与人身保险产品销售风险管控

中国保监会主席吴定富在 2008 年全国保险工作会议上指出，必须始终把保护被保险人利益作为保险监管的根本出发点和落脚点，把被保险人利益是否得到有效保护作为检验保险经营和保险监管工作成效的重要标准。因此，对人身保险产品销售风险的管理与控制，也必须以保护投保人或被保险人利益作为保险监管的首要目标，围绕这一目标，保险监管部门应建立销售风险预警体系，进一步完善监管内容，加强人身保险产品销售环节的监管力度，形

成全方位、多角度、系统性的监管模式。

首先，保险监管部门应大力培育保险行业诚信合规文化，强化失信惩戒机制。

诚信建设和合法合规经营是保险业稳步发展的基石。保险监管部门应督促引导保险机构建立诚信合规文化，形成保险公司贯彻执行、销售人员自觉遵守、保险消费者参与支持的行业信用体系。通过大力培育行业诚信理念，狠抓销售环节的诚信教育和内控管理，严禁销售误导。一是要加强保险从业人员的诚信和职业道德教育，制定诚实守信的销售行为基本规范和职业道德规范，树立以被保险人需求为导向的销售理念，使职业道德规范内化为销售人员自觉合规销售、诚信服务的行为准则。二是要加强对销售人员的专业知识培训，提高职业素质，对销售人员的销售资格和能力实行精细化管理，建立针对投资连结保险、健康保险等产品的分级分类销售资质管理体系。三是要强化失信惩戒机制，加大对失信行为的惩戒力度，建立健全行业退出机制，严格追究保险机构在销售人员误导方面的责任，促使保险机构自觉加强销售管理，降低销售风险。

其次，保险监管部门应进一步完善保险机构信用管理体系，加强信息披露要求。

良好的信用等级是寿险公司市场竞争、防范销售风险、提升公司信誉的重要保证。通过建立完善的保险机构信用等级制度，借助社会信用评估力量，定期对保险机构信用状况进行评估，可以确保向投保人提供全面的信息服务，是投保人决定是否购买寿险产品的重要参考因素。监管部门应督促保险机构建立公正透明的信息披露制度，这是规避销售风险的重要手段，也是维护消费者利益、提高保险机构信誉的有效办法。要求保险机构通过指定的通道向保险消费者披露相关信息，如保险机构、保险中介机构的经营状况、保险合同、保险产品及条款、产品费率及收益等详尽信息（尤其是新型寿险产品），使消费者能够全面、客观地了解公司经营及产品信息，促进公众保险意识的形成，增加投保人对保单产品的选择权，防止出现暗箱操作和欺诈误导等风险隐患，从根本上推进人身保险产品销售工作的制度化和规范化。而且，通过建立保险机构以及销售人员的信用档案，利用保险监管信息资料，将有违规行为和保险信用评估不良记录的保险机构或销售人员的黑名单公诸于众，可以实现保险监督部门、保险机构和社会信息资源的共享。

关键词

销售渠道　保险销售渠道　保险销售风险　销售误导　返佣

思考题

1. 目前人身保险产品销售渠道有哪几种类型？
2. 我国保险销售渠道的发展趋势是什么？
3. 人身保险产品销售风险产生的原因有哪些？
4. 人身保险产品销售风险有哪几种具体表现形式？
5. 销售队伍管理应抓好哪几方面工作？
6. 简述防范与控制人身保险产品销售风险的具体措施和办法。

专业术语

第一章

人身保险（personal insurance）
以人的寿命和身体为保险标的的保险。
被保险人（insured）
其财产或者人身受保险合同保障，享有保险金请求权的人，投保人可以为被保险人。
受益人（beneficiary）
人身保险合同中由被保险人或者投保人指定的享有保险金请求权的人。
保险标的（insured object; insurance object）
作为保险对象的财产及其有关利益或者人的寿命和身体。
保险责任（coverage）（insurance liability）
保险合同中约定的，保险事故发生后应由保险公司承担的赔偿或给付保险金的责任。
风险管理（risk management）
人们对各种风险的认识、控制和处理的主动行为。
养老保险（endowment insurance）
以约定责任时间内被保险人死亡，或被保险人达到一定年龄为保险金给付条件的人寿保险。
核保（underwriting）
保险公司在掌握保险标的重要事实的基础上，对可保风险进行评估与分类，进而决定是否承保、以何种条件承保的过程。
核赔（claim handling）
被保险人或受益人提出索赔或给付请求后，保险公司对索赔材料进行审核、调查，作出赔付或拒赔决定的过程。
保险金额（sum insured; sum assured; amount insured）
保险公司承担赔偿或者给付保险金责任的最高限额。
生命价值（life value）
美国 S. S. Huebner 教授在 1924 年提出了“生命价值”理论，认为人的生命价值是由其工资收入扣除个人生活费以后所剩余部分的资本化价值来决定。

保险利益（insurable interest）

投保人或者被保险人对保险标的具有法律上承认的利益。

投保人（applicant）

与保险公司订立保险合同，并按照保险合同负有支付保险费义务的人。

损失（loss）

非故意的、非预期的和非计划的经济价值的减少或灭失。通常分为直接损失和间接损失。

社会保险（social insurance）

国家通过立法采取强制手段对国民收入进行分配和再分配，形成专门的基金，对劳动者因年老、疾病、生育、失业、伤残等丧失劳动能力和失业中断劳动，本人和家属失去生活收入时，由国家或社会提供物质帮助的一种经济互助和救济制度。社会保险主要包括基本养老保险、基本医疗保险、工伤保险、失业保险和妇女生育保险等。

财产保险（property insurance）

以财产及其有关利益为保险标的的保险。

人寿保险（life insurance）

以被保险人的寿命为保险标的，且以被保险人生存或死亡为给付保险金条件的人身保险。

健康管理（health management）

保险经营机构在为被保险人提供医疗服务保障和医疗费用补偿的过程中，利用医疗服务资源或与医疗（保健）服务提供者的合作，所进行的健康指导和诊疗干预管理的活动。

个人人身保险（individual life insurance）

单个被保险人在自愿选择的基础上所投保的人身保险。

联生保险（joint life insurance）

将存在一定利害关系的两个或两个以上的个人（如父母、夫妻、子女、兄弟姐妹或合作者等）作为联合被保险人同时进行投保的一类保险。

团体人身保险（group life insurance）

通过一张总的保险单为某一团体的全体或大多数成员（一般要求至少为总人数的75%）提供人身风险保障的保险形式。

自愿保险（voluntary insurance）

保险双方当事人在公平自愿的基础上，通过签订保险合同自愿缔结保险关系，双方均可自由选择。自愿保险的投保人有选择险种、保险期限、保险金额以及退保的权利，而保险公司可以选择被保险人和保险标的。

强制保险（compulsory insurance）

根据国家颁布的有关法律和法规，在规定范围内的个人或单位必须投保的保险。

保险期限（period of insurance; policy period）

根据保险合同的约定，保险公司为被保险人提供保险保障的期间。

标准体（standard risk）

在人寿保险和健康保险中无需增加保费或特殊限制即可承保的人群。

非标准体保险（substandard risk insurance）（substandard life insurance）
此类保险的被保险人发生保险事故的可能性较高，超过了正常人的标准，只有满足特别条件才能承保，否则将增加保险公司的承保风险。
定期寿险（term life insurance）
在固定年限的保险期限内，以被保险人死亡为保险金给付条件的人寿保险。
终身寿险（whole life insurance）
以被保险人死亡为给付保险金条件，且保险期限为终身的人寿保险。
两全保险（endowment insurance）
在保险期限内，以被保险人死亡或生存为给付保险金条件，且保险金一次性给付的人寿保险。
保险事故（insured event）（insurance incident）
保险合同约定的保险责任范围内的事故。
期缴保费（installment premium）
投保人按保险合同约定分次缴纳的保险费。
变额年金（variable annuity）
根据保险合同的约定，年金领取人每期领取的年金数额随着账户投资业绩的变化而变化的年金保险。
保险费（premium）
投保人为取得保险保障，按保险合同约定向保险公司支付的费用。
生命表（life table）
根据一定时期的特定区域人口或特定人口群体的有关死亡统计资料，编制成的描述每一类人口在各个不同年龄的死亡率的表。
死亡率（mortality rate）
某一特定人群在各年龄发生死亡的概率。
平均余命（life expectancy）
从被保险人当前年龄始，至预期死亡时间止的期间。
准备金（reserve）
保险公司为了履行未来的赔偿或给付责任而预先提存的资金准备。
精算方法（actuarial method）
运用数学、统计、法律和会计等知识进行风险评估或财务安排的方法。
银行保险（bank insurance）
银行或保险公司通过协议合作、合资企业、兼并收购和设立新公司等方式，为客户提供金融产品和服务的行为。
失能收入保险（income protection insurance）
以保险合同约定的疾病或者意外伤害导致工作能力丧失为给付保险金条件，为被保险人在一定时期内收入减少或者中断提供保障的保险。

退保（surrender）
在保险期限内，投保人向保险公司要求解除保险合同的行为。
销售渠道（sales channel）
保险公司向被保险人推销保险产品的方式，目前常见的渠道是个人代理人，银行代理，电子商务等。

第二章

市场策略（market strategy）
即保险公司在进入某一市场之前都要确定它的目标市场，这是业务发展的前提，也是产品开发的方向。
固定费用（fixed cost）
是指日常的固定费用消耗。保险公司作为商业机构，必须有固定的办公地点，必须设立营销管理处，例如，保险公司每出一张保险单，其印刷费用、纸张费用等。
维持费用（maintenance fee）
为了保持每个客户的持续性，保险公司须定期与客户联系，寄送一些客户服务的资料、举办与客户联谊的活动等所支出的费用。
保险需求（demand of insurance）
在一定的费率水平上，保险市场上需求方愿意并有能力购买的保险产品。
保险费率（premium rate）
单位保险金额应该收取的保险费。
预定费用率（expected cost rate）
又称“附加费用率”。寿险经营者预先确定的为维护保险单效力、收缴保险费、订立合同等项费用支出占保险金额或毛保费（即营业保费）的比例。预定费用与实际费用支出之差形成费差损或费差益。
预定利息率（expected interest rate）
寿险经营者在进行寿险保险费计算时所选定的利息率。
预定死亡率（expected mortality）
由生命表可以得知每一年龄的死亡率，死亡率为计算将来要支付死亡保险金的保险费（称为死亡保险费）的基础，这种计算保费用的死亡率称为预定死亡率。
产品说明书（product specification）
保险公司向投连、万能或分红等人身保险新型产品的保单持有人提供产品性质、特征、保单持有人承担的费用和风险等信息的文件。
人身保险合同（life insurance contract）
以人的寿命和身体为保险标的的保险合同。
责任免除（liability exclusion）
责任免除条款定义了保险公司的除外责任。因为保险公司面临多种风险，包括自然灾害风险、道德风险和政治风险等，对于某些特定原因引起的、符合保险责任条款定义的责任事件，有一些是保险公司不能承担的责任，这些事件就必须在责任免除条款中列明。

第三章

定价策略（pricing strategy）

是指根据公司的价格策略所希望达到的目标而采取的手段，可以表现为公司对该产品所期望的利润水平、销售水平和市场占有率水平。

利润最大化定价策略（pricing strategy of maximizing profit）

是在产品定价时采用较高的价格，使得产品的利润率最大，追求产品的高回报率。

适应性定价策略（adaptability pricing strategy）

是在定价时，公司根据其他公司的价格状况，尝试给新产品制订一个略高于行业平均水平的价格。

中立的定价策略（neutrality pricing strategy）

是在定价时制订一个使得大部分客户都觉得合理的价格，一般会接近行业的平均价格。

渗透性定价策略（osmosis pricing strategy）

是在定价时制订一个较低的价格，以获得较高的销售量，扩大市场占有率。

现金价值（cash value）

根据保险合同的约定投保人退保时可领取的保单累积的价值。

充足性原则（the principle of adequacy）

保费的充足性是指寿险保费应足以抵补一切可能发生的给付以及保险公司发生的相关费用。如果保费不充足，就会导致保险公司在未来没有足够的资金给付保险金，从而最终使被保险人利益受到损害。

公平性原则（the principle of fairness）

定价时要考虑保费的公平性。保险公司对被保险人所承担的责任与投保人所缴纳的保费对等，这是针对每个被保险人而言。对于不同年龄的人，死亡率是不同的，年长人的死亡率可以是年轻人的好几倍，若对所有人收取相同的保费，则对低死亡率的人是不公平的，也会造成大部分都是高死亡率的人投保，偏离保险公司原来的预期。保险公司应根据被保险人的不同年龄、不同性别、不同职业以及被保险人的习惯来区分保费，但实务中又很难做到完全精确、详细地划分被保险人，因而公平性又是相对的。

可行性原则（the pirnciple of feasibility）

定价时不仅要考虑给付的需要以及公平合理，还要考虑投保人缴纳保费的能力。从消费者角度考虑，保费不能太高，否则会影响投保人的积极性，不利于保险业务的发展。理想的可保风险应是发生保险事故的可能性很小，而一旦发生保险事故，将给被保险人及其家属在经济上造成很大的损害，这种风险的保费会比较低，投保人可以承受，这样才能发挥保险的保障功能。

毛保费（gross premium）
投保人支付的，由纯保费和附加费用组成的保险费。
纯保费（pure premium；net premium）
用于支付保险赔款或保险金给付金额的期望值。
附加费用（premium loading）
是指保险费结构中除用于履行保险责任的理论保险费金额以外为了支持保险产品的营运而收取的附加费用部分。
大数法则（law of large numbers）
概率论中用来阐述大量随机现象结果趋于稳定的定律。
疾病发生率表（morbidity table）
按年龄、性别和病种等因素列明特定群体发病率的表。
单利（simple interest）（simple interest rate）
是最简单的利息计算方法，指各期的利息都以最初的本金为计算基础。
复利（compound interest）（compounded interest rate）
指根据前一期的利息与本金之和来计算当期的利息，也就是不仅要计算本金的利息，还要计算利息的利息。
终值（Future Value，FV）
终值又称到期值，指经过一定的期间后，本金与利息之和。
现值（Present Value，PV）
现值指未来某个时刻的一定量货币的当前价值。
自然保费（natural premium）
按照各年龄死亡率计算而得的逐年更新的保费。
趸缴保费（single premium；lump－sum premium）
投保人按保险合同的约定一次性缴清的保险费。
均衡保费（level premium）
保险公司将人的不同年龄的自然保险费结合利息因素，均匀地分配在各个年度，投保人在每期缴纳的数额相同的保费。
准备金评估方法（reserve valuation method）
是计算保单准备金金额的方法。
毛保费评估法（gross premium valuation method）
是一种在准备金评估中考虑了和产品有关的营运费用或附加费用的准备金评估法。通过毛保费评估法计算的责任准备金通常称为毛保费准备金。
纯保费评估法（pure premium valuation method）
是在准备金的评估中忽略了与产品有关的营运费用或附加费用的责任准备金评估方法。用此方法计算的准备金通常称为纯保费准备金。
法定责任准备金（statutory reserve）
为确保保险公司偿付能力，由保险公司按照相关法律规定，采用相对保守的假设和方法计算出来的准备金。

第四章

人寿保险产品（life insurance product）

简称寿险产品，是以人的生命为保险标的、以人的生存或死亡为保险事故的保险产品。在保险合同期间，当被保险人发生合同约定的保险事故（生存或死亡）时，由保险公司依约给付保险金。

保单周年日（policy anniversary）

保单周年日是指保单签发日的对应日。

可续保性（continuity）

可续保定期寿险保单给予保单持有人在保险期间结束时继续投保的权利，而无需提供可保证明。换句话说，当保险期间结束时，只要保单持有人提出续保要求，不用再对被保险人进行体检或要求其提供最近的健康记录，保险公司必须给予承保，而不管此时被保险人的健康状况如何。可续保性的简单意义是保单能够持续到所规定终止的年龄。而对于保单持有人来说，可续保定期寿险可视为保费增加、而保障不变的定期寿险。

可转换性（transferability）

许多的定期寿险产品具有可转换的特性。可转换的定期寿险保单包含一个转换条款，允许保单持有人将定期寿险转为终身寿险，无需提供额外可保性证明。也就是说，即使被保险人的健康状况已经恶化到不具备可保性时，仍然能够通过将定期寿险转换成终身寿险的方式，获得永久性的保障。

小额人身保险（microinsurance）

是一类面向低收入人群提供的人身保险产品的总称，具有保费低廉、保障适度、保单通俗、核保理赔简单等特点，是小额金融的重要组成部分，也是一种有效的金融扶贫手段。

保单现金价值（cash value of insurance policy）

终身寿险具有保单现金价值，含有储蓄的性质。保单现金价值来源于过去缴纳保费的积累值与过去保险成本积累值之间的差额，这部分金额不会因保险单效力的改变而丧失。

保单抵押贷款（policy loan）

终身寿险保单持有人可以保单为质押向保险公司申请保单抵押贷款。贷款的最高数额通常是保单现金价值的一定比例。当然，贷款要收取相应的利息。在贷款未还清之前，如果保单持有人提出退保，就要从现金价值中扣除未还清贷款余额，而如果被保险人死亡，也必须从保险金额中减去这一数额。

精算假设（actuarial assumption）

泛指保险产品定价时精算师对定价中的各个要素的取值提出的假设。

退保率（surrender rate）

是指保单所有人主动中断保险合同或者因在保单规定期限内未及时缴纳续期保费而使保单失效的发生率。

三元素法（three assumption pricing method）
即根据预定的死亡率、利息率和附加费用率计算毛保费，毛保费的精算现值等于未来的保险给付、费用和利润的精算现值。目前，我国绝大部分传统险种都采用三元素定价法定价。
附加险（rider）
不可单独投保而必须附加于主险或基本险，是整个保险合约的一部分，有时是用于扩大保险的保障范围，有时却是用于排除某些保障范围，但大多数为扩大保险的保障范围。

第五章

基本养老保险（basic pension）
亦称国家基本养老保险，它是按国家统一政策规定强制实施的为保障广大离退休人员基本生活需要的一种养老保险制度。
年金保险（annuity）
是指以生存为给付保险金条件，按约定分期给付生存保险金，且分期给付生存保险金的间隔不超过一年（含一年）的人寿保险。
团体养老年金（group pension）
是指企业团体自愿发起设立的养老保险计划，为员工提供补充养老金来源。
纯生存保险（pure endowment insurance）
是指只有生存至某个约定的未来时点，才能获得保险金给付的保险。
长寿风险（longevity risk）
由于人们的预期寿命越来越长而带来的财务风险。对于老年人而言，是退休金消费过快或受到损失，不足以能支持未来预期延长的老年生活水平的风险。
企业年金（enterprise annuity）
是在国家政策的指导下，由企业自愿建立的补充养老保险制度。企业年金不具有强制性。它不属于社会保险，而是企业在国家宏观政策指导下自愿实施的养老保障行为。
死亡风险保障（net amount at risk）
是指身故保险金给付与保单价值之间的差额。一般而言，如果被保险人继续生存，其可以获得约等于保险价值的保险金。净身故保险保障界定了实际因被保险人身故，保险公司在保单价值基础上额外付出的保险金部分。
即期年金（immediate annuity）
是指年金给付的起始时间为首期保险费缴付后第一个保单周年日或之前开始领取的年金。
递延年金（deferred annuity）
是指年金给付的起始时间通常为保险费全部缴付完后较长的一段时间后才开始领取的年金。
生存年金（life annuity）
它是以被保险人的生存作为年金支付的条件，即以特定的人仍然生存为条件按期进行的给付，又称为生命年金或不确定年金。

确定年金（annuity certain）

以在确定的年金给付期间以确定的形式支付款项的年金。确定年金的总支付期间事前确定，与被保险人的生死无关，其支付金额仅以预定投资收益率为基础，不考虑死亡率。

年金红利（dividend annuity）

当保险公司宣布一元年金红利时，就意味着被保险人在约定的年金领取期内，满足年金领取条件时，每期可以收到一元的红利形式。

正向缴费年金（normal annuity）

是传统的先缴付保险费累积养老金，然后再领取的年金保险产品。

反向抵押按揭年金（reverse annuity）

是指在退休时，被保险人没有积累足够的养老金，但是拥有价值很高的房产。被保险人将房产作为投保资产换取确定的终身收入的年金，在被保险人身故后，保险公司有权变卖房产，收回保费的年金产品形式。

前端费用（front - end charge）

设有保单账户的年金保险合同成立时，投保人缴付的保费在扣除一部分合同约定的费用后计入保单账户。保费缴付时扣除的这部分费用就是前端费用。

后端费用（back - end charge）

退保费用是在合同部分或全部退保时才收取，并按账户价值比例计算，且随着时间的增加而递减。

最低利率保证（minimum guaranteed rate）

设有保单账户的年金保险合同对于保单账户的投资结算收益率作出的最低保证承诺。

窗口期（windows period）

是指能够行使某种选择权的一段时期。在这段时期之前或之后，都不能行使选择权。

死亡风险（mortality risk）

是指被保险人实际死亡的事件发生的比定价预计多的风险。

次标准体保险费（substandard premium）

是指提供死亡保障的保险产品，在核保时，由于某些被保险人身体健康情况较差，比一般被保险人群在约定的时间段内身故的可能性更大，而向被保险人收取的额外保险费，用来补偿其额外死亡风险。

死亡率假设（mortality rate assumption）

在为保险产品定价时，假定的被保险人在各年龄阶段身故的可能性。

替代率（replacement ratio）

是指退休后的收入和退休前最后一年的薪水的比率。退休前的收入应为客户的可支配收入而不是名义收入。

利差损（interest loss）

保险产品的实际投资收益率比定价时预计的投资收益率低，导致保险费不足而造成的损失。

第六章

分红保险（participating insurance）

保险公司将其实际经营成果优于定价假设的盈余部分，按一定比例向保单持有人进行分配的人寿保险。

红利（dividend；bonus）

保险公司根据实际经营成果优于定价假设的可分配盈余的一定比例向保单持有人分配的数额。

可分配盈余（distributable surplus）

在分红保险合同中，能以红利形式分配给保单持有人的部分盈余。

现金红利（cash dividend）

保单持有人直接以现金的形式领取保单红利的一种红利选择权。

红利累积利率（dividend accumulation interest rate）

保险公司每年公布的，在合同约定的红利计息期间，按照累积生息红利领取方式的分配红利所采用的利率。

终了红利（terminal bonus）

又称满期红利，采用增额红利领取方式的保单持有人在保险合同终止时以现金方式领取红利的一种红利选择权。

增额红利（dividend addition）

又称继承红利、归源红利，保单持有人在整个保险期限内每年以红利作为保险费，增加原保险合同保险金额的一种红利选择权。

缴清增额（paid－up addition）

保单持有人将每年的保单红利作为购买与原保险合同到期日相同保险的趸缴保费，增加原保险合同保险金额的一种红利选择权。

分红特别储备（dividend special reserve）

是分红保险账户逐年累积的，用于平滑未来分红水平的储备金。

股份有限保险公司（limited stock insurance company）

依法设立的、全部资本分为等额股份，股东以其所持股份为限对公司承担责任，公司以其全部资产为限对承担公司债务责任的保险公司。

相互保险公司（mutual insurance company）

依法设立、由投保人作为其成员并办理保险业务的合作保险组织。

第七章

万能保险（universal life insurance）

包含保险保障功能并设立有保底收益投资账户的人寿保险，产品运作机制完全透明、可灵活缴纳保费、可随时调整保险保障水平、能够很好的将保障和投资功能融于一体。

首期账户价值（initial account value）

投保人在购买万能寿险产品时，首期支付的保费在扣除费用成本、死亡与其他附加给付成本后的剩余资金即为首期账户价值，这也是未来账户结算的基础。

持续奖金（persistency bonus）

是保险公司对持续有效的保单或持续缴费的保单，满足合同约定条件时给予的奖金，以鼓励客户长期持有保单，或鼓励客户持续缴费。

弹性缴费（flexible premium payments）

在符合每次缴费最高和最低限额的规定的前提下，投保人可以采用灵活的方式缴纳保费，即可在任何时间不定额地缴纳保费。只要账户价值足以支撑保单管理费、风险保障费用等保单扣费，投保人可以中止缴纳保费，保险合同继续有效。

方式A死亡给付方式（death benefit option A）

死亡给付根据保险金额确定，除非客户调整，否则给付金额是固定不变的。

方式B死亡给付方式（death benefit option B）

死亡给付等于固定的风险保额与账户价值之和。

结算利率（credit rate）

是保险公司根据万能账户的实际投资情况，充分考虑客户合理预期、未来可支持性等因素后确定的利率，一般会换算成月利率后应用到账户价值上从而计算得出月度结算利息并计入账户。

保证利率（guaranteed interest rate）

即结算利率的最低保证，当万能账户的结算利率低于最低保证利率时，万能保险的账户价值应当以最低保证利率进行结算。

初始费用（initial expenses）

是保费进入万能账户之前所扣除的费用，是保险公司为产品提供销售及管理服务而收取的费用，对缴纳的每笔保费进行收取。

死亡风险保险费（mortality risk premium）

即保单死亡风险保额的保障成本，应通过扣除保单账户价值的方式收取，其计算方法为死亡风险保额乘以死亡风险保险费费率。

信息披露（disclosure of information）

保险公司向投保人及公众描述新型产品特性、进行保险合同利益测算、介绍经营成果等相关信息的行为，披露方式包括但不限于通过媒体、公司网站披露，通过销售网点、销售人员以及召开产品说明会等途径宣传介绍，通过客户服务人员进行电话回访，以及向客户寄送报告资料等。

第八章

投资连结保险（Unit - Linked Insurance Policy，ULIP）

是包含保险保障功能并至少在一个投资账户拥有一定资产价值的人身保险产品。投资连结保险产品的保单账户价值与保险公司为投资连结保险单独设立的投资账户的价值相对应，所以保单账户价值直接与独立账户的投资业绩相连。

内置型保障（embedded risk cover）

是指保障责任内置于投资连结保险中，形成一个整体的产品，保障的成本从客户的投资账户中按月或按年扣除。

外附型保障（risk cover as rider）

是指将保障责任设计成附加险的形式，与投资连结主险捆绑成一个保险计划销售给客户。由于保障是单独附加的，所以保障的成本需要客户按照约定额外支付，而不会从投资连结账户中扣除。

买入卖出差价（bid－offer spread）

即投保人买入和卖出投资单位的价格之间的差价，用以弥补由于资产购入与卖出而发生的费用。

保单账户价值（policy account value）

是投保人所拥有的所有投资账户的保单账户价值之和，保单账户价值为所连结的投资账户的价格（一般为卖出价）与客户在该账户所拥有的投资单位数的乘积。

单位价格（unit price）

投资单位有两个交易价格，保险公司卖给客户的价格称为申购价（从客户的角度，又称买入价），客户赎回投资单位的价格称为赎回价（从客户的角度，又称卖出价）。

投资单位数（number of units）

代表客户对于投资连结账户资产的所有权，投保人购买投资连结保险，缴纳的保险费在扣除初始费用后，使用下一个资产评估日的买入价，购买投资账户的单位数。

第九章

健康保险（health insurance）

是以被保险人的身体为保险标的，保证被保险人在疾病或意外事故所致伤害时的直接费用或间接损失获得补偿的一种人身保险。健康保险包括疾病保险、医疗保险、失能收入损失保险和护理保险。

疾病保险（disease insurance）

以保险合同约定的疾病的发生为给付保险金条件的保险。

医疗保险（medical insurance）

以保险合同约定的医疗行为的发生为给付保险金条件，为被保险人接受诊疗期间的医疗费用支出提供保障的保险。

失能收入损失保险（disability income insurance）

以因保险合同约定的疾病或者意外伤害导致工作能力丧失为给付保险金条件，为被保险人在一定时期内收入减少或者中断提供保障的保险。

护理保险（long term care insurance）

以因保险合同约定的日常生活能力障碍引发护理需要为给付保险金条件，为被保险人的护理支出提供保障的保险。

社会医疗保险（social medical insurance）

由国家通过法律强制实施，社会医疗保险机构没有选择投保人和被保险人的权利，对规定范围的参保人，不论其年龄大小、是否已患疾病，社会医疗保险机构都必须接受；而投保人和被保险人也没有选择是否投保的权利，必须按规定缴纳保险费，参加社会医疗保险。

商业健康保险（private health insurance）

是完全自愿的，投保人与商业保险公司是保险合同关系。投保人可以根据自己的需求及经济条件决定是否购买商业健康保险，在对商业保险公司和具体商业健康保险险种的选择上也完全由投保人自主决定。

残疾（disability）

是失能保险中非常重要的概念。残疾指由于伤病等原因在人体上遗留的、影响正常生活和工作能力的固定症状。

重大疾病保险（major disease insurance）

只为特定的疾病提供保障，这些疾病的共同特点就是对人的生命危害大、治疗费用高。

保证续保（guaranteed renewal）

是指被保险人经过一定时期（如三年）的观察审核后可向保险公司申请保证续保权，被保险人一旦获得保证续保权，则无论其再出现何种健康风险，保险公司都不能对该被保险人进行加费、除对该疾病的承保处理，更不能拒绝投保人的续保要求，实际上保险公司已经失去了对被保险人核保的权利，投保人只要按时缴纳保险费就可以续保至合同规定的最高保障年龄。

免责期（exclusion period）

绝大多数的健康险产品都会设定免责期，被保险人在免责期内因疾病支出医疗费用或收入损失，保险公司不承担保险金给付责任。

免赔额（deductible）

是指保险公司预先设定的一个医疗费用额度，只有当被保险人发生的医疗费用超过该额度时保险公司才开始承担保险金给付责任。

赔付比例（payment ratio）

指保险公司负担医疗费用的比例，如保险公司负担医疗费用的80%，被保险人需自行承担医疗费用的20%。

管理式医疗（managed care）

是把医疗服务的提供和提供医疗服务所需资金的供给结合在一起的保险系统，其目的在于控制医疗费用、医疗服务的利用度，提高服务质量。

第十章

意外伤害（accidental injury）

外来的、突发的、非本意的、非疾病的客观事件直接致使身体受到的伤害。

意外伤害保险（accident insurance）

在被保险人遭受意外伤害，导致身体残疾或死亡时，保险公司将按事先约定（保险合同约定）的残疾给付比例支付残疾保险金，或按规定的保险金额支付身故保险金的一种保险产品。

意外身故给付（accidental death benefit）

被保险人遭受保险合同约定的意外事故而身故，受益人可按照合同约定的保险金额获得身故利益给付。

意外残疾给付（accidental disability payments）

被保险人遭受保险合同约定的意外事故而导致身体残疾，受益人可按约定的残疾比例乘以保险金额获得残疾赔偿。

意外伤害医疗费用给付（accidental medical expense payments）

被保险人遭受保险合同约定的意外事故而需要到医院进行治疗，所发生的医疗费用将按合同规定获得一定的保险赔付。

航空意外伤害保险（aviation accident insurance）

保险公司和被保险人约定，当被保险人发生航空意外事故时，保险公司按照合同约定的方式给予被保险人一定赔偿。

航空意外事故（aircraft accident）

由于乘坐飞机发生意外事故而导致的身故，我国保险公司一般都将飞机进一步明确为民航客机，不包括私人飞机。

日津贴额（daily payment）

保险公司和被保险人事先约定好的，被保险人住院期间保险公司每天必须支付的津贴额。

一次性津贴给付（one－time allowance payments）

当被保险人因在旅行过程中遭遇意外事故而导致住院治疗，且满足其他给付条件时，保险公司将一次性给付一笔固定金额作为被保险人的住院津贴，这笔一次性支付就叫做一次性津贴给付。

海上保险（marine insurance）

保险公司按照约定，对被保险人遭受保险事故造成保险标的的损失和产生的责任负责赔偿。海上保险的保险事故，是指保险公司与被保险人约定的任何海上事故，包括与海上航行有关的发生于内河或者陆上的事故。

第三领域（third fields）

一般将意外伤害保险与健康险看作人身保险和财产保险之外的“第三领域”，主要是因为这两个险种的业务特点介于寿险和产险之间。

第十一章

销售渠道（sales channel or distribution channel）

产品从生产者向消费者转移所经过的通道或途径，即产品由生产者到消费者的流通过程中所经历的各个环节连接起来形成的通道。

保险销售渠道（insurance sales channel or insurance distribution channel）

保险公司、销售人员、投保人或被保险人等为共同利益而彼此联结起来的通道，它是连接保险公司与投保人或被保险人的桥梁与纽带。

保险销售风险（insurance sales risks）

在保险销售活动中，保险公司及其员工、销售人员由于受各种主客观因素影响，造成公司经营效益、品牌及声誉受损，进而影响公司持续健康发展的风险。

返佣（insurance commission refund）

是指销售人员在保单销售过程中，为了促成业务，将自己佣金中的一部分给予或者承诺给予客户的行为，以吸引投保人购买。

销售误导（misleading sales conduct）

在保险产品销售过程中，保险机构或销售人员违背诚信原则，不能全面、真实、准确地告知有关情况，故意损害被保险人或投保人利益，从中获得不当得利的行为。

中国人身保险从业人员资格考试项目

一、基本原则

中国人身保险从业人员资格考试项目是中国人身保险业教育培训的一项制度安排，根据中国保险事业发展客观要求所设计：

（1）在组织机构上，建立了由监管部门、项目编审委以及行业协会领导、相关公司负责人，以及著名专家学者组成的各职能委员会参与决策，保证整个项目有组织有计划地向前推进；

（2）在考试晋级上，采取分级分类考试制度，既照顾不同职能岗位的技术特点，便于从业人员通过考试，又采取由中级到高级渐进式晋级考试方式，为从业人员不断学习提高，提供了动力和空间；

（3）在教材编写上，组织四百多名专家学者历经数年艰苦努力，初步形成了较为完整的教材体系。这套资格考试教材充分吸收了国内外最新研究成果和实践经验，规模之大，投入精力之多是过去从来没有过的，是行业集体智慧的结晶；

（4）在项目运作上，采取监管部门推动、监督和市场化运作相结合的执行模式，保证了前期充分的资金支持和市场化高效率运作；项目由南开大学和广州信平市场策划顾问有限公司共同研发，由广州信平具体运作与执行，中国保险行业协会参与协调；

（5）在证书管理上，全力打造“中国寿险管理师”、“中国寿险理财规划师”、“中国员工福利规划师”等，为获取资格的从业人员在业务拓展和事业成长方面提供支持和帮助。资格考试项目的总体设计是永续发展的。

二、推进历程

中国保监会 1999 年提出要开展自己的人身保险从业人员资格考试的设想，并广泛征求各寿险公司意见，得到大家的认同。

2002 年上半年，人身保险监管部重新启动项目，并在第三季度召开座谈会，确立“商业化运作、确保考试质量”等基本原则。保监会通过演示竞标的方式确定了承办机构。

2002 年年底，管理教材丛书编写工作启动，2004 年完成管理教材丛书 5 门课程教材，

10月11日在北京人民大会堂举行项目启动会暨教材发布会。2005年年底完成管理资格6本教材，2006年5月完成销售系列6本教材，2006年年底完成“中国员工福利规划师”资格的2本专业教材，并考虑启动专业技术系列的核保核赔资格以及银邮销售系列的相关教材编写。

2005年3月及9月举行试运行考试，分别于全国12个及24个城市举行。年度总人次近8000。有600余人获得中国寿险管理师中级资格。

2006年3月及4月举行资格考试正式运行的第一次考试，全国29个城市同时举行。本次考试有6030余人次。共有424余人取得中国寿险管理师中级资格，另有高级资格68人，同时产生中国寿险规划师中级资格4人。

截至2009年春季，共成功举行试运行和正式运行考试10次，累计考生10万多人次，近1.5万人次取得各类资格。有40余家中、外、合资寿险公司、产险公司、中介公司、资产管理公司、银行等团体组织报名，参加考试，出台报销与职级挂钩等政策，此外来自全国保险、金融、外语、医学等专业院校学生也积极报名参考。

三、具体资格

管理资格即“中国寿险管理师”，分为中级资格和高级资格。销售资格由“中国寿险理财规划师”和“中国员工福利规划师”两个部分组成。前者主要适用于个险销售人员，按照新型寿险产品、健康保险产品及养老保险产品三个方向分别设计三个中级资格，同时取得后即可授予高级资格。后者主要适用于团体保险销售人员，由自身专业课程产生中级资格证书和叠加寿险规划师健康、养老方向中级课程后授予的高级资格证书组成。

1. 中国寿险管理师——公司可持续发展的推动者

针对人群：主要针对内勤管理人员，系统介绍了人身保险行业运营架构、内容、监管要求和主体业务技能。

资格内容：

中国寿险管理师——中级资格		中国寿险管理师——高级资格加考科目	
代码	科目名称	代码	科目名称
A1	《风险管理与人身保险》	A5	《寿险公司经营与管理》
A2	《保险从业人员职业道德》	A6	《人身保险市场与营销》
A3	《人身保险产品》	A7a	《人身保险会计与财务（上）会计版》
A4	《人身保险合同》	A7b	《人身保险会计与财务（下）财务版》
A10	《人身保险监管》	A8	《寿险公司资产管理》
		A9	《寿险公司人力资源管理》

实用价值：

该资格知识体系能够帮助初入人身保险行业的从业人员迅速了解整体保险行业运营的架构、内容和监管要求，使其在工作岗位上能够更全面的做好本岗位的工作；

帮助进入人身保险行业数年的从业人员总结过去实践经验，加深理解，并进一步提升完成未来任务的能力；

帮助行业各类销售人员及讲师人员进一步理解公司的运营实务、保险知识及监管要求，进而更好地服务行业及社会客户。

2. 中国寿险理财规划师——金融理财规划时代的核心竞争力

针对人群：主要针对保险公司及保险中介机构的各类销售人员、营销管理人员和培训人员，以及银行的理财服务人员。

实用价值：

该资格知识体系能够帮助保险公司及保险中介机构的各类销售人员及营销管理人员，服务、行政人员、培训人员以及银行、证券的从业人员对于各系列销售资格的行业运营、产品、内外部环境及政策更好的理解及融会贯通，在激烈竞争的金融规划理财时代提升竞争力，更好服务行业及客户，提升行业声誉；

有助于公司内勤行政管理及专业技术人员更进一步了解销售系统的各环节和产品，协助公司在营销管理和产品开发方面能更全面和科学化。

资格内容：

中国寿险规划师（新型寿险产品方向）		中国寿险规划师（健康保险产品方向）	
代码	科目名称	代码	科目名称
A2	《保险从业人员职业道德》	A2	《保险从业人员职业道德》
A3	《人身保险产品》	H1	《健康保险原理及经营运作》
A8	《寿险公司资产管理》	H2	《健康保险外部环境及政策》
G	《团体保险》		
中国寿险规划师（养老保险产品方向）		中国寿险理财规划师资格	
A2	《保险从业人员职业道德》	中国寿险规划师（新型寿险产品方向）+中国寿险规划师（健康保险产品方向）+中国寿险规划师（养老保险产品方向）=中国寿险理财规划师 即通过所有以上三个方向的中国寿险规划师资格课程后取得本资格	
P1	《养老保险原理及经营运作》		
P2	《养老保险外部环境及政策》		
P3	《企业年金理论与实务》		

注意：A2、A3、A8三门课程与中国寿险管理师考试交叉，相互认可仅考一次即可。

3. 中国员工福利规划师——专业价值的有效实现者

针对人群：主要针对团体保险销售人员，是目前国内唯一针对员工福利规划的专业资格考试。

实用价值：

在金融产品交叉销售的大环境下，个险销售人员及其他金融理财人员在为个人做理财规划时，客户的员工福利也是不可忽视的一块领域，因此所有金融从业者都有必要参加该资格考试，以更有效的实现专业价值。

资格内容：

<table>
<tr><th colspan="2">中国员工福利规划师——中级资格</th><th>中国员工福利规划师——高级资格</th></tr>
<tr><th>代码</th><th>科目名称</th><th>取得条件</th></tr>
<tr><td>A2</td><td>《保险从业人员职业道德》</td><td rowspan="5">中国员工福利规划师－中级资格 ＋中国寿险规划师（健康保险产品方向）＋中国寿险规划师（养老保险产品方向）＝中国员工福利规划师－高级资格
即取得以上三个资格后获得中国员工福利规划师高级资格</td></tr>
<tr><td>G</td><td>《团体保险》</td></tr>
<tr><td>EB1</td><td>《员工福利计划：原理、设计与管理》</td></tr>
<tr><td>EB2</td><td>《员工福利计划：政策与外部环境》</td></tr>
<tr><td></td><td></td></tr>
</table>

四、教材和考试

管理系列一共有 11 本教材，销售系列中除了与管理系列三门交叉课程之外，另有 6 本销售系列的专用教材。中国员工福利规划师资格有 2 本专业教材，三师资格共 19 本教材。专业系列教材正在编写当中。另外银邮销售渠道的销售人员所需保险基本知识体系也正在设计当中。所开发的教材用以支持考试平台以及培训平台。

教材内容是借鉴国际保险基本原理和发展趋势，符合国内制度、环境以及发展阶段、结合理论与实务的行业系统化和标准化的知识平台。

中国人身保险职业资格考试项目教材委员会已启动部分考试资料的修订工作。2010 年春季考试开始使用的二版修订考试资料有 A1《风险管理与人身保险》、A2《保险从业人员职业道德》（一版名称为 A2《人身保险从业人员职业道德》)、A3《人身保险产品》、A4《人身保险合同》、A7a《人身保险会计与财务（上）会计版》及 A7b《人身保险会计与财务（下）财务版》等科目。第二批计划修订的考试资料为 H1《健康保险原理及经营运作》、H2《健康保险外部环境及政策》、G《团体保险》、A8《寿险公司资产管理》、A10《人身保险监管》等，预计在 2011 年春季考试使用。

资格考试由考试分委会所指导，为保证考试公平、公正性，考委会建立严格的标准化监考及考务管理流程，并且在考题方面，组织来自监管、行业以及院校的专家进行出题、审题、选题的工作，确保考题能够反映行业重点、市场趋势和实务以及反映监管的政策方向。

五、资格证书颁发

凡通过指定的考试，符合指定条件的考生可以取得相应的资格证书。资格证书是由中国保险监督管理委员会授权中国保险行业协会颁发。目前推出的是“中国寿险管理师”、“中国寿险理财规划师”和“中国员工福利规划师”资格证书。

六、意义与作用

资格考试项目的推出对于行业标准以及资源整合是一个具有重要意义的平台，将对我国人身保险业的快速发展产生深远影响：（1）能够打造中国人身保险业务知识的系统化、标准化和现代化；（2）能够全面提升从业人员的素质；（3）启动人身保险行业诚信制度建设；（4）能够加快中国人身保险业从传统保险向现代保险的转型；（5）为做大做强中国保险业服务。

参考文献

1. 王绪瑾：《保险学》（第三版），经济管理出版社 2004 年版。

2. 裴光：《中国保险业竞争力研究》，中国金融出版社 2002 年版。

3. 王宪章：《分红保险》，中国财政经济出版社 2002 年版。

4. 魏迎宁主编：《人身保险》，西南财经大学出版社 1993 年版。

5. 丁昶、李汉雄主编：《投连和万能的原理与监管》，中国财政经济出版社 2009 年版。

6. 陈滔编著：《健康保险》，西南财经大学出版社 2002 年版。

7. 刘经纶主编：《重大疾病保险》，中国金融出版社 2001 年版。

8. 马永伟主编：《保险知识读本》，中国金融出版社 2000 年版。

9. 陈文辉主编：《〈健康保险管理办法〉指引》，中国劳动社会保障出版社 2006 年版。

10. 吴定富主编：《中华人民共和国保险法释义》，中国财政经济出版社 2009 年版。

11. 陈文辉主编：《寿险公司内部控制建设与监管》，人民出版社 2005 年版。

12. 黎宗剑主编：《营销之道》，中国市场出版社 2006 年版。

13. 黄华明编著：《保险市场营销导论》，对外经济贸易大学出版社 2004 年版。

14. 王宪章主编：《个人寿险市场营销》，中国财政经济出版社 2002 年版。

15. 中国保险史编审委员会：《中国保险史》，中国金融出版社 1998 年版。

16. 中国商业医疗保险研究课题组著：《中国商业医疗保险研究》，中国金融出版社 2002 年版。

17. 中国保险学会，中国保险行业协会编：《保险诚信读本》，中国市场出版社 2005 年版。

18. 中国社会科学院语言研究所词典编辑室编：《现代汉语词典》，商务印书馆 2000 年版。

19. 中国保监会人身保险监管部编：《人身保险产品基础知识问答手册》2008 年版。

20. 詹肇岚：《2000—2003 生命表死亡率调查及编制情况介绍》，2005 年 12 月版。

21. （美）肯尼思·布莱克，哈罗德·斯基泊：《人寿保险》，北京大学出版社 1999 年版。

22. 宁威："我国保险公司在金融行业内的竞争力分析"，中国经济改革与发展——《改革开放 30 年历程回顾与展望论文集》，2009 年 5 月。

23. 宁威："我国寿险产品功能性定位的回归"，《保险研究》，2008 年增刊 2。

24. 宁威："浅论我国保险产品功能定位的回归"，《保险经理人》，2008 年 9 月。

25. 王绪瑾："为保险资金运作建立新平台"，《会计师》，2004 年第 6 期。

26. 李怡："中国保险教育的回顾与反思"，《中国金融》，2005 年第 5 期。

27. 谢利人："保险教育与保险业发展的灰色关联分析"，《保险职业学院学报》，2007 年第 2 期。

28. 丁昶："我国分红保险的机理与制度框架"，《保险监管参考》，2009 年总第 522 期。

29. 卫生部卫生经济研究所编："中国卫生总费用研究报告 2008"，《中国卫生统计年鉴》，2007 年。

30. 中国保监会寿险部课题组：《寿险营销制度研究》，2009 年版。

31. Kenneth Black，Jr. and Harold D. Skipper：《人寿与健康保险》（*Life & Health Insurance*，第 13 版），经济科学出版社，第 622—第 624 页。

32. Ning Wei，*Research on Solvency Risk Management and Control of Insurance Companies in China under the Background of Financial Crisis*，13th APRIA，July，2009.

33. *National Centre for English Language Teaching and Research Australian Learners Dictionary*，Macquarie University Sydney，1997，P. 655.

主要网站：

1. 中国保监会，www. circ. gov. cn.
2. 中国银监会，www. cbrc. gov. cn.
3. 中国证监会，www. csrc. gov. cn.
4. 中国人民银行，www. pbc. gov. cn.
5. 美国全国保险监督官协会，www. naic. org.
6. 国际保险监督官协会，www. iaisweb. org.
7. U. S. Census Bureau（http：//www. census. gov），2007 年 8 月。
8. U. S. Department of Health & Human Services（http：//www. cms. hhs. gov），2008 年 2 月。

后 记

作为中国人身保险职业教育资格考试的教材，《人身保险产品》一书的修订倾注了我们大量的心血，前后将近两年时间，经历了多次集中讨论，无数次的修改完善。有的章节进行了局部调整，有的章节进行了大量修改，有的章节甚至全部重新撰写，字斟句酌，精益求精，力求进一步提高本教材的权威性和严谨性。在此，感谢一版教材责任人傅安平、总纂孟彦君及其编写团队，一版教材提供了一个非常好的基础，搭建了一个完整的体系。二版教材修订正是在保留一版精华、传承一版好的思想和内容基础上完成的。

本书编写团队既包括高等院校的资深学者，也包括在监管、行业工作多年的专家，具体人员如下：宁威（第1—4章）；乔步加（第5章）；蒋晓虎（第6章）；王智勇（第7—8章）；孙东雅（第9章）；刘渠（第10章）；陈春野（第11章）。他们认真、严谨的态度，不厌其烦的修改完善，有效保证了教材修订的顺利完成。在此特致深深的谢意！

全书由北京大学数学科学学院副教授吴岚、中国保监会人身保险监管部张遥总纂。张遥从事人身保险产品监管工作多年，他为全书篇章结构的协调、语言风格的统一、教材内容的校正等工作付出了大量的心血。此外，感谢彰井泉、谭伟民、林红、曾卓等人，其在教材修订前期做了许多铺垫工作。

我们还要特别感谢王玲玲、杨智呈、丁昶、关凌、王德威、孟彦君、娄道永、陈永忠、何章梅、刘开俊、曹勇、周伏平、陶存文、曲进等各位专家，他们在百忙之中参与了全书的审议工作，并对本书的修订完善提出了很多宝贵意见，在此向各位专家表示深深的感谢。

最后，我们要感谢广州信平市场策划顾问有限公司的相关人员，他们周到的策划和安排，确保了本教材在修订过程中得到各方面专家的指点，确保本书成为能够代表行业共识的权威教材。

编 者

2011年4月